Bürgerbewusstsein

Schriften zur Politischen Kultur und Politischen Bildung

Reihe herausgegeben von

Dirk Lange, Didaktik der Politischen Bildung, Leibniz Universität Hannover, Hannover, Niedersachsen, Deutschland

Bürgerbewusstsein bezeichnet die Gesamtheit der mentalen Vorstellungen über die politisch-gesellschaftliche Wirklichkeit. Es dient der individuellen Orientierung in Politik, Wirtschaft und Gesellschaft und produziert zugleich den Sinn, der es dem Menschen ermöglicht, vorgefundene Phänomene zu beurteilen und handelnd zu beeinflussen. Somit stellt das Bürgerbewusstsein die subjektive Dimension von Politik, Wirtschaft und Gesellschaft dar. Es wandelt sich in Sozialisations- und Lernprozessen und ist deshalb zentral für alle Fragen der Politischen Bildung. Das Bürgerbewusstsein bildet mentale Modelle, welche die gesellschaftlichen Strukturen und Prozesse subjektiv verständlich, erklärbar und anerkennungswürdig machen. Die mentalen Modelle existieren in Entstehungs- und Wirkungszusammenhängen mit der Politischen Kultur. Auf der Mikroebene steht das Bürgerbewusstsein als eine mentale Modellierung des Individuums im Mittelpunkt. Auf der Makroebene interessieren die gesellschaftlichen Bedingungen und sozialen Kontexte des Bürgerbewusstseins. Auf der Mesoebene wird untersucht, wie sich das Bürgerbewusstsein in Partizipationsformen ausdrückt.

Die „Schriften zur Politischen Kultur und Politischen Bildung" lassen sich thematisch fünf zentralen Sinnbildern des Bürgerbewusstseins zuordnen: „Vergesellschaftung", „Wertbegründung", „Bedürfnisbefriedigung", „Gesellschaftswandel" und „Herrschaftslegitimation".

„Vergesellschaftung": Das Bürgerbewusstsein verfügt über Vorstellungen darüber, wie sich Individuen in die und zu einer Gesellschaft integrieren. Welche Vorstellungen existieren über das Verhältnis von Individuum und Gesellschaft? Wie wird soziale Heterogenität subjektiv geordnet und gruppiert?

„Wertbegründung": Das Bürgerbewusstsein verfügt über Vorstellungen darüber, welche allgemein gültigen Prinzipien das soziale Zusammenleben leiten. Welche Werte und Normen werden in politischen Konflikten, gesellschaftlichen Auseinandersetzungen und ökonomischen Unternehmungen erkannt?

„Bedürfnisbefriedigung": Das Bürgerbewusstsein verfügt über Vorstellungen darüber, wie Bedürfnisse durch Güter befriedigt werden. Wie wird das Funktionieren des sozioökonomischen Systems erklärt? Welche Konzept über das Entstehen von Bedürfnissen, über die Produktion von Gütern und über die Möglichkeiten ihrer Verteilung werden verwendet?

„Gesellschaftswandel": Das Bürgerbewusstsein verfügt über Vorstellungen darüber, wie sich sozialer Wandel vollzieht. Wie werden die Ursachen und die Dynamiken sozialen Wandels erklärt? In welcher Weise wird die Vergangenheit erinnert und die Zukunft erwartet?

„Herrschaftslegitimation": Das Bürgerbewusstsein verfügt über Vorstellungen darüber, wie partielle Interessen allgemein verbindlich werden. Wie wird die Ausübung von Macht und die Durchsetzung von Interessen beschrieben und und gerechtfertigt? Welche Konflikt- und Partizipationskonzept werden verwendet?

Der Reihenherausgeber Dirk Lange ist Professor für Didaktik der Politische Bildung und lehrt an der Universität Wien sowie an der Leibniz Universität Hannover.

Weitere Bände in der Reihe http://www.springer.com/series/12208

Steve Kenner

Politische Bildung
in Aktion

Eine qualitative Studie zur
Rekonstruktion von
selbstbestimmten
Bildungserfahrungen in politischen
Jugendinitiativen

 Springer VS

Steve Kenner
Hannover, Deutschland

Zgl. Dissertation an der Leibniz Universität Hannover; erfolgreiche Disputation am 15. Februar 2021; Veröffentlichung unterstützt durch den Open-Access-Publikationsfonds der Leibniz Universität Hannover.

ISSN 2626-3343 ISSN 2626-3351 (electronic)
Bürgerbewusstsein
ISBN 978-3-658-35411-4 ISBN 978-3-658-35412-1 (eBook)
https://doi.org/10.1007/978-3-658-35412-1

Die Deutsche Nationalbibliothek verzeichnet diese Publikation in der Deutschen Nationalbibliografie; detaillierte bibliografische Daten sind im Internet über http://dnb.d-nb.de abrufbar.

Planung/Lektorat: Stefanie Eggert
Springer VS ist ein Imprint der eingetragenen Gesellschaft Springer Fachmedien Wiesbaden GmbH und ist ein Teil von Springer Nature.
Die Anschrift der Gesellschaft ist: Abraham-Lincoln-Str. 46, 65189 Wiesbaden, Germany

Ein paar Worte vorweg ...

Dieses Buch wäre ohne die Unterstützung einiger wichtiger Menschen nicht möglich gewesen. In den ersten Zeilen dieses Buches möchte ich mich daher an diese Menschen wenden.

Zunächst gilt mein Dank Prof. Dr. Dirk Lange, der längst mehr als ein Betreuer, Vorgesetzter oder Gutachter ist. Von Anfang an hat er mich bei meiner Themenwahl, der Planung und Durchführung der Feldforschung, bis hin zur Entstehung dieses Buches unterstützt. Dirk Lange hat mir Freiräume für das wissenschaftliche Arbeiten geschaffen, war immer kritischer Begleiter und wohlwollender Förderer zugleich, hat mir den Rücken freigehalten, mir in den vergangenen Jahren einiges abverlangt, mir aber vor allem auch vieles ermöglicht. In einer Zeit, in der die wissenschaftliche Qualifikation immer mehr von prekären Bedingungen wie Teilzeitstellen, Befristungen und Projektförderung abhängig ist, hat mir Dirk Lange immer das Gefühl von Sicherheit vermittelt. Erst das hat es mir ermöglicht, mich mit dem notwendigen Selbstvertrauen in die kontroversen Debatten im Feld der politischen Bildungsforschung zu wagen.

Darüber hinaus möchte ich dem Zweitgutachter meiner Arbeit, Prof. Dr. Bernd Overwien, danken, der meine Arbeit mit seinen Anregungen bereichert, mir Mut zugesprochen und mich auch in dieser außergewöhnlichen und fordernden Zeit der Covid-19-Pandemie bis zur Disputation der vorliegenden Arbeit begleitet hat.

Einen besonderen Dank möchte ich auch an die Jugendlichen richten, die sich in den vielfältigen Situationen der Feldforschung mir gegenüber geöffnet haben, in langen Plenumssitzungen, auf Demonstrationen und anderen Protestaktionen, aber auch in – für die vorliegende Studie besonders bedeutsam – teils bis zu zwei Stunden andauernden Interviews. Dieses Vertrauen ist nicht selbstverständlich und doch hat nur dieses Vertrauen die vorliegende Studie überhaupt möglich gemacht.

Abschließend möchte ich meiner Familie danken. Meinen Eltern, die mir den Weg zur Promotion ermöglicht und an mich geglaubt haben, auch als meine Grundschullehrerin für mich vor etwa 25 Jahren mit der Empfehlung für die Haupt- oder Realschule die Weichen für meine Bildungskarriere ganz anders stellen wollte. Über die Realschule, zum Gymnasium und Studium habe ich es nun bis zur Promotion geschafft, als Erster in meiner Familie. Für viele andere Kinder ist die frühzeitige Selektion in vermeintlich fähig / nicht-fähig ein einschneidendes Erlebnis, das ihren Bildungs(miss)erfolg nachhaltig beeinflusst. Meine Arbeit in der Bildungsforschung prägt diese Erfahrung der Abwertung in der Grundschule bis heute.

Die letzten Worte möchte ich an Nadja richten: Ohne dich wäre diese Arbeit nie fertig geworden. Wahrscheinlich hätte ich nicht einmal den Mut gefasst, diesen Weg zu gehen. Ohne dich wäre ich ein anderer Mensch. Du bereicherst mein Leben, machst mich zu einem besseren Menschen. Deine Liebe gibt mir Kraft, dein kritischer Geist, deine klugen Ideen stecken in jedem Abschnitt dieses Buches. Ich bin wahnsinnig glücklich, dich an meiner Seite zu wissen.

Widmen möchte ich das Buch meinen Kindern Salva und Mateo. Diese beiden wundervollen Menschen sind ein Geschenk. Sie beim Aufwachsen begleiten zu dürfen, mit ihnen zu lachen, ihre Tränen zu trocknen, sie bei den ersten Schritten oder den ersten Metern auf dem Fahrrad zu unterstützen, auf die vielen Fragen, die sie beschäftigen, mit ihnen gemeinsam Antworten zu suchen und sie auf ihrer Entdeckungstour durch das Leben begleiten zu dürfen, ist das größte Glück meines Lebens. Meine Hoffnung ist, dass Schule eines Tages ein demokratischerer Ort ist, ein Ort, an dem (meine) Kinder nicht nur lernen, nicht nur funktionieren, nicht nur Wissen verinnerlichen, sondern ein Ort der Emanzipation, der Selbstbestimmung, der politischen Selbstfindung, ein Freiraum, ein Erfahrungsraum für erste eigene selbstbestimmte politische Handlungserfahrungen. Dieses Buch soll einen kleinen Beitrag dazu leisten.

Hannover   Steve Kenner
den 05. Juli 2021

Inhaltsverzeichnis

Einleitung 1

1.1 Problembeschreibung

Politische Bildung ist Unterrichtsfach, Unterrichtsprinzip, Querschnittsaufgabe der schulischen und außerschulischen Bildung, Bildungsauftrag und wesentlicher Bestandteil unserer Demokratie, denn „Demokratie ist die einzige staatlich verfasste Gesellschaftsordnung, die gelernt werden muss – früh, im Kindergarten, aber auch im hohen Alter" (Negt 2018, 21). Damit meint der Soziologe Oskar Negt nicht, oder zumindest nicht nur das bestehende politische System, die parlamentarische Demokratie mit all ihren Facetten. Negt betont Demokratie vielmehr als Lebensform ohne dabei den Begriff zu entpolitisieren. Im Gegenteil er fordert eine Demokratisierung aller Lebensbereiche (Negt 2010, 514 ff.) und meint damit vor allem konsequente Mitbestimmungsmöglichkeiten, die weit über die systemischen Möglichkeiten der repräsentativen Demokratie bspw. über Wahlen hinausgehen. Der Begriff Demokratie steht in diesem Verständnis vielmehr für die Überzeugung, dass das gesellschaftliche und politische Zusammenleben auf den Prinzipien der Grund- und Menschenrechte basiert und geprägt ist von einem fortwährenden Prozess der Weiterentwicklung, die auf Demokratisierung und demnach auf politischer Partizipation aufbaut. Das Demokratische als unhintergehbarer Kern ist Ausgangspunkt für Gesellschaft, Politik und alle Bildungsbemühungen, die auf diesem Fundament aufbauen. Politische Bildung setzt sich, in ihren unterschiedlichen Ausprägungen, Formen und Formaten, in formalen, non-formalen und informellen Bildungskontexten dafür ein, dass auf Grundlage dieser Überzeugung alle Menschen dazu befähigt werden, Demokratie als politisches System zu verstehen, politische und ökonomische Zusammenhänge zu erkennen, Macht- und Herrschaftsverhältnisse zu analysieren und zu hinterfragen und damit auch Demokratie, als politisches System, in

© Der/die Autor(en) 2021   1
S. Kenner, *Politische Bildung in Aktion*, Bürgerbewusstsein,
https://doi.org/10.1007/978-3-658-35412-1_1

ihrer Vielfalt kritisch zu reflektieren – auch mit dem Ziel, sie bei Bedarf (aktiv) weiterzuentwickeln. Demokratie lebt davon, denn neben dem auf Grund- und Menschenrechten basierenden gesellschaftlichen Selbstverständnis auf der einen Seite und den vielfältigen Strukturen des politischen Systems auf der anderen Seite zeichnet sich Demokratie drittens auch dadurch aus, dass sie nicht statisch ist. Demokratie ist lebendig, Gesetze und politische Strukturen sind nicht zementiert. Als Demokratisierung lässt sich dieses prozesshafte Element einer demokratischen und politischen Zivilgesellschaft bezeichnen. Sie ist geprägt von der Ermöglichung von Freiräumen, unter anderem zur Teilhabe über Verbände, Gewerkschaften und Vereine, aber auch als Einzelpersonen oder selbstorganisierte Gruppen. Macht- und Herrschaftsverhältnisse müssen dabei immer hinterfragbar und veränderbar sein.

Moritz Peter Haarmann, Dirk Lange und ich haben in einem gemeinsamen Aufsatz vorgeschlagen Demokratie in drei unterschiedliche Ebenen zu unterteilen: das Demokratische als gesellschaftliches Selbstverständnis (1), die Demokratie als politisches System (2) und die Demokratisierung als partizipative Kraft und kontinuierlicher Prozess (3) (Haarmann u. a. 2020). Politische Bildung verfolgt das Ziel, diese drei Ebenen der Demokratie zu berücksichtigen und auf unterschiedlichen Wegen Menschen zu befähigen, sie zu sichern, zu begleiten, zu fördern und zu entwickeln. Die vorliegende Arbeit widmet sich dabei vor allem der dritten Ebene, der Demokratisierung. An der Notwendigkeit eines gemeinsamen Verständnisses grundlegender Werte besteht in der politischen Bildung kein Zweifel. Basierend auf dem Konzept der Menschenrechte und den Werten des Grundgesetzes, verankert in den Grundrechten, ist politische Bildung grundsätzlich daher normativ, wobei damit keine Werteerziehung im affirmativen Sinne gemeint ist, sondern eher eine indirekte Auseinandersetzung mit Werten, Ethik und Moral über die Reflexion derselben am Beispiel konflikthafter gesellschaftspolitischer Fragen (Overwien 2017). Über ein kritisch-emanzipatorisches Bildungsverständnis gilt es die Fragen des Wertefundamentes zu entwickeln.

Wenngleich bezüglich der Methoden und Zugänge durchaus Kontroversen vorherrschen, so ist auch die Bedeutung des politischen Wissens über die Demokratie als System unstrittig, genauso wie die Notwendigkeit analytische Fähigkeiten zu stärken und die politische Urteilskraft zu entwickeln. Doch welche Rolle die politische Bildung im Feld der Handlungsfähigkeit der Menschen einnimmt, wird seit Jahrzehnten intensiv diskutiert. Insbesondere in Bezug auf formale politische Bildungssettings wie Schule oder Unterricht steht im politikdidaktischen Diskurs zur Disposition, welches Potential in realen politischen Handlungserfahrungen für politische Bildungsprozesse steckt.

Die zentralen Fragen dieser Kontroverse sind dabei, ob Partizipation ein Ziel politischer Bildung sei und inwiefern sie als Lernanlass fruchtbar gemacht werden könne (u. a. Pohl 2015, 2019a; Wohnig 2018b, 2020b; Kenner 2016, 2018; Harles/Lange 2015; Klatt 2012; Widmaier/Nonnenmacher 2011; Nonnenmacher 2010). Der Streit um diese Fragen ist dabei allerdings alles andere als neu. Die Arbeit Rolf Schmiederers (1971) „Zur Kritik der politischen Bildung" und der ebenfalls 1971 erschienene Sammelband „Politische Aktion und politisches Lernen", herausgegeben von Hermann Giesecke, Dieter Baacke, Hermann Glaser, Theodor Ebert, Gernot Jochheim und Peter Brückner (1971), sind bis heute, 50 Jahre nach Erscheinen, in den politikdidaktischen Diskursen sichtbar. Wenngleich die sozialwissenschaftliche Forschung vielfältige Dimensionen des Partizipationsbegriffs – im weiteren Verlauf werden diese genauer beschrieben – hervorhebt, so gilt für die vorliegende Arbeit, dass politische Aktion als ein Handeln verstanden wird, das auf (partielle) Veränderung bestehender politischer Verhältnisse abzielt. Politische Aktion geht damit über soziales Verhalten hinaus. Diese Form politischer Partizipation als Bildungsziel wird in Teilen des politikdidaktischen Diskurses skeptisch betrachtet. Schulisches Lernen und insbesondere Politikunterricht werden vielmehr ausschließlich als Lernraum für die notwendigen Instrumentarien bzw. kognitiven Möglichkeiten verstanden, die späteres politisches Handeln ermöglichen (Detjen 2012, 235). Die Befähigung zur politischen Handlung stellt demnach unbestritten ein Ziel politischer Bildung dar. Politische Partizipation aber selbst als wertvollen Anlass für Bildungserfahrungen zu begreifen, ist keine Selbstverständlichkeit im Feld der politischen Bildung. Begründet wird diese Haltung zumeist mit dem ersten Prinzip des „Beutelsbacher Konsens" (u. a. Hufer 2013a; Scherb 2017; Wehling 1977), dem Überwältigungsverbot. Befürchtet wird, dass reale politische Partizipationserfahrungen zu dem Phänomen der Überwältigung von Schüler*innen führe (u. a. Oberle 2013 & Detjen 2012). Der Politikdidaktiker Frank Nonnenmacher sieht in dieser Auslegung des „Beutelsbacher Konsens" die Ursache, für die in der Politikdidaktik vermeintlich beendete, jedoch bis heute notwendige Diskussion über die Förderung politischer Teilhabe durch den Politikunterricht (Nonnenmacher 2010, 466). Im Kontext dieser Erfahrbarmachung politischer Bildung schließt sich die in der Didaktik der politischen Bildung geführte Diskussion über soziales und politisches Lernen an (u. a. Wohnig 2015, 2017 & Reinhardt 2011, 2013).

Neben einem Beitrag zur politikdidaktischen Kontroverse schließt die vorliegende Studie auch an den zahlreichen Studien der Bildungssoziologie und Jugendforschung zum Verhältnis von Jugend und Politik sowie zur politischen Teilhabe Heranwachsender an, wie beispielsweise den Shell-Jugendstudien (aktuell: Albert u. a. 2019), der FES-Jugendstudie „jung – politisch – aktiv" (Gaiser u. a. 2016), den Untersuchungen zum Verhältnis von politischem Interesse und politischer Bildung (Lange/Onken/Slopinski 2013) sowie von politischem Wissen und politischer Partizipation (Weißeno/Landwehr 2017, 2018), den DJI-Jugendsurveys (Gille 2006) und Studien wie „Unpolitische Jugend?" (Helsper u. a. 2006) und „Politische Partizipation in Deutschland" (Kornelius/Roth 2004). Diese Studien haben vorrangig Faktoren wie Geschlecht, Bildungsgrad, Peergroup, Familie, politisches Interesse und politisches Wissen untersucht. Wenngleich vielfältige qualitative und quantitative Untersuchungen das Verhältnis von Jugend und Politik sowie die Partizipationsbereitschaft und Partizipationserfahrungen aufgreifen, so stellt die Forschung auf Grundlage der Rekonstruktion individueller Partizipationserfahrung nach wie vor ein Forschungsdesiderat dar. Die empirische Forschung zur Entwicklung politischer Partizipationsfähigkeit stecke noch „in den Kinderschuhen", konstatiert Kerstin Pohl (2019a) im Online-Dossier Politische Bildung der Bundeszentrale für Politische Bildung und erklärt weiter:

> [E]s gibt viele Hoffnungen, dass Partizipationserfahrungen die Motivation für weitere Partizipation erhöhen, aber es liegen wenig gesicherte Erkenntnisse dazu vor und die Ergebnisse der vorhandenen Studien sind widersprüchlich. (Pohl 2019a)

Vor allem in Bezug auf qualitative, explorative Forschung gibt es einen erhöhten Forschungsbedarf. Zu selten werden noch immer die Perspektiven und Erfahrungen der Betroffenen, der Kinder und Jugendlichen, in den Fokus gerückt. Hervorzuheben sind hier unter anderem Arbeiten wie die Studie „Beteiligt sein. Partizipation aus Sicht von Jugendlichen" von Sonja Moser (2010) und die Studie „Zum Verhältnis von sozialem und politischem Lernen" von Alexander Wohnig (2017). Beide haben unter anderem auf Grundlage qualitativer Inhaltsanalysen von Einzelinterviews oder Gruppengesprächen mit Jugendlichen ihre Partizipationserfahrungen analysiert und rekonstruiert. Allerdings orientierten sich beide Arbeiten eher an Erfahrungen des sozialen Engagements. Im Fokus der vorliegenden Studie liegt ebenfalls die subjektorientierte Analyse und Rekonstruktion von Handlungs- und Bildungserfahrungen, wobei hier die Erfahrungen im Kontext von explizit selbstbestimmter und selbstorganisierter politischer Aktion in den Blick genommen wird. Dafür gilt es, zunächst den Begriff der politischen Aktion auf Grundlage sozialwissenschaftlicher Bezüge einzuordnen. Besonders hervorzuheben ist für das geplante Forschungsvorhaben aber auch die Bedeutung von politischer Bildung als nachhaltig prägendes Element für die Partizipationsbereitschaft und die tatsächliche politische Teilhabe Jugendlicher und junger Erwachsener. Für das Forschungsvorhaben wird vor allem an die Vorstellungen der subjektiven Entwicklungen politischer Konzepte angeknüpft, wobei für die

Untersuchung bezüglich der Konzepte politischer Bildung keine standardisierten Vorgaben gemacht werden. Vielmehr wird durch die offene Befragung der Heranwachsenden eine differenzierte Analyse der individuellen Konzepte und der politischen (Selbst)Bildung ermöglicht.

Als zentrale Aufgabe der Forschung zur politischen Bildung ist die Entwicklung des Bürgerbewusstseins (Lange 2005, 2008a, 2008b) hervorzuheben. Es handelt sich dabei um jenes sinnstiftende Element politischer Bildung, das eine Interpretation politischer und gesellschaftlicher Zusammenhänge ermöglicht, um daraus individuelles politisches Handeln ableiten zu können (Lange/Onken/Slopinski 2013, 22). Es ist jenes Bürgerbewusstsein, das Voraussetzung ist für das über die politische Bildung hinausgehende Ziel der Erziehung zur Mündigkeit (Henkenborg 2014, 214), weil die politische Bildung an den tatsächlich bestehenden Denkmustern der Schüler*innen ansetzt. Allerdings soll die geplante Studie einen Schritt weitergehen und Erkenntnisse darüber ableiten, ob und wie reale politische Aktionen Bildungsprozesse anregen und befördern.

Im Zentrum stehen daher für die vorliegende Untersuchung Erfahrungsberichte von Schüler*innen, die sich dafür entweder Freiräume in der Schule erstritten haben, beispielsweise durch die Gründung selbstverwalteter politischer Arbeitsgemeinschaften und Initiativen, oder die sich außerhalb der Schule Freiräume für unkonventionelle nicht-strukturierte Partizipationsformen geschaffen haben. Das politische Handeln der interviewten Jugendlichen ist geprägt von Selbstbestimmung, Freiwilligkeit und Selbstorganisation. Anknüpfend an die individuellen Vorstellungen der Befragten steht die Analyse politischer Bildungsprozesse im Zuge der gewählten Aktionsformen im Fokus der Arbeit.

Mit der vorliegenden Studie soll demnach ein empirisch fundierter Beitrag zu der Kontroverse über die Bedeutung realer politischer Partizipation für politische Bildungsprozesse geleistet werden. Dafür wird der Versuch unternommen, unter Berücksichtigung fachwissenschaftlicher und fachdidaktischer Diskurse, das Verhältnis von politischer Aktion und politischer Bildung nachzuzeichnen. Es wird dabei nicht der Anspruch verfolgt, alle Perspektiven gleichermaßen und vollumfänglich zu berücksichtigen, weil diese Kontroverse seit Jahrzehnten die politische Bildung nachhaltig prägt und der Anspruch auf Vollständigkeit nicht erfüllt werden kann. Dennoch: Die grundsätzlichen Denkrichtungen, kritischen Einwände, theoretischen Überlegungen und empirischen Befunde aus den sozialwissenschaftlichen Bezugsdisziplinen und der politikdidaktischen Forschung stellen die Grundlage für die vorliegende Arbeit dar und werden daher in ihren Grundzügen diskutiert.

Ziel des empirischen Teils dieser Arbeit ist es, darauf aufbauend den politi-schen Bildungsprozess der Befragten anhand ihrer Erfahrungsberichte zu rekon-struieren. Für diese Untersuchung ist das politische Wissen der Individuen nur eine von mehreren Dimensionen der politischen Bildung. Daneben werden vor allem politische Bildungserfahrungen in Bezug auf Kommunikationsstrukturen, Organisationswissen, Entscheidungsverfahren, analytisches Denken und die Aus-prägung einer differenzierten Urteilskraft in den Blick genommen, genauso wie unmittelbare Erfahrungen politischen Handelns in Verbindung mit Konflikt- und Kritikfähigkeit.

1.2 Forschungsansatz, Kernfragen und Zielstellung

Die vorliegende Arbeit verfolgt das Ziel zu erforschen, welche Bildungsprozesse Kinder und Jugendliche vollziehen, wenn sie selbstbestimmt und selbstorgani-siert individuell oder kollektiv für politische Ziele einstehen. Im Fokus stehen daher reale politische Handlungserfahrungen im Kontext politischer Aktionen. Wie sich diese Form politischer Partizipation von anderen Formen des Handelns, wie beispielsweise dem sozialen Engagement oder institutionalisierten und kon-ventionelle Partizipationsformen unterschieden wird in Abschnitt 2.1 ausführlich beschrieben. Das dieser Arbeit zugrunde liegende Bildungsverständnis wird in Abschnitt 2.2 skizziert.

Mit der vorliegenden explorativen Studie werden politische Bildungspro-zesse der interviewten Jugendlichen anhand ihrer Erfahrungsberichte aus der Mitwirkung in politischen Jugend- und Protestbewegungen rekonstruiert. Neben dem Zuwachs politischen Wissens werden politische Orientierungs- und Ana-lysekompetenzen genauso in den Blick genommen wie Urteilsbildung, Kritik, Emanzipation und Konfliktfähigkeit sowie die kritisch reflektierte Auseinander-setzung mit manifestierten Macht- und Herrschaftsstrukturen – auch innerhalb der eigenen Gruppe. Die Arbeit schließt damit an die These von Bettina Lösch an, dass mit den unkonventionellen, teils neuen Formen politischer Partizipation auch „neue Formen und Gelegenheiten politischer Bildung" (Lösch 2012, 21) entstehen.

In einem Pre-Test wurden Interviews mit Schüler*innen aus einer Großstadt geführt, die sich in einer Antirassismus-AG organisieren und im Jahr 2016 am Refugee Schul- und Unistreik partizipierten. In der Hauptuntersuchung wurde in einer ersten Phase auf Grundlage ethnographischer Zugänge das Sample festge-legt. Mehrere Dutzend Plenumssitzungen, Demonstrationen, Kundgebungen und Aktionen von Jugendpartizipationsbewegungen wurden dafür begleitet.

Anschließend wurden 17 leitfadengestützte Interviews in ganz Deutschland realisiert, von denen 13 einer mehrstufigen qualitativen Inhaltsanalyse (Kuckartz 2016; Mayring 2015), basierend auf den Prinzipien der Rekonstruktiven Sozialforschung (Bohnsack 2014), unterzogen wurden. Dabei wurden Kinder und Jugendliche aus urbanen und ländlichen Räumen, mit und ohne Migrationsbiographien und von verschiedenen Schultypen befragt. Die Interviews wurden vollständig transkribiert. Über diese Interviews wurde ein Zugang geschaffen zum subjektiven Bedeutungsempfinden der Befragten bezüglich politischer Bildung und ihrer individuellen Bildungserfahrungen in der politischen Aktion.

Die narrativen Elemente aus den Erfahrungsberichten dienen der Beantwortung der explorativen Fragestellung, inwiefern selbstbestimmte und selbstorganisierte politische Aktionen einen mittelbaren oder unmittelbaren Einfluss auf politische Bildungsprozesse haben.

Das Kodierverfahren im Zuge der qualitativen Inhaltsanalyse ist dabei deduktiv vor allem von den Dimensionen der politischen Bildung geprägt, wie Orientierungs- und Analysefähigkeit, Perspektivenwahrnehmung, politische Urteilsbildung, Emanzipation und Kritik sowie Handlungskompetenz, die in der Politikdidaktik in den letzten Jahrzehnten kontrovers diskutiert wurden. Im Analyseprozess wurden diese Kategorien um weitere induktiv ermittelte Kategorien erweitert, wie beispielsweise Organisationswissen, Selbstwirksamkeit und Wir-Ihr-Konstruktionen.

Ziel der abschließenden Interpretation der Ergebnisse ist es, Erkenntnisse und Anregungen abzuleiten, die Rückschlüsse auf politische Bildungsprozesse in der politischen Aktion ermöglichen und damit Grundlage für die Entwicklung von Implikationen für schulische und außerschulische (Selbst)Bildungsprozesse von Kindern und Jugendlichen sind. Aus der Gesamtschau werden Schlussfolgerungen abgeleitet, die einen Rahmen für eine (Re)Politisierung der politischen Bildung schaffen sollen, ohne dabei grundlegende Prinzipien dieser Disziplin wie das Multiperspektivitätsgebot oder das Überwältigungsverbot zu verletzen. Die Potentiale politischer Selbstorganisation und dabei ganz konkret selbstbestimmter politischer Aktionen als wertvolle Bildungserfahrungen sollen ergründet werden. Darüber hinaus wird der Frage nachgegangen, inwiefern formale politische Bildung die Selbstbildungserfahrungen politisch aktiver Jugendlicher ergänzen und begleiten kann. Die Befragten fungierten in dem zweigeteilten Interview auch als Expert*innen, indem sie aus ihrem Erfahrungsschatz Stärken und Schwächen der politischen Jugendbildung nennen sowie Wünsche und Anforderungen an eine handlungsorientierte politische Bildung formulieren. Die Analyse dieser kritischen Reflektion eigener Erfahrungen mit formalen politischen Bildungssettings werden in den abschließend formulierten Implikationen für eine Schule als Lernort der Demokratie (Kenner/Lange 2019) und eine handlungsorientierte Didaktik der politischen Bildung berücksichtigt.

1.3   Aufbau der Arbeit

Die vorliegende Arbeit gliedert sich in sechs Hauptkapitel. Nach der Hinführung wird im zweiten Kapitel zunächst der Forschungsstand skizziert. Dafür werden theoretische und empirische Forschungsergebnisse aus den Sozialwissenschaften und der politischen Bildung systematisch zusammengestellt. Einleitend wird politische Aktion als Begriff aus fachwissenschaftlicher Perspektive eingeordnet (Abschnitt 2.1). Ausgehend von der Vielfalt und Dialektik des Partizipationsbegriffs werden empirische und theoretische Grundlagen zusammenfassend dargestellt. Darüber hinaus wird das Verhältnis von Jugend und Politik, basierend auf exemplarischen Erkenntnissen aus Jugendstudien, aufgearbeitet. Der nationale Diskurs wird dabei immer wieder auch gerahmt von einschlägigen internationalen Arbeiten zur politischen Partizipation und den *citizen studies*. Hierbei werden unter anderem die Arbeiten von Engin Isin und Greg Nielsen zu den *acts of citizenship* (Isin/Nielsen 2008a) berücksichtigt. Auf Grundlage politikwissenschaftlicher und soziologischer Theorien zu politischen Aktionen von Jugendlichen werden im weiteren Schritt (Abschnitt 2.2) politikdidaktische Dimensionen als Ausgangspunkt für die Rekonstruktion der (Selbst)Bildungserfahrungen der beforschten Jugendlichen eingeführt. Dieser Abschnitt der Arbeit dient auch zur Klärung des für die Untersuchung grundlegenden Bildungsverständnisses. Dabei werden folgende Ebenen unter Berücksichtigung kontroverser Diskurslinien im Feld der politischen Bildung berücksichtigt: Subjektorientierung und das politische Selbstkonzept (2.2.1), das Handwerkszeug für eine politische Mündigkeit (2.2.2) und Politische Partizipation als Erfahrungsraum informellen Lernens (2.2.3). Dabei wird der Frage nachgegangen, ob es richtiges politisches Wissen gibt und welche Bedeutung Fähigkeiten wie Analyse- und Orientierungskompetenz, Perspektivenwahrnehmung und -übernahme, politische Urteilsbildung, Emanzipation und Kritik sowie Urteilsbildung und -reflexion für Bildungsprozesse im Kontext realer politischer Handlungserfahrungen beigemessen wird. Darüber hinaus rückt die Handlungskompetenz als Ausdruck von Selbstbestimmung in den Fokus der fachdidaktischen Klärung. Neben den verschiedenen Dimensionen politischer Bildung, die den Ausgangspunkt für das im ersten Schritt deduktiv erstellte Kategoriensystem zur Auswertung der Interviews darstellen, werden im Abschnitt 2.3 „Zum Verhältnis von politischer Aktion und politischer Bildung" auch explizit

kontrovers diskutierte Fragen zu politischer Partizipation im Kontext Bildungserfahrungen aufgearbeitet. Dabei wird einleitend diskutiert, inwiefern – auch
unter Berücksichtigung einer rechtlichen Verankerung – politische Bildung als
grundsätzliches Bildungsziel verstanden werden kann. Es wird auch der Frage
nachgegangen, inwiefern ein vermeintliches Neutralitätsgebot zu einer Unverein-
barkeit von politischer Aktion und politischer Bildung führe. Abschließend wird
die maßgebliche Kontroverse über die Frage nachgezeichnet, ob Partizipation das
Ziel politischer Bildung sei.

Im dritten Kapitel werden Forschungsdesign und Forschungsfeld vorgestellt.
Um höchstmögliche Transparenz im Forschungsverfahren sicherzustellen, wird
zunächst eine Einordnung des Untersuchungskonzeptes nach den Gütekriterien
der qualitativen Forschung (u. a. Flick 2019) vorgenommen (3.1). Anschließend
wird das Forschungssample (3.2) vorgestellt und schließlich das methodische
Vorgehen (3.3) skizziert.

Das vierte Kapitel widmet sich den Ergebnissen der Feldforschung. Einleitend
(4.1) werden Vorstellungen und Denkmuster zu den Begriffen Politik und Demokratie exemplarisch aufgearbeitet, wobei diese nicht dazu dienen, im Sinne einer
(politik)didaktischen Rekonstruktion (Vajen u. a. 2021; Heidemeyer/Lange 2010;
Kattmann 2007) die subjektiven Vorstellungen mit fachwissenschaftlichen Konzepten abzugleichen. Vielmehr werden die Deutungsmuster als Ausgangspunkt für
die Rekonstruktion des politischen Bildungsprozesses auf Grundlage der Erfahrungsberichte der Jugendlichen genutzt. Danach wird die Motivation der Kinder
und Jugendlichen für ihr individuelles politisches Engagement beschrieben (4.2).
Ab dem dritten Unterkapitel beginnt die systematische Auswertung der Erfahrungsberichte mit dem Ziel einer Rekonstruktion des individuellen und kollektiven
politischen (Selbst)Bildungsprozesses. Analysefähigkeit und politische Orientierung (4.3.1) stellt die erste Kategorie für die Systematisierung des Materials dar.
Darüber hinaus werden die individuellen Erfahrungsberichte daraufhin untersucht,
inwiefern Perspektivenwahrnehmung (4.3.2) sowie Urteilsbildung und Kritik
(4.3.3) als Kernelemente des Bildungsprozesses rekonstruiert werden können.
Das Hauptaugenmerk der Untersuchung liegt auf der Entwicklung von Handlungskompetenzen, wobei insbesondere die Ausprägung von Konfliktfähigkeit
in realen politischen Aushandlungsprozessen herausgehoben wird (4.3.4). Dabei
wird untersucht, ob der (innere oder äußere) Konflikt als wertvoll wahrgenommen
wird und inwiefern Strategien entwickelt werden, (politische) Konflikte konstruktiv zu bearbeiten. Darüber hinaus werden die sozialen und politischen Handlungserfahrungen kategorisiert. Hierbei werden beispielweise Unterkategorien wie
legale und illegale Aktionsformen sowie die Reflexion der eigenen Handlungen

unter Berücksichtigung ihrer Wirksamkeit und ihrer Legitimation unterschieden. Abschließend wird eine Agency-Analyse von individuellen und kollektiven Handlungserfahrungen durchgeführt (4.3.5), wobei insbesondere Frustrations- und Anerkennungserfahrungen (abschnitt 4.3.5.1), Wir-Ihr-Konstruktionen (4.3.5.2) und Selbstwirksamkeit (4.3.5.3) im Kontext realer politischer Handlungserfahrungen im Fokus stehen. In Abschnitt 4.4 werden die Ergebnisse der empirischen Forschung diskutiert und eingeordnet.

Aus den Ergebnissen des empirischen Teils der Studie und unter Berücksichtigung der fachwissenschaftlichen sowie fachdidaktischen Perspektiven werden im fünften Kapitel Implikationen für das Feld der politischen Bildung und der demokratischen Schulentwicklung formuliert. Diese sollen dazu dienen, die Erkenntnisse aus der empirischen Datenerhebung und Auswertung für schulische und außerschulische politische Bildungsprozesse nutzbar zu machen, und Anregungen für die Entwicklung einer handlungsorientierten und emanzipatorischen politischen Bildung geben.

Im zusammenfassenden sechsten Kapitel wird ein Ausblick für die Entwicklung einer emanzipatorischen und partizipativen politischen Bildung formuliert.

Theoretische und empirische Grundlagen

2

2.1 Politische Aktion – der Versuch einer Begriffsklärung

2.1.1 Zur Vielfalt des Partizipationskonzepts – Handeln oder Verhalten?

Partizipation, Handeln, Beteiligung oder Teilhabe, Engagement und Aktion – diese Auswahl zeigt die Vielfalt an Begrifflichkeiten, die das Feld der Partizipationsforschung prägt. Noch unberücksichtigt sind dabei die antithetischen Paare wie „verfasst / nicht verfasst", „legal / illegal" oder „sozial / politisch". Allein die Begriffsvielfalt und die Dialektik sozialen und politischen Handelns offenbart die Herausforderung dieses Forschungsgegenstandes. Hartmut Rosa beschreibt diese Problematik wie folgt:

> Wer sich mit Ort, Stellenwert und Chancen von Kreativität im politischen Handeln – gleichgültig ob im Allgemeinen oder unter den spezifischen Bedingungen spätmoderner Gesellschaften – beschäftigen will, steht von Anfang an vor einem schwierigen, grundlagentheoretischen Doppelproblem. Er oder sie muss nämlich zum einen klären, was überhaupt unter Handeln verstanden werden soll und wie es sich etwa von einem reinen Verhalten absetzt; was für ein Handlungsbegriff also zugrunde gelegt werden soll. (Rosa 2012, 133)

Dieser Frage widmen sich seit Jahrzehnten in verschiedenen Wissenschaftsdisziplinen unzählige Arbeiten auf theoretischer sowie quantitativ und qualitativ empirischer Ebene. Das folgende Kapitel erhebt daher nicht den Anspruch, einen vollumfänglichen Blick auf alle erdenklichen fachwissenschaftlichen Kontroversen zu werfen. Vielmehr soll dieser Abschnitt der Arbeit dazu dienen, den systematischen Zugang der Analyse von Erfahrungsberichten junger Menschen

© Der/die Autor(en) 2021
S. Kenner, *Politische Bildung in Aktion*, Bürgerbewusstsein,
https://doi.org/10.1007/978-3-658-35412-1_2

im Feld des politischen Handelns zu begründen. Die hier eingangs aufgeführten Begriffe werden für die vorliegende Arbeit nicht als widersprüchlich, sondern untrennbar miteinander verbundene Konzepte verstanden. Daher werden Begriffe wie politische Partizipation, politisches Handeln und politische Aktion teilweise durchaus synonym verwendet. Unterschieden wird allerdings, wie von Hartmut Rosa angeregt, zwischen den Begriffen Handeln und Verhalten.

Konstitutiv für das menschliche Handeln sei nach Rosa, die Befähigung des Menschen, „seine eigenen Wünsche und Bedürfnisse moralisch, ethisch und/oder ästhetisch zu beurteilen und zu ihnen als gewünscht oder unerwünscht Stellung zu beziehen" (Rosa 2012, 135). Das Handeln unterscheidet sich vom Verhalten insofern, als dass es mit einer „spezifischen Selbst- und Weltinterpretation" (Rosa 2012, S. 134) verbunden und von Wertungen geprägt ist. In ihrer in den 1950er-Jahren entstandenen Arbeit „Vita activa" beschreibt Hannah Arendt Handeln als eine Tätigkeit, die nicht reduziert sei auf ein (instinktives) Verhalten oder auf die Verfolgung von individuellen Bedürfnissen wie Hunger, Durst, Zuneigung oder Furcht, sondern auf eine bewusste Auseinandersetzung des Subjekts mit sich selbst und der es umgebenden Umwelt (Arendt 2016, 214). Die Unterscheidung von Verhalten und Handeln geht in der Soziologie auf Max Weber zurück, der bereits zwischen einem reaktiven „Sichverhalten" und dem sinnhaften Handeln unterschieden hat. Dabei sei das „Sichverhalten" nicht mit einem „subjektiv gemeinte[n] Sinn" (Weber 1922, 503) verbunden. Sowohl Max Weber als auch Hartmut Rosa verweisen aber auch darauf, dass die Grenzen zwischen Verhalten und Handeln durchaus fließend seien (Rosa 2012, 134–139; Weber 1922, 503).

Am Ende dieses Kapitels soll dennoch deutlich sein, welches Grundverständnis und welcher Fokus auf dieses Forschungsfeld maßgeblich für die vorliegende Studie sind. Dafür wird zunächst der Versuch unternommen, die unterschiedlichen Dimensionen des Partizipationsbegriffes aufzuschlüsseln. Im Abschnitt 2.1.2 „Dialektik der Partizipation" wird, soweit eine trennscharfe Abgrenzung möglich ist, zunächst die Unterscheidung von sozialem und politischem Handeln begründet. Daran anschließend werden nationale und internationale Diskursstränge nachgezeichnet, die den Partizipationsbegriff in Politikwissenschaft und Soziologie bis heute nachhaltig prägen. Dabei werden unter anderem die Gegensatzpaare „konventionell / unkonventionell", „legal / illegal" und „individuell / kollektiv" als maßgeblich für das Verständnis von Partizipation beschrieben. In Abschnitt 2.1.3 „Kinder- und Jugendpartizipation" wird abschließend der Fokus auf das Verhältnis von Kindern und Jugendlichen zu politischen Prozessen und politischer Teilhabe gelegt. Dabei wird dieses Verhältnis reflektiert, auf Phänomene wie Alibi-Beteiligung rekurriert sowie die Unterscheidung von Fremd-

und Selbstbestimmung vorgenommen. Außerdem werden empirische Ergebnisse verschiedener Jugendstudien vorgestellt.

2.1.2 Dialektik der Partizipation

2.1.2.1 Sozial oder politisch?
Um das vielschichtige Partizipationskonzept zu verstehen, bedarf es zunächst einer Beschreibung des Spannungsfeldes, welches sich aus den eng miteinander verbundenen Konzepten des sozialen Engagements und der politischen Partizipation in Forschung und Praxis ergibt.

Subsumiert werden verschiedene Formen des sozialen und politischen Engagements unter dem Dachbegriff des Bürgerschaftlichen Engagements. Anlässlich des „Internationalen Jahres der Freiwilligen" (IJF) setzte der 14. Deutsche Bundestag 1999 die „Enquete-Kommission Zukunft des bürgerschaftlichen Engagements" ein. In ihrem Abschlussbericht, der 2002 vorgelegt wurde, formulierte die Kommission ein „Leitbild der Bürgergesellschaft" (Enquete-Kommission 2002, 15) und definierte damit einen weiten Begriff des Bürgerschaftlichen Engagements, das sowohl partei- und verbandspolitisches Engagement als auch zivilgesellschaftliches und soziales Engagement einschließt. Im Abschlussbericht heißt es:

> Für die Kommission ist die Kennzeichnung „bürgerschaftlich" verknüpft mit der Betonung von bestimmten Motiven und Wirkungen wie etwa der Verantwortung für andere, dem Lernen von Gemeinschaftsfähigkeit oder dem Aktivwerden als Mitbürger. Bürgerschaftliches Engagement bleibt nicht allein der Mitwirkung in politischen Parteien und Verbänden und der Beteiligung in Organisationen mit sozialen und politischen Zielen vorbehalten. Es kann sich ebenso im Zusammenhang von Freizeit, Sport und Geselligkeit entwickeln. Die nach wie vor große Bedeutung des Ehrenamtes und die positiven Wirkungen einer reichen Vereins- und Initiativkultur für die Bürgerschaft insgesamt sind heute unbestritten. (Enquete-Kommission 2002, 15)

Trotz des weiten Verständnisses des Bürgerschaftsbegriffs durch die Enquete-Kommission verweist der Politikwissenschaftler Norbert Kersting darauf, dass „unter dem Sammelbegriff ‚Bürgerschaftliches Engagement' weniger die Beteiligung an der Entscheidungsfindung, sondern eher gemeinwohlorientierte Selbsthilfe" (Kersting 2008, 21) verstanden wird. Daher lohnt sich eine genauere Betrachtung und Einordnung der Begriffe „soziales Engagement" und „politische Partizipation".

Soziales Engagement ist gekennzeichnet durch ein breites Verständnis bezüglich der Ziele der jeweiligen Aktivität und ihren Ausprägungen. Dabei sind im Feld des sozialen Engagements mit der Mitgliedschaft im Sportverein, der ehrenamtlichen Tätigkeit in „Freiwilligenorganisationen und Netzwerken" (Eikel 2007, 11), im Kulturförderverein, dem Einsatz bei der Freiwilligen Feuerwehr, dem Ehrenamt in der Geflüchtetenhilfe, dem Freiwilligen Sozialen Jahr (FSJ) oder dem Freiwilligen Ökologischen Jahr (FÖJ) vielfältige Beteiligungsformen etabliert. Der Begriff der sozialen Partizipation umfasst in erster Linie bürgerschaftliches Engagement. Diese Aktivitäten können zwar einen politischen Charakter annehmen, richten sich aber vor allem auf die soziale Integration und sind meist im ehrenamtlichen Bereich zu verorten. Soziales Engagement arbeitet dabei in der Regel auf eine kurzfristige und unmittelbare Verbesserung der bestehenden Verhältnisse hin. Handlungsformen sozialen Engagements drücken sich vor allem praktisch durch das Handeln vor Ort aus – wie zum Beispiel die Fürsorge und Hilfe für Mitmenschen oder das Engagement in Kultur, Sport und Umwelt. Hier wird häufig von Freiwilligenarbeit gesprochen. Im Fokus steht dabei die Verantwortung des Individuums, sich für die Mitmenschen einzusetzen. Sie zielt nicht zwangsläufig auf die Beteiligung an der politischen Entscheidungsfindung.

Zivilgesellschaftliche Partizipation enthält, wenngleich es sich zumeist um soziales Engagement handelt, auch eine politische Ebene. Vor allem der Wunsch das gesellschaftliche Leben mitzugestalten, sei es auch nur lokal und temporär, zeugt von einem politischen Charakter. Bürgerschaftliches Engagement, Politikinteresse und demokratische Werte stehen dabei in einer eng verknüpften Wechselwirkung. Roland Roth bezeichnet die verschiedenen Formen bürgerschaftlichen Engagements als Wahrnehmung eines demokratischen Mandats und schließt daraus, dass die Einstufung des bürgerschaftlichen Engagements als „vorpolitische Aktivität" (Roth 2018, 232) ignoriere, dass dem sozialen Engagement durchaus politische Ansprüche innewohnen würden. Dies belegt auch die Studie von Miranda Yates und James Youniss (1997), die Jugendliche in einem Engagement-Projekt mit Obdachlosen untersucht haben. Sie lässt darauf schließen, dass sich soziales Engagement auch durch einen politischen Kern auszeichnet (u. a. Yates/Youniss 1997; Youniss 2007; Reinders/Youniss 2006; Youniss 2006). Auch das Engagement mit und für die Menschen, die in den vergangenen Jahren in Deutschland Zuflucht vor Krieg und Verfolgung suchten, zeigt die Transformationskraft, die von sozialem Engagement ausgeht und zu politischer Partizipation führen kann. Viele Bürgerinitiativen, die sich in jener Zeit gründeten, leisteten zunächst aktive Soforthilfe, entwickelten sich aber schnell zu politischen Akteur*innen, die maßgeblich den politischen Diskurs beeinflussten. Die Grenzen sozialen Engagements und politischer Beteiligung gehen dabei fließend ineinander über. Dieser Übergang ist aber kein Selbstverständnis. Darauf verweisen unter anderem Sibylle Reinhardt und Alexander Wohnig auch mit Bezugnahme auf die Untersuchungen von Yates und Youniss. Reinhardt stellt fest, dass die Untersuchungen durchaus offenbaren, dass „aus Partizipation im Nahraum unter Umständen […] politisches Handeln resultieren" (Reinhardt 2010b, 137) könne. Die Politikdidaktikerin betont aber auch, dass das Handeln nur politische Relevanz durch politisches Handeln erfährt und dafür müssten „die politischen Dimensionen" (Reinhardt 2010b, 137) im sozialen Engagement herausgearbeitet werden. Diesen Aspekt der Untersuchungen von Yates und Youniss hebt auch Alexander Wohnig hervor, wenn er darauf verweist, dass der politische Effekt im sozialen Engagement „nicht im luftleeren Raum, sondern auf der Basis einer gewissen Tradition" (Wohnig 2017, 161) geschieht.

Dies würde empirisch das demokratietheoretische Konzept des republikanischen Verständnisses von Bürgerschaft bekräftigen, das auf die direkte und kollektive Gestaltung der Gesellschaft durch ihre Mitglieder abzielt – unabhängig von ihrem rechtlichen Status als Bürger*innen. Soziales Engagement und die verschiedenen Ausdrucksformen in einem Übergangsbereich von sozialer Verantwortung des Individuums und politischer Teilhabe in der Zivilgesellschaft kommen in dem Wunsch zum Ausdruck, soziale Verantwortung nicht dem Staat zu überlassen, sondern auf sich selbst, das Individuum zu übertragen. Mit dem republikanischen Demokratiekonzept ist auch die Idee verbunden, staatliche Aufgaben an die Allgemeinheit zu übertragen. Für Torsten Junge bedeutet dies für Partizipation, dass sie nicht mehr reduziert wird auf die etablierte Ausdrucksform der repräsentativen Demokratie. Es handele sich um eine „Erweiterung des konventionellen politischen Handlungsrahmen der Mitglieder der Gesellschaft" (Junge 2016, 202). Junge betont, dass diese Entwicklung allerdings nicht zwangsläufig zu mehr individuellen Handlungsspielräumen führe:

> Diese ehemals konzipierte Verantwortlichkeit des Staates wird zugunsten der Selbstverantwortlichkeit des Citoyen aufgegeben. Das bedeutet nicht selbstverständlich einen Zugewinn an persönlicher Freiheit und die Erweiterung individueller Handlungsfähigkeit, denn diese Möglichkeiten sind nur denjenigen gegeben, die über eine ausreichende ökonomische Potenz verfügen. (Junge 2016, 201)

Dieses republikanische Konzept von Bürgerschaft betont die Bedeutung des Individuums für das Gemeinwohl (Hoskins 2013, 28 f.). Dies kann zu mehr politische Partizipation führen, in unserer parlamentarischen Demokratie erleben wir aber eher, dass sich die republikanische Idee vor allem auf die Verantwortungsübernahme im Sinne des sozialen Engagements beschränkt. Dem Individuum wird nahegelegt und es wird darin bestärkt, sich sozial zu engagieren, ohne dabei die politischen Macht- und Herrschaftsverhältnisse zu hinterfragen. Dies kann zu einer Aushöhlung des Sozialstaates führen und eine Verlagerung der Verantwortung für die Erfüllung der Grundbedürfnisse der Menschen vom Staat auf das Individuum zur Folge haben.

Das republikanische Verständnis legt die Schwierigkeit offen, soziale und politische Partizipation trennscharf zu unterscheiden. Besonders deutlich wird diese Problematik in einer Zwischenform des Handelns, die sich nicht eindeutig in das binäre Kategoriensystem von sozialer und politischer Partizipation eingruppieren lässt: die Empowermentarbeit.

> Empowerment kommt aus dem Englischen und heißt ‚Selbstermächtigung/ Selbstbefähigung'. ‚Empowered sein' bedeutet hier die eigene Selbstfindung jenseits von rassistischen Vorurteilen zu erreichen. Sich gegenüber Erfahrungen von Stereotypisierung abzugrenzen ist der erste Schritt. Dies beginnt über Akzeptanzerfahrungen in geschützten Räumen und identitätsstiftenden Gesprächen. [...] Empowerment in der Erziehung ist eine Form der identitätsstiftenden Unterstützung, die auf unterschiedliche Weise erreicht werden kann. (Madubuko 2017, 805)

Empowermentarbeit bedeutet demnach vor allem Freiräume zu schaffen. Damit soll (Selbst)Bestärkung für Menschen möglich werden, die von Praxen der Exklusion betroffen sind. Sie wirkt unmittelbar, ist aber zugleich immer auch verbunden mit einem analytischen Verständnis von Macht- und Herrschaftsverhältnissen in der Gesellschaft (Kleinschmidt u. a. 2019). Mit der Empowermentarbeit geht auch eine Kritik an bestehenden Verhältnissen einher (Mende 2009, 130). Empowerte Menschen können Multiplikationskraft erzeugen und weitere Menschen erreichen und damit gesellschaftliches Leben transformieren.

> [O]hne Empowerment Benachteiligter keine legitime Normsetzung durch Deliberation! Zugleich ist zu erwarten, dass dies langfristig zu einer insgesamt breiteren Befähigung zur Teilnahme an Beteiligungsprozessen führt. Es ist also zwischen einer spezifischen (gruppenbezogenen) und einer allgemeinen (auf die Gesellschaft bezogenen) Dimension von Empowerment zu unterscheiden. (Alcántara u. a. 2016, 127)

Der Argumentation von Sophia Alcántara, Nicolas Bach, Rainer Kuhn und Peter Ullrich folgend, zeichnet sich Empowerment auch durch einen politischen Kern aus. Die Autor*innen schlagen daher eine Dreiteilung des Empowerment-Konzepts vor. Empowerment sei demnach:

1. spezifische Ermächtigung benachteiligter Gruppen;
2. generelle Befähigung zur Beteiligung;
3. aus beidem resultierend, in die Gesamtbevölkerung diffundierende Demokratisierung der Demokratie durch Etablierung von Beteiligungserfahrungen, -kompetenzen und -erfolgen. (Alcántara u. a. 2016, 129)

Das Ziel von Empowermentarbeit ist demnach nicht nur unmittelbar, kurzfristig und auf Individuen bezogen. Sie verliert die politischen Verhältnisse nicht aus dem Blick (aktueller Debattenbeitrag dazu: Jagusch/Chehata 2020). Im englischsprachigen Diskurs wird diese Zwischenform des politischen Handelns auch als *civic action* bezeichnet.

Civic action can be defined as a form of citizenship practice consisting in mainly collective initiatives aimed at implementing rights, taking care of common goods or empowering citizens. It can be addressed both to governmental or private interlocutors as well as to the general public. It implies the exercise of powers and the use of specific tools on the citizens' side. (Moro 2010, 145)

Wenngleich demnach eine Abgrenzung schwerfällt, ist eine Betonung des Politischen in Bezug auf politische Partizipation notwendig, um eine Entpolitisierung des Partizipationsbegriffs zu verhindern (Haus 2011). Frank Nonnenmacher macht dies an einem Beispiel deutlich: Wenn sich Menschen im Altersheim engagieren, Zeit mit den Menschen vor Ort verbringen, mit ihnen lesen oder sie gar *empowern*, indem sie ihnen den Umgang mit dem Computer lehren, fehlt diesem Engagement dennoch die politische Dimension. Diese würde erst deutlich, wenn beispielsweise „nach den strukturellen Verhältnissen in Altenheimen gefragt wird, wenn z. B. nach den Minutenzetteln der Pflegekräfte, nach ihrer Bezahlungen [sic!], nach der Relation Pflegekräfte/Bewohner, nach den Umsätzen der Pflegekonzerne und nach der innerbetrieblichen Demokratie gefragt würde" (Nonnenmacher 2011, 93).

Für die vorliegende Arbeit, unter anderem bezüglich der Auswahl der Interviewpartner*innen, liegt der Fokus auf Partizipationserfahrungen, die sich durch einen politischen Kern auszeichnen. Den weiteren Ausführungen liegt demnach ein explizit politischer Partizipationsbegriff zugrunde, der sich an Kategorien des politischen Handelns, auf Grundlage politischer Wertungen orientiert. Hartmut Rosa verbindet dies mit der Frage nach der Art des Gemeinwesens, das es zu bilden gilt, bzw. danach, „in was für einer Gemeinschaft wir leben wollen und wie den Strukturen beschaffen sein sollen" (Rosa 2012, 137).

Um dieses Konzept einordnen zu können, werden in einem nächsten Schritt zunächst Grundzüge politischer Partizipation unter Berücksichtigung politikwissenschaftlicher und soziologischer Theorien zusammengefasst. Hier wird auf

zentrale Arbeiten im Feld der Partizipationsforschung rekurriert (u. a. Theocha-
ris/van Deth 2018; Niedermayer 2005; Isin/Nielsen 2008a; Verba u. a. 1980;
Barnes/Kaase 1979), ohne den Anspruch auf Vollständigkeit erfüllen zu wollen.
Dieser Versuch würde den Rahmen der vorliegenden Arbeit zweifelsfrei überschreiten. Um den Begriff dennoch möglichst zielgerichtet als Grundlage für
die systematische Auswertung des empirischen Materials zu beschreiben, wird
politisches Engagement als dialektisches Phänomen skizziert. Dafür wird politische Partizipation entsprechend den verschiedenen charakteristischen Gegensatzpaaren vorgestellt, die sich unter anderem in konventionellen und unkonventionellen, legalen und illegalen sowie kollektiven und individuellen Ausdrucksformen
widerspiegeln (Kersting 2008, 21–28; Niedermayer 2005, 192–196; Kaase 1992,
146 ff.). Darüber hinaus wird die Bedeutung aktiver politischer Teilhabe im Kontext inklusiver und exklusiver Praxen eingeordnet (Isin/Nielsen 2008a). Für die
politische Bildung ist der Wert und die Wertschätzung realer politischer Teilhabe
im Spannungsfeld von Fremd- bis Selbstbestimmung von großer Bedeutung. All
diese Zugänge aus fachwissenschaftlicher Perspektive werden im weiteren Verlauf
dieses Kapitels genauer betrachtet.

Der Fokus der Analyse des Partizipationsbegriffs liegt wie bereits erwähnt
auf politischer Partizipation von Jugendlichen. Allerdings ist eine Begriffsklärung unabhängig vom Alter herausfordernd, weil dieses Konzept normativ
aufgeladen ist und dabei zugleich inhaltlich unterschiedlichen Deutungen unterliegt (u. a. Rieker u. a. 2016, 6f.; Betz u. a. 2010, 11; van Deth 2009, 144f.). Mit
Bezugnahme auf die vielfältigen Erwartungen, die mit diesem Begriff verbunden
werden, sprechen Fritz Oser und Horst Biedermann daher in ihrem gleichnamigen
Aufsatz von einem „Begriff, der ein Meister der Verwirrung" (Oser/Biedermann
2006) sei. Um dieser Verwirrung entgegenzuwirken, wird im Folgenden der
Versuch unternommen, politische Partizipation und insbesondere die politische
Aktion als eine besondere Form des politischen Handelns einzugrenzen.

Als Grundlage einer Begriffsklärung gilt es zunächst, den normativen und
instrumentellen Charakter politischer Partizipation zu unterscheiden. Während
das normative Partizipationsverständnis davon geprägt ist, dass Partizipation als
„eigenständiger Wert im Sinne direktdemokratischer Verfasstheit" (Brunold 2017,
142) insgesamt verstanden wird, ist mit dem instrumentellen Begriffsverständnis
eher ein zweckrationales politisches Handeln verbunden, zur Erreichung konkreter
politischer Ziele (Kaase 1992, 146; Burdewick 2003, 31).

Die US-amerikanischen Sozialwissenschaftler Sidney Verba und Norman H.
Nie haben in ihrer Arbeit „Participation in America: Political Democracy and
Social Equality" folgende Definition für den Partizipationsbegriff vorgeschlagen:

Political participation refers to those activities by private citizens that are more or less directly aimed at influencing the selection of governmental personnel and/or the actions they take. (Verba/Nie 1972, 2)

Es ist kein Zufall, dass in den 1960er- und 1970er-Jahren vor allem in den USA intensiv zu den Fragen politischer Partizipation geforscht wurde. Die sogenannte 68er-Bewegung und vor allem die Proteste gegen den Vietnamkrieg hatten Einfluss auf das Selbstverständnis partizipativer Demokratien. Auch deswegen waren die Definitionen jener Zeit verhältnismäßig offen formuliert. Neben Verba und Nie (1972; Verba u. a. 1980) haben vor allem Samuel H. Barnes und Max Kaase (1979) international die Forschung zu Partizipation nachhaltig geprägt. Grundlage für viele Forschungsarbeiten zu politischer Partizipation war die Studie „Political Action: Mass Participation in Five Western Democracies" (Barnes/Kaase 1979). In einem Beitrag zu dieser internationalen Vergleichsstudie definieren Max Kaase und Alan Marsh politische Partizipation aber weniger eng verknüpft mit dem Wahlvorgang oder den Repräsentant*innen und ihren Entscheidungen. Für Kaase und Marsh sind politische Handlungen all jene „voluntary activities by individual citizens intended to influence either directly or indirectly political choices at various levels of the political system" (Kaase/Marsh 1979, 42). Die Politikwissenschaftlerin Susanne Pickel (2012, 40 f.) spricht, bezugnehmend auf die Arbeiten u.a. von Samuel H. Barnes (1979) und Jan van Deth (2009), bei politischer Partizipation von einem zielgerichteten Verhalten, das auf die Beeinflussung des politischen Prozesses angelegt sei. Voraussetzung für tatsächliches politisches Handeln sei Pickel zufolge aber eine vorgelagerte politische Teilhabe, „der jedoch keine Handlung folgen muss" (Pickel 2012, 40). Trotz der Ausdehnung des Partizipationsbegriffes grenzen auch Pickel, Kaase und Marsh den Begriff klar ein. Sie beschränken politische Partizipation auf den Kern des Politischen, das Ziel, Einfluss auf politische Entscheidungsprozesse zu nehmen und damit nachhaltig zu wirken. Sie betonen den Wert der Freiwilligkeit als Wesensmerkmal politischer Beteiligung in einer Demokratie. Auch der niederländische Politikwissenschaftler Jan van Deth verweist auf den Aspekt der Freiwilligkeit. Politische Partizipation kann in einem demokratischen Verständnis demnach weder von politischen Autoritäten noch durch Gesetze angeordnet werden (van Deth 2009, 143). Mit dieser Einschränkung erklärt sich die Notwendigkeit, politisches Handeln im Kontext der politischen Kultur und des Demokratieverständnisses eines politischen Systems zu begreifen.

Die US-amerikanischen Politikwissenschaftler Gabriel Almond und Sidney Verba haben dafür den Begriff der „politischen Kultur" geprägt. Sie beschreiben in der internationalen Vergleichsstudie *The Civic Culture* (Almond/Verba

1963) drei Formen politischer Kultur. In ihrer Einführung zu politischer Kultur-
und Demokratieforschung fassen Susanne Pickel und Gert Pickel (2006) die drei
idealtypischen politischen Kulturen zusammen. Als *Parochial Culture* wird ein
politisches System verstanden, das von wechselseitiger Nichteinmischung von
Staat und Bürger*innen gekennzeichnet ist. Bürger*innen in Staaten parochia-
ler politischer Kultur sind nicht interessiert an politischer Mitwirkung und haben
auch keine Erwartungen an den Staat. Es fehlt die Bindung der Bürger*innen
an politische Entscheidungsprozesse. Die *Subject Culture* beschreibt eine politische Kultur, in der die Bürger*innen Entwicklungen und Entscheidungen im
politischen System durchaus wahrnehmen und bewerten. Die Rolle der Bürger*innen zeichnet sich aber durch eine „passive Beziehung zu Politik und eine
eingeschränkte (politische) Bindung" (Pickel/Pickel 2006, 63) aus. Die *Partici-
pant Culture* beschreibt eine politische Kultur, in der die Wahrnehmungen und
Bewertungen politischer Entscheidungen auf einem grundlegenden politischen
Wissen der Bürger*innen basiert. Dies führe dazu, dass sie aktiv am politischen
Leben teilhaben. Da sich die drei theoretischen Konzeptionen politischer Kultur
in der Realität kaum wiederfinden, haben Almond und Verba diese idealtypischen
Konzepte politischer Kulturen um drei Typen „of systematically mixed political cultures" (Almond/Verba 1963, 23) ergänzt. Pickel und Pickel kommen zu
folgendem Schluss:

> In ihrem Zusammenspiel münden die aufgezeigten Überlegungen in die Untersuchung
> einer „Civic Culture", welche starke partizipative Orientierungen mit einem positiven
> Einstellungsgefüge hinsichtlich der Strukturen des politischen Systems und der poli-
> tischen Prozesse verbindet. Es handelt sich um eine rational-aktivistische Kultur, die
> sich vor allem auf die Aktivitäten auf der Seite des Input in das politische System
> bezieht und diese in ihrer Bedeutung hervorhebt. Deutlich wird dies in der deutschen
> Übersetzung als Staatsbürgerkultur. (Pickel/Pickel 2006, 64 f.)

Ergänzt werden können die Überlegungen zur politischen Kultur durch das in
der politischen Bildung diskutierte Konzept der Bürgerleitbilder. Joachim Detjen
skizziert mit den politisch Desinteressierten, den reflektierten Zuschauer*innen,
den interventionsfähigen Bürger*innen und den Aktivbürger*innen vier Bürgerleitbilder (Detjen 2002, 2017; siehe auch: Breit/Massing 2002), die ähnlich wie
die Konzepte der politischen Kultur in ihrer Ausprägung und dem Selbstverständnis als politische Bürger*innen divergieren. Letztlich ist eine Gesellschaft immer
geprägt von einer Mischform der politischen Kultur, die durch unterschiedliche
politische Selbstkonzepte der Bürger*innen gekennzeichnet ist. Bedeutsam ist
allerdings, dass in diesem Zusammenhang noch einmal definiert wird, was mit
dem Konzept der *Citizenship* / Bürgerschaft verbunden wird.

Dem Partizipationsbegriff und auch dem Konzept der politischen Kultur, maßgeblich für den Diskurs zum Staatsbürgerschaftsverständnis, liegt zumeist eine
Idee von Bürgerschaft zugrunde, welche auf den rechtlichen Status der Staatsbürger*innen rekurriert. Während das republikanische Verständnis von *citizenship*
vor allem auf die Partizipation an der Gemeinschaft zielt, beschreibt das liberale
Verständnis die Rechte des Individuums gegenüber der Gemeinschaft. Beide Konzepte sind von Statuszuschreibungen der Individuen geprägt (Kleinschmidt u. a.
2019, 408). Die Sozialwissenschaftlerin Bryony Hoskins (2013) identifiziert diese
Statusorientierung vor allem im liberalen Demokratieverständnis, welches Bürgerschaft in erster Linie als eine Rechtsbeziehung zwischen Bürger*innen und Staat
beschreibt. Die Staatsbürger*innen verfügen dabei über spezifische Rechte (bspw.
das Wahlrecht), die sie von der restlichen Bevölkerung unterscheiden. Als geeignete Partizipationsform dieses liberalen Verständnisses erscheine demnach die
Repräsentation, sei es über Verbände, Vereine oder ein repräsentatives Wahlsys-
tem (Hoskins 2013, 26–28). Dabei offenbart sich ein sozial-exklusiver Charakter
dieses Bürgerschafts- und Partizipationskonzeptes.

Dem gegenüber stehen radikaldemokratietheoretische Überlegungen, die Partizipation im demokratischen System loslösen vom rechtlichen Status des Indiv-
duums. In dem Beitrag „Theorizing Acts of Citizenship" beschreibt Engin Isin
(2008), welches Verständnis von *citizenship* seiner Theorie zugrunde liegt.

[W]hat is important is not only that citizenship is a legal status but that it also involves
practice of making citizens – social, political, cultural and symbolic. (Isin 2008, 17)

Für ihn zeichnet sich das Konzept *citizenship* demnach nicht nur durch den formalen Status aus, er impliziert auch bürgerschaftliche Praxen der Teilhabe, die sich
von diesem engen Bürgerschaftsverständnis lösen (Kenner/Lange 2020a, 183).

An das Verständnis von Isin anschließend sind Kritik und Emanzipation jene
Haltung, die den Grundstein für politische Aktionen in Form *acts of citizenship*
(Isin 2008) legt, denn sie zielen auf nachhaltige Gesellschaftsveränderungen, auch
durch das Hinterfragen von Macht- und Herrschaftsstrukturen (Hoskins 2013,
29 f.). „Citizenship in dieser Perspektive stellt letztlich auch immer eine Positionierung in hinterfragbaren gesellschaftlichen Strukturen dar." (Kenner/Lange
2020a, 180) Die Gefahr, politische Partizipation in einem liberalen oder republikanischen Demokratieverständnis hauptsächlich mit dem rechtlichen Status
der Staatsbürgerschaft zu verknüpfen, besteht nicht nur darin, dass dabei Menschen exkludiert werden, deren Nationalität und Staatsbürgerschaft ihnen eine
Teilhabe verwehren würden, sondern sie verliert auch jene aus dem Blick,

denen beispielsweise noch kein Wahlrecht zugesprochen wird. Doch auch Kinder und Jugendliche, ohne entsprechende staatsbürgerschaftliche Privilegien wie dem Wahlrecht, finden Ausdrucksformen politischer Beteiligung. Engin Isin und Greg Nielsen definieren deshalb *acts of citizenship* weitergehend wie folgt:

> They disrupt habitus, create new possibilities, claim rights and impose obligations in emotionally charged tones; pose their claims in enduring and creative expressions; and, most of all, are the actual moments that shift established practices, status and order. Acts of citizenship should be understood in themselves as unique and distinct from citizenship practices in the sense they are also actively answerable events, whereas the latter are institutionally accumulated processes. (Isin/Nielsen 2008b, 10)

Für Isin sind diese sogenannte *acts of citizenship* zwar moralisch begründete und gewaltfreie bürgerschaftliche Praxen (Isin 2008), inwiefern die politischen Akte aber inklusiv oder ausschließend, positiv oder negativ sind, könne nicht grundsätzlich bestimmt werden, sondern hänge von dem jeweiligen politischen Akt und der Perspektive derjenigen ab, die diesen Akt einordnen (siehe hierzu auch: Kleinschmidt 2017).

> These qualities arise after, or, more appropriately, through the act. In fact, we as interpreters ascribe these qualities to those acts. This means that acts produce such qualities only as their effects not as their causes. Moreover, those acts that are explicitly intended for certain effects (inclusion, diversity, tolerance) may well produce their counter effects (exclusion, homogeneity, intolerance). (Isin 2009, 380)

Die Wirkung politischer Partizipationserfahrung, ob in konventionellen Ausdrucksformen oder über die *acts of citizenship*, wie Isin und Nielsen die eher unkonventionellen Praxen der *citizenship* beschreiben, auf die politische Kultur, vor allem das politische Selbst und letztlich auch auf politische (Selbst)Bildungsprozesse scheint hoch. Der Partizipationsforscher Jan van Deth ist überzeugt das politische Partizipation zur Ausbildung demokratischer Werte und damit zu politischer Orientierung beitrüge, stärker als dies umgekehrt gelinge (van Deth 2017). Ellen Quintelier und Jan van Deth konnten diesen Effekt in einer empirischen Studie mit mehr als 3.000 Jugendlichen nachweisen. „More specifically, we now know that the effects of being engaged politically on political interest, efficacy, confidence and norms of citizenship are clearly stronger than the effects of these attitudes on participation." (Quintelier/van Deth 2014, 167)

Auf Grundlage der allgemeinen Überlegungen zu Rahmenbedingungen und Charakteristika politischer Partizipation im politischen System und der Wirkung von politischer Partizipationserfahrungen auf die vorherrschende politische Kultur, sollen im Folgenden unterschiedliche Ausprägungen, Formen und Gegensatzpaare politischen Handelns zur weiteren Ausdifferenzierung dargestellt werden.

An den vom Politikwissenschaftler Oskar Niedermayer (2005) vorgeschlagenen sechs Formen politischer Partizipation lassen sich wesentliche Merkmale der Dialektik der Partizipation aufzeigen. Als einfachste konventionelle Partizipationsform führt Niedermayer zunächst die Beteiligung an Wahlen an. Diese Partizipationsform sei Kern der Rolle von Staatsbürger*innen. Eine über das Wählen hinausgehende politische Partizipationsform stellt die parteibezogene Aktivität dar. Hierunter fallen zum Beispiel die Mitgliedschaft und die Mitarbeit in Parteien. Eine zeitlich begrenzte Form der politischen Partizipation stellt die Unterstützung einer Wahlkampagne von Parteien und Politiker*innen dar. Die bis hier genannten Formen politischen Engagements sind eng gebunden an konventionelle und staatsbürgerliche Rollenverständnisse und daher weniger als politische Aktionen einzuordnen. Als vierte Form der politischen Partizipation nennt Niedermayer den legalen Protest. Die Mitwirkung an einer Bürger*inneninitiative stellt eine nicht verfasste Beteiligungsart dar. Ziviler Ungehorsam als Protest und fünfte Partizipationsform zeichnet sich für Niedermayer dadurch aus, dass dabei gegen geltendes Recht verstoßen wird. Schließlich benennt der Politikwissenschaftler die politische Gewalt – gegen Personen oder Sachen – als eine illegale Form der politischen Partizipation (Niedermayer 2005, 194 f.). Die Dialektik der politischen Partizipation lässt sich demnach an den drei Gegensatzpaaren konventioneller und unkonventioneller, legaler und illegaler sowie individueller und kollektiver politischer Partizipation nachzeichnen (Kaase 1992, 146 ff.).

2.1.2.2 Konventionell oder unkonventionell?

Kaase und Marsh (1979) entwickelten eine Kategorisierung politischer Partizipation und unterschieden dabei konventionelle von unkonventioneller politischer Partizipation. Die konventionellen Partizipationsformen seien demnach eng verknüpft mit den Wahlen in repräsentativen Demokratien. Das bezieht aber nicht nur den Urnengang bei regionalen, überregionalen oder internationalen (bspw. EU) Wahlen mit ein, sondern berücksichtigt gleichermaßen „wahlkampfbezogene Aktivitäten, die Organisierung in überregionalen intermediären Gruppen wie Gewerkschaften, Parteien, Verbänden etc. und persönliche Kontakte zu Politikern" (Kersting 2008, 24). Konventionelle politische Partizipation sind nach Marsh und Kaase (1979, 84) all jene politischen Handlungen, die direkt oder indirekt mit dem Wahlprozess bzw. mit administrativen Kontexten in Verbindung stehen. Als unkonventionelle Formen der Partizipation werden vor allem Formen des politischen Protestes wie beispielsweise Demonstrationen, Blockaden und Besetzungen verstanden (van Deth 2009, 146).

> [U]nconventional political behavior, […] can be defined as behavior that does not correspond to the norms of law and customs that regulate participation under a particular regime. (Kaase/Marsh 1979, 41)

Auch Wolfgang Gaiser und Johann Rijke subsumieren unter konventioneller Partizipation alle freiwilligen politischen Aktivitäten im unmittelbaren Kontext von Regierungs-, Politik- oder staatlichen Handlungsfeldern. Unkonventionelle politische Partizipation sei politische Handlung, die „nicht im definierten Bereich der Politik stattfindet, aber auf diesen Bereich der Politik zielt" (Gaiser/Rijke 2016, 51). Die Autoren betonen aber, dass diese Partizipationsformen nicht losgelöst voneinander betrachtet werden sollten, weil sie keine „voneinander unabhängige Formen" (Gaiser/Rijke 2016, 56) seien. In Bezug auf konventionelle Beteiligungsformate betonen Sidney Verba, Kay Lehman Schlozman und Henry E. Brady (1995) in ihrem Buch „Voice and Equality. Civic Voluntarism in American Politics" den Stellenwert politischer Partizipation für moderne Demokratien, mit einer bis heute vielfach zitierten Metapher:

> Citizen Participation is at the heart of democracy. Indeed, democracy is unthinkable without the ability of citizens to participate freely in the governing process. (Verba u. a. 1995, 1)

Ob sich Partizipation als Wert des demokratischen Systems vormals am Grad der Beteiligung der Bürger*innen durch konventionelle Partizipation messen ließe, diskutiert Dieter Fuchs (2000) mit offenem Ergebnis in seinem Aufsatz „Demokratie und Beteiligung in der modernen Gesellschaft: einige demokratietheoretische Überlegungen". Fuchs beschreibt schon zur Jahrtausendwende den Wandel der Öffentlichkeit durch neue, digitale Kommunikationsmedien und geht dabei auf die steigende Bedeutung unkonventioneller Partizipationsformen ein. Heute, 20 Jahre später, bieten diese Medien, auch mit dem Aufkommen sozialer Netzwerke im Internet, mannigfaltige und innovative Formen unkonventioneller Partizipation, die in den klassischen Arbeiten zur Partizipationsforschung noch weitgehend unberücksichtigt blieben (hierzu auch: Kenner/Lange 2020a). Neben den Transformationsprozessen in den Kommunikationsmedien wird auch der Bildungsexpansion der vergangenen Jahrzehnte eine bedeutende Rolle bei der Zunahme unkonventioneller Partizipationsformen zugeschrieben. So gehen Andreas Hadjar und Rolf Becker davon aus, dass ein „höheres Bildungsniveau [...] mit einer höheren Wahrscheinlichkeit [mit] unkonventioneller politischer Partizipation verbunden" (Hadjar/Becker 2007, 435) sei.

Im Fokus der vorliegenden Studie stehen die Partizipationserfahrungen von Kindern und Jugendlichen, die selbstbestimmt und selbstorganisiert politisch aktiv sind. In der Regel haben sie dafür ausschließlich unkonventionelle Partizipationsformen gewählt. Sie haben politische Versammlungen und Demonstrationen organisiert, Kanäle in den digitalen sozialen Netzwerken als Kommunikationsstruktur aufgebaut, aber auch Erfahrungen im Feld des zivilen Ungehorsams gesammelt, beispielsweise durch den Aufruf zu und die Organisation von Schulstreiks. Allen beforschten Gruppen und Einzelpersonen ist gemein, dass sie öffentlich und nicht konspirativ handeln. Dennoch: Die Grenze von Legalität und Gesetzesbruch kann vor allem bei unkonventionellen Partizipationsformen schnell überschritten sein. Im Folgenden wird dieses Gegensatzpaar als Grundlage für die empirische Analyse genauer herausgearbeitet.

2.1.2.3 Legal, illegal, ungehorsam?

Im unkonventionellen Bereich ist die Unterscheidung zwischen legal und illegal anzusiedeln. So können sich unkonventionelle, legale Partizipationsformen in Petitionen und genehmigten Demonstrationen äußern. Als illegal werden politische Handlungen bezeichnet, wenn es sich beispielsweise um nicht genehmigte Demonstrationen, Blockaden oder Besetzungen handelt, die gewaltfrei, aber auch gewaltsam ablaufen können.

> In engem Zusammenhang mit der Frage der Verfasstheit steht die Frage der Legalität. Während sich Verfasstheit auf Bundes- und Landesverfassungen aber auch auf kommunale Satzungen bezieht, ist die Frage der Legalität mit Gesetzesüberschreitungen und Straftatbeständen verknüpft. Sie birgt ein höheres Konfliktpotential in sich. Die Unterscheidung in legitime Beteiligungsakte und illegitime Beteiligung stellt die Frage nach der Konformität in Bezug auf soziale Normen. (Kersting 2008, 25)

Die grundsätzliche Unterscheidung von legal und illegal ließe sich schnell beantworten. Legale politische Partizipationsformen verstoßen nicht gegen das geltende Recht, illegale Formen politischer Aktionen zeichnet aus, dass sie diesen Rechtsverstoß in Kauf nehmen oder gar einkalkulieren (Kaase 1992, 147). Den Ausführungen von Kersting folgend, bedarf es aber mehr als nur einer Unterscheidung von legal und illegal. Bedeutsam ist auch die Auseinandersetzung mit der Frage der Legitimität, daher ist diese Frage auch eine maßgebliche Kategorie für die Analyse der Erfahrungsberichte in der vorliegenden empirischen Untersuchung.

Der Politikwissenschaftler unterscheidet bei illegaler politischer Partizipation zwischen zivilem Ungehorsam und politischer Gewalt. Niedermayer subsumiert unter dem zivilen Ungehorsam alle „nicht gewaltsamen partizipativen Aktivitäten, die gegen geltendes Recht verstoßen und von einer breiten Mehrheit der Bevölkerung nicht als legitime Art der Beteiligung am politischen Prozess verstanden werden" (Niedermayer 2005, 194).

Der Begriff des zivilen Ungehorsams wurde maßgeblich durch die von John Rawls 1971 erstmals veröffentlichte „Theorie der Gerechtigkeit" geprägt. Für Rawls kann ein Rechtsbruch nur als Ausdrucksform des zivilen Ungehorsams verstanden werden, wenn er öffentlich, gewaltlos und gewissensbestimmt sei (Rawls 2017, 109). Jürgen Habermas erweiterte diese Beschreibung, auch mit Bezugnahme auf die Arbeiten von Rawls, in seinem 1983 erstmals erschienenen Aufsatz „Ziviler Ungehorsam – Testfall für den demokratischen Rechtsstaat. Wider den autoritären Legalismus in der Bundesrepublik". Habermas erklärt hier, dass politische Akte des zivilen Ungehorsams moralisch begründet sein müssen und nicht nur motiviert durch private Glaubensüberzeugungen oder gar getrieben von Eigeninteressen sein dürfen. Außerdem zeichne sich ziviler Ungehorsam dadurch aus, dass er öffentlich stattfindet und einen Rechtsbruch darstellt, ohne dabei die grundsätzliche Rechtsordnung infrage zu stellen.

> Ziviler Ungehorsam ist ein moralisch *begründeter* Protest, dem nicht nur private Glaubensüberzeugungen oder Eigeninteressen zugrunde liegen dürfen; er ist ein *öffentlicher* Akt, der in der Regel angekündigt ist und von der Polizei in seinem Ablauf kalkuliert werden kann; er schließt die vorsätzliche Verletzung einzelner Rechtsnormen ein, ohne den Gehorsam gegenüber der Rechtsordnung im ganzen zu affizieren; er verlangt die Bereitschaft, für die rechtlichen *Folgen* der Normverletzung *einzustehen*; die Regelverletzung, in der sich ziviler Ungehorsam äußert, hat ausschließlich *symbolischen Charakter* – daraus ergibt sich schon die Begrenzung auf *gewaltfreie* Mittel des Protests. (Habermas 2017, 215 f.- Hervorhebungen im Original)

Schon im Jahr 1969 verwies Hannah Arendt darauf, es gäbe einen „ungeheuren Unterschied zwischen dem Kriminellen, der das Licht der Öffentlichkeit scheut, und dem zivilen Gehorsamsverweigerer, der in offener Herausforderung das Gesetz in seine eigenen Hände nimmt" (Arendt 2017, 146). Besonders betont wird in der fachwissenschaftlichen Literatur die Tatsache, dass ziviler Ungehorsam gewaltlos stattfindet. Vor allem die Gewalt gegenüber Menschen ist vollständig unverträglich mit dem Konzept des zivilen Ungehorsams.

In den vergangenen Jahren haben sich in Deutschland verschiedene politische Jugendbewegungen immer wieder des Instruments des zivilen Ungehorsams bedient, unter anderem in den Jahren 2009 und 2010 im Kontext großer Bildungsproteste gegen Schulreformen sowie die Bologna-Reform an den Hochschulen. Der Protest richtete sich auch gegen die Einführung von Studiengebühren. Es kam zu dezentralen Bildungsstreiks und Besetzungen von Hörsälen an den Universitäten. Mit der steigenden Migrationsbewegung nach Europa gründeten sich ebenfalls dezentral verschiedene Antirassismus-Gruppen, die unter anderem den Refugee Schul- und Unistreik organisierten. Die Umweltprotestbewegung, die in den 1980-Jahren noch maßgeblich vom Protest gegen die Atomenergie geprägt war, hat in den letzten Jahren drei neue Gruppierungen hervorgebracht. Die bekannteste Bewegung ist die Jugendinitiative „Fridays for Future". Daneben verfolgen aber auch die Aktivist*innen von „Extinction Rebellion" und „Ende Gelände" umweltpolitische Ziele. Alle drei wählen Formen des zivilen Ungehorsams. Während „Ende Gelände" und „Extinction Rebellion" mit Blockaden von Kohlekraftwerken, Wald- und Platzbesetzungen sowie unangemeldeten Demonstrationen hauptsächlich auf zivilen Ungehorsam als Protestform setzen, organisieren die Schüler*innen, Auszubildenden und Studierenden von „Fridays for Future" vielfältige Formate der unkonventionellen Partizipation. Der Schwerpunkt liegt aber auch hier mit dem Schulstreik auf einer rechtlich nicht legitimierten Protestform. Erfahrungen von Schüler*innen mit dieser Form der selbstbestimmten und selbstorganisierten politischen Aktion stehen auch im Fokus der hier vorgestellten Untersuchung.

> Diejenigen, die zivilen Ungehorsam ausüben, achten die Regeln des demokratischen Rechtsstaats, weshalb sie auch bereit sind, die Konsequenzen zu tragen. Dieses Konzept zivilen Ungehorsams verpflichtet beide Seiten zur Mäßigung, also auch den Staat. Weder dürfen staatliche Instanzen mit Zwang überreagieren, noch dürfen die Protestler Gewalt ausüben oder mit einer Moralkeule diffamieren. Denn ein kollektiver Lernprozess soll angestoßen und vorangetrieben werden, der nach dem Wollen der Protestler geänderte Mehrheits-Entscheidungen auf legalem Wege und mit legitimen Gründen hervorbringen soll. (Reinhardt 2019b, 76)

Die Politikdidaktikerin Sibylle Reinhardt unterstellt damit den Wunsch der Aktivist*innen, einen kollektiven Lernprozess innerhalb der Gesellschaft anregen zu wollen. Ob dies tatsächlich der Fall ist, ist einer der Untersuchungsgegenstände der vorliegenden Studie.

Anders als das weitgehend anerkannte Konzept des zivilen Ungehorsam begründet Claire Moulin-Doos in ihrer gleichnamigen Arbeit die Notwendigkeit von „Civic Disobedience" (Moulin-Doos 2015) bzw. vom „politischen

Ungehorsam" (Moulin-Doos/Eis 2016) und unterscheidet zivilen und politischen
Ungehorsam vor allem in der Grundsätzlichkeit ihrer Kritik.

> Im Gegensatz zu Rawls Verständnis von zivilem Ungehorsam, richtet sich der hier
> gemeinte politische Ungehorsam […] nicht nur gegen einzelne Gesetze und Maß-
> nahmen, sondern gegen eine breitere, hegemoniale politische Strategie. Es geht um
> die Beurteilung einer vermeintlich funktionierenden Demokratie. Diese Beurteilung
> schließt auch Formen der Widerständigkeit gegen die Bedrohung, die Untergrabung
> und den Abbau von Demokratie ein. (Moulin-Doos/Eis 2016, 137)

Für die vorliegende Untersuchung ist die Unterscheidung von legaler und illegaler Partizipation sowie die Frage nach Legitimität von großer Bedeutung, denn
das Sample dieser Studie zeichnet sich dadurch aus, dass es junge Menschen in
den Blick nimmt, die Erfahrungen mit nicht-institutionalisierten, unkonventionellen, selbstorganisierten, politischen Aktionen sammeln, die in der Regel kollektiv
durchgeführt werden und dabei immer wieder auch zu Rechtsbrüchen führen. Beispielhaft dafür sind Blockaden von Demonstrationsrouten oder der Schulstreik
mit der damit verbundenen Verletzung der Schulpflicht. Die verschiedenen Formen politischer Aktionen, von denen in den Interviews berichtet wird, bewegen
sich im Spannungsfeld legaler und illegaler Akte, sind dabei aber nie konspirativ
oder geprägt von gezielter und aktiver Gewalt.

Das dritte Gegensatzpaar, das für die vorliegende Studie im Kontext politischer Partizipation einer genaueren Betrachtung bedarf, ist die Unterscheidung in
individuelle und kollektive politische Aktion. Dies wird im Folgenden genauer
untersucht.

2.1.2.4 Individuell oder kollektiv?

Als weiteres relevantes Merkmal zur Beschreibung von Partizipation schlägt
der Politikwissenschaftler Norbert Kersting das Gegensatzpaar Individualität und
Kollektivität vor. Er rekurriert dabei vor allem auf die motivationalen Aspekte
politischer Beteiligung und verweist darauf, dass potenziell mit politischen Aktionen „individuelle, partikulare oder kollektive Interessen" (Kersting 2008, 25)
verfolgt werden.

Für die vorliegende Arbeit sind bezüglich der Kategorien Individualität und
Kollektivität aber nicht nur die Interessen und Motivationen der interviewten
Kinder und Jugendlichen von Bedeutung. Viel wichtiger erscheint die Bedeu-
tung sozialer und politischer Interaktionen in der politischen Selbstorganisation.
Hartmut Rosa (2019, 165) ist überzeugt, dass das politische Einbringen den
Bürger*innen ermögliche, „die durch nichts zu ersetzende Erfahrung politischer

Selbstwirksamkeit [zu sammeln,] durch ihre Stimme […] mit den anderen und dem Gemeinwesen verbunden [zu sein] und Anteil an der kollektiven Gestaltung der Welt" zu haben. Trotz des kollektiven Charakters dieser Gestaltung der Welt ist dieser Akt auch unmittelbar verbunden mit einer subjektiven Konstruktion von Wirklichkeit. Dies sei allerdings „keine beliebige Spielerei, sondern wir verantworten sie durch unser Handeln und hinterlassen sie anderen, die uns zur Rede und Verantwortung stellen können und sollten" (Reich 1996, 88), konstatiert Kersten Reich.

Ohne Interaktion und Austausch ist politisches Handeln kaum vorstellbar. Vielmehr ist es immer gekennzeichnet durch ein wirkungsvolles Wechselspiel von Subjekt und Gemeinschaft, von Individuum und Kollektiv. Daher muss das Ziel politischer Bildungsprozesse im Kontext von Partizipationserfahrungen immer auch sein, dass die Kinder und Jugendlichen sich selbst im Verhältnis zu ihrer Umgebung sehen. Der Politikdidaktiker Andreas Eis betont diesbezüglich:

> Kollektive politische Lernprozesse vollziehen sich gleichwohl in realen Handlungssituationen, in denen nicht in einem top-down-Verfahren Scheinprobleme und pseudopartizipatorische Entscheidungs- und Lernanlässe vorgegeben werden, sondern die Subjekte auf eigene Handlungsproblematiken des gesellschaftlichen Zusammenlebens stoßen und ihre politische Selbst- und Weltverfügung lernend erweitern. (Eis 2014, 266)

Für die vorliegende Arbeit werden die politischen (Selbst)Bildungserfahrungen von den Jugendlichen in der Regel kollektiv gesammelt. Sie engagieren sich überwiegend in politischen Jugendbewegungen/-initiativen. Im fachwissenschaftlichen Diskurs hat sich für diese Form der politischen Selbstorganisation der Begriff der (Neuen) Sozialen Bewegung etabliert. Damit sind Zusammenschlüsse von Personen gemeint, „welche i) sich selbst als Gruppe begreifen, ii) das Ziel verfolgen, grundlegenden sozialen Wandel zu bewirken, zu verhindern oder umzukehren und iii) deren Kollektiv eine geringe interne Rollenspezifikation aufweist." (Herkenrath 2011, 25). Sie unterscheiden sich, betont Mark Herkenrath, von konventionellen Partizipationsstrukturen wie Parteien und Einzelorganisationen wie beispielsweise Gewerkschaften durch einen „geringeren Grad an formaler Institutionalisierung" (Herkenrath 2011, 25). Formale Organisationsstrukturen wie Versammlungen mit gewählten Sprecher*innen, Versammlungsleitungen, Redelisten und formale Regeln des Meinungsaustausches und der Kompromiss-/Konsensfindung können dennoch Bestandteil sozialer Bewegungen sein. Hervorzuheben ist allerdings der zumeist lose Zusammenschluss (ohne feste Mitgliedschaft) und die basisdemokratische Grundausrichtung. Der Soziologe Jürgen Habermas beschreibt soziale Bewegungen wie folgt:

Offensiv versuchen diese, Themen von gesamtgesellschaftlicher Relevanz aufzu-
bringen, Problemstellungen zu definieren, Beiträge zu Problemlösungen zu liefern,
neue Informationen beizusteuern, Werte anders zu interpretieren, gute Gründe zu
mobilisieren, schlechte zu denunzieren. (Habermas 1997, 447)

Habermas gibt allerdings zu bedenken, dass ihre Wirkungskraft „im allgemeinen
zu schwach [ist], um im politischen System kurzfristig Lernprozesse anzustoßen oder Entscheidungsprozesse umzusteuern" (Habermas 1997, 451). Allerdings
schließt er eine „überraschend aktive und folgenreiche Rolle" (Habermas 1997,
460) im Falle einer Krisensituation nicht aus.

    Nicht alle interviewten Jugendlichen organisieren sich in sozialen Jugendbewe-
gungen. Teilweise sind sie in selbstorganisierten Protestgruppen, Arbeitsgemeinschaften oder losen Initiativen aktiv. Für all diese Gruppierungen gilt allerdings
gleichsam, dass öffentlich sichtbar nur ein kleiner Ausschnitt ihrer Bildungsarbeit wird. Bezugnehmend auf soziale Bewegungen beschreibt der Protestforscher
Sebastian Haunss dieses Phänomen mit einem Bild: soziale Bewegungen seien
wie Eisberge. Der Großteil der Prozesse bleibe der Öffentlichkeit verborgen
(Haunss 2016, 35) Er bezieht sich dabei auf die Überlegungen des italienischen
Forschers Alberto Melucci, der in sozialen Bewegungen sogenannte „submerged
networks" (Melucci 1989, 60 nach Haunss 2016, 33) identifiziert. Haunss schließt
daraus:

As one specific form of collective action, a social movement is therefore more of less
similar to other forms of collective action that differ along one or more to the three
dimensions – conflict versus consensus, solidarity versus aggregation, breching versus
maintining the system limits. (Haunss 2016, 33)

Für die vorliegende Studie gilt es bezüglich dieser Dimensionen vor allem die
Frage einer vermeintlichen Homogenisierung politischer Positionierungen im
Kontext kollektiver Selbstorganisation zu thematisieren, weil dieses Phänomen
mit einem Grundprinzip der politischen Bildung, der Multiperspektivität, bre-
chen würde. Außerdem gilt es der Frage nachzugehen, welche Prozesse die
Auseinandersetzung mit Macht- und Herrschaftsverhältnissen und systemischen
Grenzen auslöst und wie dies auch politische Bildungserfahrungen beeinflusst.
Diese Fragen werden in der vorliegenden explorativen Studie nicht abschlie-
ßend beantwortet werden können, die Erfahrungsberichte der politisch aktiven
Jugendlichen bieten aber wertvolle Anregungen.

    Vor allem in Bezug auf die im Zentrum der vorliegenden empirischen Untersu-
chung stehenden Jugendbewegungen und Initiativen sei bereits an dieser Stelle auf

das Phänomen des Adultismus hingewiesen. Es beschreibt das „Machtungleich-gewicht zwischen Kindern und Erwachsenen" (Ritz 2013, 165). Vor allem aber beschreibt es den Umgang der Erwachsenen mit den Anliegen von Kindern. „Der Begriff verweist auf die Einstellung und das Verhalten Erwachsener, die davon ausgehen, dass sie allein aufgrund ihres Alters intelligenter, kompetenter, schlicht besser sind als Kinder und Jugendliche und sich daher über deren Meinungen und Ansichten hinwegsetzen." (Ritz 2013, 165) Dem Adultismus steht der Ansatz des *Protagonismo Infantil* entgegen, der seinen Ursprung in der in Lateiname-rika Ende der 1970er-Jahre entstandenen Debatte um den Schutz der Kinder hat. Der Soziologe Manfred Liebel widmete sich in einer vergleichenden Studie zu Kindern und Jugendlichen in Lateinamerika und den Industriestaaten ausführlich diesem Phänomen und veröffentlichte seine Ergebnisse in dem Aufsatz „Prota-gonismus, Kinderrechte und die Umrisse einer anderen Kindheit". Er verweist darauf, dass in Lateinamerika Kindern und Jugendlichen die „Kraft und Kom-petenz [zugetraut wird], in der Gesellschaft eine wesentliche Rolle zu spielen" (Liebel 1999, 309). Arne Schäfer, Matthias Witte und Uwe Sander gehen in ihren einleitenden Worten zum Band „Kulturen jugendlichen Aufbegehrens" auf dieses Phänomen ein. Die Position des *Protagonismo Infantil* rückt Kinder ins Zentrum der Gesellschaft und sieht sie – entgegen der noch immer weit verbreiteten Vor-stellung des „schwachen Kindes" – als widerständige und kompetente Subjekte (Schäfer u. a. 2011, 13 f.). Dieser Forschungsansatz ist auch Ausgangspunkt der hier vorgestellten Studie.

Ob individuell oder im Kollektiv aktiv, wenn Menschen sich politisch enga-gieren, kann dies nur im Austausch mit anderen gelingen. In jedem Fall ist davon auszugehen, dass politische Partizipation – wie im Übrigen viele andere Formen gruppenbezogener Interaktion – zu Konstruktionen der Abgrenzung, aber auch des Zusammenhalts führen kann – beispielsweise in der Beziehung zu Erwach-senen, Andersdenkenden oder aber auch der eigenen Peer-Group. Es ist davon auszugehen, dass derartige Konstruktionen von „wir und ihr" oder „ich und die anderen" den Prozess politischer Selbstbildung in der politischen Aktion nach-haltig prägen. Diese These wird später im Verlauf der Arbeit erneut aufgegriffen (siehe Abschnitt 4.3.5).

Da Schüler*innen und somit Kinder, Jugendliche und junge Erwachsene im Fokus der vorliegenden Studie stehen und ihre (Selbst)Bildungserfahrungen im Kontext von politischen Aktionen rekonstruiert werden sollen, ist es wichtig vorliegende Erkenntnisse aus empirischer Forschung zu Kinder- und Jugendpar-tizipation einzubeziehen. Einen Überblick über grundständige Erkenntnisse in diesem Feld soll das folgende Unterkapitel bieten.

2.1.3 Kinder- und Jugendpartizipation

2.1.3.1 Jugendstudien

Immer wieder werden in Kinder- und Jugendstudien auch das gesellschaftliche Engagement und die politische Partizipation von Jugendlichen untersucht. Die Darstellung der Ergebnisse aller Studien in diesem Feld würde den Rahmen dieser Arbeit überschreiten. Exemplarisch werden daher an dieser Stelle zentrale Arbeiten vorgestellt. Die wesentlichen Erkenntnisse aus einschlägigen empirischen Untersuchungen mit quantitativen und qualitativen Schwerpunkten werden als Rahmung des hier vorgestellten Forschungsprojektes dienen.

Die Studie „Jugend in der Zivilgesellschaft", von Sibylle Picot (2012) im Auftrag der Bertelsmann-Stiftung erarbeitet, ist eine Untersuchung der Ergebnisse einer Freiwilligenumfrage des Bundesministeriums für Familie, Senioren, Frauen und Jugend, die in den Jahren 1999, 2004 und 2009 durchgeführt wurde. Insgesamt basiert diese vertiefende Studie auf einer Stichprobe von 2.815 Jugendlichen im Alter von 14 bis 24 Jahren, die zu ihrer aktiven Beteiligung und ihrem Engagement befragt wurden. In einer ersten Untersuchung wurde abgefragt, ob die Jugendlichen sich im Sport, im Theater, in der Schüler*innenvertretung oder Ähnlichem aktiv beteiligen. „Aktive", die diese Frage bejahten, wurden näher befragt. Dabei ging es um die Frage, ob sie sich über das reine Mitmachen hinaus, z. B. als Übungsleiter oder Sportwart, freiwillig engagieren. So unterscheidet die Studie zwischen Aktiven und Engagierten. Die Studie zeigt, dass sich knapp ein Drittel der Befragten freiwillig engagiert. Verglichen mit den zwei Vorgängerstudien 1999 und 2004 hat die Zahl der engagierten Jugendlichen über die Jahre kontinuierlich leicht abgenommen. 1999 konnte der Gruppe der Jugendlichen im Vergleich zur Gesamtbevölkerung noch ein überdurchschnittliches Engagement bescheinigt werden. In der neueren Studie hat sich dies relativiert, da das Engagement der anderen Altersgruppen ebenso zugenommen hat. Bei den aktiven, aber nicht engagierten Jugendlichen zeigt sich hingegen ein leichter Anstieg seit 1999. Und trotz des leichten Rückgangs des freiwilligen Engagements hat die Bereitschaft, sich zu engagieren, unter den Jugendlichen in den vergangenen Jahren stark zugenommen. 49 % der Jugendlichen zwischen 14 und 24 Jahren wären bereit sich zu engagieren. Allerdings gaben 33 % davon an, sich nur eventuell engagieren zu wollen. Lediglich 16 % antworteten mit einem eindeutigen „Ja" zum Engagement. (Picot 2012, 17 ff.) Offenbar gibt es Gründe, die Jugendliche davon abhalten, sich tatsächlich zu engagieren. Das könnte mit einem zunehmenden Zeitmangel der Jugendlichen zusammenhängen. Denn die Studie weist auch darauf hin, dass ein leichter Rückgang bei der Zeit zu erkennen ist, die Jugendliche auf ihr freiwilliges Engagement verwenden (Picot 2012, 25 ff.).

Während die Studie „Jugend in der Zivilgesellschaft" vor allem ehrenamt-
liches, soziales Engagement in den Blick genommen hat, untersucht die Shell
Jugendstudie, die seit 1953 von dem Mineralölkonzern Shell herausgegeben wird,
die Einstellungen, Werte, Gewohnheiten und das Sozialverhalten von Jugendlichen in Deutschland. Für die 18. Shell Jugendstudie (Albert u. a. 2019) wurden
insgesamt 2.572 Jugendliche im Alter von zwölf bis 25 Jahren befragt. Mit 20
Jugendlichen fanden zudem vertiefende Interviews statt. Die Studie verweist auf
ein nach wie vor wachsendes Interesse an Politik und politischen Themen. Nachdem 2002 mit 30 % ein Tiefpunkt erreicht war, ist das Interesse in den letzten
Jahren deutlich gestiegen. 41 % der Jugendlichen interessieren sich für Politik.
Kontinuierlich steigt auch die Bedeutung, die politische Beteiligung für Jugendliche einnimmt. So hat 2002 weniger als ein Viertel der Befragten angegeben,
dass es ihnen wichtig sei, sich politisch zu engagieren. Im Jahr 2019 gaben 34 %
der Jugendlichen an, dass ihnen politisches Engagement wichtig sei. Während bei
der Bereitschaft zum Engagement explizit nach politischem Engagement (Schnee-
kloth/Albert 2019, 50) gefragt wurde, wird die Frage nach realem Handeln kaum
spezifiziert. Die Frage lautet: „Bist du in deiner Freizeit für soziale oder politische Ziele oder ganz einfach für andere Menschen aktiv?" (Schneekloth/Albert
2019, 98) Zwischen sozialem Engagement und politischer Partizipation wird dabei
kaum unterschieden, auch nicht in den Items zum tatsächlichen Engagement
(bspw.: hilfsbedürftige ältere Menschen unterstützen, sinnvolle Freizeitgestaltung,
Umweltschutz etc.), die den Jugendlichen zur Auswahl standen. Es bleibt – auch
nach der Analyse der weiteren Items (Schneekloth/Albert 2019, 98–101) – unklar,
ob die etwa 36 % der Jugendlichen, die angeben sich oft zu engagieren, politisch
aktiv sind.

Die Auseinandersetzung mit der politischen Ebene ist – vor allem im Feld
der politischen Bildung – besonders hervorzuheben. So bestätigen Studien wie
die Arbeit von Yates und Youniss (Youniss/Yates 1997; Youniss 2007; Rein-
ders/Youniss 2006; Youniss 2006) zum Engagement in der Obdachlosenhilfe
sowie die Studie des Bildungswissenschaftlers Heinz Reinders zum Engagement
bei den Pfadfindern (Reinders 2006) die Wirkung von Engagement auf Proso-
zialität der Aktiven sowie auf ihre Partizipationsbereitschaft. Reinders befragte
für seine Untersuchung knapp 500 Jugendliche im Alter von zwölf bis 20 Jahren. Die Hälfte der Untersuchungsgruppe war bei den Pfadfindern aktiv, die
andere Gruppe engagierte sich nicht. Die Ergebnisse der Studie legen unter
anderem nahe, dass „Jugendliche, die sich regelmäßig gemeinnützig betätigen,
ein höheres Ausmaß an Handlungswirksamkeit berichten als Jugendliche ohne
eine solche regelmäßige Betätigung" (Reinders 2014, 66). Auch die Studie des

Erziehungswissenschaftlers Horst Biedermann (2006) zeigte die Beziehung zwischen partizipativem Lernen und individuellen Selbst- und Sozialkompetenzen auf. Allerdings verweist er darauf, dass keine Signifikanz in der Beziehung zwischen allgemeinen partizipativen Erfahrungen und politischen Lernen feststellbar sei. Diese Erkenntnis bestätigt einmal mehr die Notwendigkeit, politisches und soziales Handeln im Kontext von politischen Lernprozessen zu unterscheiden. Der Frage nach dem Verhältnis von sozialem und politischem Lernen widmet sich Alexander Wohnig (2017) eindrücklich in seiner gleichnamigen Studie. In der qualitativen empirischen Untersuchung erarbeitet Wohnig, basierend auf einer theoretischen Kontextualisierung sowie einer umfangreichen qualitativen Untersuchung, Gelingensbedingungen für politisch-soziales Lernen. Grundlage seiner Studie ist die Begleitforschung des Modellprojektes „Soziale Praxis & Politische Bildung – Compassion & Service Learning politisch denken", welches an der Akademie für politische und soziale Bildung – Haus am Maiberg durchgeführt wurde. Schüler*innen wurden dabei in einem mehrstufigen Prozess bei der Nachbereitung eines schulischen Sozialpraktikums begleitet. Neben Protokollen der teilnehmenden Beobachtung von ca. 150 Stunden wurden 21 leitfadengestützte Interviews mit Schüler*innen und neun Interviews mit begleitenden Lehrkräften geführt. Wohnig analysierte unter anderem die „Bedeutung der Sozialerfahrungen für die Problemwahrnehmung der SchülerInnen" (Wohnig 2017, 253). Eine wesentliche Erkenntnis der Analysen Wohnigs ist, dass die Zugänge zum Politischen im Sozialpraktikum kein Selbstverständnis seien. Ein sogenannter „Spillover-Effekt" (Wohnig 2017, 285) als Folgewirkung des Sozialpraktikums konnte nicht nachgewiesen werden. Vielmehr geschieht eine „Verbindung von sozialer Erfahrung und politischem Inhalt nicht automatisch" (Wohnig 2017, 287). Die Studie Wohnigs bestätigt die Annahme, dass politisches Lernen keine selbstverständliche Folge sozialen Handelns ist, dieses aber durchaus einen wertvollen Lernanlass schaffen kann.

Einen genaueren Einblick bezüglich des politischen Kerns des Engagements von Jugendlichen schafft die Jugendstudie der Friedrich-Ebert-Stiftung (Gaiser u. a. 2016). Im Jahr 2015 wurden insgesamt 2.075 Jugendliche im Alter von 14 bis 29 Jahren per Online-Verfahren zu ihrem politisch-gesellschaftlichen Engagement befragt. Zudem wurden 20 leitfadengestützte, narrative Interviews mit Jugendlichen geführt. Die Studie hat zwischen politisch-gesellschaftlicher Beteiligung im weitesten und im engeren Sinne unterschieden. Unter politisch-gesellschaftlich engagierten Jugendlichen im engeren Sinne verstehen die Autor*innen jene, die sich in besonderem Maße für Politik interessieren, die Politik als für sie wichtigen Lebensbereich erachten, sich bereits mehrfach politisch aktiv eingebracht haben und ihr Engagement unter ein explizit politisches Vorzeichen stellen. Als politisch-gesellschaftliches Engagement im weitesten Sinne wird es hingegen betrachtet, wenn sich engagierte Jugendliche nicht unbedingt selbst als politisch interessiert bezeichnen. Im weitesten Sinne engagieren sich laut der Studie 42 % der 14- bis 29-Jährigen politisch-gesellschaftlich (Steinwede u. a. 2016, 27). Im Gegensatz dazu sind es nur 16 % der Jugendlichen, die sich im engeren Sinne engagieren (Steinwede u. a. 2016, 30). Besonders häufig wird dabei der Wahlgang als klassischer, konventioneller politischer Akt angegeben. Aber auch unkonventionelle Partizipationsformen werden – von den wenigen Jugendlichen, die sich im engeren Sinne politisch engagieren – häufig genutzt. Hervorzuheben sind hier Demonstrationen und Online-Protestaktionen (Gaiser/Rijke 2016, 53 f.).

Erfahrungen im politischen Handeln von Elf- bis 18-Jährigen hat auch Ingrid Burdewick (Burdewick 2003) Ende der 1990er-Jahre untersucht. Für die qualitative empirische Studie „Jugend – Politik – Anerkennung" hat Burdewick insgesamt 16 Kinder und Jugendliche interviewt, die sich in einem niedersächsischen Jugendparlament engagierten. Mit dieser strukturierten, eher konventionellen Partizipationsform unterscheidet sich das Sample dieser Studie deutlich von dem Sample der vorliegenden Untersuchung und dennoch sind die Erkenntnisse von Bedeutung. Denn Burdewick konnte exemplarisch am Beispiel der von ihr interviewten Kinder und Jugendlichen verschiedene Anerkennungs- und Frustrationserfahrungen herausarbeiten, die auch für die selbstbestimmte politische Aktion relevant sind. Dazu zählen Erfahrungen der Ohnmacht sowie das subjektive Empfinden von Wirksamkeitssteigerung (Burdewick 2003, 207–232).

Vor allem in Bezug auf das politische Lernen in unkonventionellen Formen der politischen Partizipation sei an dieser Stelle auch auf die Untersuchung „Lernen in Bewegung(en)" von Jana Trumann (2013) verwiesen. In dieser qualitativen Studie hat Trumann politische Lernerfahrungen im Zuge der Beteiligung an Bürgerinitiativen rekonstruiert. Sie kommt zu dem Schluss, dass politische Bildung in der politischen Aktion keiner Stufenlogik folgt (Trumann 2013, 254 f.), vielmehr zeige sich, dass sich politisches Lernen – in Anlehnung an Klaus Holzkamp (1995, 227) – eher in „qualitativen Lernsprüngen" vollziehe und diese Lernsprünge durch kooperative Lernprozesse begünstigt würden (Trumann 2013, 259). Der organisierte Protest, das Aufbegehren, ist, so konstatiert Trumann in ihrer Analyse der Lernerfahrungen in Bürgerinitiativen, „ein wichtiger Initiator für die individuellen politischen Lern-Handlungspraxen, die eben nicht auf der Ebene des vielfach zugeschriebenen reinen ‚Verhinderns' verbleiben, sondern wichtige gesellschaftliche Transformationspotenziale in sich bergen" (Trumann 2012, 26).

Neben der Arbeit von Trumann, die zu den wenigen Untersuchungen gehört, die mithilfe qualitativer Forschungsmethoden Lern- und Partizipationserfahrungen

in unkonventionellen Aktionsformen in den Blick nehmen, schließt die vorliegende Untersuchung vor allem auch an die Ergebnisse der Studie „Politisches
Engagement und Selbstverständnis linksaffiner Jugendlicher" an. In dieser Untersuchung haben Katrin Hillebrand, Kristina Zenner, Tobias Schmidt, Wolfgang
Kühnel und Helmut Willems 35 problemzentrierte Interviews mit Jugendlichen
geführt, die sich in linksaffinen Gruppen engagieren und überwiegend Erfahrung mit unkonventionellen Partizipationsformen gesammelt haben. Im Zentrum
der Untersuchung stand nicht die Rekonstruktion von Lernerfahrungen, sondern
das politische Engagement unter Berücksichtigung biographischer Entwicklungen. Darüber hinaus interessierte sich die Forschungsgruppe für das Selbst-
und Gesellschaftsverständnis der Jugendlichen und ihre politischen Ziele. Die
Ergebnisse versprechen ein großes Potential für politische Lernerfahrungen in
selbstbestimmter politischer Aktion.

> Es gibt keine homogene kollektive Identität engagierter linksaffiner Jugendlicher, die
> sich durch feste ideologische Überzeugungen oder einen konkreten Handlungsrahmen
> charakterisieren ließe. Vielmehr kann festgehalten werden, dass sich die Jugendlichen
> untereinander sehr stark in ihren Ansichten und Aktionsformen unterscheiden und
> dass im biografischen Verlauf auch intraindividuell große Veränderungen auftreten
> können. Somit haben sich die politischen Orientierungen keinesfalls als festgelegt,
> starr oder dogmatisch herausgestellt, sie unterliegen stattdessen einem permanenten
> Reflexions- und Wandlungsprozess, der sowohl von den praktischen Erfahrungen im
> Engagement, als auch durch theoretische Beschäftigung und Diskussionen beeinflusst
> wird. (Hillebrand u. a. 2015, 196)

Entgegen einer durchaus verbreiteten Annahme, dass Jugendliche in politischen
Gruppierungen eher dazu tendieren würden, homogene Strukturen zu suchen
bzw. aufzubauen, woraus sich ideologische Dogmen entwickeln könnten, stellt
die Forschungsgruppe in ihrer Untersuchung fest, dass sich linksaffine politische
Jugendgruppen eher durch aktive Reflexionsprozesse der Beteiligten kennzeich-
nen. Es ist daher davon auszugehen, dass Wesensmerkmale politischer Bildung,
wie beispielsweise Perspektivenwahrnehmung und Konfliktfähigkeit, in diesen
kollektiven Lernerfahrungen wirkmächtig werden. Dies zu überprüfen, ist auch
Ziel der vorliegenden Arbeit.

Zusammenfassend lässt sich feststellen, dass das grundsätzliche politische
Interesse bei Jugendlichen ansteigt. Vor allem die Entwicklungen der vergangenen Jahre im Zuge der Flucht- und Migrationsbewegungen nach Europa und der
damit verbundenen Solidarisierung vieler Jugendlicher mit den von Krieg und
Vertreibung betroffenen Menschen sowie der anhaltenden Klimaprotestbewegung
mit internationalen Gruppierungen wie „Fridays for Future" oder bundesweiten

Aktionsgruppen wie „Ende Gelände" bestätigen dies. Der Jugendforscher Klaus Hurrelmann und der Journalist Erik Albrecht sprechen in ihrem gleichnamigen Buch gar von der „Generation Greta" (Hurrelmann/Albrecht 2020), benannt nach Greta Thunberg, der Initiatorin der globalen Klimabewegung „Fridays for Future". Dennoch zeigen Studien auch, dass das Interesse an politischen Themen und eine erhöhte Bereitschaft zum politischen Engagement nicht zwangsläufig zu einer erhöhten tatsächlichen politischen Partizipation führen. Hervorzuheben ist, dass die Schule als prägende Sozialisationsinstanz im Leben junger Menschen dabei bisher offenbar eher eine hinderliche als eine fördernde Rolle spielt.

So spielt die Schule zwar eine wichtige Rolle in der Vermittlung politischen Wissens, wird jedoch nicht als fördernde Umgebung für aktive Partizipation wahrgenommen. Die institutionellen Strukturen werden vielmehr als einschränkend empfunden. (Hillebrand u. a. 2015, 201 f.)

Dieser Aspekt hängt unmittelbar mit der Frage zusammen, inwiefern Partizipationserfahrungen in formalen und non-formalen Bildungssettings von Fremd- und Selbstbestimmung gekennzeichnet sind. Mit diesen Charakteristika von Partizipationserfahrungen befasst sich das folgende Kapitel.

2.1.3.2 Zwischen Fremd- und Selbstbestimmung

Im Folgenden werden verschiedene Ebenen von Partizipation im Spannungsfeld von Fremd- und Selbstbestimmung vorgestellt. Orientierung bieten sogenannte Leiter- oder Stufenmodelle, wie sie aus der sozialwissenschaftlichen und pädagogischen Forschung bekannt sind. Die wohl einschlägigsten Modelle der Partizipationsstufen gehen auf die Arbeiten von Roger Hart (1992), Wolfgang Gernert (1993) und Richard Schröder (1995) zurück und beruhen ursprünglich auf dem Leitermodell von Sherry R. Arnstein, mit dem erstmals ein Raster zur Analyse der Beteiligungsintensität in Partizipationsprozessen erreicht werden sollte. Während Arnstein in „Ladder of Citizen Participation" (1969) den Fokus auf Partizipation von Erwachsenen legte, adaptierte Roger Hart dieses Modell für die Kategorisierung von Beteiligungs- und Partizipationsprozessen von Kindern und Jugendlichen. Im Modell von Hart wird dabei vor allem unterschieden zwischen Nicht-Partizipation und dem Grad von tatsächlicher Partizipation. Hart (1992) arbeitet in seinem Aufsatz „Children's participation: from tokenism to citizenship" vor allem heraus, dass Partizipation von Kindern und Jugendlichen häufig von Erwachsenen zum Zwecke der Dekoration, Manipulation oder Instrumentalisierung etabliert wird.

Children are undoubtedly the most photographed and the least listened to members of society. There is a strong tendency on the part of adults to underestimate the competence of children while at the same time using them in events to influence some cause; the effect is patronizing. There are, however, many projects entirely designed and run by adults, with children merely acting out predetermined roles, that are very positive experiences for both adults and children. (Hart 1992, 9)

Basierend auf den Arbeiten von Roger Hart (1992) und Wolfgang Gernert (1993) hat Richard Schröder (1995, 15–18) dann ein Leitermodell vorgestellt, dass Beteiligungsmöglichkeiten von Kindern und Jugendlichen durch eine Dreiteilung beschreibt. Die Ebene der Fremdbestimmung, die auch Hart betonte, wird ergänzt durch die Ebenen Mitbestimmung und Selbstbestimmung. Mitbestimmung ist dabei gekennzeichnet durch Teilhabe, Informiertheit und Mitwirkung, während sich Selbstbestimmung durch Selbstverwaltung und Selbstorganisation der Kinder und Jugendlichen auszeichnet. Die Stufen und ihre Zwischenebenen sind dabei nicht klar voneinander getrennt und könnten in einem Prozess der Einbindung von Kindern und Jugendlichen durchaus übersprungen werden.

Die erste Ebene kann demnach als Anweisung, fremdbestimmte Beteiligung oder gar Manipulation bezeichnet werden (Schröder 1995, 16). Entscheidungsträger*innen nehmen die Lage von Kindern und Jugendlichen zwar wahr, aber die Problembearbeitung erfolgt ausschließlich auf Grundlage der Position der Entscheidungsträger*innen. Diese Stufe weist den geringsten Partizipationsgrad auf. Wenngleich scheinbare Beteiligung der Kinder und Jugendlichen ermöglicht wird, so stehen doch die Ziele der Erwachsenen im Mittelpunkt. Es handelt sich um Manipulation oder Instrumentalisierung. In der Schule ist ein klassisches Beispiel dafür die Rolle der Klassensprecher*innen, zumindest dann, wenn diese Ordnungsaufgaben übernehmen müssen oder gar für die Disziplinierung ihrer Mitschüler*innen instrumentalisiert werden. Bis heute sind solche Formen der Instrumentalisierung sogar rechtlich in Schulgesetzen verankert. Im Bayerischen Gesetz über das Erziehungs- und Unterrichtswesen ist in Artikel 62, der unter anderem die Aufgaben der Schüler*innenvertretung regelt, Folgendes festgehalten:

Zu den Aufgaben der Schülermitverantwortung gehören insbesondere die Durchführung gemeinsamer Veranstaltungen, **die Übernahme von Ordnungsaufgaben**, die Wahrnehmung schulischer Interessen der Schülerinnen und Schüler und die Mithilfe bei der Lösung von Konfliktfällen. (BayEUG, Art. 62, Absatz 1, Satz 3 – Hervorhebung durch den Autor)

Von Partizipation kann dabei keine Rede sein. An diese Ebene schließt sich die Ebene der Dekoration an. Kinder und Jugendliche können vermeintlich mitwirken, sind darauf aber unzureichend vorbereitet. Und auch die Entscheidung darüber zu partizipieren, wird ihnen von Erwachsenen abgenommen. Dies kann zu Überwältigungserfahrungen führen. Daran schließt sich eine weitere Vorstufe der Partizipation an. Es handelt sich dabei um eine zunehmend stärker werdende Einbindung der Zielgruppe in Entscheidungsprozesse, jedoch ist auch noch kein direkter Einfluss der Kinder und Jugendlichen auf die Prozesse vorgesehen. Allerdings erwartet diese Vorstufe der Partizipation die Informiertheit der Kinder und Jugendlichen sowie ihre Anhörung im Entscheidungsprozess. Wenngleich Kinder und Jugendliche auf dieser Stufe erstmals selbst über ihre Bereitschaft zur Teilnahme bestimmen können, muss diese Stufe aufgrund des geringen Mitwirkungsgrades und des fehlenden Einflusses auf das Ergebnis des Entscheidungsprozesses als Alibi-Teilnahme bezeichnet werden (Schröder 1995, 16).

Durch tatsächliche Mitbestimmung, Entscheidungskompetenz und Entscheidungsmacht kann reale Beteiligung ermöglicht werden. Diese wird durch ein Umfeld begünstigt, in dem Kindern und Jugendlichen mit Anerkennung und Wertschätzung begegnet wird. Partizipation in diesem Sinne liegt vor, wenn Kinder und Jugendliche in bestimmte Entscheidungen direkt einbezogen werden und ihre Stimme damit einen tatsächlichen Wert erhält. Das Handeln kann demnach erst dann als Mitbestimmung klassifiziert werden, wenn Entscheidungen gemeinsam von Erwachsenen und Jugendlichen getroffen und umgesetzt werden (Schröder 1995, 17).

Eine besonders anspruchsvolle Form der Partizipation ist die selbstbestimmte Organisation des Handelns. Diese ist gegeben, wenn Teilhabeformate von Kindern und Jugendlichen selbst initiiert und durchgeführt werden. Entscheidungen werden dann von der Zielgruppe eigenständig und eigenverantwortlich getroffen. Es handelt sich um eine selbstständige und selbstbestimmte Form der Partizipation. Selbstbestimmung und Selbstverwaltung (Schröder 1995, 17) stehen im Mittelpunkt der vorliegenden Untersuchung.

Der Pädagoge und Kinder- und Jugendpartizipationsforscher Waldemar Stange verweist zurecht darauf, dass vor allem das gemeinsame Aushandeln von Kindern, Jugendlichen und Erwachsenen anspruchsvoll sei, denn es erwarte vor allem von den Erwachsenen, zu teilen und Macht abzugeben. Darüber hinaus weist Stange darauf hin, dass „,lupenrein' selbstverwaltete Zonen ohne Erwachsenenbeteiligung schon aus entwicklungspsychologischen Gründen zumindest auf Kinderebene weniger infrage" (Stange 2002, 13) kämen.

Partizipation bedeutet nicht, ‚Kinder an die Macht' zu lassen oder ‚Kindern das Kommando zu geben'. Partizipation heißt, Entscheidungen, die das eigene Leben und das Leben der Gemeinschaft betreffen, zu teilen und gemeinsam Lösungen für Probleme zu finden. Kinder sind dabei nicht kreativer, demokratischer oder offener als Erwachsene, sie sind nur anders und bringen aus diesem Grunde andere, neue Aspekte und Perspektiven in die Entscheidungsprozesse hinein. (Schröder 1995, 14)

Wenngleich die Schlussfolgerung von Schröder wenig überraschend sein mag, zeigt die repräsentative Untersuchung „Kinder ohne Einfluss?", die im Jahr 2009 im Auftrag des ZDF durchgeführt wurde, dass die Schule nach wie vor kein Ort ist, der Kindern und Jugendlichen ermöglicht, sich einzubringen. Das Ergebnis der Studie ist ernüchternd: Schüler*innen fühlen sich auf allen Ebenen unzureichend beteiligt (Schneider u. a. 2009, 15–18).

In der Schule können Kinder nach eigenem Empfinden nur „wenig" (60,4 Prozent) oder sogar „überhaupt nicht" (24,6 Prozent) mitbestimmen. Selbst die Klassenzimmergestaltung als mitbestimmungsintensivstes Thema erreicht nur das Niveau „gering". (Stange 2010, 18)

Die vorliegende Studie soll an diese Erkenntnisse anknüpfen und mit dem Fokus auf selbstbestimmte und selbstorganisierte Partizipationsformen ein Forschungsdesiderat bearbeiten.

2.1.4 Politische Aktion als Forschungsgegenstand

Bezugnehmend auf die bis hierhin beschriebene Dialektik politischer Partizipation soll in gebotener Kürzer der Versuch unternommen werden, den Begriff der politischen Aktion einzugrenzen. Dafür schließt diese Begriffsklärung an der Definition des Politikdidaktikers Frank Nonnenmacher an:

Unter „politische Aktion" in diesem konkreten Sinne verstehe ich das demonstrative öffentliche Verhalten einer Personengruppe durch Wort, Schrift, Bild oder symbolische Handlungen, wobei das Ziel dieser Aktivität ein Hinweis auf einen nach Auffassung der Akteure kritikwürdigen Zustand oder ein begangenes Unrecht darstellt, sowie von dem Interesse geleitet ist, die Öffentlichkeit von der Notwendigkeit der Kritik und einer Veränderung in eine von den Akteuren gewünschten Richtung zu überzeugen. Das Recht zu solchen Aktivitäten steht jedermann – auch Kindern und Jugendlichen – laut Art 5, Abs. 1 GG zu. (Nonnenmacher 2011, 85)

Angelehnt an diese Beschreibung der politischen Aktion durch Nonnenmacher, wird das Konzept für die vorliegende Studie noch weiter eingegrenzt. Politische Aktion wird als eine Praxis bürgerschaftlichen Handelns definiert, die sich loslöst von Staatsbürgerschaft als Status (Nationalität, Wahlrecht, usw.) und damit verbundenen konventionellen und institutionalisierten Handlungsfeldern. Politische Aktion wird hier eher, angelehnt an das Konzept der *acts of citizenship* (Isin 2008, 2009; Isin/Nielsen 2008b), als selbstbestimmte und selbstorganisierte Form der politische Partizipation verstanden. Die von Engin Isin und Greg Nielsen entwickelten theoretischen Überlegungen beziehen sich maßgeblich auf die Kämpfe und Aushandlungsprozesse von *Citizen* und *Non-Citizens*, dennoch lassen sich die Überlegungen auch grundsätzlich auf selbstbestimmte und neue Formen der politischen Aktion durch Jugendliche übertragen, denen konventionelle Zugänge, wie beispielsweise die Ausübung des Wahlrechts, verwehrt bleiben. Malte Kleinschmidt (2017) folgend sind damit immer auch der Kampf um die „Ausweitung von Teilhabe" und das „Infragestellung von Normierungen" verbunden.

Losgelöst vom Konzept der Staatsbürgerschaft als rechtlichen Status und den damit verbundenen Privilegien sind politische Aktionen als unkonventionelle politische Praxen zu verstehen, die sich in einem Raum zwischen Legalität und zivilem bzw. politischem Ungehorsam (Moulin-Doos 2015) verorten. Sie sind dabei mittelbar oder unmittelbar immer auch mit dem Ziel verknüpft, soziale, politische und ökonomische Macht- und Herrschaftsverhältnisse zu hinterfragen und gegen politische Missstände anzugehen. Die politische Aktion in diesem Verständnis zeichnet sich dabei vor allem durch einen kritisch-emanzipatorischen Charakter, durch Selbstbestimmung und Selbstorganisation aus.

Im Fokus der vorliegenden Studie stehen daher Schüler*innen, wobei diese nicht nur in ihrer Rolle als Lernende in der Institution Schule wahrgenommen werden. Die Untersuchungsgruppe (siehe Abschnitt 3.2) setzt sich aus Jugendlichen zusammen, die selbstbestimmt und selbstorganisiert politisch aktiv sind und in Selbstverständnis, Form und Wirkung als politisch einzuordnen sind. Sie erkämpfen sich Freiräume für politische Partizipation und ihr politisches Handeln ist getrieben von dem Wunsch Widerstand zu leisten gegen sich manifestierende gesellschaftspolitische Schlüsselprobleme wie beispielsweise der anthropogene Klimawandel, Rassismus oder sozial-ökonomische Ausbeutung.

Ziel der Untersuchung ist es, politische (Selbst)Bildungsprozesse im Kontext politischer Aktion von Jugendlichen systematisch zu rekonstruieren, die sich aus ihren Erfahrungsberichten ergeben. Dafür ist es zunächst notwendig, aktuelle Zugänge, Kompetenzfelder, Erfahrungsräume und eine kritische Betrachtung im Feld der politischen Bildungsforschung aufzuarbeiten. Dies steht im Mittelpunkt des folgenden Kapitels.

2.2 Politische Bildung – Bewusstsein, Erfahrung & Emanzipation

In dieser Arbeit werden die Begriffe *Bildung* und *Lernen* verwendet. Sie stehen dabei nicht in einem sich ausschließenden Verhältnis zueinander. Bildung wird als ein ganzheitlicher Prozess der reflektierten Selbst- und Weltaneignung verstanden und führt damit zu Sinnbildungsprozessen des Subjekts, die unter anderem geprägt sind von Erziehungs-, Sozialisations- und Lernerfahrungen. Der Begriff der Bildung nimmt, anlehnend an Ingrid Miethe und Silke Roth den Menschen „ganzheitlich (und nicht nur als rationale AkteurIn) in den Blick und legt sein Augenmerk vor allem auf den Prozess der eigenen (inneren) Weiterentwicklung und Selbstdeutung anstatt lediglich auf die (kognitive) Sammlung von Wissen und Kompetenzen" (Miethe/Roth 2016, 21).

Lernen wird als ein spezifischer Aneignungsprozess verstanden, der als intentionaler und/oder impliziter Vorgang in verschiedenen Settings (formal, informell, non-formal) konkrete Bildungserfahrungen beschreibt. Für die vorliegende Untersuchung stehen dabei vor allem informelle und selbstgesteuerte Lernprozesse im Fokus (Trumann 2012, 96–102).

Das Bildungsverständnis, das dieser Arbeit zu Grunde liegt, soll vor allem aus der Perspektive politischer Bildung konkretisiert werden. Diese Einordnung wird im Folgenden durch die systematische Aufarbeitung von Bewusstsein, Erfahrung und Emanzipation im Feld der politischen Bildung vorgenommen. Dabei wird auch auf die Diskurse zur Kompetenzentwicklung in der politischen Bildung rekurriert. Dies scheint im Widerspruch zur eingangs formulierten Begriffsdefinition zu stehen, ist aber der Tatsache geschuldet, dass das Ziel der vorliegenden Studie auch damit verbunden ist, das Potential politischer Selbstorganisation von Jugendlichen für die formale politische Bildung zu eruieren. Dies ist ohne die Berücksichtigung der Diskurse über Bildungs- und Lernerfahrungen in der formalen politischen Bildung nicht möglich.

2.2.1 Vom Subjekt ausgehend – das Bildungsverständnis

Grundlage für die Analyse politischer Bildungsprozesse und etwaiger Kompetenzentwicklungen junger Menschen sind die individuellen Voraussetzungen und Bedingungen, unter denen Bildungserfahrungen gemacht werden. Politik ist immer ein Zusammenspiel von Subjekten, denn „politische Entscheidungen betreffen immer viele Subjekte und Strukturen" (Reinhardt 2018, 22). Bevor demnach in den folgenden Unterkapiteln verschiedene Dimensionen der politischen

Bildung diskutiert werden, gilt es zunächst, die Bedeutung der Subjektorientierung und des politischen Selbstkonzeptes herauszustellen.

Christoph Bauer hat in seinem Aufsatz „Das mündige Subjekt" (Bauer 2013) herausgearbeitet, dass die Perspektive auf das Subjekt im politikdidaktischen Diskurs von verschiedenen Denkrichtungen geprägt zu sein scheint. Zum einen gibt es einen defizitorientierten Ansatz, der vor allem die potenziellen Fehlkonzepte (ausführlich in Abschnitt 2.2.2.2 „Richtiges Politikwissen?") in den Blick nimmt. Neben dieser Form der Subjektorientierung, die Pädagog*innen und Lehrkräfte eher in der Rolle eines Korrektivs zu den vermeintlich falschen Vorstellungen der Lernenden sieht, beschreibt Bauer weitere Zugänge zu einer subjektorientierten politischen Bildung. Neben „emphatisch-euphorischen Subjektbezügen" nennt Bauer auch „postmodern[e], (radikal-)konstruktivistisch[e] Ansätz[e], bei denen Autonomie und Selbststeuerungen im Vordergrund stehen" (Bauer 2013, 28).

Torsten Junge sieht aber nicht nur vielfältige Diskurslinien. Für Junge ist das Konzept des Subjekts in den sozialphilosophischen Diskursen in die Krise geraten.

> Seit längerem changiert die Debatte um das Subjekt zwischen einem essentiellen Anthropologismus, gestärkt durch das Konzept des genetischen Determinismus bis zur völligen Auflösung des Menschen in Textbausteine und Diskursprodukte. Dieser theorielastigen Diskussion stehen Diskurse gegenüber, die auf spezifische Subjektvorstellungen rekurrieren, bzw. wenn das Subjekt als ein Produkt verschiedener historisch-gesellschaftlicher Konstellationen zu begreifen ist, in diesem Sinne prägend sind. (Junge 2016, 202)

Auch für die vorliegende Arbeit wird auf die Forschung zur Entwicklung subjektiver Vorstellungen von Lernenden Bezug genommen. Für die politische Bildung sind dabei die lerntheoretischen Überlegungen zum Bürgerbewusstsein (Lange 2005, 2008a, 2008b, 2012; Kenner/Lange 2020a) und der politikdidaktischen Rekonstruktion von besonderer Bedeutung (u. a. Vajen u. a. 2021; Fischer u. a. 2016; Fischer/Lange 2014; Heidemeyer/Lange 2010; Haarmann/Lange 2009). Dirk Lange betont, dass Politische Bildung danach fragen müsse, wie Lernende Politik als theoretisches Konstrukt, aber auch als Prozess für sich sinnhaft machen. „Es interessieren die Sinnbilder und Sinnbildungen, durch die sich Lernende die politisch-gesellschaftliche Wirklichkeit erklären." (Lange 2008a, 432)

> Der Gegenstand der Didaktik der Politischen Bildung ist das „Bürgerbewusstsein", in dem der Einzelne den Sinn bildet, der es ihm ermöglicht, die politisch-gesellschaftliche Wirklichkeit zu interpretieren und handelnd zu beeinflussen. (Lange 2008a, 432)

Diese Sinnbildungen bringt Dirk Lange mit dem Kulturverständnis des Soziologen Max Weber zusammen, der darauf verwies, dass dies dem Menschen
ermögliche, „bewußt zur Welt Stellung zu nehmen und ihr einen Sinn zu ver-
leihen" (Weber 1922, 180). Im Bürgerbewusstsein mache sich der Mensch, so
beschreibt es Lange, einen Ausschnitt aus der politischen Welt sinnhaft. Die Folge
dieses Sinnbildungsprozesses sei es, mit Verweis auf Webers Kulturverständnis,
dass „wir bestimmte Erscheinungen des menschlichen Zusammenseins aus ihm
heraus beurteilen, zu ihnen als bedeutsam (positiv oder negativ) Stellung" (Weber
1922, 180 f.) nehmen.

Diese Sinnbildungen gilt es zu verstehen und als subjektorientierten Ausgangspunkt für politische Bildung zu begreifen. In ihnen bildet sich das demokratische Bürgerbewusstsein, das Menschen dazu befähigt, gesellschaftspolitische
Herausforderungen zu analysieren und darauf aufbauend Macht- und Herrschaftsverhältnisse zu erkennen, zu reflektieren und zu hinterfragen. Die individuellen
Vorstellungen der Menschen von Politik, Demokratie, von Macht und Herrschaft
sowie das gesellschaftliche Zusammenleben sind maßgeblich für die Bereitschaft
zur Teilhabe und die tatsächliche politische Partizipation. Politische Bildung muss
diese subjektiven Vorstellungen mit anderen individuellen Denkmustern und fachwissenschaftlichen Konzepten abgleichen. Das Aufgreifen des demokratischen
Bürgerbewusstseins der Lernenden offenbart das Selbstverständnis von Pluralität
in offenen Gesellschaften. Differenz und Konflikt werden dann weniger als Makel,
denn eher als wertvoller Bestandteil des gesellschaftlichen Aushandlungsprozes-
ses verstanden. Dieser Ansatz schließt an den Überlegungen des brasilianischen
Befreiungspädagogen Paulo Freire zur kritischen Bewusstseinsbildung (conscien-
tização) an, die er als ein Lernvorgang beschreibt, der notwendig sei, „um soziale,
politische und wirtschaftliche Widersprüche zu begreifen und um Maßnahmen
gegen die unterdrückerischen Verhältnisse der Wirklichkeit zu ergreifen" (Freire
1991 [1971], 25). Wenn man sich dieser These anschließt, gilt für die politische Bildung, dass Lernprozesse auf konstruktivistischen Lernannahmen aufbauen
müssen. Denn diese betonen die hier beschriebenen Ebenen des Subjekts als
individuelle Konstruktion von Wirklichkeit, sowie die soziale Ebene als kontinuierlicher Abgleich der eigenen Vorstellungen mit den Vorstellungen anderer
Individuen.

> In der Betonung dieser individuellen Ebene liegt das zentrale innovative Moment
> des Konstruktivismus in der Politikdidaktik, denn sie fordert die Abkehr von
> instruktionsorientierten politikdidaktischen Positionen [...]. (Langner 2017, 176)

Ebenso bedeutsam wie die Abkehr von der instruktionsorientierten Didaktik ist die Aufwertung der Rolle des individuellen Bürgerbewusstseins für politische Lernprozesse. Mit diesem Verständnis werden subjektive Vorstellungen anerkannt und sind zugleich der Ausgangspunkt für weitergehende Lernerfahrungen. Die Subjekte rücken in den Mittelpunkt des Lernprozesses und leisten mit ihren Erkenntnissen aus permanenter Selbst- und Weltaneignung einen Beitrag für einen Bildungsprozess in einem sozialen Gefüge. Für die Schule ist dieses soziale Gefüge der Klassenraum, die Schulgemeinschaft. Es lässt sich aber auch auf den gesellschaftlichen Diskurs außerhalb der Schule übertragen. Bildung ist in diesem Verständnis vor allem ein aktiver Prozess des Subjekts (Henkenborg/Krieger 2005, 35). Diese subjektiven Konstruktionen von Wirklichkeit, das Bürgerbewusstsein des Individuums, gilt es, in geeignete Bildungssettings zu bringen, in denen innere Repräsentationen (um)konstruiert werden können, um damit einen Lernprozess zu initiieren (Langner 2017, 176).

Ausgehend von diesen Überlegungen stellen die Sinnbildungen des Bürgerbewusstseins (Lange 2005, 2008a, 2008b) die kognitive Grundlage dar, um politisch zu urteilen und zu handeln. Zugleich beeinflusst die Austragung politischer Konflikte, also reales politisches Handeln, das Bürgerbewusstsein des Individuums. Vorstellungen des Subjekts von der Welt sind demnach Ausgangspunkt und immerwährender Bestandteil politischer Bildungsprozesse (Kenner/Lange 2020a).

Dirk Lange schlägt unter Verarbeitung von lernpsychologischen und erziehungsphilosophischen Ansätzen (u. a.: Piaget 1992; Dewey 1964) ein Lernmodell vor, das Lernenden als Motiv unterstellt, eine Kongruenz zwischen ihrem Bürgerbewusstsein und ihrem Erleben der politischen Wirklichkeit herstellen zu wollen. Dieses Kongruenzstreben ist nicht als ein Zustand, sondern als ein Prozess zu denken. Es beschreibt die Richtung, in die sich die andauernd mobilen Vorstellungswelten orientieren. Das Bürgerbewusstsein befindet sich in einem unabgeschlossenen und fortwährenden Prozess des politischen Lernens. Der Ausgangspunkt ist ein Erleben von politischer Wirklichkeit, das mit den vorhandenen Bewusstseinsstrukturen nur unbefriedigend erklärt werden kann. Lange geht davon aus, dass, sobald sich die Aufmerksamkeit des Menschen auf das diskrepante politische Phänomen richtet, seine politischen Vorstellungswelten in Unruhe geraten. Erst dann würde ein Prozess des politischen Lernens einsetzen. Aufmerksamkeit für die Diskrepanz zwischen den eigenen Vorstellungen und dem Umwelterleben zu schaffen, ist Wesenskern dieser subjektorientierten Lerntheorie. Denn der Mensch hat täglich eine Vielzahl bewusstseinsdiskrepanter Erlebnisse (Lange 2005, 263) und lässt dennoch viele der politischen Lerngelegenheiten aus (Kenner/Lange 2020a, 183). Es sind die mentalen Strukturen des Bürgerbewusstseins, die den politischen Sinn erkennen lassen und damit „dem Einzelnen

Orientierung und Handeln in der Gesellschaft" (Lange 2017, 214) eröffnen und ermöglichen. Ob tatsächlich politisch gelernt wird, hängt aber eben auch davon ab, ob diese Diskrepanz bewusst wird. Das Erleben wird erst lernwirksam, wenn es subjektiv reflektiert wird und somit eine Erfahrung darstellt. Der Erfahrungsbegriff betont die Diskrepanz, die Lernende zwischen ihrem Bürgerbewusstsein und ihrem Umwelterleben subjektiv wahrnehmen. Damit beginnt ein Prozess, der auf potenzielle Wiederherstellung der Kongruenz von politischen Vorstellungswelten und dem Umwelterleben abzielt.

> Einem inputorientierten Didaktikverständnis mochte es genügen, die Lerninhalte fachwissenschaftlich zu begründen, auszuwählen und zu methodisieren. Eine outputorientierte Didaktik muss Fragen nach der Tatsachlichkeit politischen Lernens stärker integrieren. Sie interessiert sich nicht nur für die erwünschten, sondern zugleich für die beobachtbaren Wege, Gegenstände und Strukturen des politischen Lernens. Hierfür reicht die kategoriale Erfassung der Sachstruktur Politischer Bildung nicht mehr aus. Die Entstehung und der Wandel von Kenntnissen und von Vorstellungen über Politik lässt sich nicht allein durch fachwissenschaftliche Bezüge erklären. Die Politikdidaktik benötigt einen kategorialen Zugang zu den domänenbezogenen Vorstellungen von Lernenden und eine Theorie politischen Lernens. (Lange 2005, 259)

Ziel politischer Bildung muss demnach eine Bewusstwerdung des eigenen Bürgerbewusstseins sein und damit die unmittelbare Orientierung am Subjekt. Damit verbunden ist die Notwendigkeit, Selbstkompetenz als zentrales Element politischer Bildung zu stärken. Unter Bezugnahme auf den Pädagogen Heinrich Roth betont Peter Henkenborg (2005) die Bedeutung von Selbstkompetenz als einen Prozess des sich selbst Erkennens und Erfahrens und der Selbstbestimmung. Dieser Ansatz bedeutet aber nicht, dass Subjektorientierung mit Egozentrismus gleichzusetzen sei. Im Gegenteil: Unter Bezugnahme auf Heinrich Roth und Rolf Schmiederer erklärt der Politikdidaktiker Peter Henkenborg, dass Selbstkompetenz die Fähigkeit „zu einer freien und ungezwungenen Selbstbestimmung und Selbstverwirklichung" darstelle und ergänzt: „Zur Selbstwahrnehmung gehört aber immer auch die Fähigkeit der Fremdwahrnehmung" (Henkenborg 2005, 304). Eine besondere Berücksichtigung muss in Bezug auf das politische Selbstkonzept auch die Frage von Selbstwirksamkeitserfahrungen spielen. Geprägt hat diesen Begriff Albert Bandura, der ihre Bedeutung wie folgt skizziert:

> Among the mechanisms of agency, none is more central or pervasive than people's beliefs of personal efficacy. Perceived self-efficacy refers to beliefs in one's capabilities to organize and execute the courses of action required to manage prospective situations. Efficacy beliefs influence how people think, feel, motivate themselves, and act. (Bandura 1999, 2)

Bis heute ist der Begriff *agency* dabei vage und es fehlt an einer klaren Bestimmung des Konzepts (Helfferich 2012, 9 f.). Cornelia Helfferich umschreibt den Begriff daher sehr umfassend:

> „Agency" ist ein Grundbestandteil aller Konzepte, die erforschen oder erklären, wer oder was über welche Art von Handlungsmächtigkeit verfügt oder diese zugeschrieben bekommt bzw. als welchen und wessen Einwirkungen geschuldet etwas zu erklären ist. (Helfferich 2012, 10)

Für die vorliegende Studie stellt die Rekonstruktion von politischen Selbstwirksamkeitserfahrung in jedem Fall einen wesentlichen Bestandteil dar, denn politisches Handeln setzt intrinsisch-motivationale Elemente voraus. „Da ist in erster Linie das Vertrauen in sich selbst und die Einschätzung, das eigene Handeln könne Wirksamkeit entfalten." (Klatt 2012, 6) Momente der Selbstwirksamkeitserfahrung können zugleich wertvolle intrinsische Motivation für weitergehende Bildungsprozesse sein. Bezugnehmend auf die Selbstbestimmungstheorie der Motivation von Edward L. Deci und Richard M. Ryan können selbstbestimmte politische Handlungserfahrungen von Schüler*innen als intrinsisch motivationaler Zugang für formale Bildungssettings nutzbar gemacht, wenn Regulationsprozesse „als Basis selbstbestimmten Handelns" (Deci/Ryan 1993, 229) erlebt werden.

Für die vorliegende Studie sind daher Elemente wie Selbstwirksamkeit, Erfahrungen mit Anerkennung und Frustration, die Reflexion über Effizienz, Legitimität und Wirkungskraft des eigenen politischen Handelns, aber auch der Konstruktion von Vorstellungen über „Ich und die anderen" von besonderer Relevanz.

Die Hervorhebung der Subjektorientierung als Wesensmerkmal emanzipatorischer politischer Bildung ist diesem Kapitel vorangestellt, um die eigene Position in der durchaus kontroversen Diskussion zum Kompetenzbegriff einzuordnen. Darüber hinaus stehen für die vorliegende Studie Selbstbestimmung und Selbstkompetenz der Kinder und Jugendlichen im Fokus. Um politische (Selbst)Bildung der Kinder und Jugendlichen am Beispiel selbstbestimmter und selbstorganisierter politischer Aktionen und emanzipatorischer Handlungserfahrungen rekonstruieren zu können, bedarf es aber nicht nur einer subjektorientierten Perspektive. Wenngleich im Sinne der Rekonstruktiven Sozialforschung größtmögliche Offenheit für die individuellen Erfahrungsberichte im Erhebungsverfahren vorliegt (Bohnsack 2014, 22–26), so gilt für die hier vorgestellte Untersuchung auch, dass der umfängliche fachdidaktische Forschungsstand nicht aus den Augen verloren gehen darf. Daher werden im folgenden Abschnitt dieser Arbeit die Kontroversen aus dem Feld der politischen Bildung zu Dimensionen und Kompetenzen bezüglich des politischen Lernens nachgezeichnet und eingeordnet.

2.2.2 Handwerkszeug für politische Mündigkeit

2.2.2.1 Politik- und Demokratiekompetenzen – Hinführung

Um Erfahrungsberichte von Kindern und Jugendlichen mit dem Ziel zu analysieren, politische (Selbst)Bildung systematisch zu rekonstruieren, bedarf es zunächst einer Einordnung verschiedener Konzepte und Begriffe im Feld der politischen Bildung. Wenngleich politische Bildung als eigenständige fachdidaktische Forschungsdisziplin noch relativ jung ist und erst in den 1960er-Jahren erste Professuren für Didaktik der politischen Bildung eingerichtet wurden (Sander 2014a, 19–20), wurden in Bezug auf das Grundverständnis bis heute bereits wesentliche Prinzipien formuliert. Zugleich werden Kompetenzmodelle bis heute kontrovers diskutiert. Das folgende Kapitel verfolgt nicht das Ziel, diese Diskurse vollständig abzubilden. Vielmehr wird der Versuch unternommen, die für den Untersuchungsgegenstand besonders relevanten Elemente herauszuarbeiten und eigene Schwerpunkte zu setzen. Im Vordergrund steht eine analytische Auseinandersetzung mit selbstbestimmter und selbstorganisierter politischer Aktion als (Selbst)Bildungserfahrung. Damit rücken Perspektiven empirischer Unterrichtsbeobachtung, aber auch die Auseinandersetzung mit einer fachdidaktischen Konzeptionalisierung von Wissensvermittlung in den Hintergrund. Von größerer Bedeutung sind Themen wie Subjektorientierung, Analyse- und Orientierungsfähigkeiten, Perspektivenwahrnehmung, Konfliktfähigkeit, Kritik, Emanzipation und Handlungskompetenz. Darüber hinaus liegt ein Schwerpunkt der empirischen Analyse auf Selbstwirksamkeitserfahrung im Zuge des informellen und selbstgesteuerten Lernens. Nachdem in Abschnitt 2.1 „Politische Aktion – der Versuch einer Begriffsklärung" eine fachwissenschaftliche Einordnung des Forschungsthemas vorgenommen wurde, folgt in diesem Kapitel eine Einordnung des Forschungsgegenstands mit den hier beschriebenen Schwerpunktsetzungen im Feld der politischen Bildung als eigenständiger Disziplin.

Die letzten 20 Jahre waren geprägt von verschiedenen Vorschlägen zur Entwicklung eines politikdidaktischen Kompetenzmodells. Kompetenzorientierung hat sich im Zuge dessen als ein Forschungs- und Konfliktfeld herausgestellt (Sander 2014b). Ausgangspunkt aller Überlegungen dazu ist das Ziel politischer Bildung: mündige Bürger*innen. Politische Bildung fördert, auch über die Vermittlung fachwissenschaftlichen Wissens, beispielsweise in Form von Basis- und Fachkonzepten (Kontroverse zwischen Weißeno u. a. 2010 & Autorengruppe Fachdidaktik 2011), die Orientierungsfähigkeit und die Urteilskraft des Subjekts. Politische Bildung befähigt zu einer kritischen Haltung gegenüber gesellschaftspolitischen Phänomenen. Lernende werden zu Kritik, Widerspruch und Widerstand (Reheis u. a. 2016) befähigt, um gesellschaftliche Macht- und

Herrschaftsverhältnisse nicht nur analysieren zu können, sondern einen eigenen Standpunkt zu entwickeln und diesen auch vertreten zu können (Autorengruppe Fachdidaktik 2016, 21). Demokratie ist dabei nicht nur als politisches System zu verstehen, sondern wird auch als Gesellschaftsform, beispielsweise über die Zivilgesellschaft, vor allem aber als Lebensform im Alltag der Menschen erfahrbar gemacht (u. a. Himmelmann 2018, 2017, 2016, 2013). Die Entwicklung dieser beschriebenen Kompetenzen ist allerdings kein selbstverständlicher Prozess, betont der Politikdidaktiker Peter Henkenborg.

> In der modernen und komplexen Gesellschaft entstehen Demokratiekompetenzen von Bürgerinnen und Bürgern nicht einfach von selbst, gleichsam alleine durch Prozesse „wilden Lernens", sondern eher im Gegenteil – Demokratiekompetenzen können ohne Prozesse institutionalisierter Bildung und Erziehung nicht nachhaltig entwickelt werden. Politische Bildung ist deshalb eine Bedingung der Demokratie; damit Demokratiekompetenzen sich entwickeln können, bedarf es der politischen Bildung als einer institutionalisierten Form demokratischer Bildung und Erziehung. (Henkenborg 2005, 300)

Ausgehend von diesen normativ grundsätzlich positiv besetzten Intentionen politischer Bildung fragt die Autorengruppe Fachdidaktik (2016), ob „politische Bildung dadurch nicht schon im Grundsatz ‚gut' – im Sinne einer Gemeinwohlorientierung und Demokratisierung" (Autorengruppe Fachdidaktik 2016, 7) sei. Doch wie dieses Ziel erreicht werden kann, darüber wird in der Disziplin gestritten. Eine Übersicht über die verschiedenen Ansätze zur Entwicklung eines Kompetenzmodells für die politische Bildung, auf die im Folgenden immer wieder Bezug genommen wird, geben unter anderem die Arbeiten von Gerhard Himmelmann (2005) und Tonio Oeftering (2013, 60 ff.).

Wolfgang Sander betonte im Jahr 2011, dass es zu dem Verständnis von Kompetenzorientierung in der politischen Bildung weiterhin Klärungsbedarf gäbe. Daran hat sich bis heute nur wenig geändert. Sander gibt zu bedenken, dass sich hinter einem vermeintlichen „Konsens" noch „zahlreiche ungeklärte Fragen und differierende Vorstellungen" (Sander 2011, 9) verbürgen würden.

Unabhängig von der Frage, mit welchen Kompetenzmodellen das Ziel erreicht werde, gilt, dass politische Bildung nicht nur Demokratie als politisches System vermitteln darf. Der Bezugspunkt ist demnach „nicht vordergründig das bestehende demokratische System, sondern die Fähigkeit der Bürger*innen, die gegebene Ordnung zu verstehen, zu reflektieren, zu verändern, zu kritisieren und so zu gestalten, wie sie es selbst für adäquat halten" (Kenner/Lange 2020b, 49).

Politische Bildung zielt nicht einfach auf den Erhalt des demokratischen Status quo, sondern auf die Bildung urteils- und handlungskompetenter Bürgerinnen und Bürger, die sich ein politisches System so schaffen, so verändern und so erhalten können, dass es ihnen politische Selbstbestimmung ermöglicht. Politische Bildung legitimiert demokratische Herrschaft, indem sie die Urteils-, die Kritik- und die Handlungsfähigkeit des demokratischen Souveräns bildet. (Lange 2008a, 432)

Politische Bildung darf demnach in keinem Fall als Instrument verstanden werden, das sich zum Ziel setzt, das bestehende politische System in den Köpfen der Menschen zu verankern (Kenner/Lange 2019, 121). Es braucht Erziehung und Bildung, um Menschen dazu zu befähigen, Selbst- und Weltaneignungserfahrungen zu sammeln und reflektieren zu können. Fragwürdig sei es, wenn politische Bildung dabei stehen bliebe und „nichts anderes als ,well adjusted people'" produziere, so Theodor W. Adorno (1971, 109).

In der Einführung für den von Moritz Peter Haarmann, Dirk Lange und mir herausgegebenen Sammelband „Demokratie, Demokratisierung und das Demokratische. Zugänge im Feld der Politischen Bildung" (Haarmann u. a. 2020) schlagen wir daher eine Differenzierung des Demokratiebegriffs für die politische Bildung vor, der hervorhebt, dass es bei politischer Bildung in der Demokratie um mehr gehen muss, als das Verständnis für das bestehende politische System. Ziel gelingender politischer Bildung ist die Befähigung zu einem selbstbestimmten, kritisch reflektierten sowie grund- und menschenrechtsorientierten Denken, Urteilen und Handeln – denn darin liegen die Voraussetzungen für die Verwirklichung von Demokratie.

Das *Demokratische* beschreibt für uns dabei den unhintergehbaren Kern politischer Bildung und basiert auf zentralen Werten wie Pluralismus, Menschenrechten, Gerechtigkeit und Minderheitenschutz. Diese Grundprinzipien legitimieren und orientieren die Lehr- und Lernarrangements der politischen Bildung. Die Orientierung des politischen Denkens, Urteilens und Handelns an den Grundrechten ist nicht verhandelbar und erfordert Haltung. Die normative Dimension des Demokratischen legt damit das Fundament und ist zugleich Antriebskraft, um Demokratie zu verwirklichen.

Demokratie bietet, als grundlegende Idee von Gesellschaft sowie als Normen- und Institutionensystem, einen Rahmen für das politisch organisierte Zusammenleben der Menschen. Sie eröffnet Teilhabemöglichkeiten, orientiert gesellschaftliches Handeln und regelt den Umgang mit gesellschaftlichen Konflikten. Gerade weil die Grund- und Menschenrechte als Seele der Demokratie unantastbar sind, unterliegt die Demokratie auch als Herrschafts- und Regierungsform einem fortwährenden Gestaltungsauftrag. Dies ist mit dem Anliegen verbunden, breite Teilhabemöglichkeiten zu eröffnen und für eine umfassende Verwirklichung der Grund- und Menschenrechte Sorge zu tragen.

Demokratisierung ist demnach ein kontinuierlicher gesellschaftlicher Prozess, mittels dem die Demokratie auf der Grundlage nicht verhandelbarer gesellschaftlicher Grundwerte immer wieder neu ausgehandelt wird. Dies drückt sich unter anderem in basisdemokratischen Interventionen der Zivilgesellschaft aus (siehe auch: Haarmann u.a. 2020, 1f.).

Die vorliegende Studie soll vor allem die letzte Ebene der Demokratisierung in den Blick nehmen. Es wird der Frage nachgegangen, inwiefern sich Prozesse der politischen (Selbst)Bildung, der Ausbildung politischer Kompetenzen in selbstbestimmter emanzipatorischer politischer Aktion entfalten und welche Rolle die professionelle pädagogische Begleitung dabei spielen kann.

Im Folgenden werden die einzelnen Kompetenzfelder politischer Bildung unter Berücksichtigung ihrer Bedeutung für die empirische Untersuchung vorgestellt. Zunächst wird dabei der Frage nachgegangen, ob es das „richtige Politikwissen" gibt, dass es zu vermitteln und von den Lernenden zu reproduzieren gilt.

2.2.2.2 Richtiges Politikwissen?

Im Feld der ohnehin umstrittenen Konzentration auf vermeintlich messbare Kompetenzentwicklung wird im Unterrichtsfach Politische Bildung vor allem das Fachwissen als grundlegendes Element der Politikkompetenz kontrovers betrachtet. Der Streit um die Frage, was gelernt werden soll, und um die Bedeutung des Fachwissens für politische Lernprozesse ist fast so alt wie die Disziplin selbst (Henkenborg 2011). Vor allem mit der „didaktischen Wende" (Massing 2013) begann eine Diskussion über die Schwerpunktsetzungen in didaktischen Konzeptionen der politischen Bildung. Prägend war hier unter anderem die 1965 in der Erstauflage erschienene „Didaktik der politischen Bildung" von Hermann Giesecke (1979), die vor allem das Lernen am politischen Konflikt ins Zentrum rückte, sowie die Arbeit von Rolf Schmiederer (1971), der Emanzipation und Kritik als zentrale Elemente der politischen Bildung betonte.

Wolfgang Sander beschreibt die Tatsache, dass im Zuge politischer Bildung auch Wissen erworben werden kann, als „triviale Selbstverständlichkeit" und betont dessen Bedeutung vor allem für die Erfolgsaussichten politischen Handelns:

[B]is zu welchem Grad dies erforderlich ist, ist eine Frage, die nicht in einer verbindlichen und – etwa durch eine Liste von „Grundwissen" – kanonisierbaren Weise für alle Bürgerinnen und Bürger zu beantworten ist. Zu sehr hängt dies von Situationen ab,

die weder für alle Lernenden gleich sind noch sich von der politischen Bildung antizi-
pieren lassen: von den Lernbiographien der Adressaten und von deren Vorwissen und
Einstellungen; von den möglichen Verwendungssituationen im politischen Handeln;
von der wechselnden politischen Agenda. (Sander 2008, 95)

Nichtsdestotrotz prägt die Debatte über den Wert von fachwissenschaftlich
begründeten Konzepten als Wissenskanon für die politische Bildung bis heute
die fachdidaktische Forschung. Den ersten Versuch einer Beschreibung von
Fachwissen als Kern eines potenziellen Kompetenzmodells für die politische
Bildung formulierte die Gesellschaft für Politische Jugend- und Erwachsenen-
bildung (GPJE 2004) in den „Anforderungen an Nationale Bildungsstandards
für den Fachunterricht in der Politischen Bildung an Schulen". Konzeptuelles
Deutungswissen wird hier als eine vom Subjekt ausgehende Erschließung der
Welt durch den Abgleich von individuellen Deutungen, fachlichen Konzepten und
Umwelterfahrungen sehr offen formuliert:

Es handelt sich um Wissen, das sich auf grundlegende Konzepte für das Verstehen
von Politik, Wirtschaft, Gesellschaft und Recht bezieht. […] Politische Bildung will
somit in erster Linie jenes Wissen verbessern, von dem aus Schülerinnen und Schüler
ihre Vorstellungen und Wahrnehmungen von Politik im weiteren Sinne strukturieren.
Entsprechend stehen im Zentrum des Wissens, das das Fach vermitteln will, nicht in
erster Linie Kenntnisse über Einzelaspekte des politischen, wirtschaftlichen und sozialen Lebens. Zentral für die Politische Bildung ist vielmehr solches Deutungswissen,
das Schülerinnen und Schülern den Sinngehalt und die innere Logik von Institutionen, Ordnungsmodellen und Denkweisen der Sozialwissenschaften – einschließlich
der wesentlichen damit verbundenen Kontroversen – erschließt. (GPJE 2004, 14)

Sechs Jahre später veröffentlichte eine Gruppe, mit großen Überschneidungen
zu den verantwortlichen Autor*innen des GPJE-Entwurfs, ein Kompetenzmodell,
das einen Streit um Wissenskompetenz als vermeintlich prägendes Element der
Politikkompetenz entfachte. Georg Weißeno, Joachim Detjen, Ingo Juchler, Peter
Massing und Dagmar Richter stellten mit ihrem Kompetenzmodell „Konzepte der
Politik" (Weißeno u. a. 2010) ein Modell zur Strukturierung des Fachwissens
vor. Für die Gruppe ist Politikkompetenz zwingend an Fachinhalte gebunden,
für die es Konzepte bedürfe, die als richtig und fachwissenschaftlich fundiert
legitimiert gelten. Die Autor*innen sind überzeugt, mit dem vorgelegten Modell
den Wissenskanon für die politische Bildung aufgestellt zu haben, der für alle
Schüler*innen von der Grundschule bis zum Abitur Geltung finden solle.
    Der Begriff Kompetenzmodell ist hier allerdings irreführend, denn das Modell
fokussiert politikwissenschaftlich begründete Basis- und Fachkonzepte und damit
Wissen als Kompetenzdimension. Die Autor*innen definierten in ihrer Arbeit

(Mindest-)Standards für das schulisch zu vermittelnde politische Wissen, das Schüler*innen in allen Altersstufen vermeintlich brauchen, um befähigt zu sein, sich ein politisches Urteil zu bilden und mündig am gesellschaftlichen Leben teilzuhaben. Bewusst wird dieses politische Wissen als konzeptuelles Wissen beschrieben, das unter anderem von Faktenwissen und Fachbegriffen gespeist und losgelöst von den individuellen Vorstellungen und Erfahrungswelten der Lernenden erworben wird. Dieses Wissen solle so leichter übertragbar sein auf Situationen, zu denen die Lernenden zuvor noch nie einen alltagsweltlichen Bezug herstellen konnten (Weißeno u. a. 2010, 20). Die Überlegungen Oskar Negts zu Orientierungswissen in der politischen Bildung stehen diesem Ansatz diametral gegenüber. So betont der Soziologe:

> Für Lernprozesse, die den Anspruch vertreten, Orientierungswissen zu vermitteln, stellt der Rückbezug auf die individuelle Lebenswelt der Lernenden eine unhintergehbare Notwendigkeit dar. (Negt 2018, 25)

Vollkommen unabhängig von den subjektiven Vorstellungen der Lernenden unterteilt die Autor*innengruppe um den Politikdidaktiker Georg Weißeno (2010) das konzeptuelle Wissen in die Basiskonzepte Ordnung, Entscheidung und Gemeinwohl, sowie in Fachkonzepte wie Demokratie, Markt, Macht, Legitimation, Opposition und Gerechtigkeit. Ihre Beschreibungen haben einen enzyklopädischen Charakter und suggerieren, dass es ein richtiges Verständnis dieser Konzepte gäbe, das zu lernen geboten sei. Dieser Eindruck verstärkt sich durch die Ausformulierung sogenannter Fehlkonzepte.

Es ist kein Zufall, dass die Autor*innen diesen, in ihren Augen grundständigen, Wissenskanon für das Unterrichtsfach Politische Bildung formulieren, ohne zugleich auf andere wesentliche Kompetenzfelder der politischen Bildung einzugehen. Für Georg Weißeno (2017, 512) ist der Wissenserwerb die Hauptaufgabe des politischen Lernens. „Mehr oder weniger gelerntes Fachwissen bedeutet mehr oder weniger Fachleistung, die als Kompetenz bezeichnet wird", erklärt Weißeno (2017, 512) in einem Handbuchbeitrag zum politischen Lernen. Der Politikdidaktiker verweist dabei auch explizit auf das Modell der „Konzepte der Politik" (Weißeno u. a. 2010) und beschreibt diese als ein Modell der Wissensstruktur, über das „die Schüler/-innen in Unterrichtssituationen verfügen **müssen**" (Weißeno 2017, 514 – hervorgehoben durch den Autor). Bezug nimmt Weißeno hier auf die 30 beschriebenen Fachkonzepte und die 200 daraus resultierenden politischen Begriffen, die „den Korpus des von der Grundschule bis zum Abitur zu erwerbenden Fachvokabulars darstellen" (Weißeno 2017, 514). Wenngleich weniger deutlich, betont auch Peter Massing den Wert der politikwissenschaftlich begründeten Basis- und Fachkonzepte als Ziel der Entwicklung von Wissenskompetenz durch politische Bildung. Massing verweist zwar auf die Notwendigkeit, an dem vorhandenen Vorwissen der Lernenden anzuschließen, Ziel sei es aber, diese „kontinuierlich an das fachliche Wissen heranzuführen" (Massing 2012, 25). Die Position der Forschungsgruppe um Georg Weißeno offenbart das hier verankerte Verständnis von Wissenskompetenz. Gute politische Bildung zeichne sich demnach nicht dadurch aus, dass Schüler*innen sich mit bestehenden fachwissenschaftlich begründeten und gesellschaftlich tradierten Konzepten befassen, sie verstehen, diskutieren und hinterfragen, sondern vielmehr durch die Verinnerlichung dieser Konzepte – stellen sie doch den vermeintlichen „Korpus" des zu erlernenden Wissens dar. Mit einem solchen Verständnis von Politikkompetenz laufen wir allerdings Gefahr, ein „traditionelles Begriffslernen" (Autorengruppe Fachdidaktik 2016, 149) zu befördern, das wir überwunden glaubten.

Nur ein Jahr nach der Veröffentlichung der „Konzepte der Politik" (Weißeno u. a. 2010) antwortete die Autorengruppe Fachdidaktik auf dieses Modell. In der Streitschrift „Konzepte der politischen Bildung" (Autorengruppe Fachdidaktik 2011) formulierten Anja Besand, Tilman Grammes, Reinhold Hedtke, Peter Henkenborg, Dirk Lange, Andreas Petrik, Sibylle Reinhardt und Wolfgang Sander ihre Sicht auf die drängenden Fragen der Entwicklung eines Kompetenzmodells für die politische Bildung. In einem abschließenden gemeinschaftlich verfassten Text begründen die Autor*innen ihre Kritik an dem Modell der Autor*innengruppe um Georg Weißeno wie folgt:

> Wir kritisieren an diesem Modell erstens die Einseitigkeit und Geschlossenheit der verwendeten Konzepte, die keinen multiperspektivischen sozialwissenschaftlichen Zugriff auf das Phänomen des Politischen erlauben, sondern unser Fachgebiet politikwissenschaftlich einseitig auf staatliches Handeln einengen. Wir kritisieren zweitens einen Rückfall in ein Lernverständnis, das die Subjektivität und Prozesshaftigkeit des Lernens aus dem Blick verliert. Mit der Folge eines instruktionsorientierten Unterrichtsverständnisses, das sich auf den Input „richtiger" Basiskonzepte und den Output der Verwendung „richtiger Begriffe" fokussiert, ohne sich um innere- und intersubjektive hermeneutische Prozesse zu kümmern. (Autorengruppe Fachdidaktik 2011, 163)

In einer eigenen Konzeption für den sozialwissenschaftlichen Unterricht hat die Autorengruppe Fachdidaktik die Notwendigkeit beschrieben, dass Lernende eine kritische Haltung gegenüber dem Wissen entwickeln sollten und immer wieder „auch das Gegenteil des scheinbar Selbstverständlichen" (Autorengruppe Fachdidaktik 2016, 100) denken dürfen.

Es ist wenig überraschend, dass es auch schon Untersuchungen zu der Frage des Einflusses von politischer Partizipation auf die Entwicklung des politischen Wissens von Schüler*innen gibt. So haben Georg Weißeno und Barbara Landwehr im Jahr 2013 in einer quantitativen Untersuchung 669 Schüler*innen befragt. Sie wurden dabei mit Wissensfragen konfrontiert, die der Studie „Politisches Wissen von Schüler/-innen mit und ohne Migrationshintergrund (POWIS)" (Goll u. a. 2010) entnommen wurden und sich hauptsächlich auf die Basis- und Fachkonzepte (Weißeno u. a. 2010) beziehen. Die vermeintlich eindeutigen Frageitems sind mindestens strittig. So lautet eines der Items beispielsweise wie folgt:

„In vielen Fragen muss neben dem Bundestag auch der Bundesrat neuen Gesetzen zustimmen. Was ist die Folge?

- Es ist schwieriger, eine politische Lösung zu finden.
- Der Bundestag hat nichts mehr zu sagen.
- Die Macht des Bundespräsidenten steigt.
- Es ist einfacher, eine politische Lösung zu finden."

(Weißeno/Landwehr 2018, 182)

Da die Items der POWIS-Studie entnommen sind, ist davon auszugehen, dass auch hier nur eine Antwort als „richtig" gilt (Goll u. a. 2010, 27). Hier könnte aber gleichermaßen berechtigt die erste und letzte Antwort als richtig gekennzeichnet werden, lassen sich doch für beide Antwortalternativen gute Argumente finden. Offenkundig erscheint die Findung einer politischen Lösung schwieriger, weil mehr Akteur*innen beteiligt sind. Zugleich könnte man die These aufstellen, dass eine langfristig tragfähige politische Lösung leichter zu finden ist, weil alle wichtigen Akteur*innen in einem dezentral organisierten Staat von Anfang an involviert sind. Allein dieses Item zeigt die Schwierigkeit einer solchen Studie und auch der Unantastbarkeit vermeintlich richtiger Definitionen fachlicher Konzepte im Feld der politischen Bildung.

In der Studie mit insgesamt 23 Wissensfragen wird außerdem abgefragt, ob die Schüler*innen Partizipationserfahrungen haben. Ein politischer Kern scheint dabei für die Studie nicht vorausgesetzt zu sein. Die Schüler*innen können beispielsweise angeben, als Klassensprecher*in gewirkt oder sich bei einem Projekt in ihrem Stadtteil beteiligt zu haben. Die Rolle der Klassenvertretung ist explizit unpolitisch, verbieten die Schulgesetze der Länder in der Regel doch ein allgemeinpolitisches Mandat für diese Statusgruppen. Die Mitwirkung an Projekten in der Gemeinde könnte ebenso eher sozialer Art sein.

Aus der Korrelation von richtigen bzw. falschen Antworten und etwaigen sozialen oder politischen Partizipationserfahrungen schlussfolgern Weißeno und Landwehr bezüglich des Einflusses von Partizipation auf die Entwicklung von politischer Wissenskompetenz, dass sich kein Effekt der Partizipationserfahrung auf das politische Wissen nachweisen ließe (Weißeno/Landwehr 2018, 186). Wenngleich aufgrund der gewählten Items sowohl bei der Ermittlung des politischen Wissens der Schüler*innen als auch bei der Ermittlung ihrer individuellen Partizipationserfahrung die Ergebnisse der Studie zumindest diskussionswürdig sind, kommen Weißeno und Landwehr doch zu einem weitreichenden Urteil:

> Die normativen Erwartungen der Politikdidaktik an die Partizipation sind wahrscheinlich zu hoch, als dass der Unterricht das erfolgte Engagement für Wissenserwerbsprozesse nutzen kann. Es gilt vielmehr, dem Erfolg der unterrichtlichen Wissensvermittlung mehr Aufmerksamkeit zu schenken. Das normative politikdidaktische Postulat der Partizipationsförderung ist im Lichte systematisch gewonnener Ergebnisse zu hinterfragen. (Weißeno/Landwehr 2018, 187 f.)

Die Studienergebnisse mögen stimmen und auch die daraus gezogenen Schlüsse – aber nur, wenn man die Überzeugung teilt, dass der Wert politischer Bildung in erster Linie im Erwerb und der unreflektierten Wiedergabe politikwissenschaftlich definierter Fachbegriffe und Konzepte bestünde. Der Politikdidaktiker Moritz Peter Haarmann kommt bezugnehmend auf diese Studie daher eher zu dem Schluss, dass die Fähigkeit zur Partizipation „nur bedingt auf ein entsprechendes ‚Fachwissen' angewiesen" (Haarmann 2020, 161) sei. In jedem Fall zeigt die Studie nicht den Einfluss *politischer* Partizipation auf den politischen Wissenserwerb, weil dafür die Auswahlitems bezüglich der Partizipationserfahrungen zu unspezifisch sind.

Politische Bildung baut nicht auf der Übernahme von vermeintlich richtigem Fachwissen auf. „Eine der Zukunft zugewandte politische Bildung kann auch deshalb auf lexikalisches Wissen verzichten, weil gerade in der Demokratie Spielregeln immer wichtiger werden." (Schiele 2002, 303) Politische Bildung darf nicht verstanden werden als eine „bloße Wissensübermittlung, deren Totes Dinghaftes oft genug dargetan ward", wie Theodor W. Adorno (1971, 107) es für den Erziehungsbegriff beschreibt. Vielmehr sind daher politische (Selbst)Bildungsprozesse geprägt von den Dynamiken des permanenten Austausches zwischen bestehenden fachlichen Vorstellungswelten der Lernenden, den fachlichen Konzepten der vielfältigen Bezugswissenschaften, wie der Soziologie und der Politikwissenschaft, und dem Umwelterleben der Lernenden.

Politische Bildung muss die Emanzipation der Lernenden zum Ziel haben. Wenn aber „Emanzipation die Aufhebung der Vormundschaft [...] bedeutet, dann kann das nicht gelingen, wenn Bildungsprozesse nur auf die Erweiterung des Wissens gerichtet sind" (Negt 2013, 36). Vielmehr wird dieser Prozess maßgeblich geprägt von analytischen Momenten, der politischen Orientierung des Individuums, von Perspektivenwahrnehmung sowie der Aushandlung von Konflikten. Politische Bildung ist ein ganzheitlicher und komplexer Prozess und lässt sich nicht auf den Erwerb und die Reproduktion vorgegebener Wissenskonzepte reduzieren.

Für die vorliegende Studie liegt demnach die Konzentration nicht darauf, inwiefern sich die Kinder und Jugendlichen richtiges konzeptuelles politisches Wissen durch ihre selbstbestimmte und selbstorganisierte politische Partizipation angeeignet haben. Der Schwerpunkt liegt eher auf jenen politischen Kompetenzen, die im Folgenden genauer beschrieben werden. Allen voran steht die Analysefähigkeit und die Fähigkeit zur politischen Orientierung.

2.2.2.3 Analysefähigkeit und politische Orientierung

Die Analysefähigkeit ist eine grundlegende Kompetenz, die notwendig ist, um komplexe politische Prozesse zu verstehen und sie darauf aufbauend zu reflektieren, sich ein Urteil zu bilden und etwaige Schlüsse für individuelles oder kollektives politisches Handeln zu ziehen. Das dieser Arbeit zugrunde liegende Verständnis von Analyse- und Orientierungsfähigkeit basiert auf verschiedenen Überlegungen, die im Zuge der Kompetenzentwicklung in der politischen Bildung formuliert wurden.

So betonen die Autor*innen des Entwurfs der Fachgesellschaft GPJE (2004) die Notwendigkeit methodischer Fähigkeiten. Dabei weisen sie darauf hin, dass eine Vielzahl von methodischen Fähigkeiten nicht domänspezifisch für die politische Bildung seien. Dazu zählen „die Lesekompetenz, Zeitplanung und Selbstorganisation, die Fähigkeit unterschiedliche Sozialformen (wie Gruppen- und Partnerarbeit) und Arbeitstechniken (z. B. Schaubilder und Karikaturen interpretieren, Präsentationstechniken, (Netz-) Recherche) zu nutzen sowie die Fähigkeit zur Planung und Realisierung komplexer, projektartiger Arbeitsvorhaben in Gruppen oder die generelle Fähigkeit zur gezielten Nutzung von Medien" (GPJE 2004, 17 f.).

Die Autor*innen des GPJE-Modells, Joachim Detjen, Hans-Werner Kuhn, Peter Massing, Dagmar Richter, Wolfgang Sander und Georg Weißeno, weisen aber auch auf fachspezifische methodische Fähigkeiten hin. Sie führen dabei unter anderem die „fachbezogene Interpretation von Texten und anderen Medienprodukten aus der politischen Publizistik sowie gezielte kriteriengeleitete Beobachtungen, Interviews und kleine Erhebungen mit Fragebögen" (GPJE 2004, 18) an.

Auch Peter Henkenborg verwendet den Begriff der Methodenkompetenz. Für ihn impliziert dies aber mehr als methodische Fertigkeiten, wie beispielsweise das Verwalten und Verarbeiten von Informationen durch dessen Beschaffung, Bewertung und Bearbeitung. Der Politikdidaktiker verweist darauf, dass diese methodischen Fähigkeiten auf methodischen Denkweisen, wie problemorientiertes und vernetztes Denken, basieren und es zugleich „metakognitive[r] Fähigkeiten (Selbstkontrolle des Lernens)" (Henkenborg 2005, 303) bedarf.

Auch die Autor*innen der Fachgruppe Sozialwissenschaften (Behrmann u. a. 2004), Teil einer Expert*innengruppe der Kultusministerkonferenz (KMK), formulierten in ihrer Stellungnahme zum Kerncurriculum Sozialwissenschaften in der gymnasialen Oberstufe das Kompetenzfeld des sozialwissenschaftlichen Analysierens. Es geht dabei über den methodischen Kern der Analyse hinaus und beschreibt den Prozess der politischen Orientierung. Neben dem richtigen Gebrauch sozialwissenschaftlicher Methoden und Begriffe sei demnach sozialwissenschaftliches Analysieren gekennzeichnet durch eine Auseinandersetzung mit den „strukturelle[n] Bedingungen und institutionelle[n] Ordnungen" (Behrmann u. a. 2004, 337), insbesondere in Bezug auf soziales und ökonomisches Handeln. Die Autor*innen der Fachgruppe Sozialwissenschaften, Günter C. Behrmann, Tilman Grammes, Sibylle Reinhardt und Peter Hampe, erweitern das Verständnis von methodischer Kompetenz um Fähigkeiten einer kritisch-reflexiven Analyse politischer Verhältnisse unter Verwendung sozialwissenschaftlicher Werkzeuge. Wie die Autor*innen des GPJE-Modells plädiert auch die Fachgruppe Sozialwissenschaften dafür, die Kompetenzfelder nicht getrennt bzw. losgelöst voneinander zu betrachten. Dieser Grundsatz ist vor allem dann bedeutsam, wenn Analyse und Orientierung als komplexer Lernprozess verstanden werden und nicht nur als das Einüben von Methoden. Der Politikdidaktiker Michael May sieht in den Überlegungen der Expertise der Fachgruppe Sozialwissenschaften zum sozialwissenschaftlichen Analysieren schon einen Übergang zur Urteilskompetenz. Es ginge hierbei bereits um die Frage „Was ist?" (May 2007, 210) und damit um ein sachlich-analytisches Urteil.

Sibylle Reinhardt, Teil des Expert*innengremiums der KMK, verfolgte diesen Ansatz weiter und erweiterte das Konzept der sozialwissenschaftlichen Analyse. In ihren Konzeptionen entwickelte sich der Begriff vom „sozialwissenschaftlichen Analysieren" (Reinhardt 2004, 6) bis hin zum „sozialwissenschaftlichen Denken". (Reinhardt 2018, 23)

Die Kompetenz des sozialwissenschaftlichen Denkens bezieht Fachwissenschaften direkt in die Bürgerrolle ein. In der gymnasialen Oberstufe ist der Umgang mit Wissenschaft ein propädeutischer: Wissenschaftliche Ergebnisse und Erkenntnisse werden

auch als Prozess des Entstehens, als Vorgang ihres Werdens, zum Gegenstand des
Lernens und nicht nur als Tatsachen und Resultate. (Reinhardt 2018, 23)

Anders als Sibylle Reinhardt, die analytisches Denken als herausragendes Element politischen Lernens hervorhebt, stellt die Analysefähigkeit für Joachim
Detjen, Peter Massing, Dagmar Richter und Georg Weißeno (2012, 26 f.) keine
eigenständige Kompetenzdimension dar. In ihrem Vorschlag für ein Kompetenzmodell begründen die Autor*innen dies damit, dass die Wahl der Analy-
seinstrumente vom Gegenstand der Analyse abhänge. Es mache daher wenig
Sinn, so die Autor*innengruppe um Joachim Detjen, „abstrakt eine eigene
Kompetenzdimension ‚Analysieren‘ zu definieren" (Detjen u. a. 2012, 26).
    Für die vorliegende Arbeit wird sich daher eher am Konzept der Fachgruppe
Sozialwissenschaften (Behrmann u. a. 2004) orientiert, unter Berücksichtigung
der Weiterentwicklung durch Sibylle Reinhardt. Die Bedeutung von Analyse und
Orientierung (Negt 2018) ist in der politischen Bildung in besonderer Weise her-
vorzuheben. Die Entscheidung, analytische Kompetenzen nicht als eigenständiges
Kompetenzfeld auszuweisen, weil sie vermeintlich anderen Kompetenzdimensio-
nen immanent seien, erscheint wenig überzeugend.
    An den hier zitierten Überlegungen anschließend, ist das Verständnis von
sozialwissenschaftlichem Analysieren und politischer Orientierung, welches der
vorliegenden Studie zugrunde liegt, geprägt von einem ganzheitlichen Ansatz.
Analyse und Orientierung im Feld der politischen Bildung bedeutet demnach,
fachunspezifische methodische Fertigkeiten wie die Lesekompetenz und den kritischen Umgang mit Informationen genauso zu stärken, wie sozialwissenschaftliche
Methoden und Begriffe zu erlernen. Dabei liegt ein besonderer Fokus auf der
Quellenarbeit. Eine kritisch reflektierte Auseinandersetzung mit Informationen
sowie eine individuelle und kollektive Quellenkritik sind Grundlage für politische Urteilsbildung. Damit verbunden ist die Wahrnehmung des politischen
Konflikts und dessen Anerkennung als wertvoller Teil demokratischer Aushandlungsprozesse. Analyse und Orientierung bedeuten demnach nicht nur die Praxis
sozialwissenschaftlicher Methoden, sondern verknüpfen diese mit einer Konflikt-
und Gesellschaftsanalyse. Nur dadurch gelingt die Verortung des Subjekts in der
Welt als Vorphase der politischen Urteilsbildung. Dieser Ansatz schließt damit
an der subjektorientierten Lerntheorie des Bürgerbewusstseins von Dirk Lange
(2005, 2008a) an. Für ein politisches Urteil bedarf es darüber hinaus aber auch der
Fähigkeit der Perspektivenwahrnehmung. Dieses Kompetenzfeld lässt sich kaum
von der Ebene des sozialwissenschaftlichen Denkens trennen und ist darüber
hinaus eng verbunden mit der politischen Urteilsbildung.

Die Autorengruppe Fachdidaktik, der auch Sibylle Reinhardt und Dirk Lange angehören, sind gar überzeugt, dass das sachliche politische Urteil Bestandteil sozialwissenschaftlicher Analyse sei. Es wird deutlich, dass Michael May mit seiner Vermutung Recht behielt. Unter Analysekompetenz versteht die Autorengruppe Fachdidaktik nicht nur die „Fähigkeit, gesellschaftliche, wirtschaftliche und politische Probleme, Fälle und Konflikte mithilfe sozialwissenschaftlicher Instrumente […] zu untersuchen", sondern darüber hinaus auch ein „sachlich begründetes Urteil zu fällen" (Autorengruppe Fachdidaktik 2016, 145).

An dieser Stelle unterscheidet sich das für die vorliegende Arbeit zugrunde gelegte Kompetenzverständnis von den Überlegungen der Fachgruppe Sozialwissenschaften (Behrmann u. a. 2004) und der Autorengruppe Fachdidaktik (2016), denn politische Urteilsbildung wird hier als komplexer Prozess des Zusammenspiels von sachlich-rationaler und politisch-moralischer Perspektive verstanden und daher gemeinsam unter Urteilskompetenz subsumiert. Beide Dimensionen der politischen Urteilsbildung bedürfen der Fähigkeit zur Perspektivenwahrnehmung. Da die Bedeutung der Wahrnehmung vielfältiger Perspektiven vor allem für die politische Bildung und politische Lernprozesse besonders hoch ist, wird sie als Teil politischer Bildungserfahrungen im Folgenden genauer beschrieben.

2.2.2.4 Perspektivenwahrnehmung und Perspektivenübernahme

Perspektivenwahrnehmung im Kontext der Kompetenzentwicklung im Feld der politischen Bildung wird in den verschiedenen Modellen unterschiedlich stark betont. Im Entwurf des Kompetenzmodells der Fachgesellschaft GPJE (2004) und auch im Kompetenzmodell der Autor*innengruppe um Joachim Detjen (2012) wird die Perspektivenübernahme nur als Teil der Urteils- und Handlungsfähigkeit formuliert. Günter Behrmann, Tilman Grammes und Sibylle Reinhardt (2004) dagegen greifen in ihrer für die KMK angefertigten Expertise die Perspektivenübernahme als eigenständige und relevante Kompetenz für die politische Bildung auf. Die Autor*innen betonen insbesondere die Wirkung der Perspektivenwahrnehmung auf das soziale Lernen. Gotthard Breit verwies bereits Ende der 1990er-Jahre auf deren Bedeutung für das politische Lernen.

> Die Schüler werden dazu gebracht, sich nicht nur mit sich selbst und ihren eigenen Interessen zu beschäftigen, sondern auch die Lage ihrer Mitmenschen wahrzunehmen. Zusätzlich fördert sie das politische Lernen, denn die Lernenden bleiben zumeist nicht bei den Einzelpersonen aus dem Fall stehen, sondern schließen von deren Einzelschicksal auf eine problemhaltige Situation für eine Personengruppe, und damit – möglicherweise – auf ein politisches Problem. (Breit 1999, 387 f.)

Dabei sind die Begriffe Perspektivenwechsel oder Perspektivenübernahme irreführend, weil das damit verbundene Konzept nicht die Übernahme der Perspektive anderer oder gar deren zu Eigen machen beinhaltet, sondern deren Wahrnehmung und Berücksichtigung. Diese Wahrnehmung anderer Rollen wird, so Sibylle Reinhardt (2018, 22), in der Soziologie als Voraussetzung für gesellschaftliche Interaktionen und in der sozialpsychologischen Tradition als grundlegend für die Entwicklung von gemeinsamen Positionen verstanden. Reinhardt beschreibt auch die Rolle der Perspektivenwahrnehmung für das politische Urteilen und Handeln:

> Für politisches Urteilen und Handeln ist Perspektiven-/Rollenübernahme unerlässlich, weil die unterschiedlichen Perspektiven aus unterschiedlichen sozialen Lagen und Erfahrungen resultieren. Politische Entscheidungen betreffen immer viele Subjekte und Strukturen und setzen deshalb ihre kognitive Repräsentanz für den Fall (annähernd) integrierender Beschlüsse voraus. (Reinhardt 2004, 4)

Ob die Perspektivenwahrnehmung als eigenständige Fähigkeit hervorgehoben oder ihre Bedeutung als elementarer Bestandteil aller Kompetenzfelder betont wird, ist nicht entscheidend. In jedem Fall besteht in der politikdidaktischen Forschung Einigkeit darüber, dass die Fähigkeit zur Wahrnehmung und Berücksichtigung der Perspektiven anderer zentral für die Entwicklung der Mündigkeit des Individuums ist. Dabei geht es aber nicht nur darum kontroverse aber gesellschaftlich sichtbare Perspektiven aufzugreifen, sondern vor allem auch marginalisierte Positionen und die Perspektiven der Ausgeschlossenen zu thematisieren (de Moll u. a. 2013; Kleinschmidt u. a. 2019; Lösch 2019; Eis 2019).

Für die vorliegende Untersuchung wird die Perspektivenwahrnehmung gesondert berücksichtigt, um in Erfahrung zu bringen, inwiefern diese Fähigkeit auch im Kontext von politischer Partizipation entwickelt werden kann. Geprüft werden soll damit auch die These, dass politische Bildung im Kontext politischer Aktion erschwert wird, weil hierbei eher der politische Konsens der jeweiligen Gruppe als gesellschaftspolitische Kontroversen fokussiert wird (Reinhardt 2014, 278).

2.2.2.5 Politische Urteilsbildung

Während über die Frage, ob die Perspektivenwahrnehmung als eigenständiges Feld der politischen Kompetenzentwicklung verstanden werden sollte, keine Einigkeit besteht, ist politische Urteilsbildung als „konsensuelle Zielbeschreibung zumindest für die schulische politische Bildung" (Sander 2004, 38) unbestritten. Wenngleich bei der grundsätzlichen Zielbeschreibung Einigkeit besteht, unterscheiden sich die Beschreibungen dessen, was unter Urteilsbildung zu verstehen sei. Wolfgang Sander erklärt, dass durch das politische Urteilen „Menschen ihr Verhältnis zur Politik im engeren wie im weiteren Sinne, also ihre Situation und ihre Deutungen zu gemeinsamen Angelegenheiten der Gesellschaft" (Sander 2008, 75) definieren würden. Weiter führt er aus, dass sich das politische Urteil in Sach- und Werturteile unterscheiden ließe.

> Sachurteile können Aussagen mit dem Anspruch einer Tatsachenbeschreibung treffen oder Schlussfolgerungen bzw. Interpretation von Zusammenhängen vornehmen, sie können also konstatierenden oder analytischen Charakter haben. Werturteile beurteilen politische Entscheidungen, Situationen oder Positionen nach moralischen Maßstäben. Schon diese beiden Dimensionen bei einem kontroversen politischen Thema sorgfältig voneinander unterscheiden zu können, ist eine Fähigkeit, die in der politischen Bildung erworben und trainiert werden kann. (Sander 2008, 76 f.)

Peter Massing nennt weitere Kategorien politischer Urteilsbildung, die aber weniger trennscharf sind: Feststellungsurteile, Erweiterungsurteile, Werturteile, Entscheidungsurteile und Gestaltungsurteile (Massing 2012, 26). Deutlicher wird Massings Verständnis von Urteilsbildung in der Beschreibung der Kategorien, an denen orientiert sich das politische Urteil zu vollziehen hat. Für Massing sei ein politisches Urteil „die wertende Stellungnahme eines Individuums über einen politischen Akteur oder einen politischen Sachverhalt unter Berücksichtigung der Kategorien Effizienz und Legitimität mit der Bereitschaft, sich dafür öffentlich zu rechtfertigen" (Massing 2003, 94). Die Kategorie Effizienz präge das Sachurteil, Legitimität das Werturteil. Der Politikdidaktiker Michael May gibt vor allem bezüglich der normativen Rahmensetzung, wie Grund- und Menschenrechte für das Werturteil bzw. die Kategorie Legitimität, zu bedenken, dass keinesfalls vorausgesetzt werden könne, dass die Wertschätzung der demokratischen Werte oder die Achtung anderer Menschen zum Selbstverständnis aller Lernenden gehöre. May bezeichnet dies als „normative Fragilität der Wertmaßstäbe" (May 2019, 48) im Urteilsmodell.

Wie alle Fähigkeiten, die im Zuge politischer Bildungsprozesse erworben werden, können auch Sach- und Werturteilsbildung nicht losgelöst voneinander betrachtet werden. Da Sach- und Wertaspekte „häufig miteinander verknüpft" (GPJE 2004, 15) seien, werden sie im GPJE-Kompetenzmodell zusammen beschrieben. Michael May sieht in der Urteilsbildung zwei unterschiedliche zentrale Fragen: Was ist und was soll sein? Die erste Frage nach dem „Was ist?" entspricht eher dem Sachurteil. So haben, nach den Ausführungen der Autor*innengruppe um Joachim Detjen, Analysen „die Gestalt von Sachurteilen" (Detjen u. a. 2012, 49). Während also Sachurteile eher dem Prozess des sozialwissenschaftlichen Analysierens und Orientierens entsprächen (May 2007,

210; Behrmann u. a. 2004), ist das Werturteil gekennzeichnet von einer normativ geprägten Positionierung. Die Bewusstmachung der Unterscheidung von dem, was ist und dem, was sein soll, beschreibt den Übergang von bloßer Urteilsbildung zur Kritik (siehe nachfolgendes Abschnitt 2.2.2.6).

> Kritik setzt eine Differenz von Sein und Sollen (im moralischen und epistemischen Sinn) voraus und ein Bewusstsein dieser Differenz. Wo eine solche Differenz nicht wahrgenommen wird, gibt es keine Kritik, ja sie kommt nicht einmal als Kategorie zu Bewusstsein. (Steffens 2013, 256)

Aber auch in Bezug auf das politisch-moralische Urteil verweist Sibylle Reinhardt auf die Notwendigkeit vielfältiger Fähigkeiten und betont die Bedeutung der Perspektiven-/ Rollenübernahme, des sozialwissenschaftlichen Analysierens und der Konfliktfähigkeit für die Urteilsbildung (Reinhardt 2010a, 520).

Politische Urteilsbildung ist aber auch eng verknüpft mit politischer Handlungsfähigkeit, „da erfolgreiches Handeln ohne treffende Beurteilung der politischen Situation nicht möglich ist" (Sander 2008, 91). Beide Fähigkeiten hätten eine Vielzahl von Überschneidungspunkten, allerdings weist Wolfgang Sander darauf hin, dass „politisches Urteilen auch ohne politisches Handeln möglich ist und andererseits das praktische politische Handeln auch Fähigkeiten verlangt, die sich nicht unmittelbar aus dem politischen Urteil ergeben" (Sander 2008, 91).

Der Politikdidaktiker Reinhold Hedtke (2020a) hat in seinem Aufsatz „Interessen- statt Urteilsbildung? Ungleichheit, Partizipation und politische Bildung" einen weiteren Diskursstrang eröffnet. Er sieht als eine zentrale Aufgabe der politischen Bildung nicht die gemeinwohlorientierte Urteilsbildung, sondern vielmehr eine subjektorientierte Interessensbildung. Schüler*innen sollten in die Lage versetzt werden, ihre eigenen Interessen zu identifizieren und sich für ihre Verwirklichung einzusetzen. Er begründet das damit, dass Gesellschaft und Politik von sozioökonomischen Ungleichheiten geprägt seien. Schule sollte sich daher als ein Ort erweisen, der dem entgegenwirkt, indem alle, aber insbesondere sozioökonomisch benachteiligte Gruppen, befähigt werden ihre teils marginalisierten sozioökonomischen und politischen Bedürfnisse zu erkennen und zu artikulieren (Hedtke 2020a, 76).

> Zugespitzt formuliert braucht es – insbesondere in der politischen Bildung – mehr von der Motivstruktur und den Verhaltensmustern des aufgeklärten *homo sociooeconomicus*. Er verfolgt seine Interessen konsequent, ist sich dabei der sozialen Bedingtheit seiner sozioökonomischen und politischen Lage sowie der kollektiven Voraussetzungen und institutionellen Rahmenbedingungen für ihre Verbesserung bewusst. Er

erkennt auch für seine eigene Lage und seine Situation, dass strukturelle sozioökonomische und politische Ungleichheit eng miteinander verknüpft sind. (Hedtke 2020a,
78 – Hervorhebungen im Original)

Die Fokussierung auf Interessenorientierung scheint auf den ersten Blick dem
kritischem Verständnis politischer Bildung entgegenzustehen, das auf Auseinandersetzung mit Macht- und Herrschaftsverhältnissen setzt. Allerdings argumentiert Hedtke genau aus einer kritischen Gesellschaftsanalyse heraus, die unter
anderem sozioökonomische Ungleichheiten und Ungleichheit in der politischen
Repräsentation identifiziert (Hedtke 2020a, 71). Politische Interessenbildung heißt
für Hedtke daher vor allem jene zu stärken, die außerhalb der Schule in besonderer
Weise von Praxen der Exklusion betroffen sind. Interessenbildung in diesem Sinne
ist damit immer auch Machtkritik. Mit einer kritischen Urteilsbildung sei dieser
Prozess eng verbunden, betont Bettina Lösch (2019). Es gilt daher Machtgefälle und den ungleichen Zugang zu Ressourcen zu thematisieren. Aufgabe einer
kritisch-emanzipatorischen politischen Bildungsarbeit sei es „ausgeschlossene
und benachteiligte Positionen sichtbar zu machen sowie Unterschiede zwischen
Partikular- und Gemeininteressen aufzuzeigen" (Lösch 2019, 25).
      Die Ansätze von Hedtke und Lösch aufgreifend wird deutlich, dass politische
Urteilsbildung kaum losgelöst von Emanzipation und Kritik gelingen kann. Diese
Dimensionen politischer Bildung werden im Folgenden genauer eingeordnet.

2.2.2.6 Emanzipation und Kritik

Die bis hier beschriebenen Fähigkeiten im Feld der politischen Bildung sind,
unterschiedlich akzentuiert und durchaus kontrovers diskutiert, in alle Kompetenzmodelle der Politikdidaktik implementiert. Weniger Einigkeit besteht in Bezug auf
Emanzipation und Kritik als grundlegende Elemente gelingender politischer Bildung. Die Diskussion um den Kritikbegriff in der politischen Bildung ist nicht
neu. Basierend auf der Kritischen Theorie formuliert Rolf Schmiederer (1971)
in seinem Werk „Zur Kritik der Politischen Bildung" mit Demokratisierung,
Emanzipation und politischer Praxis wesentliche Zielmarken politischer Bildung.
Schmiederer steht bis heute für die Fokussierung auf die Interessen der Lernenden
im Erziehungs-, Bildungs- und Lernprozess. Er betont, dass politische Bildung
einer Orientierung an den Lebensbedingungen und Wirklichkeiten der Kinder
und Jugendlichen sowie einer gesellschaftskritischen Analyse der bestehenden
Verhältnisse bedürfe. Dies führe zur Emanzipation der Lernenden. Dabei stehe
die Entwicklung mündiger Bürger*innen mit kritisch reflektiertem Bewusstsein
durch emanzipatorische Bildung im Fokus (Schmiederer 1971, 32 ff.).

Auch Hermann Giesecke betonte schon in den 1970er-Jahren in seiner Didaktik der politischen Bildung (1979), dass sich politische Bildung in einem historischen Kontext von Emanzipation verstehen muss. Er verweist darauf, dass politische Bildung die „Interessen und Bedürfnisse des jeweils Schwächeren, Ärmeren, Unterprivilegierten" (Giesecke 1979, 127) in den Blick zu nehmen hat.

> Wenn es politisch darum gehen muß, den historischen Prozeß der Demokratisierung in die Zukunft zu verlängern, so müssen unter pädagogischem Aspekt solche Kenntnisse, Fähigkeiten und Fertigkeiten gelernt werden, die dazu befähigen; und das sind vor allem solche, die vergleichsweise unterprivilegierte Gruppen zur Erkenntnis und Durchsetzung ihrer Interessen benötigen. (Giesecke 1979, 128)

Emanzipation ist dabei nach dem Soziologen Oskar Negt, vor allem die „Herstellung von freier Entscheidungsfähigkeit, die Aufhebung einer Vormundschaft" (Negt 2013, 35). Das Verständnis von Emanzipation schließt an dem Kantschen Ideal des Ausgangs aus der selbstverschuldeten Unmündigkeit an und damit an der Fähigkeit sich seines eigenen Verstandes zu bedienen (Kant 1784). „Emanzipation bedeutet nicht zuletzt, sich selbst zu emanzipieren." (Mende 2009, 120) Gelingen kann dies nur, wenn kritisch reflektiertes Denken selbstverständlicher Teil der Selbst- und Weltaneignung der Lernenden ist. Emanzipation und Kritik sind dabei allerdings durchaus zu unterscheiden, denn Emanzipation meint in erster Linie Aufklärung, Befreiung und Selbstbestimmung.

> Wer sich anmaßt, andere Menschen „emanzipieren" zu wollen, hat nicht begriffen, dass Emanzipation auf der einen und Manipulation, Agitation oder Indoktrination auf der anderen Seite sich wechselseitig ausschließende Gegensätze sind. (Hufer 2017, 14–15)

Klaus-Peter Hufer weist zurecht darauf hin, dass Emanzipation nicht verordnet werden kann. Die Emanzipation der Lernenden ist daher eher das Ziel als Kompetenz oder Fähigkeit. Fritz Reheis verweist darauf, dass „Erfahrungen ein dialogisches Verhältnis des werdenden Subjekts zu seiner sozialen Umwelt benötigen, damit sie bildungswirksam im Sinne der Subjektwerdung bzw. Emanzipation" (Reheis 2017, 37) werden. Auf dieser Annahme aufbauend, kann politische Bildung auch in der Schule dabei unterstützen dieses dialogische Verhältnis im Kontext realer politischer Handlungserfahrungen herzustellen. Emanzipation der Kinder und Jugendlichen muss immer Ziel allen Handelns politischer Bildner*innen sein, wenngleich es in der formalen Bildung aufgrund von strukturellen Zwängen deutlich schwieriger zu erreichen ist. Ausführlich haben die aktuellen Debatten dazu Sarah Greco und Dirk Lange (2017) sowie Janne Mende und Stefan Müller (2009) in zwei Sammelbänden zusammengeführt. Emanzipation ist dabei eng mit dem Kritikbegriff verbunden. Emanzipation kann zweifelsfrei nicht gelehrt werden. Lernende können aber dazu befähigt werden, sich die Welt mit einem kritischen Blick anzueignen. Kritik versteht Schmiederer explizit als Kritik an bestehenden Verhältnissen mit dem Ziel, diese nach Möglichkeit zu verändern.

> Politische Bildung mit dem Ziel der Emanzipation des Menschen [...] ist vor allem kritische Aufklärung, ist Herrschaftskritik und Ideologiekritik, die auf eine Kritik der politischen Ökonomie verweist; denn die Aufklärung des Menschen über die Gesellschaft, in der er lebt, ist die erste Voraussetzung für seine Emanzipation. (Schmiederer 1971, 56)

Nach diesem Verständnis muss politisches Lernen vor allem einen kritischen Blick auf bestehende Macht- und Herrschaftsverhältnisse bedeuten. Schüler*innen lernen dabei, gesellschaftliches Ideal und gesellschaftliche Realität ins Verhältnis zu setzen. Dabei werden die Grundlagen für kritisch reflektierte Analysefähigkeiten aufgebaut. Peter Henkenborg greift diese Idee auf, wenn er darauf verweist, dass „politische Bildung immer wieder den Unterschied zwischen den demokratischen Idealen und der realen Demokratie in den Mittelpunkt stellen" und den „Kontrast zwischen Anspruch und Wirklichkeit und [...] zwischen der gegenwärtigen Wirklichkeit und ihren Möglichkeiten" offenlegen müsse (Henkenborg 2005, 310). Die Fähigkeit zu Kritik bei Kindern und Jugendlichen zu entwickeln, bedeutet auch, sie zu befähigen, danach zu fragen, welche „materiellen Interessen die Handlungen und Verhaltensweisen antreiben" (Steffens 2013, 262).

> Kritik im allgemeinen Sinn beginnt mit der Distanzierung von dem Selbstverständlichen, dem, was uns als selbstverständlich – als „Doxa" (Bourdieu) – erscheint. (Bremer/Trumann 2013, 44)

Vor allem aber schärft Kritik das „Denken in Alternativen" (Steffens 2013, 261). Nach Schmiederer bedeutet politisches Lernen somit die „Stärkung des Widerstands gegen Ausbeutung und Herrschaft" (Schmiederer 1971, 38) mit der Zielvorstellung eines „mündigen, autonomen Menschen" (Schmiederer 1971, 41). Kritik meint die „‚Kunst der Beurteilung', die nicht leichtfertig aufzuspalten ist in entweder/oder, positiv/negativ, gut/schlecht, optimistisch/pessimistisch, sondern auch die Zwischentöne und Uneindeutigkeiten sieht, einschließt und abwägt" (Lösch 2012, 18). Entgegen der vielfach betonten Sorge ist kritische politische Bildung nicht ideologisch oder stellt gar eine politische Positionierung (Sander

2013) dar. Dies wird auch deutlich, wenn man einen Blick in das Handbuch kritische politische Bildung (Lösch/Thimmel 2010) wirft und sich mit den vielfältigen Zugängen befasst, die hier dokumentiert sind. Bettina Lösch erklärt den Rekurs auf die kritische Theorie wie folgt:

> Der Kritikbegriff der kritischen Theorie – und damit ist nicht allein die Kritische Theorie der Frankfurter Schule gemeint – ist ein qualitativer Kritikbegriff, der die Veränderbarkeit sozialer Verhältnisse im Blick hat. Kritische Gesellschaftstheorie analysiert Herrschafts- und Machtverhältnisse (wie Rassismus, Geschlechter- oder Klassenverhältnisse). Sie versucht dabei, die Eingebundenheit von Wissenschaft und Theorie(-bildung) in diese Verhältnisse zu reflektieren. Sie zielt auf Demokratisierung und Emanzipation, wobei sie beide Prozesse der Selbstbestimmung (des Gemeinwesens und der Individuen) als widersprüchliche und stets umkämpfte begreift. (Lösch 2013, 173 f.)

Um den damit verbundenen komplexen Lernprozess initialisieren und begleiten zu können, verweist Schmiederer darauf, dass das politische Bildung nicht auf die Ebene der Analyse von Macht- und Herrschaftsverhältnissen reduziert werden dürfe. Politische Bildung müsse vielmehr die „Voraussetzungen schaffen, daß unter bestimmten Umständen aus der Reflexion politische Handlungsbereitschaft wird" (Schmiederer 1971, 51).

Bis heute werden daher immer wieder auch radikaldemokratischere Kompetenzmodelle diskutiert. Frederick de Moll, Christian Kirschner, Markus Riefling und Margit Rodrian-Pfennig (2013) stellen beispielsweise Handlungskompetenz ins Zentrum ihrer Überlegungen zu einem didaktischen Modell der politischen Bildung. Gerahmt wird die Handlungskompetenz vom Bildungssetting, dem Bildungssubjekt und dem Bildungsinhalt, die in einem Wechselspiel miteinander eng verwoben sind. Das Subjekt brauche Fachkompetenz, aber auch Selbst- und Sozialkompetenz damit unterscheidet sich das Modell kaum von anderen Kompetenzmodellen. Hervorzuheben ist allerdings die Ausgeschlossenenorientierung als Grundstein der zu verhandelnden Bildungsinhalte. „Die Thematisierung von Bildungsinhalten erfolgt in radikaldemokratischer Perspektive entlang gegenwärtiger Ein- und Ausschlüsse." (de Moll u. a. 2013, 306) Für die vorliegende Arbeit sind aber vor allem die Überlegungen zu den Bildungssettings von Bedeutung. Die Autor*innengruppe betont dabei das Aktivitätsprinzip und Machtkritik als bestimmende Faktoren. Politische Bildung müsse demnach nicht nur das Ziel verfolgen Weltdeutungen zu erörtern, sondern auch „denkbare Aktivitäten, wenn die gegenwärtige Situation im Anschluss daran nicht als (länger) hinnehmbar erscheint" (Moll u. a. 2013, 308) Auch der Politikdidaktiker Tonio Oeftering verweist darauf, dass eine politische Bildung, die die Stärkung von Kritik- und

Widerstandsfähigkeit zum Ziel hat, den Lernenden ermöglichen müsse „‚dagegen zu sein' und [ihnen] Wege [aufzeigen], diesem Standpunkt gemäß zu handeln" (Oeftering 2016, 126).

Nur eine selbstbestimmte reflektierte Haltung mündiger Bürger*innen führe zu Engagement und politischer Praxis, die nachhaltig bestehende Verhältnisse, aber auch das eigene Engagement kritisch hinterfrage.

Für die vorliegende Studie soll demnach der Frage nachgegangen werden, welche Rolle (Selbst)Kritik und Reflexion über gesellschaftliche Verhältnisse für die Jugendlichen spielen und inwiefern die eigene Rolle darin, das eigene Handeln und damit der politische Bildungsprozess davon beeinflusst werden. Um dabei auch die politikdidaktischen Diskurse zur Kompetenz der Handlungsfähigkeit ausreichend zu würdigen, werden die kontroversen Positionen in diesem Feld im Folgenden skizziert.

2.2.2.7 Handlungs- und Konfliktfähigkeit

Mit politischer Handlungsfähigkeit ist in der politischen Bildung die wohl komplexeste Fähigkeit mündiger Bürger*innen überschrieben. „Die Wahrnehmung und Ausübung von (politischen) Teilhaberechten beinhaltet Wissen, Urteilen, Können und Wollen auf Seiten des Subjekts", konstatiert Sibylle Reinhardt (2004, 5). Politische Handlungsfähigkeit scheint das Königsziel politischer Bildung zu sein (Wohnig 2020b, 152). Alle anderen Kompetenzentwicklungen zielen darauf ab, politische Handlungsfähigkeit zu ermöglichen. Wenngleich damit nicht verbunden ist, dass alle Bürger*innen sich gleichermaßen für eine aktive Einmischung in politische Prozesse entscheiden müssen, so sollen sie doch zumindest dazu befähigt werden. Doch was wird in der Disziplin der politischen Bildung unter Handlungsfähigkeit verstanden? Es handelt sich zweifelsfrei um den facettenreichsten Begriff im Diskurs über Kompetenzmodelle der politischen Bildung. Im GPJE-Entwurf aus dem Jahr 2004 wird politische Handlungsfähigkeit wie folgt beschrieben: „Meinungen, Überzeugungen und Interessen formulieren, vor anderen angemessen vertreten, Aushandlungsprozesse führen und Kompromisse schließen können." (GPJE 2004, S. 13) Konkretisiert wird diese Definition mit einer Aufzählung möglicher Fähigkeiten, die mit Handlungskompetenz in Verbindung gebracht werden:

- eigene politische Meinungen und Urteile – auch aus einer Minderheitenposition heraus – sachlich und überzeugend vertreten;
- in politischen Kontroversen konfliktfähig sein, aber auch Kompromisse schließen können;

- Beiträge zu politischen, ökonomischen und gesellschaftlichen Fragen für Medien realisieren, vom Leserbrief über die Website bis zu komplexeren Medienprodukten;
- sich als Konsument im Hinblick auf eigene ökonomische Entscheidungen reflektiert verhalten;
- sich im Sinne von Perspektivenwechseln in die Situation, Interessen und Denkweisen anderer Menschen versetzen;
- mit kulturellen, sozialen und geschlechtsspezifischen Differenzen reflektiert umgehen, was Toleranz und Offenheit, aber auch kritische Auseinandersetzung einschließen kann;
- eigene berufliche Perspektiven auch vor dem Hintergrund gesamtwirtschaftlicher, politischer und gesellschaftlicher Entwicklungen planen;
- Möglichkeiten der Interessenwahrnehmung in unterschiedlichen sozialen Zusammenhängen kennen und seine Interessen vor allem in schulischen Zusammenhängen wahrnehmen;
- sich in unterschiedlichen sozialen Situationen und in der Öffentlichkeit angemessen und wirkungsvoll verhalten

(GPJE 2004, 17)

Diese Zusammenstellung erscheint willkürlich und unspezifisch. Vor allem die Bezüge zum Konsumverhalten, zu ökonomischen Entscheidungen sowie zur Planung von beruflichen Perspektiven sind ohne weiterführende Ausdifferenzierung und Begründung kaum nachvollziehbar. Auch die Betonung, sich in *sozialen* Situationen angemessen und wirkungsvoll zu verhalten, erscheint in Bezug auf politische Handlungsfähigkeit zumindest erklärungsbedürftig, vor allem in Anbetracht der Tatsache, dass die Befähigung zu tatsächlich *politischer* Partizipation, ob durch konventionelle oder unkonventionelle Formen, hier kaum Berücksichtigung findet. Dirk Lange verweist auf die Notwendigkeit, politisches Handeln von sozialem Handeln zu unterscheiden:

> Demnach lässt sich politisches Handeln als das jenige soziale Handeln begreifen, welches an der Hervorbringung allgemein bindender Regelungen in sozialen Gruppen beteiligt ist. Politik transformiert Interessensdiversität in allgemeine Verbindlichkeit. Durch diese Bestimmung ist gewährleistet, dass sich das Politische vom Sozialen abhebt. Das Vorhandensein 'menschlicher Kooperation' ist demnach noch kein hinreichendes Merkmal für Politik. Soziales Handeln ist nur dann politisches Handeln, wenn es auf den Prozess der Herstellung von allgemein bindenden Regelungen bezogen ist. (Lange 2005, 260)

Handlungskompetenz trainiere nach Wolfgang Sander die „Fähigkeit zur praktischen politischen Partizipation" (Sander 2008, 91), wobei Sander einschränkend ergänzt: „Sie kann dies selbstverständlich im Regelfall nicht tun, indem sie

Lerngruppen, etwa Schulklassen, zum kollektiven Engagement für oder gegen bestimmte politische Ziele anhält." (Sander 2008, 91)

Anschließend an die im GPJE-Entwurf skizzierten Ideen zur Handlungskompetenz löst sich die Autor*innengruppe um Joachim Detjen (Detjen u. a. 2012) in ihrem Modell zur Politikkompetenz deutlich von realen Erfahrungswelten als Teil schulisch zu begleitender Handlungskompetenz. Die Kompetenzdimension des Handelns ist für Joachim Detjen, Peter Massing, Dagmar Richter und Georg Weißeno auf das Artikulieren und das Argumentieren als Akte des kommunikativen Handelns in simulierten beziehungsweise didaktisierten Lernsettings beschränkt (Detjen u. a. 2012, 83–88). Partizipationskompetenz, die in Verbindung steht zu realen politischen Handlungserfahrungen, könne durch den Unterricht nicht gefördert werden. Begründet wird diese These vor allem damit, dass sich die Entwicklung der Handlungskompetenz dann nicht diagnostizieren ließe (Detjen u. a. 2012, 79). Es scheint als sei diese Argumentation von dem Antrieb geprägt, Bildung standardisierbar und messbar zu machen (Overwien 2020, 89 f.). Der Wunsch nach Quantifizierbarkeit der Bildung bestimmt die Kompetenzdebatte fächerübergreifend, birgt aber vor allem für die politische Bildung die Gefahr relevante Bildungsgelegenheiten außen vor zu lassen.

Es lohnt sich daher der Blick in die Expertise der Fachgruppe Sozialwissenschaften (Behrmann u. a. 2004). Hier wird Handlungskompetenz mit Konfliktfähigkeit einerseits und tatsächlicher politischer Partizipation andererseits verknüpft. Auch die Autorengruppe Fachdidaktik versteht unter Handlungskompetenz nicht nur eine kommunikative Kompetenz. Politische Handlungskompetenz sei die Fähigkeit, „zusammen mit Gleichgesinnten, sozialen Bewegungen, Bürgerinitiativen oder Parteien an der Durchsetzung eigener Interessen sowie der Beseitigung sozialer Missstände zu arbeiten" (Autorengruppe Fachdidaktik 2016, 147). Die Autor*innen verweisen zwar auch darauf, dass Politikunterricht politisches Handeln nicht vorschreiben oder verbindlich machen, aber sehr wohl „unverbindliche Erprobung zentraler Instrumente der Partizipation" (Autorengruppe Fachdidaktik 2016, 147) ermöglichen könne. Der Politikdidaktiker Peter Henkenborg (2008) bringt in seinen Überlegungen zu Demokratiekompetenzen die politische Handlungsfähigkeit ebenfalls unmittelbar mit Erfahrungen tatsächlicher Partizipation zusammen. Handlungskompetenz sei demnach auch die Fähigkeit „selbstbestimmt Bürgerrollen zu wählen und auszufüllen" (Henkenborg 2008, 215).

Wenn Schüler*innen durch politische Bildung nicht nur zum kommunikativen Handeln im Sinne des Artikulierens und Argumentierens befähigt werden sollen, sondern darüber hinaus zum Eintreten für die eigene politische Position, sowie die Suche nach einem Kompromiss, auch in politisch konfliktreichen Kontroversen, lässt sich politische Handlungskompetenz wohl kaum ausschließlich simulativ im Unterricht einüben. Die Berücksichtigung realer politischer Partizipations-erfahrungen kann eine wertvolle Ergänzung zu didaktisierten und simulativen Lernsettings wie Talkshow-Formaten oder Planspielen sein. Joachim Detjen sieht darin aber eine mögliche Gefahr der Indoktrination. Bezugnehmend auf den sogenannte „Beutelsbacher Konsens" (Wehling 1977), gelte es, diese zu verhindern. Daher könne Schule kein „Ort der direkten poli-tischen Aktion und damit des Trainings realen politischen Handelns" (Detjen 2012, 235) sein. Die Entwicklung handlungsbezogener Fähigkeiten im Kon-text des aktiven Vertretens politischer Interessen sei ein Handlungsfeld, das der außerschulischen politischen Bildung vorbehalten bliebe. Die Schule könne dies nicht leisten, so argumentiert auch Wolfgang Sander, weil „schulische Lern-gruppen im Normalfall nicht in einer solchen Situation" (Sander 2008, 93) seien. Unklar bleibt, worauf sich Sander hier mit der Formulierung „schulischer Lerngruppen" bezieht. Dass sich reales politisches Handeln auch mit Schul-klassen erproben lässt, zeigte Sibylle Reinhardt eindrücklich bereits Mitte der 1990er-Jahre mit dem Projekt „Wir wollen ein Gesetz" (Reinhardt 1998). Auch ein aktuelles Modellprojekt der Bundeszentrale für politische Bildung, das im Haus am Maiberg umgesetzt wird, zeigt, wie Schule – hier in Kooperation mit Trägern der außerschulischen Bildung – einen wesentlichen Beitrag dazu leisten kann, dass reales politisches Handeln erfahrbar gemacht und dabei päd-agogisch begleitet werden kann (Wohnig 2018a). Neben dem Klassenverband gibt es in der Schule aber auch noch weitere institutionalisierte (beispielsweise Klassenrat oder Schüler*innenvertretung) und selbstbestimmte/selbstorganisierte Schüler*innen-Gruppen, wie die unzähligen Klima- und Antirassismus-AGs an Bildungseinrichtungen aller Schultypen in Deutschland.

Der Politikdidaktiker Frank Nonnenmacher sieht in der von Joachim Det-jen beschriebenen Argumentation in Bezug auf das Überwältigungsverbot den Versuch, eine bis heute notwendige Diskussion über die Förderung politischer Teilhabe durch den Politikunterricht zu beenden (Nonnenmacher 2010, 466 f.). Nonnenmacher hält dem entgegen, dass Indoktrination verhindert werden könne, wenn drei grundlegende Kriterien für das politische Lernen in politischen Aktio-nen eingehalten würden: die vorangestellte Sachanalyse, die Freiwilligkeit als grundlegendes Element politischen Handelns in der Schule sowie die möglichst große demokratische Öffentlichkeit (Nonnenmacher 2010, 466 f.). Wenn diese Kriterien eingehalten werden, sieht Nonnenmacher besonderes Potential in der realen politischen Aktion als Teil der schulischen Bildung, denn dadurch wür-den „weitere Lernanlässe begründet" (Nonnenmacher 2010, 467). Auch Benedikt

Widmaier (2011, 107) fordert, dass reales politisches Handeln und damit verbundene Lernprozesse erfahrbar gemacht werden sollten. Die von Nonnenmacher und Widmaier dargelegten Positionen zur politischen Aktion gehen auch einher mit einer weitreichenden Kritik an den Interpretationen zum „Beutelsbacher Konsens", der wie ein „Damoklesschwert über politischen Bildnerinnen und Bildnern zu schweben scheint" (Kenner 2016, 17). Wohl auch deshalb hat eine Gruppe von politischen Bildner*innen aus Forschung und Praxis im Juni 2015 die Frankfurter Erklärung veröffentlicht, in der sie die Prinzipien des „Beutelsbacher Konsens" erweitern. Unter anderem fordern sie, dass politische Bildung Wege eröffnet, die Gesellschaft individuell und kollektiv handelnd verändern zu können. Weiter heißt es:

> Individuen sind den gesellschaftlichen Verhältnissen unterworfen, zugleich aber auch in der Lage, diese zu gestalten. Politische Bildung eröffnet Zugänge, Fremdbestimmung und Selbstentmündigung wahrzunehmen und zeigt Wege zur Selbst- und Mitbestimmung auf. Praktizierte Mündigkeit vermag die eigenen und kollektiven Denkweisen und Handlungsräume in konkreten Kontexten zu erweitern. Dies geschieht durch Kritik, Widerspruch und Protest gegenüber den bestehenden sozialen Herrschaftsverhältnissen. Politische Bildung eröffnet allen Kindern, Jugendlichen und Erwachsenen Räume und Erfahrungen, durch die sie sich Politik als gesellschaftliches Handlungsfeld aneignen können. Sie ermöglicht Lernprozesse der Selbst- und Weltaneignung in der Auseinandersetzung mit anderen, um Wege zu finden, das Bestehende nicht nur mitzugestalten und zu reproduzieren, sondern individuell und kollektiv handelnd zu verändern. Im Handeln entsteht die Möglichkeit, etwas Neues zu erfahren, zu denken und zu begründen. (Eis u. a. 2015)

Ausführlich wird auf die Kontroverse zur politischen Partizipation als Ziel politischer Bildung und die Bedeutung von politischer Aktion als Lernanlass im Abschnitt 2.3. „Zum Verhältnis von politischer Aktion und politischer Bildung" eingegangen.

Reale politische Handlungserfahrungen sind eng verknüpft mit konfliktreichen Situationen und zeichnen sich damit als Kern des Politischen in der Demokratie aus. Das Politische drückt sich als Konsenskritik aus (Flügel-Martinsen 2016). Konsens sei notwendig, müsse aber, so konstatiert es Chantal Mouffe (2020, 43) in ihrem erstmals 2007 veröffentlichten Buch „Über das Politische" vom Dissens begleitet werden. Für Chantal Mouffe ist dieser konflikthafte Kern der Demokratie konstitutiv für Gesellschaften. Politik stellt für Mouffe die „Gesamtheit der Verfahrensweisen und Institutionen [dar], durch die eine Ordnung geschaffen wird, die das Miteinander der Menschen im Kontext seiner ihm vom Politischen auferlegten Konflikthaftigkeit organisiert" (Mouffe 2020, 16). Nicht zuletzt aus diesem Grund wird Konfliktfähigkeit im politikdidaktischen Diskurs zuweilen als eigenständige Kompetenz hervorgehoben (u. a. Behrmann u. a. 2004, Reinhardt 2018). Für diese Arbeit wird sie unmittelbar der Handlungsfähigkeit zugeordnet, weil das tatsächliche Austragen und zivilisierte Lösen politischer Konflikte unmittelbar mit politischen Handlungserfahrungen verbunden sind. Konfliktsituationen, so Hermann Giesecke, seien die „eigentlichen politischen Handlungssituationen" (Giesecke 1979, 143). Der Umgang mit politischen Konflikten ist dabei ein wesentlicher Bestandteil demokratischer Gesellschaften, denn der „politische Prozess in einer Demokratie besteht in der Austragung und Regelung von Macht- und Interessenkonflikten" (Breit 1999, 386). Vor der Befähigung zur zivilisierten Aushandlung politischer Konflikte als zentrale Fähigkeit, die durch politische Bildung gefördert werden soll, steht demnach die Anerkennung des Konflikts als wertvoller Bestandteil demokratischer Gesellschaften. Politische Entscheidungsprozesse, aber auch gesellschaftliche Regeln des Zusammenlebens werden in einer „Dialektik von Konflikt und Konsens" (Reinhardt 2018, 23) entwickelt. Konfliktfähigkeit stellt somit ein zentrales Element politischer Bildung dar. Sie kann an fiktiven Fallbeispielen und simulativen Konzeptionen wie dem Planspiel (Petrik/Rappenglück 2017) entwickelt werden. Für die vorliegende Studie ist darüber hinaus maßgeblich, inwiefern auch reale politische Partizipationserfahrungen Räume für die Entwicklung von Konfliktfähigkeit bieten. Um sich dieser Frage anzunähern, wird Konfliktfähigkeit ein wesentlicher Bestandteil der Rekonstruktion von (Selbst)Bildungserfahrungen aller befragten Jugendlichen sein.

Für die vorliegende Studie orientiert sich die Definition von Konfliktfähigkeit an den politikdidaktischen Überlegungen von Sibylle Reinhardt, die unter anderem auf der Arbeit von Axel Honneth (1994) zur Bedeutung von Anerkennung in sozialen Konflikten basiert. Für die Politikdidaktikerin Reinhardt ist Konfliktfähigkeit die „spezifischste Kompetenz für die Domäne der Demokratie" (Reinhardt 2010b, 139). Sie definiert Konfliktfähigkeit wie folgt:

> Eine Erweiterung der Perspektiven – über die eigene Person und die Nahgruppe hinaus — bedeutet, Andersartiges anzuerkennen und Konflikte zu akzeptieren. […] Die Austragung der Konflikte gilt es durch Institutionen zu kanalisieren und im Umgang der Konfliktgegner oder -parteien zu zivilisieren. Eine pluralistische Gesellschaft erringt ihre notwendige Integration und Homogenität nicht nur durch bloße Überlieferung bestimmter Werte und Institutionen, sondern sie kommt häufig nur über den Streit zum Konsens. Streitkultur meint auf der Seite der Subjekte den zivilen Umgang mit Kontroversen und also den Verzicht auf Gewalt. Dieser Verzicht setzt auf der Seite der

Institutionen ein funktionierendes Regel- und Sanktionssystem (staatliches Gewaltmonopol) voraus, damit der zivil Streitende nicht zum Opfer von Übergriffen wird.
(Reinhardt 2018, 22 f.)

Ziel politischer Bildung ist demnach die Befähigung zur zivilen Austragung von
politischen Konflikten. Peter Herdegen weist daraufhin, dass dabei nicht nur
„institutionalisiert[e], in ihrem Ablauf geregelt[e]" Konflikte in den Blick genommen werden müssen, sondern auch „nicht institutionalisiert[e], unstrukturiert[e]
Konflikt[e]" (Herdegen 2017, 132).

Für die vorliegende Studie steht demnach zur Disposition, ob sich Handlungsfähigkeit durch tatsächliches politisches Handeln in unkonventionellen politischen
Aktionsformen entwickeln kann und ob dabei der politische Konflikt als wertvoll wahrgenommen wird. Außerdem ist bedeutsam, ob in selbstbestimmten
und selbstorganisierten politischen Aktionen tatsächlich Konfliktlösungsstrategien
erlernt werden oder Konfrontation vor Konfliktlösung steht.

Da die für die vorliegende Studie interviewten Schüler*innen nicht didaktisch
begleitet politisch aktiv sind, ist für die Rekonstruktion ihrer Bildungserfahrungen
bedeutsam, inwiefern politische Partizipation ein Erfahrungsraum des informellen
Lernens sein kann.

2.2.3 Politische Partizipation als Erfahrungsraum informellen Lernens

In den Bildungswissenschaften werden unterschiedliche Lernmodelle berücksichtigt. Für die vorliegende Arbeit wird vor allem Bezug genommen auf den
konstruktivistischen Ansatz. In der konstruktivistischen Lerntheorie stehen die
Verstehensprozesse der Lernenden im Mittelpunkt. Wissen, Wirklichkeit und
Vorstellungen lassen sich dabei nicht mehr uneingeschränkt in objektiv richtig
oder falsch kategorisieren. Vielmehr entstehen diese Konzepte in einem individuellen Lernprozess. Dieser Ansatz wird einem kritischen Verständnis von
politischer Bildung eher gerecht, weil dabei die subjektiven Vorstellungen der
Lernenden die Aufmerksamkeit erhalten, die notwendig ist, um einen Zugang
zu den komplexen und durchaus kontroversen Lerngegenständen im Feld der
politischen Bildung zu erhalten. Sinnbildungsprozesse des Individuums schaffen
Vorstellungswelten und eine politische Wirklichkeit. Diese gilt es, als Lernanlass
aufzugreifen und Lernprozesse daran zu entwickeln (Lange 2008a). Dieser Vor-
satz für formale politische Lernprozesse schließt aber auch an dem Verständnis
informellen Lernens an und kann als Brücke zwischen formalen und informellen

Bildungssettings verstanden werden. Das informelle Lernen ist nicht didaktisiert oder strukturiert. Wenngleich die informell stattfindenden Lernprozesse durchaus zielgerichtet sein können, so sind sie zumeist nicht intentional (Europäische Kommission 2001, 33). Informelles Lernen ist dabei von *informal education* zu unterscheiden. „Im Unterschied zum informellen Lernen wird von informeller Bildung („informal education") dann gesprochen, wenn Lehrende oder Mentoren Verantwortung für die Gestaltung des informellen Lernens übernehmen." (Overwien 2005, 345) Auf Grundlage dieser Unterscheidung wird für die vorliegende Studie demnach eher von Lernprozessen im Sinne des informellen Lernens ausgegangen. Wenngleich bei den politisch aktiven Arbeitsgemeinschaften der Schüler*innen auch Lehrkräfte unterstützend tätig sind, steht der unmittelbare Lernerfolg nicht im Fokus der pädagogischen Arbeit und die Lehrenden verstehen sich eher als Begleiter*innen, als dass sie Verantwortung für die Lernprozesse im Zuge der politischen Aktionen übernehmen würden. Auch die Tatsache, dass die Arbeitsgemeinschaften und Schüler*inneninitiativen sich nicht selten in den Räumlichkeiten der formalen Bildungseinrichtung Schule organisieren, steht nicht mehr grundsätzlich im Widerspruch zum allgemeinen Verständnis des informellen Lernens (Overwien 2013a, 163).

Lebenslanges und selbstgesteuertes Lernen gewinnt in bildungswissenschaftlichen Diskursen an Bedeutung. Jana Trumann stellt allerdings fest, dass die Aufwertung selbstgesteuerten Lernens weniger aufgrund des Potentials für politische Bildung und Mündigkeit, als eher im Kontext beruflicher Verwertbarkeit hervorgehoben wird. So sollen sich Menschen allen Alters möglichst umfangreich weiterbilden und dabei Selbstlernkompetenzen entwickeln. Sobald dieser Lernprozess aber unmittelbar Einfluss auf gesellschaftspolitische Gestaltungsprozesse nehme, sei dies eher unerwünscht, konstatiert Trumann (2016). „Untermauert wird diese negative Perspektive auf Selbstgelerntes dann häufig mit dem Hinweis darauf, dass die Gefahr bestehe ‚Falsches' zu lernen[.]" (Trumann 2016, 200)

Dieser Defizitorientierung mit Blick auf informelle Lernanlässe im Feld der politischen Bildung gilt es entgegenzuwirken. Das informelle Lernen sollte allerdings – auch in Bezug auf politische Aktionen von Kindern und Jugendlichen – keinesfalls idealisiert werden. Bernd Overwien verweist darauf, dass es auch „innerhalb sozialer Bewegungen immer wieder zu Dynamiken [kommt], die ein Bedürfnis nach konzentrierterer Bildungsarbeit generieren. Informelles Lernen führt hier sozusagen zum Bedürfnis nach organisierterem Lernen" (Overwien 2013b, 251). Das muss aber nicht bedeuten, dass formale Bildungsangebote als Korrektiv einwirken müssen, sondern vielmehr, dass formale Bildungsangebote pädagogisch begleitend Bildungsgelegenheiten mitgestalten können, die beispielsweise im Zuge politischer Aktionen entstehen. Denn politisches Handeln, auch in

Form des politischen Protests, ist ohne Prozesse des informellen Lernens nicht denkbar, sagen die Politikdidaktikerin Sabine Achour und Thomas Gill, Leiter der Berliner Landeszentrale für politische Bildung. Beide ergänzen: „Informelles Lernen ist eine natürliche Begleiterscheinung des täglichen Lebens." (Achour/Gill 2020, 30)

Zusammenfassend lässt sich sagen, dass informelles Lernen weitgehend unabhängig von formalen Bildungsstrukturen und eher nicht intentional abläuft. Allerdings erscheinen „vereinfachte Gegenüberstellungen (gut/schlecht, richtig/falsch, verfasst/nicht-verfasst, formell/informell usw.) [...] zu einseitig. Stattdessen gilt es, individuelle Lernhandlungen aus Subjektperspektive überhaupt erst einmal in den Blick zu nehmen und in ihrer Eigenheit zu betrachten" (Trumann 2016, 200). Dieser Ansatz, der Jana Trumanns Arbeit zu „Lernen in Bewegungen" (Trumann 2013) prägte, ist auch Ausgangspunkt für die Überlegungen der vorliegenden empirischen Untersuchung.

Während die Felder informeller Bildung in den letzten Jahren viel häufiger in den Blick geraten und Bildungsprozesse in Vereinen, am Arbeitsplatz, in sozialen oder politischen Bewegungen mehr Beachtung finden (Overwien 2009), wird damit auch selbstbestimmte politische Aktion als Bildungserfahrung wahrgenommen. Die Schule bietet dafür allerdings bis heute kaum Platz. „Trotz der Aufgabe der Urteils- und Handlungskompetenz bleiben die Möglichkeiten der politischen Partizipation sowie ihre Kritikfähigkeit begrenzt." (Lösch 2010, 121) Wie verhält sich die Schule und die schulische politische Bildung, wenn Schüler*innen zu der Einschätzung gelangen, man müsse „doch ‚etwas' tun, weil man nicht bei einer folgenlosen Analyse, einer passiv-intellektuellen Kritikfähigkeit oder einer zynischen Negativhaltung stehen bleiben wolle" (Nonnenmacher 2010, 466)? Welche rechtlichen Rahmenbedingungen finden die Schüler*innen im Kontext schulischer Bildung vor? Diese Fragen werden im folgenden Kapitel aufgegriffen.

2.3   Zum Verhältnis von politischer Aktion und politischer Bildung

Nachdem in den beiden vorangestellten Kapiteln zunächst die fachwissenschaftlichtheoretisch begründete Einordnung des Forschungsfeldes (Abschnitt 2.1. Politische Aktion – der Versuch einer Begriffsklärung) sowie die fachdidaktischen Diskurse zur politischen Bildung (Abschnitt 2.2 Politische Bildung – Bewusstsein, Erfahrung und Emanzipation) im Fokus standen, werden im Folgenden Prinzipien aus Bildungspolitik und Politikdidaktik diskutiert, die politische Partizipation als Erfahrungsraum ermöglichen, einfordern oder verhindern. Die damit verbundenen

Widersprüche sollen zunächst durch die Darstellung bildungspolitischer Rahmenbedingungen für politische Bildung dargestellt werden. Dabei wird unter anderem folgenden Fragen nachgegangen:

> Sind politische Aktion und politische Bildung aufgrund eines vermeintlichen Neutralitätsgebots unvereinbar?

> Hat politische Bildung Verfassungsrang und inwiefern verhindern oder ermöglichen Schulgesetze reale politische Partizipationserfahrungen in der Schule?

Daran anschließend werden Erkenntnisse zu den Potenzialen non-formaler und informeller Bildungssettings im Kontext von politischer Partizipation als (Selbst)Bildungserfahrung zusammengefasst.

Abschließend wird die fachdidaktische Kontroverse bezüglich der Frage, ob politische Partizipation Ziel politischer Bildung sei, nachgezeichnet.

2.3.1 Politische Bildung als allgemeines Bildungsziel

2.3.1.1 Politische Aktion und das vermeintliche „Neutralitätsgebot"?

Inwieweit Institutionen der politischen Bildung wie Schulen Neutralität wahren sollten, ist in Forschung und Praxis umstritten. Eine besondere Relevanz hat diese Frage in den vergangenen Jahren im Zuge des Erstarkens rechtspopulistischer Strömungen in Deutschland erhalten. Die Frage nach politischer Neutralität ist allerdings nicht neu. So plädierte Hermann Giesecke schon früh für eine politische Parteilichkeit in der politischen Bildung:

> Wird [...] die demokratische Inhaltlichkeit des historischen Emanzipationsprozesses ernstgenommen, so ist politische Bildung nicht neutral, sondern selbst ein Stück eigentümlicher politischer Tätigkeit: sie ist für die Interessen des Lehrlings, des Arbeiters, des ‚Sozialfalles', des Jugendlichen und somit folgerichtig gegen die Interessen des Meisters, des Unternehmers, der Fürsorgebehörde, der Schulbehörde usw., allgemeiner: sie ist für die Interessen des jeweils Schwächeren, Ärmeren, Unterprivilegierten. (Giesecke 1979, 126 f.)

Zuletzt schien es so, als würde das Selbstverständnis der freiheitlichen Demokratie, das sich an Grundsätzen der Gleichwertigkeit sowie dem Schutz von Minderheiten orientiert, wandeln. Ein Beispiel war in den vergangenen Jahren das Erstarken nationalistischer Bewegungen. Besondere Aufmerksamkeit erfuhr

dabei die rechtspopulistische „Pegida-Bewegung". Dabei handelt es sich um
eine Gruppierung, die sich mit Demonstrationen gegen eine vermeintliche „Is-
lamisierung des Abendlandes" richtet und im Jahr 2015 regelmäßig mehrere
Tausend Menschen mobilisieren konnte. Auffällig sind gehäufte nationalistische
und menschenverachtende Äußerungen aus Reihen der Bewegung.

Wie hat die Schule und wie haben die Lehrkräfte auf eine solche Entwicklung
zu reagieren? In jedem Fall müssen im Unterricht aktuelle gesellschaftspolitische
Kontroversen aufgegriffen werden. Dabei sollten diese Themen möglichst mul-
tiperspektivisch behandelt werden. Allerdings hat diese Offenheit für vielfältige
Positionen auch Grenzen. Diese formuliert der Jurist Hendrik Cremer in einer
Expertise für das Deutsche Institut für Menschrechte wie folgt:

> Geht es um die Thematisierung rassistischer und rechtsextremer Positionen, haben
> Lehrpersonen nicht nur das Recht, sondern gemäß den in den menschenrechtlichen Ver-
> trägen und im Schulrecht verankerten verbindlichen Bildungszielen auch die Pflicht,
> solche Positionen entsprechend einzuordnen und diesen zu widersprechen. (Cremer
> 2019, 21)

In der Schule gelten für alle Akteur*innen die Grundrechte und damit auch das
Recht auf Meinungsfreiheit, aber eben auch die Grundprinzipien der freiheitlich
demokratischen Gesellschaft, basierend auf der Anerkennung der Menschenwürde. Wird eine bestimmte Gruppe von Menschen beispielsweise aufgrund ihrer
Herkunft, Religion oder Sexualität diskriminiert, muss eingeschritten werden. Der
Rechtswissenschaftler Joachim Wieland (2019) hat verschiedene Praxisbeispiele
zusammengetragen, juristisch eingeordnet und damit den Mythos Neutralität in
der Schule entkräftet.

Die Debatte um ein vermeintliches Neutralitätsgebot an Schulen hat in den
letzten Jahren mit dem Erstarken der rechtspopulistischen Partei „Alternative für
Deutschland" (AfD) noch mehr an Bedeutung gewonnen. Die AfD, mittlerweile
in allen deutschen Landtagen vertreten und im Bundestag die größte Opposi-
tionskraft, ging mit Meldeportalen über unliebsame Lehrkräfte online. Einige
Landesverbände, u. a. Hamburg, veröffentlichten eine Internetseite mit dem Titel
„Neutrale Schule", auf dem Schüler*innen und Eltern Lehrkräfte anonym melden
sollten, die sich vermeintlich einseitig und kritisch gegenüber der AfD positio-
nierten. Die vermeintliche Notwendigkeit des Meldeportals begründete die AfD
unter anderem mit dem „Beutelsbacher Konsens" (Hufer 2013a; Schiele 2010;
Wehling 1977; Widmaier/Zorn 2016a) und verwies auf das Überwältigungsverbot
und das Multiperspektivitätsgebot. Diese Meldeportale lösten eine Debatte über
die Grenzen der staatlichen Neutralität aus. Gewerkschaften, Interessenverbände

von Schüler*innen, Eltern und Lehrkräfte, aber auch die Politik stellten sich hinter die Lehrkräfte und gegen die Meldeplattformen der AfD. So formulierten drei zentrale Verbände der politischen Bildung in Deutschland, die Deutsche Vereinigung für Politische Bildung (DVPB), die Gesellschaft für politische Jugend- und Erwachsenenbildung (GPJE) und die Sektion Politische Bildung der Deutschen Vereinigung für Politikwissenschaft (DVPW), eine gemeinsame Erklärung, in der es bezugnehmend auf den „Beutelsbacher Konsens" heißt:

> Dessen Grundsätze fordern die sachliche Auseinandersetzung mit den in Politik, Wissenschaft und Öffentlichkeit vertretenen Positionen. Weder das dort verankerte Kontroversitätsgebot noch das gleichrangig zu behandelnde Überwältigungsverbot begründen eine „Neutralität" oder gar Toleranz gegenüber demokratieverachtenden Parolen oder menschenfeindlichen Äußerungen. (DVPB u. a. 2018)

Trotz der breiten Unterstützung für die Lehrkräfte wird in Medien – auch vonseiten bildungspolitischer Verantwortungsträger*innen immer wieder von einem Neutralitätsgebot gesprochen, das für die Schule gelten würde. Die AfD-Meldeplattformen lösten eine wichtige Debatte in der Fachwissenschaft, der Fachdidaktik und in der Gesellschaft aus. Wie neutral muss Schule, muss Unterricht, müssen Lehrkräfte sein?

Die Autorengruppe Fachdidaktik beleuchtet diese Problematik ebenfalls ausgehend vom „Beutelsbacher Konsens". Dabei wird betont, dass Kontroversität im Unterricht durch Methoden und Verfahren des Unterrichts sicherzustellen seien (Autorengruppe Fachdidaktik 2016, 26 f.). Allerdings sei darauf verwiesen, dass sich Multiperspektivität im Unterricht nicht darauf beschränken darf, etablierte Positionen aufzugreifen. Vielmehr muss Kontroversität bedeuten, den „ausgeschlossenen, benachteiligten und öffentlich nicht sichtbaren Positionen und Gruppen überhaupt erst eine Chance zu eröffnen, wahrgenommen zu werden und sich am kollektiven Streithandel beteiligen zu können" (Eis 2019, 9). Der Soziologe Stefan Breuer positioniert sich sogar noch stärker aufseiten politisierter Lehrkräfte, die als Rollenmodelle demokratischen Handels fungieren sollen. Infolgedessen hält er völlige Neutralität weder für vereinbar mit demokratischen Werten oder den Schulgesetzen noch für zielführend im Sinne politischen Lernens. Schließlich sei eine vollkommen neutrale Lehrkraft auch „blind für das Politische in vermeintlich unpolitischen Situationen" (Breuer 2018). Die Politikdidaktikerin Sibylle Reinhardt verweist in einem Aufsatz, der sich explizit mit den AfD-Meldeportalen befasst, darauf, dass diese den Rechtsstaat untergrüben. Reinhardt stellt klar, dass Lehrkräfte durchaus politisch Position beziehen dürfen, diese aber nicht zum Status quo erheben sollten und schließt an: „Neutralität des

Bürgers als Bildungsziel taugt für autoritäre Staaten, nicht für die Demokratie."
(Reinhardt 2019a, 15)

Neutralität ist kein Bildungsziel der schulischen politischen Bildung. Von
Lehrkräften oder der Schule als Lernort der Demokratie (Kenner/Lange 2019)
eine politische Neutralität zu erwarten, wie es rechtspopulistische Strömungen
in Deutschland derzeit propagieren, widerspricht dem Grundverständnis von
politischer Bildung in einer freiheitlichen Demokratie. Lehrkräfte müssen für
gelingende Bildungsarbeit einen angstfreien Raum schaffen. Sie müssen multiperspektivisch komplexe Themen gemeinsam mit den Schüler*innen erschließen und
dürfen dabei nicht überwältigend agieren. Aber diese Grundprinzipien versagen
es ihnen nicht, sich selbst zu positionieren oder auch Schüler*innen Freiräume
für eigene politische Positionierungen zu schaffen. Im Gegenteil: Ein offener,
angstfreier Lernraum lässt dies explizit zu (Kenner 2018). Außerdem ist auch von
schulischer politischer Bildung zu erwarten, dass politische Bildner*innen undemokratische, menschenverachtende Äußerungen nicht unwidersprochen lassen.

Nicht zuletzt aus diesem Grund haben die Bildungsminister der 16 Bundesländer in ihrem Beschluss „Demokratie als Ziel, Gegenstand und Praxis
historisch-politischer Bildung und Erziehung in der Schule" betont, dass das von
der Schule zu vermittelnde Wertesystem den freiheitlichen und demokratischen
Grund- und Menschenrechten entsprechen muss und somit kein wertneutraler Ort
sein darf (Kultusministerkonferenz 2018, 3).

Dennoch: Das Problem einer Neutralitätserwartung an Schule ist systemim-
manent und eng damit verbunden, dass eine kritische Auseinandersetzung mit
epochaltypischen Schlüsselproblemen zunehmend aus den Lehrplänen verschwin-
det.

> Etwas mehr Mut, Entschlusskraft und wirkmächtige Kontroversität innerhalb der
> Bildungswissenschaften und der Fachdidaktiken wären hier wünschenswert, um die
> (vermeintliche) Entpolitisierung des Streites um Bildungsziele und -inhalte aus guten
> fachlichen Gründen zurückzuweisen. Neutral war Bildung nie und kann sie auch nicht
> sein: Bildungsziele, Prinzipien und Inhalte von Curricula, Bildungsstandards etc. kön-
> nen nicht wertfrei „aus der Empirie" irgendeiner ‚Output-Messung' begründet und in
> institutionell bindender Weise formuliert werden. (Eis 2016, 133 f.)

Zudem verweist Andreas Eis darauf, dass nicht nur Kinder- und Menschenrechts-
konventionen das Handeln von Lehrenden leite, es sind vor allem auch die in
den meisten Landesverfassungen explizit formulierten Bildungsziele. Doch hat
politische Bildung als Querschnittsaufgabe, als Bildungsziel in allen 16 Bundesländern Verfassungsrang und wie ist das Recht auf Teilhabe und politische

Partizipation schulrechtlich verankert? Diesen Fragen wird im folgenden Kapitel nachgegangen.

2.3.1.2   Politische Bildung und Partizipation rechtlich verankert?[1]

Um das Verhältnis formaler Bildung und politischer Aktion einschätzen zu können, ist neben fachwissenschaftlichen und didaktischen Erkenntnissen auch die rechtliche Stellung von Bedeutung. Dabei gilt es der Frage nachzugehen, inwiefern Kinder und Jugendliche überhaupt Grundrechtsträger*innen sind und sich daraus ein Recht auf politische Beteiligung ergibt. Außerdem ist zu klären, ob politische Bildung und damit auch die Entwicklung von politischer Handlungskompetenz Verfassungsrang hat. Und ist das Recht auf Beteiligung und politische Partizipation in den Schulgesetzen verankert? Wenngleich diese Fragen im Zuge der vorliegenden Arbeit nicht abschließend beantwortet werden können, sollen zentrale Aspekte im Folgenden skizziert werden.

Der Rechtswissenschaftler und ehemalige Leiter des Deutschen Jugendinstituts, Ingo Richter, hat sich Zeit seines Lebens diesen Fragen gewidmet. Er kommt zu dem Schluss, dass es unstrittig sei, „dass die Grundrechte des Grundgesetzes allen zukommen, auch den jungen Menschen" (Richter 2016, 137). Richter verweist aber auch darauf, dass Faktoren wie Erziehung, Bildung und Ausbildung eine systematische Einschränkung der politischen Grundrechte junger Menschen begründen könnten:

> Wenn junge Menschen politisch aktiv werden, wenn sie einzeln oder gemeinsam politisch handeln, wenn sie also ihre politischen Grundrechte ausüben, so berührt dies u. U. die Rechte ihrer Eltern, denen von Verfassungswegen (Art. 6 Abs. 2) das elterliche Sorgerecht zusteht (§ 1626 BGB), und sie treffen auf Personen und Institutionen, die ebenfalls im politischen Handlungsfeld zumindest teilweise angesiedelt sind, wie Schule und Betrieb, Verbände und Parteien. (Richter 2016, 137)

Wenngleich das Elternrecht oder auch das staatliche Erziehungsrecht durchaus beschränkend auf die Verwirklichung von Grundrechten für Kinder und Jugendliche Einfluss nehmen kann, so verweist Richter darauf, dass eine „generelle oder individuelle alters- oder reifeabhängige Begrenzung der selbständigen Grundrechtsausübung von Kindern und Jugendlichen" (Richter 2016, 152) nicht im Grundgesetz begründet ist. Vielmehr ist von einer wachsenden Grundrechtsmündigkeit von Kindern und Jugendlichen auszugehen, deren Einschränkungen immer

---

[1] In diesem Kapitel werden Erkenntnisse meiner Untersuchung zum Stellenwert politischer Bildung in den 16 Landesverfassungen zusammengefasst. Ausführlich in Kenner (2020a).

nur in Konkurrenz der verschiedenen Verfassungsrechte gefunden werden können (Richter 2016, 151 f.).

Bildung liegt in der föderal strukturierten Bundesrepublik Deutschland im Hoheitsbereich der Länder. Dies führt dazu, dass bildungspolitische Entscheidungen in den 16 Bundesländern oftmals sehr unterschiedlich geregelt werden. Dies betrifft auch die politische Bildung. Allerdings konnten sich die Bildungsminister*innen der Länder zuletzt im Jahr 2018 auf eine gemeinsame Erklärung zur Demokratiebildung einigen. In dieser Erklärung heißt es:

> Schule kann und soll sich als Ort erweisen, an dem Demokratie als dynamische und ständige Gestaltungsaufgabe – auch im Spannungsfeld unterschiedlicher demokratischer Rechte – reflektiert und gelebt wird. Die Thematisierung von Diversität und Ambiguitätstoleranz sind grundlegende Voraussetzungen für den Erfolg historisch-politischer Bildung in der Schule. (Kultusministerkonferenz 2018, 2 f.)

Um diesem Anspruch gerecht zu werden, sollten in Deutschland alle Menschen im Laufe ihres Lebens mit politischer Bildung in formalen, non-formalen oder informellen Settings in Berührung kommen. Gewährleistet wurde dies unter anderem mit der Verankerung der politischen Bildung als Bildungsziel in den Verfassungen des überwiegenden Teils der 16 Bundesländer. Die Formulierungen lassen dabei aber Raum für Interpretation. Der Politikdidaktiker Joachim Detjen (2015) sagt, dass es in Deutschland zwei schulische Unterrichtsfächer bzw. zentrale schulische Aufgaben mit Verfassungsrang gäbe. Für Religionsunterricht, der im Grundgesetz verankert ist, stimmt diese These. In Artikel 7, Satz 2 ist festgelegt, dass Eltern über die Teilnahme ihres Kindes am Religionsunterricht bestimmen dürfen. Das Unterrichtsfach Religion ist an den öffentlichen Schulen ein ordentliches Schulfach, so regelt es Artikel 7 in Satz 3 des Grundgesetzes. Der Verfassungsrang und somit der Schutz vor Abschaffung ist für das Unterrichtsfach Religion in Deutschland damit formuliert. Für politische Bildung ist dieser Verfassungsrang bis heute weniger klar definiert. Nur in Ausnahmefällen gibt es ein verfassungsrechtlich klares Bekenntnis zu dem Unterrichtsfach. Zumeist wird in den Landesverfassungen eher ein allgemeines Bildungsziel im Sinne der politischen Bildung formuliert. Von den 16 deutschen Bundesländern haben nur zwei politische Bildung als Unterrichtsfach in der Landesverfassung verankert. Wenngleich mit zwei unterschiedlichen Bezeichnungen, sichern die Länder Baden-Württemberg (Gemeinschaftskunde) und Nordrhein-Westfalen (Staatsbürgerkunde) das Unterrichtsfach Politische Bildung vor der Streichung von der Stundentafel (Kenner 2020a, 35). Auch als klares Bildungsziel ist politische Bildung nicht in allen Bundesländern verankert. Zehn Bundesländer (Baden-Württemberg, Bayern, Brandenburg,

Bremen, Hessen, Nordrhein-Westfalen, Rheinland-Pfalz, Sachsen, Saarland und Thüringen) haben politische Bildung als eindeutiges Ziel in der Landesverfassung verankert (siehe Tabelle 2.1). Dabei wurde politische Bildung für diese Analyse der Landesverfassungen eher im engeren Sinne kategorisiert. Zentrale Begriffe sind u. a. Bildung auf „Grundlage demokratischer Werte und Prinzipien", Erziehung zu „demokratischer Haltung und Gesinnung", „Rechtsstaatlichkeit", „Achtung vor der Überzeugung und der Würde des anderen" u. v. m. (Kenner 2020a).

Beispielhaft für jene Bundesländer, die ein klares verfassungsrechtlich verankertes Bekenntnis zur politischen Bildung haben, sei hier ein Auszug aus der Landesverfassung des Bundeslandes Bremer aufgeführt. Hervorgehoben sind in *kursiv* die Schlagworte, die auf politische Bildung als Bildungsziel schließen lassen:

Landesverfassung Bremen (Artikel 26)

Die Erziehung und Bildung der Jugend hat im Wesentlichen folgende Aufgaben:

(1) Die *Erziehung zu einer Gemeinschaftsgesinnung*, die auf der *Achtung vor der Würde* jedes Menschen und auf dem *Willen zu sozialer Gerechtigkeit* und *politischer Verantwortung* beruht, zur *Sachlichkeit und Duldsamkeit gegenüber den Meinungen anderer* führt und zur *friedlichen Zusammenarbeit* mit anderen Menschen und Völkern aufruft.

(2) Die Erziehung zu einem Arbeitswillen, der sich dem *allgemeinen Wohl* einordnet, sowie die Ausrüstung mit den für den Eintritt ins Berufsleben erforderlichen Kenntnissen und Fähigkeiten.

(3) Die *Erziehung zum eigenen Denken*, zur *Achtung vor der Wahrheit*, zum *Mut, sie zu bekennen und das als richtig und notwendig Erkannte zu tun.*

In zwei Bundesländern (Mecklenburg-Vorpommern und Sachsen-Anhalt) lassen sich Bezüge für eine Verankerung von politischer Bildung im weiteren Sinne identifizieren. Hier wird deutlich, dass politische Bildung nicht explizit im Sinne einer Bildung für die Demokratie verankert ist, sondern vor allem auf Konzepte wie „soziale Verantwortung", „Toleranz" und „Gemeinschaftsgefühl" rekurriert. Diese Konzepte lassen sich im Sinne des sozialen Lernens unbestritten als Teilelemente der politischen Bildung begreifen. Ein klares Bekenntnis zu politischer Bildung im Sinne eines politischen Lernens, der Anerkennung von Menschenwürde und demokratischer Überzeugung ist allerdings nicht abzuleiten.

In vier Bundesländern (Berlin, Hamburg, Niedersachsen und Schleswig-Holstein) ist politische Bildung weder als Unterrichtsfach noch als zentrales Bildungsziel oder im weiteren Sinne verfassungsrechtlich festgeschrieben. Damit

Tabelle 2.1 Übersicht zum Verfassungsrang Politischer Bildung (PB) in den 16 Bundesländern (eigene Darstellung)

Bundesländer		PB als Bildungsauftrag	PB als Unterrichtsfach	PB als Bildungsauftrag im weiteren Sinne	PB nicht in der Verfassung
1	Baden-Württemberg	●	●		
2	Bayern	●			
3	Berlin				●
4	Brandenburg	●			
5	Bremen	●			
6	Hamburg				●
7	Hessen	●			
8	Niedersachsen				●
9	Mecklenburg-Vorpommern			●	
10	Nordrhein-Westfalen	●	●		
11	Rheinland-Pfalz	●			
12	Saarland	●			
13	Sachen	●			
14	Sachsen-Anhalt			●	
15	Schleswig-Holstein				●
16	Thüringen	●			

ist politische Bildung weder als Unterrichtsfach noch als Schulprinzip oder außerschulische Aufgabe vor der Abschaffung geschützt. Bei einem Viertel der deutschen Bundesländer kann demnach nicht davon ausgegangen werden, dass politische Bildung einen Verfassungsrang hat. Diese Analyse offenbart das Spannungsverhältnis, in dem sich politische Bildung in Deutschland befindet. Bildungspolitiker*innen aller Länder betonen die Bedeutung von politischer Bildung, die strukturellen und rechtlichen Rahmenbedingungen allerdings divergieren (Kenner 2020a).

Politische Bildung als Bildungsziel in der Verfassung sichert nicht nur die schulische politische Bildung. Der Rechtswissenschaftler Hans Hugo Klein (2004, 64), von 1983 bis 1996 Richter am Bundesverfassungsgericht, betont, dass sich auch die non-formale Bildung in vielen Landesverfassungen wiederfindet. Er verweist darauf, dass die Annahme berechtigt sei, dass „soweit politische Bildung Gegenstand der Erwachsenenbildung ist, die für die Schule genannten Erziehungsziele ebenfalls verbindlich sind" (Klein 2004, 52). Darüber hinaus ist die außerschulische politische Bildung auch im Feld der Kinder- und Jugendhilfe und den entsprechenden Trägern durch die Bestimmungen im Achten Buch Sozialgesetzbuch (SGB VIII) geschützt.

Um die Erkenntnisse aus der Analyse der Landesverfassungen sowie der Überlegungen zur Grundrechtsmündigkeit von Kindern und Jugendlichen in den Forschungskontext der vorliegenden Studie einzuordnen, gilt es auch zu fragen, inwiefern das Bildungsziel politische Bildung auch mit der Befähigung zu und dem Recht auf politische Teilhabe verbunden ist. Die Länder Nordrhein-Westfalen (Artikel 7, Satz 1) und Sachsen (Artikel 101, Satz 1) formulieren in ihren Landesverfassungen auch die Befähigung und Bereitschaft zum sozialen Handeln als wesentliches Bildungsziel. Die Landesverfassungen von Brandenburg (Artikel 28) und Thüringen (Artikel 22) betonen gar die Förderung von selbstständigem Denken und Handeln.

Aber auch in den Bundesländern, die politischer Bildung bis heute keinen Verfassungsrang einräumen, wird eine Verankerung dieses Bildungsziels auch in Verbindung mit der Befähigung zum selbstständigen Handeln diskutiert. Der Landesverband Niedersachsen der Deutschen Vereinigung für Politische Bildung (DVPB) forderte beispielsweise die Landesregierung und den Landtag in einem offenen Brief im Mai 2020 dazu auf, die Landesverfassung dementsprechend zu erweitern. Vorgeschlagen wird folgender Zusatz zum Artikel 4, in dem das Recht auf Bildung festgeschrieben ist:

[1] Erziehung und Bildung haben die Aufgabe, selbständiges kritisches Denken, Urteilen und Handeln, die Achtung der Würde der Menschen in Anerkennung der Menschenrechte, der Demokratie und der Freiheit, dem Willen zu sozialer Gerechtigkeit, Friedfertigkeit im Zusammenleben aller Menschen und Verantwortung für die Umwelt zu fördern. [2] Ihr Ziel ist die Stärkung des konsequenten Eintretens gegen jedwede Form von gruppenbezogener Menschenfeindlichkeit sowie die Mündigkeit der Bürgerinnen und Bürger. [3] Dieser Bildungsauftrag wird in allen öffentlichen Schulen durch ein ordentliches Unterrichtsfach sowie durch demokratische Schulentwicklung erfüllt und ist zugleich Grundlage für die außerschulische politische Bildung. (DVPB Landesverband Niedersachsen 2020, 2)

An dieser Stelle sei erwähnt, dass eine Nicht-Nennung der politischen Bildung in der Landesverfassung nicht gleichzusetzen ist mit einer Vernachlässigung dieses Bildungsziels. Niedersachsen beispielsweise räumt der politischen Bildung auch als Unterrichtsfach einen großen Stellenwert durch verhältnismäßig viel Unterrichtszeit ein. Berlin hat jüngst das Unterrichtsfach Politische Bildung wieder als eigenständiges Unterrichtsfach auf der Stundentafel der Schüler*innen verankert (Gökbudak/Hedtke 2020).

Für eine Analyse der Rahmenbedingungen für politische Partizipation als Lernerfahrung sind neben den Landesverfassungen aber vor allem auch die Schulgesetze von besonderer Bedeutung. Im Rahmen dieser Arbeit ist es nicht möglich, eine vollumfängliche Analyse aller 16 Landesschulgesetze vorzunehmen (ausführlich hierzu u. a.: Hameister/May 2020; 2021). Daher sei an dieser Stelle nur exemplarisch auf besondere Probleme hingewiesen, die mit der rechtlichen Verankerung von Schüler*innenpartizipation verbunden sind.

Eine zentrale Frage bezüglich der Verankerung von Partizipationsrechten für Schüler*innen in Landesschulgesetzen ist, welche Aufgaben ihrer Interessenvertretung zugesprochen werden. Besonders problematisch ist es, wenn der Schüler*innenvertretung dabei Ordnungsaufgaben übertragen werden. Dabei wird ein Phänomen verrechtlicht, das in der Fachliteratur als Alibi-Partizipation oder gar Manipulation beschrieben wird (siehe Abschnitt 2.1.3.2 Zwischen Fremd- und Selbstbestimmung). In Bayern finden wir solche Formulierungen bis heute. Im Landesschulgesetz Bayern wird das Wirkungsfeld der Schüler*innenvertretung u. a. mit diesen Ordnungsaufgaben definiert. Hier heißt es:

Zu den Aufgaben der Schülermitverantwortung gehören insbesondere die Durchführung gemeinsamer Veranstaltungen, die Übernahme von Ordnungsaufgaben, die Wahrnehmung schulischer Interessen der Schülerinnen und Schüler und die Mithilfe bei der Lösung von Konfliktfällen. (Landesschulgesetz Bayern, Artikel 62, Satz 3)

Neben diesen offensichtlichen Formen der Fremdbestimmung, die vermutlich noch auf die Ursprünge der Schüler*innenmitverwaltung in den 1950er-Jahren zurückzuführen sind, in denen die Schüler*innenvertretung weniger als Interessenvertretung, denn als Erziehungs- und Disziplinierungsinstrument etabliert wurde (Auernheimer/Doehlemann 1971, 68–70), ist ein zweiter limitierender Faktor in den Schulgesetzen verankert: das Verbot des allgemeinpolitischen Mandats für die Schüler*innenvertretung. Gemeint ist damit, dass sich Schüler*innenvertretungen nicht zu allgemeinpolitischen Themen positionieren dürfen. Eine direkte Ausformulierung dieses Verbots findet sich heute nur noch im Landesschulgesetz von Baden-Württemberg in § 63 „Klassenschüler-versammlung, Schülervertreter", Absatz (3): „Klassenschülerversammlung und Schülervertreter haben kein politisches Mandat." Indirekt ist das Verbot eines allgemeinpolitischen Mandats aber noch in mehreren Landesschulgesetzen verankert, indem in einer Reihe von möglichen Aufgaben der Schüler*innenvertretung die politische Dimension explizit unerwähnt bleibt. Beispielhaft hierfür sei an dieser Stelle ein Auszug aus dem Landesschulgesetz von Schleswig-Holstein angeführt. In § 79 „Wesen und Aufgaben" wird der Schüler*innenvertretung die „Wahrnehmung selbstgestellter kultureller, fachlicher, sozialer und sportlicher Aufgaben" zugestanden. Diese wird dabei beschränkt auf den „Schulbereich". Die Wahrnehmung politischer Aufgaben wird ihnen explizit nicht zugesprochen und die Einschränkung ihres Wirkungsfeldes wird klar mit dem Schulbereich definiert. Das Land Berlin verzichtet auf eine Aufzählung möglicher Handlungsfelder und beschreibt die Aufgaben der Schüler*innenvertretung in § 83, Absatz 1 des Schulgesetzes wie folgt: „Die Schülerinnen und Schüler wirken bei der Verwirklichung der Bildungs- und Erziehungsziele durch ihre Schülervertretung aktiv und eigenverantwortlich mit." In Absatz 2 wird dieser vermeintlich große Spielraum für politische Partizipation allerdings auch in Berlin eingeschränkt, denn Stellung beziehen, darf die Schüler*innenvertretung nur zu „bildungspolitischen Fragen".

Diese bis heute wirksame Verankerung des Verbots eines allgemeinpolitischen Mandats macht reale politische Partizipation als Lernerfahrung in der Vertretung der Schüler*innen unmöglich. Was den Interessenvertretungen der Schüler*innen nicht möglich ist, ist den einzelnen Schüler*innen aber teilweise durchaus gestattet. Besonders weitgehend ist dabei das Schulgesetz in Niedersachsen. Der § 86 „Schülergruppen" im niedersächsischen Schulgesetz gestattet es den Schüler*innen, sich in Gruppen zu organisieren und für die durchaus allgemeinpolitischen Ziele einzustehen, die als Auftrag der Schule in § 2 des Schulgesetzes formuliert sind. Hier heißt es u. a., dass die Schüler*innen befähigt werden sollen: zur „Erhaltung der Umwelt" beizutragen, die „Grundrechte für sich und jeden anderen wirksam werden zu lassen" und „ihre Beziehungen zu anderen Menschen nach den Grundsätzen der Gerechtigkeit, der Solidarität und der Toleranz sowie der Gleichberechtigung der Geschlechter zu gestalten". Daraus lassen sich vielfältige Anlässe zu politischer Aktion und Selbstorganisation ableiten. Wollen sich Schüler*innen zur Erfüllung dieses Bildungsauftrages zusammenschließen, zum Beispiel eine Antirassismus-Arbeitsgemeinschaft gründen, „so gestattet ihnen die Schulleiterin oder der Schulleiter die Benutzung von Schulanlagen und Einrichtungen der Schule" (Niedersächsisches Schulgesetz, § 86 Schülergruppen).

Die Frage, ob politische Bildung Verfassungsrang hat, lässt sich nicht einheitlich für die Bundesrepublik beantworten. Grundsätzlich muss aber konstatiert werden, dass die rechtlichen Rahmenbedingungen für eine emanzipatorische und partizipative politische Bildung unzureichend sind. Das Fallbeispiel Niedersachsen zeigt allerdings, dass die Diskussion über die verfassungsrechtliche Verankerung der politischen Bildung nicht abgeschlossen ist und auch das Schulgesetz Möglichkeiten zur politischen Partizipation in der Schule bieten kann. Diskussionen über eine Ausweitung rechtlicher Rahmenbedingungen für die Verankerung emanzipatorischer und partizipativer politischer Bildung sind wichtig, denn es bedarf nicht nur des Rechts auf mehr politische Bildung, sondern für partizipative Prozesse braucht es auch klare Leitplanken, die als verfassungsrechtlich verankerte Bildungsziele formuliert werden sollten. Außerdem zeigt das hier dargelegte Fallbeispiel des § 86 des Niedersächsischen Schulgesetzes, dass es durchaus möglich ist, rechtliche Rahmenbedingungen zu schaffen, die den Schüler*innen Freiräume für reale politische Partizipationserfahrungen im Schutzraum Schule ermöglichen und dabei zugleich Grenzen setzen, indem politisches Engagement in der Schule dem Zweck dienen muss, dem demokratischen Auftrag der Schule gerecht zu werden.

Gelingt es, rechtliche Rahmenbedingungen zu schaffen, so kann davon ausgegangen werden, dass die Schule immer häufiger auch als Freiraum für reale politische Partizipation genutzt wird. Politische Bildung im Kontext von Selbstorganisation und autonomer politischer Aktion wird dann immer häufiger auch verbunden sein mit informellen Lernerfahrungen, die wiederum als Lernanlass für formale Bildungssettings dienen können. Inwiefern die Schule und der Politikunterricht diesen Brückenschlag vollziehen können, ist in der Politikdidaktik umstritten. Die Kontroverse um die Bedeutung realer politischer Partizipation im Kontext schulischer Bildung prägt Forschung und Praxis der politischen Bildung seit mehr als 50 Jahren. Im folgenden Kapitel wird der Versuch unternommen, diese Kontroverse in gebotener Prägnanz nachzuzeichnen.

2.3.2   Kontroverse: Partizipation als Ziel politischer Bildung?

Die Kontroverse um Partizipation und explizit um die politische Aktion als Teil oder gar Ziel politischer Bildungsprozesse ist so alt wie die Disziplin der politischen Bildung selbst. Die Politikdidaktikerin Kerstin Pohl (2015) sieht den Ursprung in zwei konträren demokratietheoretischen Annahmen über die Notwendigkeit politischer Partizipation für die Sicherung und Weiterentwicklung demokratischer Gesellschaften. Vertreter*innen der repräsentativen Demokratie gehen davon aus, dass ein Großteil der Bürger*innen weder über das notwendige Wissen noch über ein weitreichendes Problembewusstsein oder die relevanten Kompetenzen verfügt, um politische Entscheidungsprozesse jederzeit mitzubestimmen. Dieser Argumentation folgend, erscheint es geboten, alltägliche politische Teilhabe vornehmlich im Sinne konventioneller Partizipation strukturell in Parteien, Verbänden, Vereinen und anderen Formen der Interessenvertretung zu verorten. Damit verbunden ist die Hoffnung, dass sich politische Entscheidungen, getroffen von Repräsentant*innen, und in diesem Verständnis von Expert*innen, durch mehr Rationalität und Effektivität auszeichnen. Der Großteil der Menschen würde das Recht auf Teilhabe nur in regelmäßig stattfindenden Wahlen in Anspruch nehmen. Vertreter*innen einer partizipativen Demokratie widersprechen dieser Denkart und betonen, dass möglichst viele Menschen Politik und Gesellschaft mitgestalten sollten. Partizipation in diesem Verständnis hat nicht nur eine Funktionslogik für das politische System. Vielmehr wird Partizipation als ein menschlicher Selbstbestimmungs- und Selbstverwirklichungsmodus verstanden. Bestehende Mitwirkungsmöglichkeiten seien deshalb beständig auszubauen, zum Beispiel durch die Ermöglichung unkonventioneller Formate der politischen Teilhabe, beispielsweise über Bürger*innenforen oder Volksinitiativen (Pohl 2015).

Diese zwei demokratietheoretischen Grundannahmen beeinflussen auch seit jeher die Diskurse im Feld der politischen Bildung. Hier war vor allem umstritten, in welchem Verhältnis reales politisches Handeln und politische Bildung stehen. Die historische Entwicklung der damit verbundenen Kontroverse soll hier nur anhand zentraler Stationen nachgezeichnet werden. Eine ausführliche Rekonstruktion hat Klaus-Peter Hufer (2011) in dem Aufsatz „Politische Bildung und politische Aktion" vorgenommen. Alexander Wohnig hat in seinem Aufsatz „Zum Stellenwert der politischen Aktion in der politischen Bildung" (2020b) die

Positionen 14 zentraler Akteure[2] der vergangenen 50 Jahre schematisch zusammengetragen. Bei der Auseinandersetzung mit der historischen Entwicklung der Kontroverse wird deutlich, dass seit jeher und in allen Phasen die Positionen zwischen euphorischer Bejahung, Skepsis und Ablehnung zu verorten waren (Wohnig 2020b, 154–155). Im Folgenden werden wesentliche Etappen skizziert.

Zunächst wird auf die Arbeiten von Rolf Schmiederer (1971) und Hermann Giesecke (1971) Bezug genommen, die Anfang der 1970er-Jahre veröffentlicht wurden. Diese frühen Arbeiten von Schmiederer und Giesecke haben im Feld der politischen Bildung eine bis heute nachwirkende Debatte über Kritik, Emanzipation und Partizipation als Wesenskerne politischer Bildung ausgelöst. Daran anschließend wird mit dem sogenannten „Beutelsbacher Konsens" (Wehling 1977) der Versuch einer Formulierung allgemeingültiger Prinzipien für politische Bildungsarbeit vor allem unter Berücksichtigung einer handlungsorientierten Politikdidaktik kritisch eingeordnet. Die Diskussion über das Leitbild und die Ziele politischer Bildung wurde erneut in den 1990er Jahre mit den Arbeiten von Heinz Klippert (u. a.: 1991, 1996) und Anfang der 2000er-Jahre mit dem Konzept der Bürger*innenleitbilder (Detjen 2000; Breit/Massing 2002) entfacht. Abschließend wird in diesem Kapitel der Blick auf die 2010er-Jahre geworfen. Die letzten zehn Jahre waren geprägt vom Wiederaufflammen der Diskurse über den Stellenwert sozialer und politischer Partizipation in der politischen Bildung. Hervorzuheben sind dabei u. a. das Handbuch „Kritische politische Bildung", verantwortet von Bettina Lösch und Andreas Thimmel (2010) sowie die Sammelbände „Partizipation als Bildungsziel. Politische Aktion in der politischen Bildung", herausgegeben von Benedikt Widmaier und Frank Nonnenmacher (2011), „Zeitalter der Partizipation. Paradigmenwechsel in Politik und politischer Bildung?" von Lothar Harles und Dirk Lange (2015) und zuletzt der Band „Politische Bildung als politisches Engagement" herausgegeben von Alexander Wohnig (2020c). Darüber hinaus wurde in dieser Zeit mit der „Frankfurter Erklärung. Für eine kritisch-emanzipatorische Politische Bildung" (Eis/Lösch u. a. 2015) ein Grundsatzpapier für die politische Bildung entwickelt und veröffentlicht, mit dem die Prinzipien der politischen Bildungsarbeit (re)formuliert wurden. Darin wird deutlich stärker eine kritisch-emanzipatorische Perspektive betont und Handlungsorientierung sowie politische Aktion explizit in den Blick genommen. Mit dieser schlaglichtartigen Zusammenfassung zentraler Aspekte soll der Versuch unternommen werden, die historische Entwicklung um politische Partizipation als Ziel politischer Bildung herzuleiten und in den gegenwärtigen Diskurs einzuordnen.

---

[2] Es werden ausschließlich männliche Politikdidaktiker in der tabellarischen Darstellung aufgeführt.

Die Kontroverse um den Stellenwert politischen Handelns in der politischen Bildung ist immer auch verbunden mit der Frage nach dem Ziel politischer Bildung. Ist sie zuvorderst dazu angehalten, politisches Wissen zu vermitteln, und basiert sie auf einer instruktionsorientierten Didaktik (siehe hierzu auch Abschnitt 2.2.2.2 „Richtiges Politikwissen?")? Oder sind Emanzipation, Mündigkeit und Selbstbestimmung die Leitziele politischer Bildung? Diese Frage wirft Hermann Giesecke (1971) in seinem Aufsatz mit dem Titel „Didaktische Probleme des Lernens im Rahmen von politischen Aktionen" auf und unterstellt der politischen Bildung, „einseitig auf kognitive Lernleistungen orientiert" (Giesecke 1971, 13) zu sein. Er formuliert in diesem Aufsatz die These, die politische Bildung habe „nur Wissensstoffe und Verhaltensweisen vermittelt, die nicht dem politischen Handeln mit dem Ziel der Demokratisierung der Gesellschaft dienten, sondern geeignet waren, von eben diesem Ziel abzulenken" (Giesecke 1971, 17). Der Politikdidaktiker kritisiert die Trennung von Lernen und Anwendung (Giesecke 1971, 19) und stellt fest, dass eine politische Bildung zum Ziel haben muss, „zu einem gegebenen Zeitpunkt einer Lebensgeschichte durch Lernen mögliche Emanzipation tatsächlich" (Giesecke 1971, 40) realisieren zu können. Hier setzt auch Rolf Schmiederer an, der in seinem 1971 erschienenen Werk „Zur Kritik der politischen Bildung. Ein Beitrag zur Soziologie und Didaktik des politischen Unterrichts" darauf verweist, dass politische Bildung sich als „Erziehung zu Emanzipation und Demokratie" (Schmiederer 1971, 27) verstehen müsse. Politische Lernprozesse dürften daher nicht nur auf der Ebene der Analyse von Macht- und Herrschaftsverhältnissen reduziert werden, sie müssten vielmehr die „Voraussetzungen schaffen, daß unter bestimmten Umständen aus der Reflexion politische Handlungsbereitschaft wird" (Schmiederer 1971, 51). Dies könne aber nicht gelingen, wenn der Unterricht keinen Freiraum dafür schaffe:

> Versucht man im Unterricht die Diskussion über die Realisierung politischer Ziele zu unterbinden und wird politische Aktivität als etwas abgetan, das nicht hierher gehört, so wird der emanzipatorische Effekt der politischen Bildungsarbeit behindert. (Schmiederer 1971, 54)

Rolf Schmiederer und Hermann Giesecke erfuhren ihrerzeit großen Widerspruch aus der Fachdisziplin für die von ihnen aufgestellten Überlegungen zur politischen Aktion als Bildungserfahrung (Nonnenmacher 2011, 88). Die von Schmiederer und Giesecke angeregte Diskussion um den Stellenwert realer politischer Partizipationserfahrungen von Schüler*innen fiel in eine Zeit, in der die politische Bildung ohnehin entlang scheinbar unvereinbarer Konfliktlinien verlief. „Durch die Orientierung entweder am Zielwert ‚Emanzipation' oder am Zielwert ‚Rationalität' entstand in der Politikdidaktik eine Art ‚politische Geographie' und eine Lagerbildung, die zu heftigen Auseinandersetzungen führte." (Scherb 2017, 255) Es war eine Zeit, in der die Forschung zur politischen Bildung noch in den Anfängen stand und zugleich die Bundesrepublik Deutschland von einem „systemkritischen demokratischen Aufbruch in Gesellschaft und Politik" (Widmaier/Zorn 2016b, 9) geprägt war. Der parteipolitische Streit jener Zeit nahm auch unmittelbar Einfluss auf das neue Unterrichtsfach Politik. In dieser Zeit lud die Landeszentrale für politische Bildung Baden-Württemberg zu einer Fachtagung ein, um die Vertreter*innen der noch jungen Forschungsdisziplin zusammenzuführen und über einen Minimalkonsens für die Arbeit der politischen Bildung zu beraten. Dokumentiert wurde diese Tagung, die im Jahr 1976 in Beutelsbach stattfand, von Hans-Georg Wehling. Seine Beobachtungen fasste Wehling 1977 in seinem Aufsatz „Konsens à la Beutelsbach?" (Wehling 1977) zusammen. In dieser Publikation formulierte er auch erstmals die drei Grundsätze, die in den vergangenen Jahrzehnten eine zunehmend „paradigmatische Bedeutung" (Widmaier/Zorn 2016b, 10) erlangten. Demnach gelte (1) ein Überwältigungsverbot: So sei es nicht erlaubt, Schüler*innen – mit welchen Mitteln auch immer – zu überrumpeln und sie damit an der Gewinnung eines selbstständigen Urteils zu hindern. Außerdem (2) gelte das Kontroversitätsgebot: Dies besagt, dass alles, was in Wissenschaft und Politik kontrovers ist, auch im Unterricht kontrovers sein müsse. Schließlich (3) die Interessenorientierung: Schüler*innen müssen in die Lage versetzt werden, ihre eigene Interessenlage und die individuelle politische Situation zu analysieren. Entsprechend ihrer persönlichen Lage sollen Schüler*innen befähigt werden, diese im Sinne ihrer Interessen zu beeinflussen (Wehling 1977, 179–180).

Diese drei Prinzipien gehen zurück auf einen jahrelangen Diskurs über die Ziele und Grundlagen gelingender politischer Bildung in der Bundesrepublik Deutschland. Die Bezeichnung Konsens ist dabei irreführend, da es sich nicht um das Ergebnis eines konsensualen Prozesses im Zuge der Tagung in Beutelsbach handelte, sondern um eine Protokollnotiz beziehungsweise eine nicht abgestimmte Tagungsdokumentation. Für die Kontroverse um den Stellenwert politischer Partizipation in politischen Lernprozessen ist besonders der dritte Satz des „Beutelsbacher Konsens" bedeutsam. Hier steht die Interessenlage des Individuums im Fokus. Es wird auch betont, dass die Schüler*innen befähigt werden sollen, sich für die Verwirklichung ihrer Interessen einzusetzen. Der dritte Satz beschränkt das Wirkungsfeld aber auf die Vermittlung von Wissen über Handlungsstrategien, schließt die Befähigung zur Partizipation ein, die Begleitung von politischer Partizipation aber eher aus. Der Politikdidaktiker Frank Nonnenmacher, der mit seiner Arbeit „Politisches Handeln von Schülern. Eine Untersuchung zur Einlösbarkeit eines Postulats der Politischen Bildung" dafür plädiert politisches Lernen und Handeln sinnvoll zu verknüpfen (Nonnenmacher 1984, 114) hält den dritten Satz des „Beutelsbacher Konsenses" für problematisch. Er sieht in der Anerkennung dieser Grundsätze durch Rolf Schmiederer in seiner späteren Arbeit eine Rücknahme der Zielorientierung seiner Didaktik:

> Als ebenfalls problembehaftet sehe ich den dritten Grundsatz. Er betont das „Interesse" der Schülerinnen und Schüler. Vermutlich war dies der Grund, warum Rolf Schmiederer sich in diesem Beutelsbacher Konsens wiedergefunden hat, hat er doch sein stark gesellschaftskritisches Konzept von 1971 mit seinem zweiten großen Werk relativiert und es „Politische Bildung im Interesse der Schüler" benannt. Er hat darin seine normative Orientierung an seiner Zielorientierung „Demokratisierung und Emanzipation" teilweise zurückgenommen und eine gemäßigtere Position bezogen. (Nonnenmacher 2011, 89)

Benedikt Widmaier sieht ein anderes Problem in Bezug auf den dritten Satz des „Beutelsbacher Konsens'". Für ihn wird der damit verbundene Anspruch der politischen Bildung, dass Schüler*innen lernen die politische Lage entsprechend ihrer Fähigkeiten zu beeinflussen, bis heute nicht erfüllt (Widmaier 2013, 48 f.).

Es bleibt aber zu konstatieren, dass es mit dem „Beutelsbacher Konsens" über die Jahre gelang, die Konflikte im Feld der politischen Bildung zunächst weitgehend zu befrieden. Die Diskussion um den partizipativen Charakter politischer Bildung wurde erst Anfang der 1990er-Jahre mit den Arbeiten von Heinz Klippert (1991, 1996) wieder intensiviert. Handlungsorientierten Politikunterricht hat Klippert in drei Ebenen unterteilt: reales, simulatives und produktives Handeln (Klippert 1991, 12 ff.). Das simulative Handeln impliziert Rollen-, Plan- und Konferenzspiele, aber auch Pro- und Contra-Diskussionen. Mit produktivem Gestalten meint Klippert das Entwickeln von Tabellen und Schaubildern, von Ausstellungen und eigenen Arbeitsblättern, das Produzieren von Reportagen oder das Halten von Vorträgen. All diese Elemente handlungsorientierter politischer Bildung sind heute selbstverständlicher Bestandteil des Unterrichts, der sich nicht mehr ausschließlich auf ein belehrendes Verständnis institutionenkundlicher Bildung reduziert. Für die vorliegende Studie sind aber vor allem Klipperts Überlegungen zu realen politischen Handlungserfahrungen von Bedeutung. Darunter fasst Klippert Straßeninterviews, Fallstudien und Praktika, aber eben auch die Wahl der Schüler*innenvertretung, das Engagement in der Schülerzeitung und Aktivitäten in Projektinitiativen. Es sind erste Ansätze der Integration real-politischer Partizipationserfahrungen in den Politikunterricht. Klippert meint damit Handeln

„innerhalb wie außerhalb der Schule, das über den Klassenraum hinausweist und den Schülern Gelegenheit gibt, die politische Realität ansatzweise zu erforschen […] und /oder demokratische Prozesse konkret zu erleben und mitzugestalten" (Klippert 1991, 12). Der Schwerpunkt der didaktischen Arbeit von Heinz Klippert lag auf einer handlungsorientierten politischen Bildung, die Schüler*innen in Planung, Gestaltung und Umsetzung des Unterrichts aktiv einbindet (Klippert 1996). Das war in den 1990er-Jahren ein neuer Ansatz politischer Bildung, der bis heute nachwirkt. Dennoch: Politische Selbstorganisation der Schüler*innen als Bildungsgelegenheit hat Klippert in seinen Arbeiten nicht hervorgehoben.

Fahrt hat die Diskussion um Partizipation als Bildungsziel erneut Anfang der 2000er Jahre mit den von Joachim Detjen (2000) und weiteren Politikdidaktiker*innen (siehe u. a. Breit/Massing 2002) eingeführten Überlegungen zu Bürgerleitbildern. Mit „reflektierten Zuschauer*innen", „interventionsfähigen Bürger*innen" oder „Aktivbürger*innen" wurden drei mögliche Leitbilder formuliert, verbunden mit der Frage, welcher Kompetenzen es bedürfe, um einem dieser Leitbilder zu entsprechen. Kerstin Pohl stellt dafür einen Rückbezug zu den hier eingangs beschriebenen demokratietheoretischen Grundannahmen einer politischen Bildung für die repräsentative bzw. die partizipative Demokratie her:

> Anhänger/-innen der repräsentativen Demokratie setzen vor allem auf die Vermittlung von politischem Wissen. Anhänger/-innen der partizipativen Demokratie sind hingegen der Meinung, politische Bildung müsse auch kommunikative und strategische Fähigkeiten fördern, und ihre Adressatinnen und Adressaten zum Engagement motivieren. Hier deutet sich an, dass die demokratietheoretischen Vorstellungen auch Konsequenzen für die Wahl der Inhalte und Methoden der politischen Bildung haben: Interventionsfähige Bürger/-innen und vor allem Aktivbürger/-innen müssen lernen, auf welche Art und Weise sie sich politisch engagieren können. Für die Ausbildung der notwendigen Kompetenzen zum Mitmachen eignen sich handlungsorientierte Methoden, wie zum Beispiel Planspiele, durch die kommunikative und strategische Fähigkeiten gefördert werden. (Pohl 2019b)

In der Politikdidaktik besteht weitgehend Einigkeit darüber, dass keines dieser Leitbilder vorgegeben werden solle. Es stellt sich allerdings die Frage, ob die politische Bildung für Schüler*innen überhaupt Lernanlässe und (Frei)Räume dafür schafft, sich als Aktivbürger*in zu verstehen und dieses demokratische Selbstverständnis auch reflektieren zu können. Genau hier gibt es nach wie vor eine Leerstelle im Feld der politischen Bildung.

Im „Handbuch kritische politische Bildung" (Lösch/Thimmel 2010) hat Frank Nonnenmacher (2010) in seinem Aufsatz „Analyse, Kritik und Engagement – Möglichkeiten und Grenzen schulischen Unterrichts" bereits darauf hingewiesen, dass eine Debatte über den Stellenwert realer politischer Partizipationserfahrungen in der Politikdidaktik „kaum mehr existent" (Nonnenmacher 2010, 466) sei.

> Ein wichtiger Grund für dieses Faktum liegt in der Tatsache, dass in der Folge der sich exponierenden wissenschaftlichen und politischen Kontroversen, die in den 1970er Jahren in der Politikdidaktik geführt und die durch den Beutelsbacher Konsens pazifiziert wurden, das politische Handeln im engeren Sinne […] von vornherein in den Verdacht gestellt wurde und wird, dem bloßen Aktionismus […] Vorschub zu leisten. (Nonnenmacher 2010, 466 f.)

Die Diskussion um den Stellenwert realen politischen Handelns für die politische Bildung erhielt mit der Diskussion um die Bürgerleitbilder und fast zeitgleich mit der Veröffentlichung des „Handbuchs kritische politische Bildung" (Lösch/Thimmel 2010) neue Impulse. Auch die Tagung „Politische Bildung und politische Aktion", die 2010 in der Akademie für politische und soziale Bildung „Haus am Maiberg" realisiert wurde, sowie der im Kontext der Tagung entstandene Sammelband „Partizipation als Bildungsziel" (Widmaier/Nonnenmacher 2011) entfachten eine neue Debatte über die Notwendigkeit, politisches Handeln pädagogisch zu begleiten. Geprägt war diese Debatte von einer kritischen Rezeption des „Beutelsbacher Konsens". Vor allem aus dem Feld der sich etablierenden kritischen politischen Bildung wurden Stimmen lauter, die eine Erweiterung des „Beutelsbacher Konsens" forderten. Kritisiert wird dabei vor allem die Unbestimmtheit der drei Leitsätze. Andreas Eis erklärt, dass der „Beutelsbacher Konsens" in dieser Form kein „fachliches Selbstverständnis" (Eis 2016, 132 f.) sein könne, da diese drei Aspekte für ein demokratisch verfasstes Bildungs- und Wissenschaftssystem ohnehin vorauszusetzen seien. Die weitgehende Unbestimmtheit dieser drei Prinzipien führe nach Bettina Lösch außerdem dazu, dass „Urteilsbildung meist ein einfacher Meinungsaustausch ist […], und die Handlungskompetenz, wenn überhaupt eine Verhaltenskompetenz umfasst. Die Schüler sollen lernen, sich demokratisch zu ,verhalten' (behave)." (Lösch u. a. 2019, 18). Mit politisch Handeln habe diese Handlungskompetenz wenig zu tun. Die Tatsache, dass für die politische Bildung das Überwältigungsverbot, das Multiperspektivitätsgebot und die Befähigung zu selbstbestimmter Interessensanalyse von jungen Menschen als Selbstverständlichkeit angesehen werden, reiche demnach nicht aus. Innerhalb der Profession bestand daher für viele Akteur*innen das Bedürfnis, ausgehend vom „Beutelsbacher Konsens" die Anforderungen an gelingende politische Bildung weiterzuentwickeln. Eine Gruppe von Forscher*innen und Praktiker*innen aus dem Feld der politischen Bildung hat daher immer wieder in verschiedenen Kontexten mögliche Zugänge für eine Weiterentwicklung des „Beutelsbacher Konsens'" diskutiert. Das Ergebnis wird mit sechs zentralen Aspekten in der „Frankfurter Erklärung. Für eine kritisch-emanzipatorische politische Bildung" (Eis/Lösch u. a. 2015) zusammengefasst. Dabei handelt es sich um den Versuch, der Unbestimmtheit des „Beutelsbacher Konsens" entgegenzuwirken und Klarheit über die Prinzipien gelingender kritisch-emanzipatorischer politischer Bildung zu schaffen. Die Frankfurter Erklärung führt die folgenden sechs Grundprinzipien auf:

1. Krisen: Eine an der Demokratisierung gesellschaftlicher Verhältnisse interessierte Politische Bildung stellt sich den Umbrüchen und vielfältigen Krisen unserer Zeit.
2. Kontroversität: Politische Bildung in einer Demokratie bedeutet, Konflikte und Dissens sichtbar zu machen und um Alternativen zu streiten.
3. Machtkritik: Selbstbestimmtes Denken und Handeln wird durch Abhängigkeiten und sich überlagernde soziale Ungleichheiten beschränkt. Diese Macht- und Herrschaftsverhältnisse gilt es, wahrzunehmen und zu analysieren.
4. Reflexivität: Politische Bildung ist selbst Teil des Politischen, Lernverhältnisse sind nicht herrschaftsfrei, Politische Bildung legt diese Einbindung offen.
5. Ermutigung: Politische Bildung schafft eine ermutigende Lernumgebung, in der Macht- und Ohnmachtserfahrungen thematisiert und hinterfragt werden.
6. Veränderung: Politische Bildung eröffnet Wege, die Gesellschaft individuell und kollektiv handelnd zu verändern.

(Eis/Lösch u. a. 2015)

Hervorzuheben ist hier unter anderem die Dimension der Reflexivität. Die Autor*innen machen darauf aufmerksam, dass eine Befähigung zu kritisch reflektierter Analyse von Macht- und Herrschaftsverhältnissen auch dazu führt, dass die Adressat*innen (beispielsweise Schüler*innen) von politischer Bildung den politischen Lernprozess (beispielsweise den Politikunterricht) reflektieren und damit auch die Rolle der politischen Bildner*innen. Der sechste Grundsatz ist für die hier skizzierte Kontroverse im Feld der politischen Bildung allerdings noch bedeutsamer. Er schließt an den dritten Satz des „Beutelsbacher Konsens" an, geht aber deutlich weiter. So heißt es in der Erklärung:

Politische Bildung eröffnet allen Kindern, Jugendlichen und Erwachsenen Räume und Erfahrungen, durch die sie sich Politik als gesellschaftliches Handlungsfeld aneignen können. Sie ermöglicht Lernprozesse der Selbst- und Weltaneignung in der Auseinandersetzung mit anderen, um Wege zu finden, das Bestehende nicht nur mitzugestalten und zu reproduzieren, sondern individuell und kollektiv handelnd zu verändern.

Im Handeln entsteht die Möglichkeit, etwas Neues zu erfahren, zu denken und zu begründen. (Eis/Lösch u. a. 2015)

Dieser Zugang steht in einem deutlichen Widerspruch zur Haltung, die unter anderem Joachim Detjen vertritt, wenn er betont, dass sich die Schule nicht als Ort direkter politischer Aktion eigne (Detjen 2012, 235). Dies offenbart, dass die Kontroverse auch nach über 50 Jahre weiterhin für Widerspruch sorgt. Es besteht noch immer Klärungs- und damit verbunden auch Forschungsbedarf (Pohl 2019a). Dies ist innerhalb der Disziplin unbestritten. Und auch aus diesem Grund stand der vorletzte Bundeskongress Politische Bildung, veranstaltet von der Deutschen Vereinigung für Politische Bildung (DVPB), dem Bundesausschuss Politische Bildung (bap) und der Bundeszentrale für politische Bildung (BpB) unter dem Motto: „Zeitalter der Partizipation". In dem Vorwort zum gleichnamigen Tagungsband (Harles/Lange 2015) heißt es:

Eine demokratische Gesellschaft ist auf die Partizipation engagierter Bürgerinnen und Bürger angewiesen. Das Eintreten für demokratische Werte, die Bereitschaft, zu umstrittenen Fragen selbst Stellung zu beziehen, und die Übernahme von gesellschaftspolitischer Verantwortung sind nicht naturgegeben. Jede Generation politisiert sich aufs Neue. Politische Bildung begleitet diesen Prozess und qualifiziert zur politischen Partizipation in Staat und Zivilgesellschaft. (Harles/Lange 2015, 7)

Wenn Schule und die politische Bildung diesem Anspruch gerecht werden und den Prozess der Politisierung begleiten wollen, muss sich Schule als ein „genuin politischer Ort" (Hedtke 2015, 125 f.) verstehen. Vor allem aber darf das Qualifizieren zum Partizipieren nicht darauf beschränkt bleiben, dass Schüler*innen Wissen über die Vielfalt politischer Partizipationsformen vermittelt bekommen. Politisches Handeln und damit auch der politische Konflikt müssen real erfahrbar gemacht werden. Dies kann nicht gelingen, wenn die Qualifizierung zur Teilhabe nur bedeutet, Schüler*innen „funktionalistisch zur formalen Teilhabe an bestehenden Strukturen" (Lösch 2010, 120) zu befähigen. Damit sind auch konventionelle Partizipationsangebote in der Schule gemeint. Die Mitwirkung in der Interessenvertretung der Schüler*innen – zumeist ohne allgemeinpolitisches Mandat und häufig durch Lehrkräfte und Schulleitung instrumentalisiert – führt eher zu Frustrationserfahrungen. Mit derartigen „pseudopartizipatorischen Alibiveranstaltungen lassen sich nämlich auch Kinder nicht darüber hinwegtäuschen, dass ihre Alltagswelt heteronom von Erwachsenen, von Pädagog_innen und von politischen Institutionen bestimmt wird." (Eis/Rößler u. a. 2015, 155)

Was ist aber nun – um die Ausgangsfrage abschließend erneut aufzugreifen – wenn die Analyse politischer, ökonomischer oder gesellschaftlicher Verhältnisse bei Schüler*innen den Wunsch weckt, selbst durch politische Aktionen Einfluss zu nehmen? Während der Politikdidaktiker Joachim Detjen (2012, 235) sich klar dagegen ausspricht, dass die Schule und politische Bildner*innen hierfür auch im schulischen Kontext Freiräume schaffen sollten, plädieren unter anderem Benedikt Widmaier (2015), Frank Nonnenmacher (2010 & 2011) und Alexander Wohnig (2020b) für mehr Offenheit. Nonnenmacher empfiehlt, selbstbestimmtes politisches Handeln von Schüler*innen zu ermöglichen, knüpft dies aber an drei grundlegende Bedingungen, damit politische Aktionen auch politische Lernanlässe schaffen. Vor der politischen Aktion muss eine möglichst umfängliche Sachanalyse vorangestellt werden, die Teilnahme muss freiwillig sein und die Aktionen müssen mit größtmöglicher Öffentlichkeit realisiert werden, um ihre Bedeutung für den öffentlichen politischen Diskurs hervorzuheben und ein Klima der Diskursivität zu schaffen (Nonnenmacher 2010, 467). Maria Grüning ist überzeugt, dass es dafür die Kooperation schulischer und außerschulischer politischer Bildung brauche. Nur dann könne politische Partizipation als Bildungsziel tatsächlich in den Blick genommen werden (Grüning 2020, 186). Alexander Wohnig weist darauf hin, dass im Zuge der Begleitung politischer Aktionen auch eine Kooperation von Schule und außerschulischer politischer Bildung sinnvoll und wirkungsvoll sei (Wohnig 2018a, 2020a). Die Politikdidaktikerin Kerstin Pohl führt darüber hinaus an, dass „nur der spezifische pädagogische Rahmen von Bildungsmaßnahmen die Chance zur intensiven und qualifizierten Reflexion von Erfahrungen politischen Handelns eröffnet, die von der politischen Praxis selbst nicht unbedingt geboten wird" (Pohl 2019a).

Trotz der Uneinigkeit innerhalb des Feldes besteht ein Konsens darin, dass sich Bildungsgelegenheiten in simulierten Handlungssettings und realen Partizipationsmomenten unterscheiden. Hermann Giesecke, der durchaus für ein dialektisches Verhältnis von politischem Lernen und politischer Aktion plädierte, spitze dies in den 1970er-Jahren zu und sagte, dass „die Situation der politischen Aktion eine extrem schlechte Lernsituation" sei und „umgekehrt das didaktisch organisierte Lernfeld eine extrem schlechte politische Handlungssituation" (Giesecke 1971, 21). Darauf aufbauend stellte die Politikdidaktikerin Sibylle Reinhardt die Probleme gegenüber, die ihrer Meinung nach mit Bildungserfahrungen in didaktischen Lernsituationen und Erfahrungsräumen politischer Bildung in Aktionen und Bewegungen verbunden seien. Didaktische Lernsettings seien demnach weniger handlungsorientiert, hätten einen geringeren Lebens- und Subjektbezug, seien zu systematisch, zu sach-/ gegenstandsorientiert und zu langweilig. Politische Aktionen und Bewegungen würden hingegen die Perspektive auf die eigene Gruppe reduzieren, Sachkompetenz vernachlässigen, wenig Anreiz zur Mühe intellektuellen Arbeitens schaffen und seien zu kurzatmig (Reinhardt 2014, 278). Wenngleich diese Gegenüberstellung eingängig erscheint, so ist sie an dieser Stelle empirisch nicht belegt. Vor allem die These, dass im Kontext des selbstbestimmten politischen Engagements die Offenheit für vielfältige Perspektiven fehle und es wenig Anreiz für eine mühevolle intellektuelle Auseinandersetzung mit den Konflikten und Problemlagen des jeweils ausgewählten Themenfeldes gibt, gilt es zu prüfen und ist auch zentraler Gegenstand der vorliegenden Untersuchung. In jedem Fall kommen sowohl Hermann Giesecke als auch Sibylle Reinhardt zu dem Schluss, dass sich die Bildungserfahrungen und Lernanlässe aus dem realen politischen Handeln und dem Politikunterricht verbinden ließen und dies auch anzuraten sei. „Kein Lernort kann den anderen ersetzen, sondern Kooperation und Kompensation sind nötig." (Reinhardt 2014, 278).

Eine Demokratie braucht Menschen, die politisch handeln. Das ist auch im Feld der politischen Bildung unbestritten, genauso wie die Betonung der Aufgabe von politischer Bildung, Handlungskompetenz zu entwickeln. Doch wie dies gelingen soll, kann kaum unterschiedlicher interpretiert werden. Die Kontroverse über die Bedeutung realer politischer Handlungserfahrungen besteht nach wie vor. Zu dieser wichtigen Debatte soll die vorliegende Untersuchung einen Beitrag leisten. Denn die Argumentation stützt sich zumeist nach wie vor auf theoretische Überlegungen. Die wenigen empirischen Untersuchungen sind oftmals quantitativ angelegt, ihnen fehlt es damit an dem notwendigen explorativen Charakter. Qualitative Forschung in dem Feld hat bislang zumeist soziales Engagement fokussiert. Grundlage für die Rekonstruktion von (Selbst)Bildungserfahrungen sind daher für die vorliegende Untersuchung explizit die Erfahrungsberichte von Jugendlichen, die sich selbstbestimmt und selbstorganisiert **politisch** engagieren.

Politische Bildung in politischer Aktion kann dabei in verschiedenen Dimensionen identifiziert werden. Ingrid Miethe und Silke Roth schlagen für Bildung in sozialen Bewegungen vor, dass Bildung als Gegenstand sowie als kollektiver und individueller Prozess in den Blick genommen wird. Außerdem verweisen sie auf die Bewegung als lernende Organisation (Miethe/Roth 2016). Neben den Kategorien politischer Bildung wie analytisches Denken, Urteilsbildung, Kritik-, Konflikt und Handlungsfähigkeit dienen auch diese Kategorien der Strukturierung der Erfahrungsberichte in politischer Selbstorganisation der interviewten Jugendlichen.

Zunächst gilt es aber das Forschungsfeld und das Forschungsdesign der vorliegenden empirischen Untersuchung vorzustellen.

Forschungsdesign zur empirischen Untersuchung

3.1 Gütekriterien

Bevor die Ergebnisse der qualitativen Feldforschung vorgestellt werden, gilt es zunächst, das Forschungsfeld und das Forschungsdesign zu beschreiben, um damit die gebotene Transparenz im Forschungsprozess zu erreichen. Die besondere Herausforderung besteht darin, dass sich klassische Gütekriterien der quantitativen Sozialforschung, wie Reliabilität, Validität und Objektivität, nicht ohne Weiteres auf das Forschungssetting einer qualitativen Untersuchung übertragen lassen. Strategien zur Überprüfung der klassischen Gütekriterien, wie Paralleltestverfahren oder Split-half-Methoden, lassen sich aufgrund der geringen Materialstichprobe kaum anwenden (Mayring 2015, 124). In Bezug auf die Reliabilität soll dennoch in Anlehnung an Uwe Flick (2019) durch eine doppelte Explikation ein möglichst hohes Maß an Überprüfbarkeit hergestellt werden. Dafür wird einerseits das Zustandekommen der Daten unter Einbeziehung der Auswahlkriterien für das Sampling expliziert, andererseits soll sich die „Reliabilität durch die reflexive Dokumentation des Forschungsprozesses erhöhen" (Flick 2019, 492). Dies soll durch die Beschreibung und Begründung des methodischen Vorgehens (Abschnitt 3.3) und dabei explizit durch die Offenlegung des Interview- und des Kodierleitfadens (siehe Anhang 1) gelingen. Ein mögliches Verfahren zur Erhöhung der Reliabilität ist außerdem die Intercoder-Reliabilität. Gemeint ist damit das mehrfache Kodieren gleicher Textstellen durch unterschiedliche Forscher*innen. Es ist allerdings darauf hinzuweisen, dass dies für Einzelforscher*innen kaum realisierbar ist. Außerdem kann damit Reliabilität nur

Elektronisches Zusatzmaterial Die elektronische Version dieses Kapitels enthält Zusatzmaterial, das berechtigten Benutzern zur Verfügung steht https://doi.org/10.1007/978-3-658-35412-1_3.

bedingt hergestellt werden, weil dabei zwar das Kodierverfahren selbst in Ansätzen auf Reliabilität überprüft werden kann, für die Erstellung und Überprüfung eines deduktiv und induktiv entwickelten Kodierleitfadens ist dieses Verfahren aber kaum geeignet.

> An die Bildung eines Kategoriensystems lässt sich kein Anspruch auf Übereinstimmung stellen. Wenn mehrere Personen auf der Basis des gleichen Materials Kategorien bilden, ist keine perfekte Übereinstimmung zu postulieren und diese lässt sich auch durch das beste Training wohl nicht erreichen. (Kuckartz 2016, 206)

Außerdem verweist Philipp Mayring mit Bezug auf Jürgen Ritsert (1972) darauf, dass dieses Verfahren nur bei sehr einfachen Analysen im Kontext qualitativer Forschung überhaupt zur Anwendung kommen kann (Mayring 2015, 124). Um dennoch dem Anspruch der Reliabilität, zumindest im Rahmen der Möglichkeiten eines Einzelforschungsprojektes, in Ansätzen gerecht werden zu können, wurden Zwischenschritte des Kodierverfahrens anhand konkreter Beispiele aus dem zur Verfügung stehenden Material immer wieder in Forschungskolloquien zur Diskussion gestellt und die Rückmeldung der Peers berücksichtigt. Da die klassischen Gütekriterien quantitativer Forschung für die qualitative Forschung nur bedingt Anwendung finden können, soll damit dem Vorschlag Uwe Flicks für alternative Kriterien entsprochen werden. Mit dem Auditing (Flick 2019, 501 f.), dem Herstellen einer nachvollziehbaren prozeduralen Verlässlichkeit soll durch eine Offenheit unter anderem bezüglich des Samplings, der Kategorienstruktur und des methodischen Zugangs der Forschungsprozess möglichst transparent dargestellt werden. Außerdem wurde das Material in einem mehrstufigen Verfahren analysiert. Dabei konnte in Ansätzen das Prinzip der Intracoderreliabilität greifen: die erneute Analyse des Materials bzw. relevanter Ausschnitte in zwei zeitlich voneinander getrennten Arbeitsphasen (Mayring 2015, 124). Insgesamt soll damit das Vertrauen in die empirischen Ergebnisse der Untersuchung gestärkt und die daraus gezogenen Erkenntnisse damit fundiert begründet werden.

Qualitative Forschung muss sich durch Transparenz in Bezug auf die Phasen des Forschungsprozesses auszeichnen: Vorarbeiten (Theorie, Auswahl des Samplings usw.), Erhebungsphase (Interviewleitfaden, Art der Interviewführung, Transkriptionsregeln usw.) und Analyse des Materials (Methodischer Zugang, Kodierverfahren, computergestützte Auswertungstechniken usw.), Interpretation der Ergebnisse und daraus abgeleitete Implikationen. Der regelgeleitete, prozedurale Charakter der qualitativen Inhaltsanalyse erfordert daher einen besonderen Zugang zur internen und externen Studiengüte. Udo Kuckartz schlägt eine Reihe von Fragen vor, die zur Sicherung der Studiengüte dienen sollen. Diese Fragen beziehen sich auf die Datenerfassung (Dokumentation der Daten, Transkriptionsregeln usw.) sowie auf die Durchführung der qualitativen Inhaltsanalyse (gewählter methodischer Zugang, Kodierleitfaden, Umgang mit Originalzitaten usw.). Die mit diesen Fragen verbundene Überprüfbarkeit der Studiengüte „fokussier[t] den prozeduralen Aspekt des Forschungsprozesses und weniger statische Kriterien wie sie in der quantitativen Forschung bspw. in Form von Koeffizienten der Intercoder-Reliabilität berechnet werden" (Kuckartz 2016, 205). Entsprechend der Kriterien, die Udo Kuckartz für die Erfüllung der Studiengüte vorschlägt, wird im Folgenden – soweit unter Wahrung der Anonymisierung der Daten möglich – dargestellt, wie sich das Forschungssample zusammensetzt (Abschnitt 3.2). Außerdem werden in Abschnitt 3.3 „Methodisches Vorgehen" die Datenerhebung (3.3.1) und die Datenauswertung (3.3.2) beschrieben. Der Kodierleitfaden ist dem Anhang dieser Arbeit zu entnehmen.

3.2 Forschungssample

Die Auswahl des Forschungssamples wurde auf Grundlage eines Verfahrens entwickelt, das nach Reinders auf dem „Sampling durch Selbstaktivierung" (Reinders 2012, 119 f.) und dem „Profil-Sampling" (Reinders 2012, 121 f.) beruht. Vor der Feldforschung wurden, von der Forschungsfrage ausgehend, bereits grundlegende Kriterien für die Auswahl der Interviewpartner*innen festgelegt. Da im Zentrum der Untersuchung die (Bildungs)Erfahrungen von Jugendlichen stehen sollten, die selbstbestimmt und selbstorganisiert politisch partizipieren und sich für dieses Engagement in der Schule oder außerhalb der Schule Freiräume suchen bzw. schaffen, war das Sample schon von Beginn an eingeschränkt. Für diese Untersuchung sollten demnach keine Schüler*innen befragt werden, die ausschließlich Erfahrungen durch institutionalisierte Mitwirkungsformate wie die Schüler*innenvertretung gesammelt haben. Auch Kinder und Jugendliche, die ausschließlich Erfahrungen mit außerschulischem politischem Engagement in strukturierten Settings, die den Definitionen konventioneller Partizipationsformen entsprechen, sollten für diese Studie nicht berücksichtigt werden. Deshalb wurden keine Interviews mit Schüler*innen geführt, deren politisches Engagement hauptsächlich auf der Mitwirkung in partei- oder gewerkschaftsnahen Jugendverbänden beruht oder die sich in etablierten Nichtregierungsorganisationen engagieren. Im Fokus stehen die Erfahrungen junger Menschen in Selbstbestimmung und Selbstorganisation.

Ein weiteres vor Beginn der Feldforschung festgelegtes Kriterium war die Gebundenheit des politischen Engagements an grundlegende Werte und Prinzipien unserer demokratischen Gesellschaft. Ausgangspunkt des eigenen politischen Handelns muss demnach die Anerkennung bzw. Verteidigung von Grund- und Menschenrechten sein. Aus diesem Grund wurden rechtsextreme Jugendgruppen, wie beispielsweise die Identitäre Bewegung, schon im Vorfeld für das Forschungssample ausgeschlossen. Diese durchaus einschränkenden Kriterien für die Vorauswahl des Forschungssamples sind darauf zurückzuführen, dass zu den Zielen der vorliegenden Studie nicht nur die Rekonstruktion politischer (Selbst)Bildungserfahrung zählt, sondern die Forschungsergebnisse auch als Ausgangspunkt für sich daran anschließende Überlegungen zur Einbindung von politischen Aktionen/politischen Projekte in den Schulalltag dienen sollen. Im Sinne des Profil-Samplings lagen, ausgehend von dem ethnografischen Zugang zum Forschungsfeld über forschende Beobachtung bei Protestaktionen, Teilnahme an Demonstrationen und Plenumssitzungen der Jugendprotestgruppen, bereits „Profile der in Frage kommenden Stichprobe" (Reinders 2012, 121) vor.

Für den Zugang zum Forschungsfeld wurde vor den ersten Interviews zunächst über eine Internetrecherche sowie eine Stichwortsuche in sozialen Netzwerken, wie Facebook, Instagram und Twitter, nach potenziellen Jugendgruppen gesucht, die diesen grundlegenden Kriterien entsprechen. Hierbei ist zu erwähnen, dass der Untersuchungszeitraum zwischen 2016 und 2019 lag. In den ersten Monaten der Feldforschung konnten vor allem Jugendgruppen identifiziert werden, die sich mit Themen wie Migration, Flucht und Vertreibung sowie Integration befassten. Darüber hinaus beschäftigten sich Jugendproteste vor allem im Jahr 2017, anlässlich des G20-Gipfels in Hamburg, mit Fragen der Globalisierung und Herrschaftskritik. Außerdem ist auch das Thema Klima und Umweltschutz schon seit 2017 ein zentrales Anliegen selbstbestimmter Jugendgruppen. Dies ist unter anderem auf die UN-Klimakonferenz in Bonn zurückzuführen. Mit der Gründung der weltweiten Klimaprotestbewegung „Fridays for Future" im Jahr 2018 und dem großen Zulauf in Deutschland in den ersten Monaten des Jahres 2019 ist das Thema noch stärker in den Fokus gerückt.

Nach einer Desktoprecherche und der Teilnahme an einer Vielzahl von Demonstrationen und weiteren Protestaktionen wurde über verschiedene Wege (persönliche Ansprache, Anschreiben von Jugendgruppen über soziale Netzwerke und via Mail) die Kontaktaufnahme angebahnt. Dies stellte sich als überaus schwierig heraus, da das Misstrauen mir gegenüber zu Beginn sehr groß war. Auch die Autor*innen der ebenfalls qualitativ angelegten Studie „Politisches Engagement und Selbstverständnis linksaffiner Jugendlicher" (Hillebrand u. a. 2015), die in den Jahren 2012 und 2013 im Feld waren, berichten von einer

Bandbreite der Haltung zur Beforschung des politischen Engagements zwischen überwiegend offen, skeptisch bis ablehnend.

> Die Teilnahmebereitschaft der angefragten Personen war jedoch sehr unterschiedlich. Während bei gemäßigten Gruppen eine überwiegend offene Haltung gegenüber dem Forschungsprojekt vorherrschte, war die Bereitschaft für eine Interviewteilnahme in vielen anderen Gruppen, insbesondere in der linksradikalen Szene, deutlich geringer und bestand bisweilen auch in einer offenen Ablehnung. (Hillebrand u. a. 2015, 49)

Da für die vorliegende Studie keine Interviewpartner*innen in radikalisierten politischen Bewegungen gesucht wurden und keine der politischen Gruppen konspirativ organisiert war, ist es besonders bemerkenswert, dass die anfängliche Skepsis in den Gruppen so ausgeprägt war. Die Sorge vor Überwachung, vor allem durch den Staat, war allgegenwärtig. Obwohl die Gruppen öffentlich tagten und alle Plenumssitzungen, Arbeitstreffen und Protestaktionen allen zugänglich waren, war immer auch eine latente Verunsicherung gegenüber jeder unbekannten Person spürbar. So musste in einigen Plenumssitzungen das Mobiltelefon ausgeschaltet, in anderen Gruppen gar der Akku aus dem Gerät genommen werden. Teilweise musste ich bis zu einem Dutzend Plenumssitzungen und mehrere Demonstrationen besuchen, bis ich ausreichend Vertrauen aufbauen konnte, damit sich aus der Gruppe Interviewpartner*innen fanden, die mit mir sprechen wollten. In einem der Interviews, die für die vorliegende Studie geführt wurden, wird deutlich, auf welchen Erfahrungen diese Skepsis gegenüber staatlichen Institutionen, wie in diesem Fall der Universität, basieren:

> *[E]s gab auch noch krassere Sachen, die bis hin zu überwachungsstaatlichen Maß-nahmen eigentlich gegangen sind, dass man Leute auf der Straße offen angesprochen hat und nach Namen gefragt hat, sogar irgendwie Geld angeboten hat, von Mitarbeitern des Verfassungsschutzes, die sich sogar so vorgestellt haben. Unglaublich. Oder, dass man Leute einschüchtert, dass man Wohnungen durchsuchen wollte, was hier zum Glück noch nie geklappt hat. (FRANZISKA: 873–880)*

Die Aussagen lassen sich im Zuge dieser Untersuchung nicht verifizieren, aber tatsächlich berichteten mehrere Jugendliche in unterschiedlichen politischen Gruppen von vergleichbaren Situationen.

Für die empirische Untersuchung zu dieser Arbeit gelang es letztlich dennoch, 17 problemzentrierte leitfadengestützte Interviews (Witzel 1985) zu führen, die zwischen 50 und bis zu 110 Minuten lang waren. Von den 17 Interviews wurden 13 einer qualitativen Inhaltsanalyse unterzogen (ausführlich hierzu 3.3 „Methodisches Vorgehen"). Eine Gruppe hat nach mehrmonatiger Kontaktanbahnung, mehreren Vorgesprächen und der Teilnahme an verschiedenen Plenumssitzungen beschlossen, dass doch niemand aus der Gruppe ein Interview führen wird. Das nach eigenen Aussagen begründete Misstrauen in staatliche Organe vieler Jugendlicher, die für ihr politisches Engagement unkonventionelle und selbstorganisierte Partizipationsformen nutzen, hat den Zugang zum Forschungsfeld erheblich erschwert.

Die interviewten Kinder und Jugendlichen waren im Erhebungszeitraum zwischen 14 und 21 Jahre alt und besuchten zu dieser Zeit verschiedene Schultypen (Berufsschule, Gymnasium und Gesamtschule). Es wurden Personen mit und ohne Migrationsbiografie befragt, aus akademisch und nicht-akademisch geprägten Elternhäusern, die sich in der Schule oder außerhalb individuell und/oder kollektiv in selbstbestimmten Jugendgruppen explizit politisch engagierten. Es wurden Interviews in urbanen Ballungsräumen und Großstädten geführt, aber auch in Kleinstädten und ländlichen Regionen in allen geographischen Teilen Deutschlands.

Im Folgenden werden die Interviewpartner*innen in Kürze vorgestellt. Zum Zwecke der Anonymisierung der Teilnehmenden der Studie wird das Alter nur eingegrenzt und biographische Daten (Name, Wohnort etc.) verändert bzw. verallgemeinert, um eine Rückverfolgung auf die interviewten Personen ausschließen zu können.

EMMA ist zum Zeitpunkt des Interviews zwischen 16 und 18 Jahre alt. Sie ist Schülerin an einer Gesamtschule in einer mittelgroßen Stadt. EMMA hatte private Schicksalsschläge zu überstehen. Vor ihrem politischen Engagement fühlte sich EMMA sozial exkludiert. Ihre formale Bildungslaufbahn war von Frustrationserfahrungen geprägt. EMMA ist in Deutschland geboren. Sie engagiert sich in einer selbstorganisierten politischen Jugendbewegung und setzt sich u. a. für den Umweltschutz und gegen Rassismus ein.

ESRA ist zum Zeitpunkt des Interviews zwischen 14 und 16 Jahre alt. Sie ist Schülerin an einem Gymnasium in einer Großstadt. Ihr Elternhaus ist akademisch geprägt. ESRA hat Geschwister. Ihre Eltern leben getrennt. ESRA ist in Deutschland geboren, ihre Familie hat eine Migrationsbiografie und sie hat selbst bereits Rassismuserfahrungen machen müssen. Sie engagiert sich in einer selbstorganisierten politischen Arbeitsgemeinschaft und setzt sich u. a. gegen Rassismus und für Empowermentarbeit für von Rassismus Betroffene ein.

FRANZISKA ist zum Zeitpunkt des Interviews zwischen 18 und 21 Jahre alt. Sie ist Schülerin an einer Berufsschule und macht eine Ausbildung in einem sozialen Beruf. Sie ist seit mehreren Jahren in einer Jugendprotestbewegung aktiv. Ursprünglich ist sie über Bildungsproteste zu der Bewegung gekommen, engagiert sich jetzt aber hauptsächlich in den Themenfeldern Klima, Kapitalismus- und Globalisierungskritik sowie Antirassismus.

KATJA ist zum Zeitpunkt des Interviews zwischen 18 und 21 Jahre alt. Sie ist Oberstufenschülerin an einer Gesamtschule in einer mittelgroßen Stadt in Deutschland. Sie engagiert sich in einer Schüler*innengruppe, die Aktionstage gegen Rassismus organisiert. Sie ist aber auch außerschulisch in autonomen politischen Jugendgruppen aktiv.

LEA ist zum Zeitpunkt des Interviews zwischen 14 und 16 Jahre alt. Sie ist Schülerin an einem Gymnasium in einer Großstadt. Ihr Elternhaus ist akademisch geprägt. LEA hat Geschwister und ist in Deutschland geboren. Sie engagiert sich in einer selbstorganisierten politischen Arbeitsgemeinschaft und setzt sich hauptsächlich gegen Rassismus, aber auch gegen Bildungsungerechtigkeit ein. Sie wirkt auch an Schulstreiks mit.

RONJA ist zum Zeitpunkt des Interviews zwischen 16 und 18 Jahre alt. Sie ist Schülerin an einem Gymnasium im ländlichen Raum. Ihr Elternhaus ist akademisch geprägt. RONJA ist in Deutschland geboren. Sie engagiert sich in einer selbstorganisierten politischen Schüler*innen-Initiative und setzt sich hauptsächlich für den Umweltschutz und gegen Rassismus ein. Sie wirkt auch an Schulstreiks mit und ist darüber hinaus eingebunden in einer regionalen außerschulischen Jugendprotestgruppe.

SOPHIE ist zum Zeitpunkt des Interviews zwischen 18 und 21 Jahre alt. Sie ist Schülerin an einer Berufsschule und macht eine Ausbildung in einem handwerklichen Beruf. Sie hat sich lange nicht engagieren wollen, ist jetzt aber in einer politischen Jugendbewegung aktiv, die sich in erster Linie für die Rechte von Geflüchteten einsetzt und gegen Rassismus aktiv ist.

BEN ist zum Zeitpunkt des Interviews zwischen 16 und 18 Jahre alt. Er ist Schüler an einem Gymnasium in einer mittelgroßen Stadt. Er ist in einer Jugendprotestbewegung aktiv, die sich zu verschiedenen Themenfeldern wie Antirassismus, Antisexismus und Klimawandel engagiert.

HELGE ist zum Zeitpunkt des Interviews zwischen 14 und 16 Jahre alt. Er ist Schüler an einem Gymnasium in einer Großstadt. Er ist in der Schüler*innenvertretung. Er plante politische Aktionstage an seiner Schule und ist darüber hinaus vor allem aktiv in sozialen Netzwerken, um dort politische Diskurse anzuregen und zu begleiten.

JAN ist zum Zeitpunkt des Interviews zwischen 16 und 18 Jahre alt. Er ist Schüler an einem Gymnasium in einer Kleinstadt. Er engagiert sich gegen Rassismus, ist aber vor allem ein Einzelkämpfer, der von sich selbst sagt, dass er sich derzeit in der Phase der Radikalisierung befindet.

JOHANNES ist zum Zeitpunkt des Interviews zwischen 16 und 18 Jahre alt. Er ist Oberstufenschüler einer Gesamtschule und aktiv in einer politischen Arbeitsgemeinschaft an seiner Schule, die sich gegen Rassismus engagiert. Er hat einen Aktionstag organisiert, ist an seiner Schule darüber hinaus klimapolitisch aktiv und bringt sich außerhalb der Schule in jugendpolitischen Initiativen ein.

LAURENZ ist zum Zeitpunkt des Interviews zwischen 16 und 18 Jahre alt. Er ist Schüler an einem Gymnasium in einer mittelgroßen Stadt. Er ist aktiv in einer Jugendprotestbewegung, die sich zu verschiedenen Themenfeldern engagiert. Für ihn spielen Kapitalismus-, Globalisierungs- und Systemkritik eine wichtige Rolle.

MICHAEL ist zum Zeitpunkt des Interviews zwischen 14 und 16 Jahre alt. Er ist Schüler an einem Gymnasium im ländlichen Raum. Er ist in der Schüler*innenvertretung und hat eine Demonstration gegen Rassismus mit der Schulgemeinschaft maßgeblich mitorganisiert.

3.3   Methodisches Vorgehen

3.3.1   Datenerhebung

Für die vorliegende qualitative Untersuchung wurden in den Jahren 2017 bis 2019 insgesamt 17 leitfadengestützte problemzentrierte Interviews (Witzel 1985) mit Kindern und Jugendlichen geführt, die sich selbstbestimmt und selbstorganisiert politisch engagieren.

> Grundsätzlich zeichnet sich das problemzentrierte Interview durch zwei Kommunikationsstrategien aus. Gerade zu Beginn des Interviews werden vor allem erzählungsgenerierende Techniken eingesetzt, während im weiteren Verlauf verstärkt verständnisgenerierende Techniken genutzt werden. (Fischer u. a. 2016, 23)

Die Interviews wurden mit einem digitalen Aufnahmegeräten aufgezeichnet und vollständig transkribiert (Dresing/Pehl 2010). Sie hatten im Schnitt eine Länge von ca. 70 Minuten, wobei der überwiegende Teil der Interviews mehr als eine Stunde dauerte. Erstellt wurde ein inhaltlich-semantisches Transkript (Dresing/Pehl 2018, 18–23). Folgende Transkriptionsregeln wurden dabei angewandt:

1. Da die inhaltliche Ebene des Interviews im Fokus der Studie steht, wird wörtlich transkribiert und nicht lautsprachlich. Dialekte werden nach Möglichkeit geglättet, also möglichst ins Hochdeutsch übertragen.

2. Sprache und Interpunktion werden ebenfalls geglättet, d. h. an das Schriftdeutsch angenähert. Die Satzform, bestimmte und unbestimmte Artikel etc. werden auch dann beibehalten, wenn sie Fehler enthalten. Das Hauptaugenmerk liegt darauf, den Inhalt / Gedanken des Sprechers / der Sprecherin möglichst nah am gesprochenen Wort zu transkribieren.
3. Pausen ab drei Sekunden werden durch in Klammern gesetzte Auslassungspunkte markiert. Die Länge der Pause wird durch eine Zahl entsprechend der Sekunden festgehalten. Eine Sprechpause von fünf Sekunden wird demnach wie folgt dokumentiert: (...5...)
4. Besonders hervorgehobene Begriffe werden durch Unterstreichung gekennzeichnet.
5. Sehr lautes Sprechen wird durch Schreiben in GROSSBUCHSTABEN kenntlich gemacht.
6. Zustimmende bzw. bestätigende Lautäußerungen des Interviewers (mhm, aha etc.) werden nicht mit transkribiert, sofern sie den Redefluss der befragten Person nicht unterbrechen.
7. Einwürfe einer Person werden, sofern der Satz der jeweils anderen Person unterbrochen wird, durch drei Punkte vor und nach der Einlassung gekennzeichnet. Ein Beispiel:
I: Ich würde gerne von dir wissen, welche Erfahrungen du mit Rassismus und Ausgrenzung ...
SI1: ... ständig, in der Bahn...
I: ... in der Schule. Wollte ich eigentlich fragen. Aber berichte doch bitte gern erst mal von deinen Alltagserfahrungen mit Rassismus.
8. Jeder Sprechbeitrag wird als eigener Absatz transkribiert. Wechsel zwischen der interviewten und der interviewenden Person werden durch eine Leerzeile verdeutlicht.
9. Störungen werden unter Angabe der Ursache in eckigen Klammern notiert, z. B. [Handy klingelt].
10. Indirektes Sprechen wird mit folgenden Zeichen markiert >> Beispieltext <<. Ein Beispiel:
P2: Uns wird immer wieder etwas von Mitschülerinnen und Mitschülern unterstellt. Sie sagen zum Beispiel immer wieder >> Ihr macht da nur mit, um euch einzuschleimen <<.
11. Nonverbale Aktivitäten und Äußerungen der befragten wie auch der interviewenden Person werden in einfachen Klammern notiert, z. B. (lacht), (seufzt) und Ähnliches.
12. Unverständliche Wörter werden durch (unv.) kenntlich gemacht.

13. Alle Angaben, die einen Rückschluss auf eine befragte Person erlauben, werden anonymisiert.

Das vollständige Materialkorpus bestand insgesamt aus über 1.000 Minuten digitalen Audiomitschnitten, einem Transkript von mehr als einer Million Zeichen und damit knapp 400 Seiten Datenmaterial. Ausgewertet wurden mit 13 Interviews ca. 80 % des Datenmaterials. Zwei Interviews wurden nachträglich zurückgezogen. Das Material wurde demzufolge vernichtet. Zwei Interviews wurden mit Jugendlichen geführt, die in einer Protestbewegung aktiv waren, aus der bereits ein Proband interviewt wurde. Aufgrund der gehäuft ähnlichen/vergleichbaren Aussagen wurde die Einbeziehung der Interviews für nicht notwendig bzw. nicht zielführend erachtet.

Im Folgenden werden wesentliche Merkmale des Interviewleitfadens vorgestellt. Dabei wird auch auf die Kriterien eingegangen, die grundlegend für die Entwicklung des Leitfadens waren. Ausgangspunkt der Überlegungen sind die Prinzipien der qualitativen Sozialforschung: Offenheit, Prozesshaftigkeit und Kommunikativität (Reinders 2012, 128). Das Forschungsprinzip orientiert sich an der rekonstruktiven Sozialforschung (Bohnsack 2014). Die gewählten Fragen sind daher grundsätzlich offene Fragen, die es den interviewten Personen ermöglichen, frei und unvoreingenommen mit eigenen Worten zu antworten (Bohnsack 2014, 22). Um die Offenheit der Fragen zu gewährleisten und zugleich die notwendige Struktur für den Leitfaden zu entwickeln, empfiehlt Helfferich (2011, 182) ein Vorgehen, das mit „SPSS bei der Leitfadenerstellung" abgekürzt wird. „Es dient gleichzeitig der Vergegenwärtigung und dem Explizieren des eigenen theoretischen Vorwissens und der impliziten Erwartungen an die von den Interviewten zu produzierenden Erzählungen." (Helfferich 2011, 182) SPSS steht für vier Schritte bei der Entwicklung des Leitfadens.

Im ersten Schritt „Sammeln" werden alle potenziell relevanten Fragen, die sich vor allem deduktiv aus den Überlegungen zur Recherche des Forschungsstandes ergeben, zusammengestellt. Für die vorliegende Arbeit bezog sich dies zunächst auf Fragen zu den Vorstellungswelten der Befragten in Bezug auf die Konzepte „Politik" und „Demokratie". Ausgehend von den Erfahrungsberichten und den Informationen über die individuellen Motive in Bezug auf die eigene politische Teilhabe wurden darüber hinaus Fragen formuliert, die die jeweiligen Handlungserfahrungen mit den Kategorien des politischen Lernens zusammenführen. Die Fragensammlung erstreckte sich daher vor allem auf die Ebene des sozialwissenschaftlichen Analysierens und Denkens, der politischen Orientierung, der Perspektivenwahrnehmung, der politischen Urteilsbildung und der Handlungskompetenz.

Im zweiten Schritt „Prüfen" gilt es, die Sammlung an Fragen auf einen Kern an zentralen Fragen zu reduzieren und zugleich sicherzustellen, dass dabei die wesentlichen Impulse für das Interview bestehen bleiben.

Im abschließenden dritten Schritt werden die Fragen systematisch sortiert (Helfferich 2011, 182–185). Für die Sortierung des Fragebogens empfiehlt Reinders (2012, 133–138) den Ablauf in drei Phasen zu unterteilen: Warm-Up, Hauptphase und Ausklang. Für die Warm-Up-Phase ist für die vorliegende Studie, anders als in der Literatur zumeist empfohlen, kein möglichst niedrigschwelliger Zugang gewählt worden. Die erste Frage ist eher als Ad-Hoc-Einstieg gedacht. Ziel war es, ohne die Eindrücke der nachfolgenden Frage zu den individuellen Partizipationserfahrungen, die Vorstellungen der Befragten zu Politik und Demokratie zu eruieren, weil davon ausgegangen werden konnte, dass eine Frage nach ihrem Verständnis dieser Begriffe bei politisch interessierten Jugendlichen einen erzählauffordernden Impuls darstellt. Daher war der erste Impuls die Bitte zu beschreiben, was die befragte Person mit dem Begriff „Politik" verbindet. Aufgrund der Besonderheit des Samples war davon auszugehen, dass alle Befragten hierzu klare Vorstellungen formulieren können. Dies bestätigte sich auch in einem Pre-Test des Leitfadens. In der Hauptphase wurden die Fragen dann in den Themenblöcken politische Analyse und Orientierung, politisches Urteil und Kritik sowie die Beschreibung der eigenen Handlungserfahrungen strukturiert.

Im letzten Schritt, dem „Subsumieren", wurde für jedes Themenfeld eine möglichst einfache Erzählaufforderung formuliert, die möglichst offen die Befragten dazu anregen sollte, von gegenwärtigen und zurückliegenden politischen Partizipationserfahrungen zu berichten und diese zu reflektieren (Helfferich 2011, 185). Folgende Erzählaufforderungen wurden im Leitfaden formuliert (angelehnt an: Reinders 2012, 138):

- Ad-Hoc-Einstieg: Was verbindest du mit dem Begriff „Politik"?
- Erster Impuls für den narrativen Teil: Berichte mir doch bitte zunächst von deinem politischen Engagement.
- Analyse und Orientierung: Erzähl mir doch bitte davon, wie ihr euch in der Gruppe Informationen über die Themen beschafft, die euch interessieren.
- Urteil und Kritik: Wie findet ihr in eurer Gruppe eine gemeinsame Position bei konfliktreichen Themen?
- Handlungserfahrung: Erzähl mir bitte etwas über die unterschiedlichen politischen Aktionsformen, die du in deiner aktiven Zeit kennengelernt hast.

Der Leitfaden beinhaltet neben den erzählauffordernden und textgenerierenden Fragen auch aufrechterhaltende Fragen (Dresing/Pehl 2018, 10). Darüber hinaus wurde darauf geachtet, dass die Fragen und geplanten Themenfelder „nicht zu abrupten Sprüngen und Themenwechseln" (Helfferich 2011, 180) führten. Am Ende des Interviews wurden die Jugendlichen selbst als Expert*innen wahrgenommen und danach befragt, was sie sich von der Institution Schule wünschen würden. Außerdem wurde den Interviewten abschließend die Möglichkeit gegeben, „eigene Relevanzen zu setzen und den Interviewverlauf zu kommentieren" (Helfferich 2011, 181).

Grundsätzlich galt für die Interviews die Maßgabe, den Befragten zu ermöglichen das zentrale Thema des Interviews in ihrer „eigenen Sprache, in ihrem Symbolsystem und innerhalb ihres Relevanzrahmens entfalten zu lassen" (Bohnsack 2014, 22), um zu verhindern, dass einzelnen Äußerungen Bedeutungen beigemessen werden, die ihnen nicht zukommen. Dieser Grundsatz ist auch für die Datenauswertung von Bedeutung. Einzelaussagen gilt es demnach, immer auch im Gesamtkontext des Gesagten einzuordnen.

3.3.2 Datenauswertung

Die Aufbereitung und Auswertung des im Zuge der Feldforschung erhobenen Datenmaterials richtete sich nach den Prinzipien der qualitativen Sozialforschung (Flick 2019). Wenngleich sich der methodische Zugang vor allem an den Überlegungen zur rekonstruktiven Sozialforschung (Bohnsack 2014) orientiert, wird bezüglich der Instrumentarien zur Strukturierung, der Analyse und Interpretation des Datenmaterials weder auf die dokumentarische Methode, noch auf die objektive Hermeneutik zurückgegriffen, sondern auf das Verfahren der qualitativen Inhaltsanalyse.

Die qualitative Inhaltsanalyse zeichnet sich dadurch aus, dass das Verfahren kategorienbasiert, komprimierend und resümierend, „mit der Intention der Zusammenfassung – und auch Reduktion von Komplexität – angewandt" (Kuckartz 2016, 52) wird. Es handelt sich demnach um ein systematisches, regelgeleitetes Verfahren (Kuckartz 2016, 53). Das systematische Vorgehen zeigt sich darin, dass die Analyse „nach expliziten Regeln abläuft" (Mayring 2015, 12) und damit einen möglichst hohen Grad an intersubjektiver Überprüfbarkeit ermöglicht.

Für die vorliegende Studie wurde sich an den von Udo Kuckartz vorgeschlagenen Schritten für die inhaltlich strukturierende Inhaltsanalyse (Kuckartz 2016, 100–111) und der strukturierenden Inhaltsanalyse nach Philipp Mayring (2015, 97–114) orientiert.

Ziel inhaltlicher Strukturierung ist es, bestimmte Themen, Inhalte, Aspekte aus dem Material herauszufiltern und zusammenzufassen. Welche Inhalte aus dem Material extrahiert werden sollen, wird durch theoriegeleitet entwickelte Kategorien und (sofern notwendig) Unterkategorien bezeichnet. (Mayring 2015, 103)

Dabei wird im Anschluss an die initiierende Textarbeit, dem theoriegeleiteten Definieren von Hauptkategorien (deduktiv) sowie der darauf aufbauenden Formulierung des deduktiven Kodierleitfadens entlang dieser Hauptkategorien das Material kodiert. „In der nächsten Phase werden die induktiven Kategorien am Material weiterentwickelt und ausdifferenziert. Das gesamte Datenmaterial wird anschließend in einem zweiten Materialdurchlauf erneut codiert, im Folgenden kategorienbasiert ausgewertet und für den zu schreibenden Forschungsbericht aufbereitet." (Kuckartz 2016, 97)

Das Vorgehen wurde auf Grundlage der methodischen Konzeptionen von Kuckartz (2016, 100–111) und Mayring (2015, 97–114) wie folgt adaptiert:

Vorgelagerte Phasen

Phase 1: Theoretische Begründung der Fragestellung

Phase 2: Fachliche Klärung bzw. Analyse des Forschungsstandes

Phase 3: Erste Strukturierung der thematischen Felder

Phase 4: Feldforschung: Erhebung des Materials

Phase 5: Transkription

Phase der Strukturierung des Materials

Phase 6: Initiierende Textarbeit, Markieren & Kommentieren wichtiger Textstellen

Phase 7: Definieren von thematischen Kategorien (theoriegeleitet)

Phase 8: Formulierung eines Kodierleitfadens für den ersten Materialdurchlauf

Phase 9: Erster Kodierprozess: Kodieren des gesamten Materials mit den deduktiv entwickelten Hauptkategorien – parallel: induktives Bestimmen zusätzlicher Kategorien

Phase 10: Nach erstem Materialdurchlauf: Überarbeitung / Revision des Kodierleitfadens

Phase 11: Zweiter Kodierprozess: Erneutes Kodieren des kompletten Materials mit dem deduktiv und induktiv entwickelten Kodierleitfaden

Phase der Analyse, Auswertung und Zusammenfassung

Phase 12: Kategorienbasierte Auswertung und Zusammenfassung der Subkategorien sowie Gewichtung und Auswahl „repräsentativer" Textstellen

Phase 13: Zusammenhänge der Subkategorien innerhalb einer Hauptkategorie herausarbeiten

Phase 14: Abschließende Zusammenfassung und Darstellung der Analyseergebnisse unter Einbeziehung „repräsentativer" Textstellen

Die Strukturierung des Materials wurde weitestgehend mit dem von Udo Kuckartz entwickelten Software-Programm MAXQDA vorgenommen. Die Aussagen der interviewten Personen wurden in einem mehrstufigen Prozess (deduktive und induktive Kategorienbildung) kodiert, kommentiert und in ihrer Bedeutung für die Arbeit gewichtet. Dafür wurde das Material in Kodiereinheiten gegliedert, die einen Umfang von einer Wortgruppe bis zu mehreren Absätzen umfassen können. Sofern die (Nach)Fragen für das Verständnis der Sinneinheit notwendig war, wurden diese ebenfalls kodiert. „Beim Zuordnen der Kategorien gilt es, ein gutes Maß zu finden, wie viel Text um die relevante Information herum mitcodiert wird. Wichtigstes Kriterium ist, dass die Textstelle ohne den sie umgebenden Text für sich allein ausreichend verständlich ist." (Kuckartz 2016, 104)

Die Hauptkategorien entsprechen einer thematischen Sortierung, die sich theoriegeleitet an den Diskursen zum politischen Lernen aus der politischen Bildung ableiten (siehe Abschnitt 2.2 Politische Bildung – Zugänge, Kompetenzen und Erfahrungsräume): „Analysefähigkeit und politische Orientierung", „Urteil und Kritik", „Partizipation und Konfliktfähigkeit (Individuelle und kollektive Handlungsfähigkeit)" sowie „Politisches Selbstkonzept (Agency)". Darüber hinaus bilden „Motivation für politische Aktion" und „Politik- / Demokratieverständnis" weitere Hauptkategorien, die sich aus dem gesprächsanleitenden Einstieg in die Interviews ergeben. Für die genauere Strukturierung wurden wenige zusätzliche Unterkategorien deduktiv und theoriegeleitet festgelegt. Außerdem ergaben sich weitere induktiv bestimmte Haupt- und Unterkategorien. Die **deduktiv bestimmten Kategorien** werden im Folgenden **fett** dargestellt, die *induktiv bestimmten Kategorien kursiv*:

HK1 Motivation für politische Partizipation
HK1 UK1 Bedürfnis, aktiv zu werden
HK1 UK2 Gruppendynamik / Gruppenprozesse (sozialer Faktor)
HK1 UK3 Unzufriedenheit mit Verhältnissen
HK1 UK4 Sozialisation
HK2 Politik- / Demokratieverständnis
*HK2 UK1 Politik(er*innen)verdrossenheit*
HK2 UK2 Beschreibung des Status Quo
HK2 UK2.1 Komplexität / Prozesshaftigkeit

HK2 UK2.2 Allgemeines Verständnis (Werte, Prinzipien)
HK2 UK2.3 Demokratie als Lebensform
HK2 UK2.4 Demokratie als Gesellschaftsform
HK2 UK2.5 Demokratie als Herrschaftsform
HK2 UK3 Utopie / Idealvorstellung
HK2 UK3.1 Grundsätze
HK2 UK3.2 Strukturelle Überlegungen
HK3 Analysefähigkeit und politische Orientierung
HK3 UK1 Offenheit im politischen Diskurs
HK3 UK2 Quellenanalyse
HK3 UK3 Konflikt- und Gesellschaftsanalyse
HK3 UK4 Reflexion der eigenen Konfliktfähigkeit
HK4 Urteil und Kritik
HK4 UK1 Urteilsbildung durch Partizipation
HK4 UK2 Wert der Meinungsbildung
HK4 UK3 Kritik / Gesellschaftskritik
HK4 UK4 Reflexion der eigenen Urteilsfähigkeit
HK5 Individuelle und kollektive Handlungsfähigkeit
HK5 UK1 Öffentlichkeit herstellen
HK5 UK2 Soziales Engagement
HK5 UK3 Politische Partizipation
HK5 UK3.1 legal (innerhalb / außerhalb der Schule)
HK5 UK3.2 illegal / ziviler Ungehorsam
HK5 UK4 Konfliktfähigkeit
HK5 UK5 Reflexion des eigenen Handelns
HK6 Agency / Politisches Selbstkonzept
HK6 UK1 Frustration und Anerkennung
HK6 UK2 Wir-Ihr-Konstruktionen
HK6 UK3 Politisierung und Persönlichkeit

Das Material wurde mithilfe der qualitativen Inhaltsanalyse anhand dieses deduktiv-induktiven Kategorienleitfadens in dem oben beschriebenen mehrstufigen Analyseverfahren strukturiert. Der methodische Zugang wurde gewählt, um anhand der Strukturierung der Aussagen verschiedene Ansätze politischer (Selbst)Bildung auch unter Berücksichtigung fachwissenschaftlicher und fachdidaktischer Expertise rekonstruieren zu können.

Im empirischen Teil dieser Arbeit werden die Erkenntnisse des Analyseprozesses zusammengefasst. Dabei werden in Anlehnung an Kuckartz nicht nur „Techniken selektiver Plausibilisierung angewendet [,sondern es wird] auch auf

Gegenbeispiele und Widersprüche hingewiesen" (Kuckartz 2016, 205). Dafür werden repräsentative bzw. herausragende Aussagen der Interviewten wörtlich zur Illustration angeführt. Andere beispielhafte Erfahrungsberichte werde paraphrasiert. Vergleichbare Erfahrungsberichte werden zusammengefasst oder exemplarisch vorgestellt. Hervorgehoben werden abweichende Fälle und Ausnahmefälle.

Im folgenden Kapitel 4 „Politische Aktion als Bildungserfahrung. Empirische Analyse" werden die Ergebnisse der empirischen Analyse zusammengefasst. Einführend werden in Abschnitt 4.1 anhand zweier Fallbeispiele die vielfältigen Demokratie- und Politikvorstellungen der interviewten Jugendlichen vorgestellt. Dieses Kapitel verfolgt nicht den Anspruch, im Sinne einer politikdidaktischen Rekonstruktion (Heidemeyer/Lange 2010; Kattmann 2007; Vajen u. a. 2021) alle Facetten der subjektiven Vorstellungen und Sinnbilder der Jugendlichen herauszuarbeiten. Vielmehr soll damit ein Einblick in die komplexen Deutungsmuster der politisch aktiven Jugendlichen ermöglicht werden. Daran anschließend werden in Abschnitt 4.2 die motivationalen Faktoren für die Bereitschaft zur politischen Aktion herausgearbeitet. An diese beiden einführenden Kapitel, die hauptsächlich auf induktiv gewonnenen Auswertungskategorien basieren, schließt das Abschnitt 4.3 „Rekonstruktion politischer (Selbst)Bildungserfahrungen" an. Hier werden die Erfahrungsberichte der Jugendlichen unter anderem auf Grundlage der in Abschnitt 2.2 zusammengefassten Zugänge, Kompetenzen und Erfahrungsräume politischer Bildung rekonstruiert. Bewusst stehen dabei die exemplarischen Aussagen der Interviewten für sich und werden nur durch strukturierende Kommentierungen gerahmt. Eine wissenschaftliche Diskussion und Einordnung der Ergebnisse erfolgt bewusst erst am Ende des Kapitels, um nicht Gefahr zu laufen, die Rekonstruktion der (Selbst)Bildungserfahrungen zu relativieren oder defizitorientiert zu dekonstruieren.

Politische Aktion als Bildungserfahrung. Analyse

4

4.1 Politisches Bewusstsein – zwei Fallbeispiele

Für die im Folgenden zusammengefasste exemplarische Darstellung der vielfältigen Vorstellungen und Sinnbildungen der politisch aktiven Schüler*innen
werden ihre Deutungsmuster zu den Begriffen Politik und Demokratie skizzen-
haft dargestellt. Das Kapitel verfolgt nicht den Anspruch einer vollumfänglichen
Analyse der Vorstellungen oder gar einer politikdidaktischen Rekonstruktion,
die sich durch die Schritte (1) Erfassung der Vorstellungen, (2) Zielklärung,
(3) Fachliche Klärung und (4) Didaktische Strukturierung auszeichnet.[1] Ziel ist
es eher, die Denkmuster exemplarisch zu skizzieren, um einen Eindruck von
den vielfältigen Deutungen der Begriffe „Politik" und „Demokratie" zu vermitteln. Im Mittelpunkt der vorliegenden Studie und damit auch des Leitfadens
für die Interviews standen die (Selbst)Bildungserfahrungen der Schüler*innen
in der politischen Aktion. Im Kontext der problemzentrierten Interviews wurde
aber auch immer nach den Vorstellungen der Schüler*innen zu den Konzepten
„Demokratie" und „Politik" gefragt. Dies bildete in der Regel den erzähllauf-
fordernden Einstieg in die Interviews. Auch diese Aussagen der Schüler*innen
wurden in einem deduktiv-induktiven Verfahren kodiert und nach den Kriterien
der qualitativen Inhaltsanalyse ausgewertet. In einem wechselseitigen Abgleich

---

[1] Die in diesem Unterkapitel zusammengefassten Erkenntnisse zu den Vorstellungen, sind hier
nur als Einblick in diese Untersuchung aufgenommen. Ausführlich wird die Perspektive der
Vorstellungsforschung in Bezug auf reale Partizipationserfahrungen in einem von mir verant-
worteten Teil des Fachaufsatzes „Politikdidaktische Rekonstruktion und Bürgerbewusstsein.
Eine exemplarische Aufarbeitung demokratiebezogener Vorstellungen." (Vajen u. a. 2021)
beschrieben. Dort wird auch eine politikdidaktische Rekonstruktion der demokratiebezogenen
Vorstellung vorgenommen.

© Der/die Autor(en) 2021   119
S. Kenner, *Politische Bildung in Aktion*, Bürgerbewusstsein,
https://doi.org/10.1007/978-3-658-35412-1_4

der subjektiven Vorstellungen der interviewten Personen und des fachwissenschaftlichen Diskurses wurde ein übertragbares Kategoriensystem entwickelt. Im
Folgenden wird dabei hauptsächlich auf die Demokratie-Trias (Demokratie als
Lebens-, Gesellschafts- und Herrschaftsform) von Gerhard Himmelmann (2007)
rekurriert. Als Fallbeispiele wurden LEA und JOHANNES ausgewählt. Beide
eint, dass sie an ihren jeweiligen Schulen Freiräume für das politische Engagement geschaffen haben und in selbstverwalteten Arbeitsgemeinschaften aktiv
sind. Dennoch weisen beide sehr unterschiedliche Vorstellungen von dem Konzept
„Demokratie" auf.

Für LEA bietet die Demokratie für alle Menschen die Möglichkeit, sich an
Entscheidungsprozessen zu beteiligen, die sie selbst letztendlich auch betreffen.
Diese Art der demokratischen Entscheidung ist dabei nicht allein auf das politische System zu beziehen, sondern findet sich auch in zwischenmenschlichen
Aushandlungsprozessen in ihrem eigenen Umfeld wieder, sowohl in ihrem Freundeskreis als auch in ihrer Schule. Sie betont hierbei allerdings, dass diese Vorzüge
der Demokratie nicht selbstverständlich seien. Nur wenn sich alle dessen bewusst
seien und aktiv mitwirkten an demokratischen Prozessen, könne sie vor Angriffen
geschützt werden. Demokratie ist für LEA etwas, das

*Wir irgendwie als selbstverständlich ansehen, aber es eigentlich gar nicht selbstver-
ständlich ist, und dass eigentlich man viel mehr sich bewusstmachen sollte, was für
ein Glück Demokratie ist, weil jeder selbst mitmachen kann und sich jeder irgendwie
engagieren kann und jeder selbst mitmachen kann und das ist ja eigentlich irgendwie
etwas Tolles und Schönes. (LEA: 198–202)*

Das Konzept der Partizipationsmöglichkeit in Form von Wahlen und Abstim-
mungen ist dabei zentral für LEA und ihre positive Besetzung des Begriffes der
Demokratie. Die Schülerin bezieht sich hier allerdings nicht ausschließlich auf
das politische System, sondern es handelt sich in ihrer Vorstellung auch um ein
Wertekonstrukt, welches das alltägliche Handeln der Individuen positiv prägen
kann. Beispielhaft führt sie hier unter anderem die im Freundeskreis zu treffende
Entscheidung an, was man in der Freizeit machen möchte:

*Wenn man in der Freizeit mit seinen Freunden ist und überlegt, wollen wir was essen,
dann haben alle Hunger und dann steht irgendwie keine Ahnung Pizza und Currywurst
zur Auswahl und dann kann man ja auch abstimmen, das ist ja auch Demokratie. (LEA:
179–182)*

Diese Vorstellungen sind dabei eng verknüpft mit ihrem Konzept von Politik
und Demokratie, die einerseits auf einer systemischen Ebene und andererseits

im sozialen Nahraum stattfinden. Politik und Demokratie sind für LEA sowohl gekennzeichnet durch einen großen Rahmen des Politischen, also durch das, *„was unsere Regierung an Politik durchführt"* (LEA: 12), aber zugleich auch von demokratischen Akten, wie der Wahl der Klassensprecher*innen oder die Verhandlungen mit der eigenen Familie über das Taschengeld, die im lebensweltlichen Nahraum anzusiedeln sind. Auch hier zeigt sich wieder eine Differenzierung zwischen einer etwas abstrakten systemischen Ebene und einer lebensweltlichen und alltäglichen Ebene. LEA versteht Demokratie als Teil des lebensweltlichen Alltags, als zivilgesellschaftliche Verpflichtung und als Herrschaftsform (Himmelmann 2013).

In Bezug auf das Demokratische als unhintergehbarer Kern (Haarmann u. a. 2020) bezeichnet LEA Demokratie als Glücksfall und Errungenschaft, die es gegen Angriffe zu verteidigen gilt. Sie betont hierbei vor allem den Wert der Beteiligungsrechte aller Menschen. Sie formuliert damit ein Grundvertrauen in die Demokratie, welches durch eine Auseinandersetzung mit den verfassungsrechtlich verankerten Teilhaberechten der Bürger*innen gefestigt werden kann. LEA sieht die Demokratie vor allem durch Angriffe jener gefährdet, die die Pfeiler der Demokratie, wie beispielsweise die Wahrung von Grund- und Menschenrechten, infrage stellen. Unberücksichtigt bleibt bei ihren Vorstellungen die Tatsache, dass auch innerhalb des bestehenden politischen Systems ungleiche Macht- und Herrschaftsverhältnisse manifestiert werden und auch ohne offene Angriffe auf die Prinzipien der freiheitlichen Demokratie die damit verbundenen Werte gefährdet sein können. Das von ihr stark betonte partizipatorische Element spielt auch eine wichtige Rolle bei ihren Vorstellungen hinsichtlich der Gefahren für die Demokratie. Sie sieht vor allem die Gefahr in einer zu geringen Beteiligung der von ihr als gemäßigt angesehenen Mehrheit der Bürger*innen, was eine überproportionale Repräsentation rechtspopulistischer Meinung zur Folge habe. Die Schülerin verweist darauf, dass es die Demokratie als Herrschaftsform ermögliche, dass radikale Positionen einer Minderheit großen politischen und gesellschaftlichen Raum einnehmen könnten, vor allem dann, wenn sich die schweigende Mehrheit aus dem politischen Raum zurückziehe:

Hinterher wählen nur die, die halt wirklich irgendwie diese rechtspopulistische Meinung vertreten, weil gerade die sich unzufrieden fühlen und gerade die irgendwie was machen wollen. Und am Ende wird irgendein Rechtspopulist Präsident und das ist halt eine Gefahr von Demokratie, wenn einfach nicht alle mitmachen. (LEA: 237–241)

Diese wahrgenommenen Gefahren rekurrieren primär auf die systemische Ebene der Demokratie und verdeutlichen die normative Dimension politischer Vorstellungen. Grundsätzlich wird dieser Aspekt von der Schülerin aber eher als eine aktuelle Entwicklung angesehen, die nicht die grundlegenden positiven Eigenschaften der Demokratie beeinflusst, sondern eher als Notwendigkeit für eine kontinuierliche Beteiligung der Mehrheitsgesellschaft angesehen wird.

Gefahren für die oder vielmehr durch die Demokratie werden auch von JOHANNES beschrieben. Allerdings nehmen diese hier eine deutlich zentralere Rolle ein und sind mit anderen Konzepten verknüpft als bei LEA. Das von ihm zentral mit der Vorstellung von Demokratie verbundene Konzept ist dabei Macht. Der Schüler betont, dass Demokratie die Kumulation von Macht in den Händen weniger ermögliche, wenngleich dieser Prozess dennoch vom Volk legitimiert würde. Dies macht er daran fest, dass sich

ein Individuum über die anderen stellt, egal in welchem System. So führt ein Kanzler zum Beispiel mehr Macht aus als jemand, der sich in keiner Partei engagiert. Das ist vom System so vorgesehen und das ist eben an sich nicht richtig. (JOHANNES: 47–50)

Dies führe dann unweigerlich zur Einschränkung der Freiheit vieler Individuen. Demokratie erwecke den Anschein eines freiheitlichen Systems, verhindere aber die reale Freiheit des Einzelnen. Das grundlegende Problem der ungleichen Verteilung von Macht schreibt JOHANNES nicht nur aber auch der Demokratie zu. In seinen Augen führt das zu folgendem Effekt:

Die, [die] keinerlei Macht ausüben, die werden eben in ihrer persönlichen Freiheit und auch in ihrer persönlichen Entfaltung dadurch unterdrückt, egal wie. So lange immer irgendwer Macht ausübt, wird das immer so sein. (JOHANNES: 52–55)

Das Phänomen ungleich verteilter Macht durchziehe aber nicht nur das politische System Demokratie, sondern präge auch die demokratische Gesellschaft und dabei vor allem das Wirtschaftssystem. In den Vorstellungen des Schülers ist das Wirtschaftssystem unmittelbar mit dem politischen System verknüpft. Die durch das kapitalistische Wirtschaftssystem hervorgebrachten Ungleichheiten würden sich dadurch manifestieren, dass die wirtschaftlichen Freiheiten der individuellen Freiheit übergeordnet würden.

Man braucht Mittel, um die individuelle Freiheit durchzusetzen, eben Zahlungsmittel. Deshalb wird die menschliche Kreativität in diesem wirtschaftlichen Sektor gelenkt und entwickelt sich darauf, wie sie am besten Leute ausbeuten kann und den eigenen Profit am meisten steigern kann. (JOHANNES: 185–188)

Demokratie ist für den Schüler dadurch gekennzeichnet, dass sie auch im Wirt-
schaftssystem ungleiche Machtverteilung ermögliche, indem sie wenigen großen
Unternehmen eine marktbestimmende Position erlaube. JOHANNES kommt
daher zu dem Schluss, dass aufgrund der grundsätzlich ungeeigneten Struktur
der Demokratie, ethische Grundbedürfnisse wie der Wunsch nach Freiheit und
Gerechtigkeit in der Demokratie nicht erfüllt werden können. Das Konzept der
Macht und der ungleichen Verteilung von Macht spielt bei ihm auch bei weiteren
Vorstellungen eine zentrale Rolle, beispielsweise beim Machtmonopol des Staates
sowie bei gesamtgesellschaftlichen Zukunftsvorstellungen. Die Demokratievor-
stellung von JOHANNES steht LEAs Demokratiekonzept diametral gegenüber.
JOHANNES verbindet Demokratie primär mit der Herrschafts- und Regierungs-
form. Er zweifelt daran, dass Demokratie gleiche Teilhabe für alle ermöglicht.
Vielmehr geht er davon aus, dass die kollektiven Freiheitsrechte der Demokratie
zu ungleich verteilten Ressourcen führen und dies unweigerlich mit der Ausübung
von Macht einzelner Menschen und zur Unterdrückung vieler führt. Demokratie
wird von JOHANNES vor allem als politisches System verstanden, welches die
Grundlage für wirtschaftspolitische Entwicklungen legt, die auf Prinzipien von
Macht und Ausbeutung beruhen. Die Konzepte des Wirtschaftssystems und der
Demokratie als Herrschaftssystem sind hier eng verknüpft.

Für die politische Bildung ist die Grundhaltung gegenüber der Demokratie als
Herrschaftsform ein Lernanlass, den es aufzugreifen gilt. Hierbei wäre in einem
ersten Schritt empfehlenswert, aufzuzeigen, dass Kritik an bestehenden Verhältnissen erwünscht ist, solange bei den Überlegungen Grund- und Menschenrechte
nicht zur Disposition stehen. Anschlussfähig sind die Vorstellungen von JOHAN-
NES beispielsweise an den aktuellen Diskursen aus der Politikwissenschaft um
den Begriff der Postdemokratie (Crouch 2015).

JOHANNES verbindet das gesellschaftspolitische Element der Demokratie in
erster Linie mit einem ökonomischen Netzwerk, geprägt von wenigen, aber ein-
flussreichen Unternehmen. Es bestätigt seine teils fatalistische Perspektive und
wird gefestigt durch die Vorstellung, dass Demokratie wirtschaftliche Freiheiten
vor individuelle Freiheiten stellt und damit den Boden für eine ausbeuterische
Wirtschaftsordnung bereitet. Die Kumulation von wirtschaftlicher Macht sei auch
in einer freien Gesellschaft möglich, solange die Menschen abhängig davon sind,
dass ihre Grundbedürfnisse in einem Tauschgeschäft erfüllt werden.

Beide Befragten verbinden mit Demokratie als Herrschaftsform vor allem die
Merkmale einer repräsentativen parlamentarischen Demokratie, die Teilnahme
an Wahlen und die Möglichkeit, mittelbar oder unmittelbar Einfluss auf Entscheidungsträger*innen zu nehmen. JOHANNES betont dabei, dass in dem mit
der repräsentativen Demokratie verbundenen Merkmal der Herrschaft weniger

Menschen über viele das Grundprinzip ungleich verteilter Macht manifestiert wird.

Dieser kurze Einblick in die Demokratievorstellungen einer Mittelstufenschülerin und eines Oberstufenschülers zeigen die Vielfalt der bestehenden Denkmuster. An dieser Stelle soll mit den Fallbeispielen LEA und JOHANNES nur ein Einblick in die vielfältigen Vorstellungskonzepte der Jugendlichen gegeben werden. Eine weitergehende Analyse böte sich im Zuge einer Sekundäranalyse des Materials an.

Der Schwerpunkt der vorliegenden Arbeit liegt allerdings nicht auf den Demokratievorstellungen, sondern auf den konkreten Bildungserfahrungen der Schüler*innen im Kontext realer politischer Aktionen. Dafür gilt es, auch die Motivation für die politische Teilhabe in unkonventionellen Aktionsformen zu eruieren. Dafür werden im folgenden Kapitel die motivationalen Faktoren herausgearbeitet.

4.2   Motivationale Faktoren

Im Folgenden werden die Erfahrungsberichte der interviewten Schüler*innen unter Berücksichtigung der verschiedenen Dimensionen des politischen Lernens sortiert und strukturiert, mit dem Ziel, politische (Selbst)Bildungserfahrungen aus den Interviews zu rekonstruieren. Davor gilt es allerdings, den Blick auf die Motivation für das selbstbestimmte politische Engagement der Jugendlichen zu richten. Dafür werden verschiedene Faktoren wie das politische Interesse, das Bedürfnis aktiv zu werden, Sozialisation, Gruppendynamik und das politische Bewusstsein berücksichtigt.

Als maßgeblich für das politische Engagement der interviewten Jugendlichen erweisen sich Sozialisationsfaktoren und das soziale Umfeld. Nur MICHAEL verweist explizit darauf, dass seine Eltern nicht politisch sind (MICHAEL: 331). Die meisten befragten Jugendlichen betonen allerdings, dass Politik im Elternhaus eine Rolle spielt. Dabei zeigen sich zwei unterschiedliche Effekte. Für BEN ist seine Politisierung auch verbunden mit einer Distanzierung zu den politischen Positionen und Haltungen seiner Eltern:

Aber mit mehr Alter fängt man so an, sich davon zu distanzieren. Ich glaube einfach, dass das auch so ein bisschen jugendlicher Trotz ist, sich so ein bisschen gegen seine Eltern aufstellen zu wollen. Und damit fängt man auch irgendwie an, sich mit anderen Sachen zu beschäftigen. (BEN: 181–185)

JOHANNES berichtet gar davon, dass er sich mit seinen Eltern zerstritten hat. Seinen Schilderungen zufolge endete es in einem „Psychokrieg" (JOHANNES: 235). Dies führt JOHANNES auch auf den Prozess seiner Politisierung zurück. Wenngleich mehrere Jugendliche davon berichten, dass sie politisch andere Positionen vertreten als ihre Eltern, stellt ein derart weitreichender Bruch mit den eigenen Eltern eher eine Ausnahme dar. Insgesamt kann konstatiert werden, dass die eigene Familie und das soziale Umfeld einen prägenden Einfluss auf die eigene Politisierung haben und damit auch auf die Motivation, sich politisch zu engagieren. Die Faktoren, die diesen Effekt begünstigen, sind allerdings sehr unterschiedlich. FRANZISKA betont, dass politische Debatten zum Alltag in ihrer Familie gehörten. Kritik an bestehenden Verhältnissen sei dabei selbstverständlicher Teil der Diskurse. FRANZISKA hat aber nie verstanden, warum aus der Kritik bei ihrer Familie nie die Bereitschaft erwuchs, sich politisch einzubringen (FRANZISKA 493: „Aber niemand kriegt seinen Arsch vom Sofa entfernt irgendwie.").

Ganz anders schildert HELGE den Einfluss seiner Familie auf das eigene politische Engagement. „Ich glaube, es kommt teilweise vom Elternhaus." (HELGE: 200) Seine Eltern waren schon immer politisch aktiv und haben ihn schon früh mit politischen Themen konfrontiert. Er erklärt, dass er schon als Kind begonnen habe, Zeitung zu lesen, und sich schon in der Grundschule für gesellschaftspolitische Themen interessiert habe.

Das ging dann irgendwann darin über, dass ich gesagt habe, dass man sich damit befasst und dass man sich Informationen holt und debattiert über Themen, aber wenn man sich eine Meinung gebildet hat, dann sollte man die auch kundtun und sich dafür einsetzen. So habe ich dann angefangen, mich mehr zu engagieren. (HELGE: 202–210)

Auch LEA ist überzeugt, dass ihr eigenes politisches Engagement, vor allem aber ihr politisches Interesse, nachhaltig von ihren Eltern geprägt wurde.

Ja, ich glaube, es liegt daran, dass meine Eltern mir ziemlich viel mitgegeben haben. Ich glaube, ich habe schon ziemlich früh angefangen, so was von Politik mitzubekommen, weil mein Vater Jurist ist und sich dadurch ziemlich viel mit dem Gesetz auseinandersetzt. (LEA: 423–426)

Die junge Schülerin verweist darauf, dass ihre Eltern ihr oft die politischen Dimensionen alltäglicher Entscheidungen aufgezeigt haben. Sie verdeutlicht das am Beispiel der Produktion von Kleidung und ihrem Konsumverhalten:

Dann haben meine Eltern mir natürlich immer wieder verschiedene Sachen einfach beigebracht, die sich mit Politik in gewissem Maße auseinandersetzen. Zum Beispiel, als ich das erste Mal mit meinen Freunden shoppen gehen wollte, haben sie dann auch gesagt, dass manche Kleider in Bangladesch hergestellt werden. Sie haben mir gezeigt, wie die Herstellung von Kleidern in Bangladesch abläuft. Und dann habe ich gleich das Bewusstsein vor Augen bekommen, dass das, was ich kaufe, von anderen Menschen unter etwas schlechteren Bedingungen hergestellt wurde, und habe mir dreimal überlegt, ob ich es kaufe. Meine Eltern haben nach den Schritten, die ich gemacht habe, mir mehr vor Augen geführt, was die Sachen, die ich mache, bedeuten. Und ich glaube, dadurch ist es so gekommen, dass ich mich auch für Politik interessiert habe. (LEA: 432–443)

ESRA berichtet noch von einer anderen wichtigen Funktion, die Eltern politisch engagierter Kinder und Jugendlicher einnehmen können. Ihre Mutter unterstütze sie in ihrem politischen Engagement. Vor allem aber sei es ihrer Mutter immer wichtig, dass sich ESRA nicht instrumentalisieren lasse. Ihre Mutter hat ihr einen Leitsatz mitgegeben, den sie im Interview besonders hervorhebt: *„Lass dich nicht lenken von dem, was die anderen denken."* (ESRA: 534) Aber auch die Freund*innen nehmen eine wichtige Funktion im Politisierungsprozess ein, vor allem für den Schritt von der Bereitschaft zur Teilhabe hin zur tatsächlichen politischen Aktion. Hier steht eine Schilderung von ESRA stellvertretend für mehrere Erfahrungsberichte. Ohne ihre Freundin hätte ESRA kaum zu der selbstverwalteten Antirassismus-Arbeitsgemeinschaft an ihrer Schule gefunden: *„Als ich, ich bin durch eine Freundin auf die AG gekommen und erst mal hatte ich selber noch nie von der AG gehört, obwohl ich ja auf der Schule bin und man ja eigentlich so etwas, aber irgendwie habe ich das nicht mitbekommen."* (ESRA: 148–151) Dieser Effekt konnte auch in der Mixed-Methods-Untersuchung „Jung – politisch – aktiv?!", einer Jugendstudie der Friedrich-Ebert-Stiftung (FES) (Gaiser u. a. 2016) aus den Jahren 2015 und 2016 nachgewiesen werden. Wolfgang Gaiser und Johanna de Rijke kommen zu dem Ergebnis: „Informelle soziale Netze, also Freundeskreise, spielen eine wichtige Rolle für politische Partizipation, jedoch vor allem dann, wenn es […] relevante Freundeskreise sind, hier also: *politisch relevante, aktive Freunde."* (Gaiser/Rijke 2016, 68 – Hervorhebung im Original). Auch im qualitativen Teil der FES-Studie kommen Katharina Sandbrink und Jacob Steinwede (2016, 98–102) zu ähnlichen Befunden und verweisen darauf, dass vor allem das soziale Umfeld die Politisierung und das tatsächliche politische Engagement junger Menschen beeinflusst.

Neben dem Einfluss des sozialen Nahraums identifizierten die Autor*innen der FES-Jugendstudie weitere wichtige Faktoren wie das Geschlecht, das Alter und den Bildungsstand der politisch aktiven Jugendlichen. In Bezug auf den Faktor

Geschlecht stellt Hannah Grohe fest, dass sich bei der Bereitschaft zu politischer Partizipation kaum Unterschiede zwischen den Geschlechtern feststellen lassen. „Zwischen den einzelnen Partizipationsformen variieren diese allerdings erheblich." (Grohe 2016, 76) Junge Frauen neigen eher zu nicht-institutionalisierten Partizipationsformen wie Demonstrationen, Flashmobs und Unterschriftenaktionen. Junge Männer engagieren sich eher in konventionellen Partizipationsformen wie der Mitwirkung in Jugendgremien, Parteien oder Gewerkschaften (Grohe 2016, 76). Dieser Eindruck lässt sich auch aus den Erfahrungen der Erschließung des Forschungsfeldes für die vorliegende Untersuchung bestätigen. Insgesamt waren deutlich mehr junge Frauen in den selbstbestimmten und selbstorganisierten Gruppen aktiv. Insgesamt zeigt sich, dass Jugendliche mit zunehmendem Alter politisch aktiver werden (Gaiser/Rijke 2016, 59). Bildung hat insgesamt den größten Einfluss auf die Partizipationsbereitschaft und das tatsächliche politische Engagement junger Menschen. Dirk Lange, Holger Onken und Tobias Korn konnten schon 2013 in ihrer Studie im Auftrag der Friedrich-Ebert-Stiftung „Politikunterricht im Fokus. Politische Bildung und Partizipation von Jugendlichen" den hohen Stellwert von Elternhaus, Bildung und explizit politischer Bildung für die Ausprägung des politischen Interesses und die Partizipationsbereitschaft nachweisen (Lange/Onken/Korn 2013). Je höher der (angestrebte) Bildungsabschluss, desto höher die Bereitschaft sich politisch zu engagieren. Besonders deutlich werden diese Unterschiede im Bereich der unkonventionellen Partizipation (Gaiser/Rijke 2016, 60 f.). Auch hier können die Befunde der Studien durch die Erfahrungen der Feldforschung für die vorliegende Untersuchung bestätigt werden. Wie in Abschnitt 3.2 „Forschungssample" beschrieben, setzt sich auch die Gruppe der interviewten Jugendlichen vorwiegend aus Schüler*innen zusammen, die aus einem akademisch geprägten Elternhaus kommen und das Abitur anstreben. Bestätigt werden diese Erkenntnisse auch durch eine Untersuchung zur Jugendprotestbewegung „Fridays for Future". Moritz Sommer, Dieter Rucht, Sebastian Haunss und Sabrina Zajak (Sommer u. a. 2019, 13) kommen zu dem Ergebnis, dass mit 87,2 % die große Mehrheit der Teilnehmenden und Aktiven der Bewegung entweder das Abitur als nächsten Bildungsabschluss anstreben (55,1 %) oder bereits studieren (32,1 %).

Neben den Faktoren wie Geschlecht, Alter, Bildungsstand und soziale Netzwerke konnte aus den Interviews ein weiterer Faktor identifiziert werden, der in Studien bislang kaum berücksichtigt wird: Politische Sozialisation durch den Wohnort. Beispielhaft wird dies im Folgenden an den Schilderungen von RONJA deutlich, die für sich die Großstadt als einen relevanten Sozialisationsort beschreibt und die Sensibilisierung für diversitätssensible Sprache aus der Stadt mit in den ländlichen Raum getragen hat, als sie mit ihrer Familie dorthin gezogen ist.

Also, meine Eltern sind sehr offen und tolerant. Mein Vater hat, also, meine Mutter ist Künstlerin und wir kommen ursprünglich aus Hamburg. Wir sind hierhergezogen. Wir kommen aus dem Schanzen-Viertel und sind halt super liberal und offen für alles. Wir wurden, das ist auch ganz spannend, direkt damit konfrontiert. Also, ich bin hier an das Gymnasium gewechselt und wurde direkt mit ganz viel Politischem konfrontiert. Das hier auf einmal Leute „Neger" sagen, wobei ich in Hamburg niemals gedacht hätte, dass es jemals jemand aussprechen würde, weil es voll das verbotene Wort war, wurde hier einfach direkt verwendet oder andere Sachen. (RONJA: 789–799)

Neben den bis hier beschriebenen Aspekten sind Schlüsselerlebnisse als motivationale Faktoren hervorzuheben. So beschreibt LEA beispielsweise, dass die Einführung einer Einstiegsklasse für Schüler*innen mit Fluchterfahrung an ihrer Schule für sie einen solchen Moment dargestellt habe.

Aber dann, als ich irgendwie am Anfang von der 8. Klasse war, haben wir halt eine Klasse an die Schule bekommen, die speziell für Kinder aus Familien mit Fluchterfahrung war, und da dachte ich irgendwie so, eigentlich ist es totaler Quatsch und eigentlich sollte ich mich einbringen. Weil, es ist voll wichtig, dass ich es mache und es wäre ja total doof, wenn niemand da mitmachen würde. Und wenn alle so denken würden wie ich und sich keiner traut, dann würde da gar keiner sein. Und deswegen habe ich dann irgendwie, gerade als wir die Einstiegsklassen bekommen haben und wieder mehr Unterstützung gebraucht wurde, habe ich es dann irgendwie ausprobiert und wollte erst mal nur so gucken. (LEA: 390–398)

Auch für den Politisierungsprozess von SOPHIE war das Thema Flucht und Migration bedeutsam. Mit der versuchten Abschiebung eines Mitschülers war es ein ganz konkreter Anlass, der letztlich zu ihrer Politisierung und auch zur Gründung ihrer lokalen Jugendbewegung geführt hat.

Und ich bin, wie ich dazu gekommen bin, ist hauptsächlich auch wieder über dieses Thema Flüchtlinge oder Geflüchtete, weil bei uns an der Schule einer abgeschoben werden sollte und ja, so hat sich das Ganze dann irgendwie entwickelt. Und da habe ich mir gedacht: Okay, man muss da wirklich etwas machen. Es geht ja nicht, dass den Leuten einfach ihre Zukunft, ihre Perspektiven weggenommen werden und ja, so jeder hat das Recht auf Bildung und du kannst nicht einfach die Leute aus der Schule abschieben oder ganz generell keine Leute abschieben (lacht verunsichert). Das war einfach so dieses einschneidende Erlebnis, wo man dann gemerkt hat: okay, scheiße, man muss doch was machen. (SOPHIE: 139–148)

Auslöser dafür, dass aus politischer Partizipationsbereitschaft auch tatsächlich politisches Handeln erwuchs, war ein konkretes Ereignis. Angetrieben wird sie aber, das macht sie später im Verlauf des Interviews noch einmal deutlich, von einem „Bedürfnis nach Gerechtigkeit" (SOPHIE: 431–432). Diese grundsätzliche Haltung treibt auch FRANZISKA an. Denn auch für die Berufsschülerin bedurfte es letztlich eines konkreten Ereignisses, um sich aktiv politisch einzubringen. Für FRANZISKA war der erste größere Bildungsstreik im 21. Jahrhundert der entscheidende Schlüsselmoment. Die Bildungsproteste in den Jahren 2008 und 2009 haben sie politisiert. Sie fand so schon vor über zehn Jahren zum politischen Engagement.

Da gab es diese Bildungsstreikbewegung von Schülern bundesweit und auch Studenten, die sich dafür eingesetzt haben, für mehr gleiche Chancen in der Bildung eigentlich. Also, da ging es um den Abbau von diesem dreigliedrigen Schulsystem, um das Abschaffen von den sogenannten Kopfnoten, wo dann bewertet werden sollte, wie man sich zum Beispiel benimmt oder so, gegen das G8-Abitur, also das beschleunigte Abitur in nur acht Jahren Gymnasium, das einfach nachgewiesenermaßen Leute benachteiligt hat, die eher aus einem bildungsferneren Haushalt gekommen sind. Gegen Studiengebühren oder jegliche Bildungsgebühren, für so Sachen wie kostenfreies Mittagsessen in der Schule. Das waren alles Sachen, die ich gut fand und deswegen habe ich zu dieser Bewegung gefunden. (FRANZISKA: 448–458)

Neben den Schlüsselmomenten, die offenbar nachhaltig Einfluss auf den Übergang von politischer Partizipationsbereitschaft und tatsächlichem Handeln haben können, ist auch die persönliche Betroffenheit für Jugendliche relevant. ESRA, eine junge Gymnasiastin, die in Deutschland geboren ist und deren Familie eine Migrationsgeschichte hat, berichtet davon, dass ihr Engagement gegen Rassismus vor allem darauf beruhe, dass sie es nicht mehr habe hinnehmen wollen, dass Menschen mit Migrationsbiografie mit Vorurteilen konfrontiert würden:

Oder dass man, nur weil ich jetzt Libanesin bin, mir irgendwie sagt, dass ich nur bei Aldi einkaufen gehe oder so. Diese Vorurteile gegenüber Leuten mit Migrationshintergrund vor allem und auch gegen einfach Rassismus und Diskriminierung, da wollte ich mich auf jeden Fall dagegen einsetzen, dass das wenigstens nicht in unserer Schule stattfindet und ich mich in meiner Schule frei fühlen kann. (ESRA: 181–186)

In der selbstorganisierten Arbeitsgemeinschaft gegen Rassismus hat ESRA einen Freiraum gefunden, der es ihr ermöglicht, sich politisch zu engagieren und dabei gleichzeitig nicht in Rechtfertigungszwänge zu geraten. „Und mir ist es, meinen Freunden ist es scheiß egal, wenn ich mir jetzt meine Haare kurz schneide oder nicht, weil es ihnen egal ist, wie ich aussehe. Weil es ihnen egal ist, wo ich herkomme.

Weil es ihnen egal ist, wie groß oder wie klein ich bin." (ESRA: 326–330) Die Schülerin empfindet die Arbeitsgemeinschaft als einen politischen Schutzraum, weil sich die Gruppe durch eine grundsätzliche Offenheit auszeichnet. Dadurch hat sich ein *„komplett neue[r] Freundeskreis"* (ESRA: 332) gebildet.

Unter Berücksichtigung der Perspektive eines nachhaltigen politischen Engagements ist der Faktor der Gruppendynamik von besonderer Bedeutung. Nahezu alle Schüler*innen betonen, dass der Charakter der Gruppe, der Umgang untereinander entscheidend dafür sei, dass sie sich längerfristig auf diesem Weg politisch einbringen. BEN gibt diese Gruppendynamik das Gefühl, nicht allein zu sein mit dem Bedürfnis, etwas ändern zu wollen: *„Aber sich auch mit denen auszutauschen, auch dieses Gefühl zu haben, man ist irgendwie nicht ganz alleine mit dem, was man denkt."* (BEN: 243–244) Auch für LAURENZ sind die sozialen Beziehungen, die er im Zuge seines politischen Engagements aufgebaut hat, wichtig.

> *Soziale Kontakte spielen dann natürlich auch wieder eine Rolle. Man arbeitet ja im Kollektiv, man arbeitet nicht einzeln. Es ist einfach insgesamt ein sehr solidarisches Miteinander, was dann, zumindest für mich, erlebbar wird. Im Team zu arbeiten und all das, das bekräftigt mich ungemein. Also, es sind einfach, oft von allen Ecken und Enden, positive Sachen, die da zusammenkommen. (LAURENZ: 298–303)*

Abschließend ist noch ein Faktor zu berücksichtigen, der in wissenschaftlichen Untersuchungen zu politischer Partizipation eher eine untergeordnete Rolle spielt, der den interviewten Schüler*innen aber besonders wichtig erscheint: Politisch zu handeln, Einfluss zu nehmen, politisch aktiv zu sein mache Spaß, betonen mehrere befragte Jugendliche (u. a. MICHAEL: 156–159; FRANZIKSA: 493–494; JOHANNES: 457–463). Und sie verweisen darauf, dass es ihnen wichtig sei, dies auch zu vermitteln.

Nachdem dieses Kapitel einen Überblick über die verschiedenen motivationalen Faktoren für das politische Engagement der Jugendlichen ermöglichte, soll im Folgenden in die Rekonstruktion der politischen Bildungserfahrungen der Jugendlichen eingestiegen werden. Zunächst werden dabei die Schilderungen der Schüler*innen unter Berücksichtigung der Entwicklung von Analysefähigkeit und politischer Orientierung analysiert.

4.3 Rekonstruktionen politischer (Selbst)Bildungserfahrungen

4.3.1 Analysefähigkeit und politische Orientierung

Sozialwissenschaftliches Analysieren und Denken sowie politische Orientierung sind wesentlicher Bestandteil didaktischer Konzeption für das politische Lernen. Analyse und Orientierung im Feld der politischen Bildung bedeuten, fachunspezifische methodische Fertigkeiten wie Lesekompetenz, Informationsrecherche und Quellenkritik zu stärken und sie zugleich mit sozialwissenschaftlichen Methoden und Begriffen zu verknüpfen. Für die politische Bildung hat die Auseinandersetzung mit Informationen dabei einen besonders hohen Stellenwert. Eine kritisch reflektierte Auseinandersetzung mit politischem Wissen und unterschiedlichen Informationsquellen sowie eine individuelle und kollektive Quellenkritik sind Grundlage für politische Urteilsbildung. Damit eng verbunden sind die Wahrnehmung des politischen Konflikts in der Sache sowie vielfältige wertegebundene Zugänge zu politischen Themen. Daher steht im Fokus der empirischen Rekonstruktion der (Selbst)Bildungserfahrungen der Jugendlichen neben der Praxis sozialwissenschaftlicher Methoden auch die Frage, inwiefern die Aussagen der Aktivist*innen auf eine kritisch reflektierte Konflikt- und Gesellschaftsanalyse schließen lassen. Dabei wird auch untersucht, inwiefern die Erfahrungen mit selbstbestimmter politischer Aktion die Verortung des Subjekts in der Welt, also das politische Bürgerbewusstsein (Lange 2005, 2008a), beeinflusst. Die im Folgenden dargestellten Ergebnisse der Feldforschung werden daher gegliedert in „Quellenarbeit und Umgang mit Informationen" sowie „Konflikt- und Gesellschaftsanalyse", wobei dabei immer auch berücksichtigt wird, inwiefern die Jugendlichen ihre eigene Analysefähigkeit im Kontext des politischen Engagements reflektieren.

4.3.1.1 Auseinandersetzung mit Informationen und Quellenkritik

Quellenarbeit ist für die interviewten Jugendlichen ein besonders wichtiges Thema. Immer wieder sprechen sie die Notwendigkeit einer kritisch reflektierten Quellenarbeit an. Sie beschreiben verschiedene Fertigkeiten der Informationsbeschaffung und der Quellenkritik, die sie im Verlauf ihres Engagements gelernt haben. Besonders wichtig erscheint ihnen dabei, dass die Informationen, auf denen sie ihr politisches Urteil und ihre politische Argumentation aufbauen, verschiedenen Medien entstammen. Sie formulieren auch einen hohen Anspruch an die Qualität der Quellen. Dabei ist hervorzuheben, dass sie ganz explizit auch darauf verweisen, dass sie insbesondere jene Quellen hinterfragen, die aufgrund der politischen Nähe zu ihrer eigenen politischen Haltung vermeintlich besonders zugänglich sind. So bezeichnen sich die interviewten Jugendlichen weitgehend als links, kritisieren aber auch linke Plattformen für ihre einseitige Berichterstattung oder die Qualität der dort aufbereiteten Informationen. Exemplarische sei hierfür eine Aussage von BEN angeführt:

Also, es gibt halt linke Plattformen zum Beispiel auch im Internet, die darüber Berichte schreiben, wo man dann aber auch teilweise irgendwie sagen muss, dass die nicht ganz qualitativ unglaublich hochwertig nachgeforscht sind. Dann versuche ich, mich auch bei bürgerlichen Quellen zu informieren und zu gucken, ob es da Widersprüche gibt. Wenn ich die Widersprüche finde, dann irgendwie gucken, ja, keine Ahnung, finde ich da vielleicht noch andere Belege zu. Also, ich bemühe mich da schon, nicht einfach irgendwas aufzuschnappen und das dann einfach weiterzuschreien und irgendwie rumzurufen. (BEN: 380–388)

BEN begründet diesen Anspruch an Quellenarbeit für sein politisches Engagement auch damit, dass er vermeiden möchte, dass die eigene politische Arbeit an Glaubwürdigkeit verliert.

Weil ich denke, das führt am Ende zu Phänomenen, dass dir am Ende irgendwie keiner mehr glaubt. Und das möchte ich nicht. Und das versuche ich zu vermeiden, also, keine Falschinformationen zu verbreiten. (BEN: 388–390)

Den Berichten der Kinder und Jugendlichen aus den unterschiedlichsten Kontexten des selbstbestimmten und selbstorganisierten politischen Engagements ist zu entnehmen, dass sie im Umgang mit Informationen von ihren Erfahrungen profitieren. Sie führen vielfältige Fähigkeiten der Quellenarbeit an. Dabei wird immer wieder betont, dass die Entwicklung dieser Fähigkeiten hauptsächlich auf die politische Arbeit zurückzuführen ist. Es ist die Fülle an Informationen gemeint, mit der sie sich auseinandersetzen, aber auch die Erkenntnis über die Bedeutung einer qualitativ hochwertigen Recherche für eine überzeugende politische Argumentation. Beispielhaft hierfür ist folgendes Zitat von LAURENZ, der den Einfluss seiner politischen Bezugsgruppe auf seine Arbeit mit Informationen und Quellen beschreibt.

In der Gruppe lerne ich eben auch, wie andere Leute das machen. Wie die anderen damit umgehen. Und ich merke auch im politischen Diskurs, im zwischen-menschlichen Diskurs, die qualitativen Unterschiede an Informationen, die irgendwie mir entgegengebracht werden. Und je nachdem, was derjenige, mit dem ich dann zum Beispiel spreche, woher der diese Informationen hat. So unterscheidet sich dann eben auch die Qualität dessen, was er auch sagen kann. Und da merke ich dann auch, dass es ziemlich wichtig ist, dass ich auch auf gute Quellen zurückgreifen kann. Auf viele und auf gute Quellen, um auch selber überzeugend zu sein und auch sowohl für mich als auch für andere überzeugend zu sein. (LAURENZ: 451–460)

Weiter führt LAURENZ aus, dass er sich bereits vor seinem politischen Engagement häufig ein Urteil gebildet habe, dieses aber zumeist auf wenigen und eher unseriösen Quellen aufgebaute habe (LAURENZ: 470–481). Auch ESRA bestätigt den Einfluss der politischen Bezugsgruppe und des politischen Engagements auf die Wahrnehmung von Nachrichten und politischen Inhalten. *„Ich achte immer mehr auf Nachrichten. Früher war mir das eigentlich relativ egal."* (ESRA: 313–315)

Ganz konkret beschreiben die interviewten Jugendlichen, wie sich die Art der Informationsbeschaffung und Reflexion durch ihr politisches Engagement verändert hat. Während zuvor Informationen zunächst in Onlinesuchmaschinen gesucht wurden und die ersten Treffer als Quelle für ausreichend eingeschätzt wurden, verweisen die Jugendlichen darauf, dass die Suche nach Informationen komplexer geworden ist und der Anspruch an die recherchierten Informationen steigt.

Mittlerweile gucke ich mir immer genau an, woher die Sache kommt, oder so, wenn ich irgendwelche Zahlen recherchiere. Wenn man im Allgemeinen recherchiert, fällt ja oft auf, dass man verschiedene Faktenlagen im Prinzip findet zum gleichen Thema. Da bin ich auf jeden Fall kritischer geworden. Und es ist mir mittlerweile auch einfach wichtiger geworden, mehr zu lesen zu einem Thema und mich nicht so schnell mit der Sache zufrieden zu geben und mich auch auszutauschen und nicht einfach irgendwas anzunehmen, als gegeben oder so. Sondern dann nochmal vielleicht mit jemand anderem zu reden, der sich vielleicht mit der Sache genauer beschäftigt hat. (FRANZISKA: 652–661)

Onlinemedien spielen dabei für die Jugendlichen eine entscheidende Rolle. Sie bewegen sich oftmals auf den Internetpräsenzen großer Nachrichtenprotale und Tageszeitungen. Sie lesen aber auch Blogs und folgen politischen Social-Media-Kanälen. *„Ich lese viel Zeitung, ich lese viele Blogs im Internet, auch generell viele Internetartikel auch von unabhängigen Leuten auf Social-Media-Accounts oder kleinen Websites[.]"* (HELGE: 275–278)

Neben der Vielfalt an Quellen, mit denen sich die politisch aktiven Jugendlichen auseinandersetzen, betonen sie immer wieder auch die Notwendigkeit eines kritisch reflektierten Blicks auf Medien und Informationen. Hervorzuheben ist dabei die von den Interviewten betonte Wechselwirkung von politischem Interesse, politischem Wissenserwerb und politischer Aktion.

Also, ich brauche dafür ganz viele Informationen, auf jeden Fall. Und ich möchte ganz viele Informationen haben. Erstmal lese ich momentan sehr viel, also, das ist jetzt auch wiedergekommen. Es hängt irgendwie in Wechselwirkung zusammen, einerseits durch das Lesen bin ich dann auch wieder zum politischen Interesse gekommen und durch das politische Interesse lese ich dann auch wieder mehr. Es bedingt sich irgendwie gegenseitig. Also, ich muss ja auch irgendwie theoretisch auf Zack sein. (LAURENZ: 418–425)

Die interviewten Jugendlichen beschreiben in ihren Erfahrungsberichten neben den weiterentwickelten Fähigkeiten zur Recherche von Informationen auch die Entwicklung neuer Kompetenzen im Umgang mit den recherchierten Informationen. So betont LAURENZ beispielsweise, dass er durch seine politische Arbeit auch das systematische Markieren von Texten verinnerlicht habe. *„Es hat mich, glaube ich, in vielfältiger Weise verändert, [...] allein schon das Markieren von Texten, alleine das kann ich schon viel besser durch meine politische Arbeit."* (LAURENZ: 322–326)

Quellenarbeit spielt für die Jugendlichen aber nicht nur im Kontext der individuellen Selbstbildung eine entscheidende Rolle. Sie bereiten auch Informationen für ihre Mitstreiter*innen auf. Sie organisieren Lesekreise (u. a. BEN: 288–295; FRANZISKA: 507–521; LAURENZ: 393–399), in denen Texte anderer reflektiert werden und die von politisch aktiven Jugendlichen vor allem zur Peer-Education in der Gruppe genutzt werden. Die Jugendlichen verweisen darauf, dass sie sowohl die Strategien bei der Informationsrecherche als auch den kritischen Blick auf die verschiedenen Medien unter anderem von älteren oder erfahreneren Jugendlichen gelernt haben. Die Jugendlichen messen der Informationsgewinnung und dem Austausch eine besondere Bedeutung für ihren politischen Selbstbildungs- und Sozialisationsprozess bei.

Für FRANZISKA hat die Peer-Group einen besonderen Einfluss auf diesen Lernprozess. Politisierung in der politischen Aktion bedeutet für sie, sich mit Themen zu befassen, Informationen zu sammeln, sie zu reflektieren, sich ein Urteil zu bilden und dabei keinen Leistungsdruck zu spüren oder Erfolgserwartungen erfüllen zu müssen. Die Motivation, sich mit Informationen und Quellen auseinanderzusetzen, ist intrinsisch motiviert und erhält daher eine andere Bedeutung für die Jugendlichen. Die Quellenarbeit ist für FRANZISKA und für die Gruppe, in der sie sich engagiert, auch deswegen bedeutsam, weil es ihnen ein Anliegen ist, ihre Ideen, theoretischen Überlegungen und den politischen Protest weiterzuentwickeln und zu untermauern.

Die Leute, mit denen ich dann politisch aktiv war, die haben dann auch Sachen organisiert, wie zum Beispiel Lesekreise. Und das hat mir einfach total Spaß gemacht, andere

Bildungsräume kennenzulernen, wo eben nicht vorne der Lehrer steht, der irgendwas erzählt. Dann lernt man das auswendig und kriegt irgendwann eine Prüfung zu dem Thema. Sondern wo man gemeinsam auf der Grundlage von einem Text, den man vorher liest, erst Verständnisfragen klärt und dann darüber diskutiert, was jeder darüber denkt. Und dann kann man auch wirklich einfach sagen, was ist meine persönliche Meinung. Und man tritt in den Diskurs ein und es geht nicht um irgendein Ziel, um irgendeine Note oder um irgendein Zertifikat oder so etwas, das man am Ende dafür bekommt. Das heißt, dieser unangenehme Leistungsdruck und auch Ehrgeiz fällt erstmal weg und man macht was nur für sich persönlich, um sich selber weiterzuentwickeln und um seinen Protest auch zu entwickeln anhand dieser Theorien, die man vielleicht liest. (FRANZISKA: 507–521)

Neben den Lesekreisen ist Quellenarbeit vor allem auch Teil der internen Workshops der Bezugsgruppen. Zu unterschiedlichen Themen bereiten die Jugendlichen Selbstlern-Workshops vor. So hat sich der überwiegende Teil der beforschten Jugendgruppen, die einen antirassistischen Schwerpunkt haben, beispielsweise gruppenintern mit der Nahost-Frage (u. a. LAURENZ: 551–570) befasst, aber auch Themen wie die Identitäre Bewegung oder der Klimawandel wurden in internen Workshops aufgearbeitet. Hierfür setzen sich die Jugendlichen intensiv mit Fachtexten auseinander.

Wenn wir das Gefühl haben, wir brauchen eine Gruppenposition, die natürlich dann auch wieder veränderlich ist, wo auch keiner ausgeschlossen wird, wenn er was dagegen hat, dann versuchen wir meistens, Workshops zu veranstalten. Also, das sind dann teilweise, das geht dann drei Tage lang zum Beispiel, also nicht hintereinander, sondern meistens dann etwas versetzt, wo sich dann fünf Menschen zum Beispiel dransetzen und den vorbereiten, also sich Literatur raussuchen, möglichst von beiden Seiten, um auch ein differenziertes und kritisches Bild von der Lage zu bekommen. (BEN: 306–313)

Sie diskutieren und reflektieren fremde Texte in Lesekreisen und Workshops, aber auch selbst verfasste Texte, die als Reden auf Demonstrationen oder auf ihren eigenen Seiten im Internet und den Sozialen Netzwerken wie Instagram und Facebook vorgestellt werden. Dabei legen sie vor allem Wert auf solidarische Kritik (LAURENZ: 390). Dieser Prozess führt zu einer veränderten Wahrnehmung und kritischen Würdigung von Informationen und Nachrichten. Dazu zählt, dass die Jugendlichen durch ihr politisches Engagement das Bedürfnis entwickeln eigene Wissenslücken zu schließen (BEN: 375–379). Darüber hinaus bietet das politische Engagement auch einen unmittelbaren Zugang zu anderen, den Jugendlichen bis dahin eher unbekannten Formaten politischer (Selbst)Bildung. So stellt die Berufsschülerin SOPHIE fest, dass ihr der Zugang zu komplexen Texten noch immer schwerfalle, sie aber durch die politische Arbeit andere Formate wie Diskussionsrunden und öffentliche Vortragsveranstaltungen zu schätzen gelernt habe (SOPHIE: 497–514).

Den Erfahrungsberichten der Jugendlichen ist außerdem zu entnehmen, dass ihr Engagement ein anderes Bewusstsein und eine neue Wahrnehmung für Nachrichteninhalte schafft: *„Ja (...3...), ich überdenke Sachen und ich sehe politische Themen und die Nachrichten zum Beispiel auch ganz anders, als ich sie vorher gesehen habe."* (ESRA: 355–356) Die junge Schülerin ESRA führt weiter aus:

Naja, also, ich achte mehr auf kleine Details, ich achte auf die Informationen. Da ich mehr Vorwissen habe, weiß ich, worum es geht. Ich kann mich danach auch mit dem Thema auseinandersetzen. Ich kann mich danach noch mehr belesen, weil ich jetzt diese Grundinformationen habe und ich weiß, worum es geht. Das hilft mir auch viel mehr im Alltag, würde ich, also, das hilft mir, dass ich mich da hinsetzen kann und die Nachrichten auch verstehen kann, was ich früher zum Beispiel gar nicht verstanden hab. (ESRA: 360–366)

Das höhere Maß an Fachlichkeit ermöglicht ESRA, politische Themen und Konflikte in ihrer Vielfalt zu verstehen und einzuordnen. Sie beschreibt ihre analytischen Fähigkeiten damit als ausgereifter im Vergleich zu der Zeit vor ihrem Engagement in der Antirassismus-AG. Besonders hervorzuheben ist, dass die Jugendlichen nicht nur davon berichten, dass sie sich intensiver mit Nachrichten befassen, sondern Inhalte, mit denen sie konfrontiert werden, auch eher reflektieren.

Wenn man lernt, das zu reflektieren, was andere sagen und was man selbst sagt, was man halt zum Beispiel in der AG oder in einer Diskussion oder so lernt, dann ist es auch im echten Leben leichter, so Sachen zu reflektieren. [...] Und das lernt man halt durch sich engagieren und selbst was machen, was man dann hinterher reflektieren kann und überlegen kann, was könnte man besser machen. (LEA: 637–644)

Reflexion der eigenen Lernfähigkeit ist für LEA, anders als im Unterricht, nicht mit Zwang verbunden. Diese mit dem Unterricht verbundene konstruierte Reflexion sei weniger motivierend, meint LEA.

Doch auch die Schule empfinden die Jugendlichen als einen wertvollen Erfahrungsraum zur Stärkung des Umgangs mit Quellen. So haben RONJA und ihre Mitstreiter*innen für ihre politischen Projekte immer wieder im Internet recherchiert, sie haben Quellen wie die Süddeutsche Zeitung genutzt, aber auch Daten des statistischen Bundesamtes und Informationen der Bundesregierung eingebunden. Für diese komplexen Recherchearbeiten erhielten sie bei

Bedarf auch Unterstützung von einer Lehrkraft (RONJA: 307–329). Ganz konkret beschreibt RONJA diese offene Kooperation an einem Projekt, in dem sie
und ihre Bezugsgruppe an ihrer Schule über Vorurteile aufgeklärt haben:

> *Ich fand es ein bisschen schwierig an manchen Stellen, die Quellen wirklich dann so
> zu treffen, dass man Vorurteile wirklich dann auch widerlegen kann. Aber da lernt
> man ja schon noch, wie man da rankommt. Und da haben wir zum Beispiel Herrn
> Hansen für den Part noch einmal angerufen, nach Zahlen aus der Stadt, weil er in der
> Stadtverwaltung aktiv ist, gefragt, ob man da an Zahlen rankommt. (RONJA: 350–357)*

Auch für ESRA ist die pädagogische Begleitung durch Lehrkräfte wichtig. Sie
verweist darauf, dass auch die begleitenden Lehrkräfte der Arbeitsgemeinschaft
Texte als Diskussionsgrundlage zur Verfügung stellen. ESRA ist froh, dass es
unterschiedliche Formen der Auseinandersetzung mit Informationen und Quellen
in der Arbeitsgemeinschaft gibt.

> *Wenn nicht, wenn wir gerade keine Themen haben und wir in der AG echt nicht wissen,
> was wir machen sollen, dann kommen die Lehrer oft mit irgendwelchen Informations-
> texten, zum Beispiel über Gendern oder was war das noch, ja, über den Türkei-Deal
> zum Beispiel, all so etwas, damit wir erst mal Grundlagen bekommen und uns dazu
> etwas durchlesen. Und danach fragt zum Beispiel eine Lehrerin: Okay, was haltet ihr
> davon? Oder: Habt ihr dazu etwas anzumerken? Und dann fängt es immer an mit einer
> Diskussion. Und das finde ich auch das Schöne, das man sagt, dass wir jetzt, falls es
> keine Vorfälle gibt, dass wir uns auch einfach politisch auch ein bisschen weiter, ja,
> unser Wissen ein bisschen ausbreiten können. (ESRA: 294–303)*

Neben der offenen Kooperation mit Lehrkräften bietet vor allem die Peer-
Education in der Entwicklung von analytischen Grundkompetenzen wie der
Quellenarbeit ein großes Potenzial und stellt dabei auch einen motivationalen
Faktor dar. Politische Aktionen in Selbstorganisation bieten hierfür vielfältige
Lernanlässe. ESRA, die sich in einer selbstorganisierten rassismuskritischen
Arbeitsgemeinschaft an ihrer Schule engagiert, verweist auf den Wert der alters-
heterogenen Zusammensetzung der Arbeitsgemeinschaft:

> *Und dass wir durch die ganzen Diskussionen, was früher zum Beispiel sehr schön war,
> dass es viele Leute von der Oberstufe gab, die uns viel beibringen konnten. Ich weiß
> jetzt viel, viel mehr als vorher, weil man einfach sagt: Okay, ich kann zwar darüber
> diskutieren, aber nur über das Wissen, das ich durch die Nachrichten kennengelernt
> habe. Und das ist ja oft nicht so viel und dass uns dann die aus der Oberstufe auch
> was erzählen oder erklären. Das gefällt mir am meisten. (ESRA: 303–310)*

Die Recherche- und Quellenarbeit und das gemeinsame Diskutieren politischer Themen ist ein immer wiederkehrendes Element der politischen Bildungserfahrung in der politischen Aktion. Es dient dazu, sich mit Problemlagen auseinanderzusetzen und neue Handlungsfelder zu erschließen. Die kritische Auseinandersetzung mit Informationen ist aber auch Teil einer komplexen Konflikt- und Gesellschaftsanalyse, die einen ebenso bedeutsamen Teil der politischen Arbeit der interviewten Jugendlichen ausmacht.

4.3.1.2 Konflikt- und Gesellschaftsanalyse

In der Politikdidaktik wird immer wieder diskutiert, inwiefern politische Aktionen als Lernanlässe den Ansprüchen politischer Bildung gerecht werden können. Dabei steht die These im Fokus, dass politische Aktion immer auch mit einer abgeschlossenen Meinungsbildung und primär mit dem Verfolgen politischer Ziele einhergeht (siehe hierzu auch Abschnitt 2.3.2 „Kontroverse: Partizipation als Ziel politischer Bildung?"). Den Interviews mit den politisch engagierten Jugendlichen ist zu entnehmen, dass sich dies in Bezug auf die beforschten Personen und politischen Gruppen nicht bestätigen lässt. Es besteht vielmehr eine Offenheit für neue Themen und der Wunsch nach einer diversifizierten Argumentation.

Für die Auswahl der Themen, die in den politischen Gruppierungen aufgegriffen werden, ist ein entscheidendes Kriterium der konflikthafte Charakter. HELGE beschreibt beispielsweise, wie wichtig es ihm und seinen Mitstreiter*innen sei, die politische Kontroverse und den politischen Konflikt zu analysieren und in ihrer Arbeit auch abzubilden.

Der Aufwand ist in dem Sinne der, dass ich mir bestimmte Themen raussuche, die vor allem momentan in der Gegenwart sehr kontrovers angesehen werden oder eben nicht kontrovers und sich wenig Leute damit auseinandersetzen und man aber der Meinung ist, es sollte mehr besprochen werden. (HELGE: 406–409)

HELGE und seine Mitstreiter*innen, die gemeinsam eine politische Instagram-Seite verwalten, versuchen immer aktuelle gesellschaftspolitisch relevante Themen aufzugreifen. Sie analysieren dafür, welche Themen aktuell diskutiert werden oder welche möglicherweise mehr Aufmerksamkeit bedürfen.

Meistens ist es so: Der alte Text ist fertig und dann überlegt man, was wird momentan sehr stark in der Gesellschaft diskutiert oder was ist eben nicht so wichtig, sollte aber mehr diskutiert werden. Dann suchen wir uns zusammen ein Thema raus. Dann werden Vorschläge gemacht, dann diskutieren wir darüber und suchen uns ein Thema raus. (HELGE: 433–437)

Auch der Schüler*innen-Initiative von RONJA ist es wichtig, gesellschaftspolitische und schulpolitische Konflikte zu analysieren und in ihren Aktionen zu
berücksichtigen (RONJA: 442–450). Die politische Arbeit in den selbstverwalteten Arbeitsgemeinschaften führt auch dazu, dass die Jugendlichen für Konflikte
sensibilisiert werden.

> *Ich hätte gar nicht gedacht, dass es so viele Vorfälle gibt, dass wir sagen: Okay, wir
> müssen jetzt wirklich darüber reden. Aber als ich dann darauf geachtet habe, weil ich
> in der AG bin, habe ich ein bisschen auf mein Umfeld geachtet und habe gemerkt,
> dass in meinem sozialen Umfeld viel so etwas passiert, was vielleicht auch so indirekt
> passiert und sich selbst, also, die Meinungen selbst innerhalb der Klasse spalten, sogar
> bei den Freunden spalten. (ESRA: 212–218)*

Diese Sensibilisierung für politische Konflikte und ihre Wirkkraft auf das soziale
Umfeld scheint nachhaltig das eigene politische Bewusstsein zu prägen und damit
auch die Bereitschaft und Offenheit für einen proaktiven Umgang mit politischen
Konflikten.

Auch im außerschulischen politischen Engagement liegt den Jugendlichen
viel an einer ihren politischen Aktionen vorangestellten Konflikt- und Gesellschaftsanalyse. Die Themenfelder, die dabei bearbeitet werden, sind vielfältig.
„*Es werden Texte zu gewissen Themen ausgearbeitet, ob es jetzt zur Frauenfrage,
also zu Sexismus, ob es zu Rassismus ist, Diskriminierung oder eben einer Häuser-
reihe, die von einem Investor aufgekauft werden soll.*" (LAURENZ: 258–261) Eine
Konfliktanalyse ist dabei immer Ausgangspunkt der politischen Arbeit, wobei die
Jugendlichen ein durchaus differenziertes Verständnis vom politischen Konflikt
haben.

> *Also, Konflikt ist ja auch wieder etwas ziemlich Weitreichendes. Es gibt ja sehr viele
> Konflikte. Es gibt Interessenkonflikte, es gibt politische Konflikte, es gibt ökonomische
> Konflikte und all das. (LAURENZ: 486–488)*

LAURENZ, der sich in einer autonomen Jugendbewegung engagiert, beschreibt
dies am Beispiel des Themas Flucht und Asyl wie folgt:

> *Der Konflikt zwischen Flüchtlingspolitik oder den Erwartungen an die Flüchtlingspoli-
> tik und der Realität, der Konflikt zwischen letztendlich den Flüchtlingen und der Politik
> an sich, Konflikte zwischen ökonomischer Realität und den Interessen derjenigen, die
> die Entscheidungen tragen – all das fließt da mit ein. (LAURENZ: 490–495)*

Unabhängig vom *Raum* des politischen Engagements, ob in der Schule, außerhalb des Schulgebäudes oder gar in digitalen Handlungsfeldern wie Sozialen Netzwerken, die Analyse und Aufbereitung von Konflikten scheint Triebfeder des politischen Engagements der interviewten jungen Menschen zu sein. Gesellschaftsanalyse und politische Aktion scheinen dabei eine wechselseitige Motivation darzustellen. So beschreibt MICHAEL einen viel bewussteren Umgang mit eigenen und fremden Rassismus-Erfahrungen. Die Vorbereitung und Umsetzung einer Schüler*innen-Demonstration gegen Rassismus hat ihn für das Thema weiter sensibilisiert. Ausgangspunkt für sein politisches Engagement war das Ergebnis einer kritischen Auseinandersetzung mit Rassismus. Daraus folgte der Wunsch als Schulgemeinschaft, angetrieben von den Schüler*innen, ein Zeichen zu setzen. Die politische Aktion selbst aber sensibilisierte MICHAEL noch einmal mehr für eigene rassistische Verhaltensweisen. Sie regte damit einen weitergehenden kritischen Denkprozess an.

> *Ich denke, dass die Demo in mir selbst ziemlich viel sogar verändert hat. Vorher hat man mal in den Klassen auch manchmal wirklich rassistische Witze gemacht, aber jetzt nach der Demo sehe ich das komplett anders. Und wenn Leute das machen, spreche ich die an und sag: Hey, muss das sein? Oder ich frage sie, was sie damit bezwecken wollen. Also, es hat in mir ziemlich viel verändert, einfach, weil ich mir vorher nie so Gedanken darüber gemacht habe. (MICHAEL: 296–301)*

Die überwiegende Mehrheit der interviewten Jugendlichen verweist explizit auf den Wert des politischen Konflikts als Grundlage für die Entwicklung ihres politischen Urteils. Die kritische Auseinandersetzung mit den bestehenden Verhältnissen ist für die Jugendlichen immer auch verbunden mit einer Analyse bestehender Macht- und Herrschaftsstrukturen und der damit verbundenen Konflikte. Der politische Streit wird als notwendig für Meinungsbildungsprozesse begriffen.

> *Ich denke aber, dass Konflikte nicht unbedingt sehr negativ sein müssen. Also, sie sind natürlich negativ konnotiert, das ist klar, aber wenn ich mit jemandem eine politische Diskussion führe, ist das ja auch auf die ein oder andere Weise ein Konflikt. Und das finde ich sehr wichtig, weil wenn ich niemals mit jemandem diskutiert hätte, der nicht meine politische Meinung teilt, dann hätte sich auch meine Meinung überhaupt nicht entwickelt. Oder nur in nicht zufriedenstellendem Maße, aus meiner jetzigen Sicht. (LAURENZ: 515–522)*

Die Jugendlichen führen die positive Besetzung des Begriffs Konflikt und ihre eigene Sensibilisierung für gesellschaftspolitische Diskurse in erster Linie auf ihr eigenes politisches Engagement zurück. Analytische Reflexionsprozesse, auch die Aufarbeitung gruppeninterner Konflikte, seien freiwillig. Und was sie dabei lernen, könnten sie auch auf andere Kontexte übertragen.

Und im Unterricht ist es meistens so, da muss man ja auch manchmal Gruppenarbeit oder so reflektieren. Aber da ist es meistens so als Zwang dargestellt und man soll aufschreiben, was gut war und was schlecht war. Aber wenn man sich irgendwie selbst mehr damit befasst und es nicht als Zwang vorgegeben ist, hat das so viel mehr Effekt. Weil so wie es im Moment ist, ist es ja in der Schule mehr so als Zwang vorgegeben, dass man manchmal so reflektieren muss. Aber dann wird es erstens von vielen einfach nicht so ernst genommen, und zweitens hat man dann, glaube ich, nicht so den großen Lerneffekt. Und deswegen ist es einfach viel wichtiger, außerhalb des Unterrichts zu lernen und selbst zu reflektieren. Wenn man sich zum Beispiel mit Freunden streitet oder so etwas, ist es auch immer gut etwas zu reflektieren. Und das lernt man halt durch sich engagieren und selbst was zu machen, was man hinterher reflektieren kann und überlegen kann, was ich besser machen könnte. (LEA: 645–657)

Diese besonderen Rahmenbedingungen für politische Selbstbildungsprozesse ermöglichen es, komplexe politische Zusammenhänge zu erfassen. *„Also, ich erfasse jetzt auch viel mehr die gesamten gesellschaftlichen Kräfte, die irgendwie am Wirken sind".* (LAURENZ: 327–330) Davon ist LAURENZ überzeugt und ergänzt: *„Ich bin der Meinung, dass ich jetzt irgendwie viel bessere Analysefertigkeiten der gesamten gesellschaftlichen Situation habe."* (LAURENZ: 327–330) Sein Textverständnis, seine Lesegeschwindigkeit und der Zugang zu politischen Texten habe sich durch sein Engagement deutlich verbessert. Er führt das darauf zurück, dass sein politisches Engagement sein Interesse an politischen Themen verstärkt habe (LAURENZ 350–370).

Die hier zusammengefassten Erkenntnisse konzentrieren sich auf analytische Elemente der Bildungserfahrungen. Im Mittelpunkt steht dabei, wie die interviewten Jugendlichen politische Konflikte wahrnehmen und welche Rolle die Analyse gesellschaftlicher Verhältnisse in ihrer politischen Arbeit einnimmt. Für diesen Teil der Rekonstruktion von Bildungserfahrungen stehen dementsprechend eher theoretische Dimensionen der Konfliktfähigkeit im Fokus – die Konfliktanalyse. Erfahrungen im Sinne einer Stärkung realer Konfliktfähigkeit werden durch die Analyse von Aussagen der Schüler*innen rekonstruiert, die im weiteren Verlauf der Arbeit vorgestellt werden (siehe Abschnitt: 4.3.4 „Partizipationserfahrungen und Konfliktfähigkeit"). Zunächst werden aber die Aussagen der Jugendlichen daraufhin analysiert, welchen Einfluss ihr politisches Engagement auf die Fähigkeit zur Perspektivenwahrnehmung hat.

4.3.2 Perspektivenwahrnehmung

Die Befähigung zur Perspektivenwahrnehmung und die offene, aber auch kritische Auseinandersetzung mit den pluralen politischen Positionen ist ein Wesensmerkmal politischer Bildungsprozesse. Es könnte die Gefahr bestehen, dass im Kontext politischer Aktion nur unzureichend Raum und Offenheit für die Wahrnehmung vielfältiger Perspektiven besteht (Reinhardt 2014, 278). Entgegen der durchaus begründeten These, dass in der politischen Aktion eine Engführung auf die eigene politische Haltung und Position bestünde, konnten – ohne dass die Perspektivenwahrnehmung expliziter Bestandteil des Interviewleitfadens war – in zehn der 13 Interviews unmittelbare Fundstellen identifiziert werden, die darauf schließen lassen, dass Perspektivenwahrnehmung einen hohen Stellenwert im (Selbst)Bildungsprozess der Jugendlichen einnimmt. Die Jugendlichen betonen wiederholt den Wert eines breiten Meinungsspektrums. Sie begründen dies damit, dass die Wahrnehmung unterschiedlicher Perspektiven und ihre Reflexion Voraussetzungen für die Bildung des eigenen politischen Urteils seien. Stellvertretend für diese Beobachtung steht die folgende Aussage von HELGE:

[I]ch glaube, es ist sehr wichtig, dass es verschiedene Meinungen gibt in der Gesellschaft. Und wenn man Leute dazu anregt, über etwas nachzudenken, und wenn sie darüber nachdenken, vielleicht auch zu sagen, was sie dazu denken, dann schafft das einen Freiraum für viele unterschiedliche Meinungen. Und das ist für die Bildung der eigenen Meinung sehr gut. Man würde niemals Alternativen finden oder Probleme so gut angehen können, wenn alle dieselbe Meinung hätten. Sondern wenn man unterschiedliche Meinungen hört und sich mit vielen verschiedenen, am besten so vielen Meinungen wie möglich auseinandersetzt, dann sieht man die Dinge auch ganz anders und lernt demnach auch sehr viel mehr. (HELGE: 349–358)

Die Jugendlichen sind davon überzeugt, dass die eigene Meinungsbildung nachhaltig von Meinungspluralität und unterschiedlichen Perspektiven profitiere. Notwendig sei dafür ein politischer Diskurs. So spricht HELGE bereits am Beginn des Interviews an, dass man mehr erreichen würde, wenn man sich mit möglichst vielen Personen und ihren Positionen auseinandersetze, *„weil man sich dann viel mehr Meinungen einholen kann und sich auch selber eine viel konstruktivere Meinung bilden kann"* (HELGE: 49–51).

Dieses Grundverständnis gilt sowohl für die interviewten Jugendlichen in den schulischen als auch in den außerschulischen Gruppen. So betonen BEN und LAURENZ, die beide in außerschulischen Jugendgruppen aktiv sind, dass es in ihren Gruppen keine festgeschriebenen politischen Ansichten gibt (BEN:

215–216) und sich die Gruppen als offen verstehen und damit im Prinzip allen ermöglichen wollen mitzuwirken:

> *Erstmal muss ich ja nun auch sagen, dass wir eben eine offene Gruppe sind. Das bedeutet, dass jeder daran teilnehmen kann und wir uns auch wünschen, dass jeder daran teilnimmt. Und daher muss es möglich sein, dass jeder individuell für sich entscheiden kann, was er denn verantworten kann und was er auch tatsächlich kann.* (LAURENZ: 680–684)

Wenngleich die Jugendlichen den Wert von Meinungspluralität betonen, so zeigt sich dennoch in den Interviews, vor allem bei jenen Aktivist*innen, die innerhalb der Schule keine (Frei)Räume für politische Aktionen vorgefunden und daher ihr politisches Handlungsfeld außerhalb der Schule etabliert haben, dass es teilweise an der Offenheit für andere Perspektiven mangelt. Die interviewten Jugendlichen berichten davon, dass sie in ihren Bezugsgruppen immer wieder das Gefühl haben, dass der Wunsch nach Meinungspluralität und die Bereitschaft zu Perspektivenwahrnehmung kein Selbstverständnis sei. So erklärt SOPHIE, eine Berufsschülerin, die sich bei einer antirassistischen Jugendbewegung engagiert, dass es ihr wichtig sei, die Perspektiven anderer zu verstehen, sie aber gleichzeitig überzeugt sei, dass viele in ihrem Umfeld und der politischen Jugendgruppe dazu nicht bereit seien und sich für die Motive anderer politischer Positionen nur bedingt interessierten (SOPHIE: 316–332).

Ein besonderes Potential offenbaren die Interviews mit Jugendlichen, die innerhalb der Schule politische Aktionsgruppen gegründet haben. KATJA, die sowohl Erfahrung in außerschulischen autonomen Jugendprotestbewegungen gesammelt hat als auch in einer selbstorganisierten Arbeitsgemeinschaft in der Schule aktiv ist, beschreibt den Wert schulischer politischer Aktion am Beispiel der Heterogenität bezüglich politischer Positionen und des Aktionskonsenses. Zunächst sah sie das skeptisch, im Laufe der Zeit hat sie es aber als eine Stärke der Arbeitsgemeinschaft empfunden.

> *Ja, gerade weil die Meinungen so verschieden waren über Politik und über das, was wir eigentlich wollen, weil sonst arbeite ich irgendwie mit Leuten zusammen, die zwar nicht 100% aber größtenteils alles so ähnlich sehen wie ich. Und es gibt natürlich, man diskutiert auch mal stundenlang über, keine Ahnung Israel und Palästina, aber der Weg, wie irgendwas erreicht werden soll, ist halbwegs ähnlich. Und da sucht man sich auch irgendwie die Leute, mit denen man da konform geht und gut was machen kann. Und jetzt in der Schule ist es halt so, dass alle, die Bock haben, mitmachen. Und da gibt es halt total krasse Unterschiede. Es war total interessant überhaupt mit den Leuten darüber zu reden, was sie so wollen, aber auch zu merken, dass man trotzdem total gut zusammenarbeiten kann und zwar andere Projekte rauskommen, als wenn es*

mit Leuten ist, mit denen man eher die Meinung teilt, aber es trotzdem total interessant war und irgendwie cool. (KATJA: 396–408)

Insgesamt zeigt sich, dass, wenngleich den politischen Gegner*innen möglicherweise weniger moralische Integrität zugestanden wird, sie als relevante politische Akteur*innen verstanden werden, mit deren Positionen es sich auseinanderzusetzen gilt.

[S]elbstverständlich ist die FDP auch eine politische Organisation, aber selbstverständlich sind ihre Ziele nicht, eine solidarische Gesellschaft zu erreichen. Das ist vielleicht mein persönliches politisches Augenmaß, das was mir wichtig ist und was ich als meinen politischen Kampf oder so etwas verstehe, aber selbstverständlich ist jeder politisch, der irgendeine Vision oder so für die Gesellschaft verfolgt oder jeder, der eben ein Akteur ist in Gestaltungsprozessen. (FRANZISKA: 1042–1063)

Dieses Zitat zeigt auf, dass die Jugendlichen auch politisch Andersdenkende wahrnehmen und ihre Positionen als politisch legitim bewerten, wenngleich sie diese nicht teilen. Sie übernehmen die Perspektiven nicht, nehmen sie aber wahr.

Von besonderer Bedeutung für die vorliegende Untersuchung ist die Frage, welchen Einfluss das individuelle politische Engagement auf die Fähigkeit hat, sich in andere Personen hineinzuversetzen, Offenheit für den politischen Diskurs und Meinungspluralität zu entwickeln und politische Argumentationsmuster politisch Andersdenkender zu verstehen.

Um dieser Frage nachzugehen, wurden Aussagen in die Kategorie „Einfluss des politischen Engagements auf die Fähigkeit zur Perspektivenwahrnehmung" kodiert. Hierbei wurden sowohl Aussagen aufgenommen, die mittelbar als auch unmittelbar Einfluss auf diese Kompetenzentwicklung haben. Herauszustellen ist beispielsweise, dass die Jugendlichen teilweise explizit politische Aktionsformen wählen, um auf den Wert von Meinungspluralität hinzuweisen und um stereotype Denkmuster abzubauen.

Dann haben wir noch so im Allgemeinen über Vorurteile aufgeklärt, also, mit Fakten, also, wir haben das, glaube ich, genannt ‚Fakten gegen Vorurteile‘, und dann so Sachen wie die Kriminalitätsrate von Ausländern und Jobsuche und so weiter dargestellt. Oder auch zum Beispiel die Hartz-IV-Sache, wie viel die bekommen bzw. was das Klischee oder das Vorurteil ist, was die bekommen, und wie viel sie aber wirklich bekommen und das dann aber auch vergleichen mit dem Deutschen. (RONJA: 122–127)

Motivation für das eigene Engagement war es für RONJA und ihre Mitstreiter*innen in der schulischen Jugendinitiative, gegen Vorurteile anzugehen und ihren Mitschüler*innen neue Perspektiven aufzuzeigen. Sie ergänzt im Laufe des Interviews die oben zitierte Aussage wie folgt:

Es war so, dass wir gerne ein paar Projekte ansprechen wollten – also in der Zeit hat es uns total genervt, dass so viele Vorurteile kommen – wie: Die sind so kriminell und vergewaltigen unsere Frauen. Also, die üblichen, sodass wir die aufklären wollten und das Ganze hat sich irgendwie gut ergeben. (RONJA: 258–262)

Doch nicht nur die Aktionsformen sensibilisieren dafür, Vorurteile abzubauen und den Wert von Multiperspektivität anzuerkennen. ESRA, Schülerin der Sekundarstufe I, betont, dass es ihr vor allem durch die Arbeit in der Antirassismus-AG gelungen sei andere Perspektiven bewusster wahrzunehmen.

Aber eher ist es positiv, dass ich sage: Okay, jetzt habe ich auch ein anderes Bild, ich kann es auch von einer anderen Perspektive angucken. Aber ich darf dabei nicht vergessen, und das, da versuche ich mich immer daran zu erinnern, ich darf dabei nicht vergessen, auch von anderen Perspektiven zu gucken. Also, ich gucke zwar von einer Perspektive, aber ich darf nicht vergessen, die anderen Perspektiven auch zu beachten und auch zu akzeptieren. (ESRA: 375–381)

Die Arbeit in der politischen Arbeitsgemeinschaft hat ESRA nach eigener Aussage dafür sensibilisiert die Perspektiven Andersdenkender wahrzunehmen. Auch LAURENZ verweist darauf, dass er erst durch sein politisches Engagement gelernt habe, offen für andere Perspektiven auf gesellschaftspolitische Themen zu sein:

Ich bin, meiner Meinung nach, insgesamt offener geworden, offener gegenüber Neuem. Ich habe früher ja auch politisch viele Sachen einfach anders gesehen. Ich bin viel offener gegenüber armen Menschen beispielsweise, und kann, glaube ich, deren Schicksale irgendwie jetzt besser irgendwie nachvollziehen und verstehen, irgendwie. Also, jetzt vorher zum Beispiel, wo ich das dann eher vielleicht eingleisig irgendwo gesehen habe und dass ich die ganze Sache irgendwo nicht so gut von allen Ecken und Enden verstehen konnte. (LAURENZ: 332–339)

LAURENZ ist überzeugt, dass er durch sein Engagement in der Jugendbewegung mehr Empathie und Verständnis für individuelle Schicksale entwickelt hat (LAURENZ: 341).

Doch wenngleich nahezu alle Befragten – zumeist ohne dass Multiperspektivität explizit thematisiert wurde – den Wert von Meinungsvielfalt betonen, so definieren sie auch klar die Grenzen der Bereitschaft zur Perspektivenübernahme. FRANZISKA erklärt beispielsweise, dass das Zulassen von politischen

Aktionen und Diskussionen für sie auch bedeutet, die ganze Pluralität des Meinungsspektrums abzubilden. Und dennoch findet sie, dass es Grenzen geben muss.
Rassismus und Sexismus sind für sie inakzeptabel.

> *Ich hatte auch durchaus meine Diskussionen mit Leuten von den Jungen Liberalen oder
> der Jungen Union und mit denen diskutiere ich auch gerne. Ich habe auch oft erlebt,
> dass ich Leute von denen von irgendwas überzeugen konnte. Mir hat zum Beispiel mal
> jemand von der Jungen Union erzählen wollen, Atommüll sei überhaupt kein Problem,
> man könne das ja einfach nach Afrika verkaufen. Die Diskussion mit dem hat mir total
> viel Spaß gemacht, ehrlich gesagt, da sein Argument zu vermöbeln. Und das war auch
> gut und das hat auch andere weitergebracht, die das mitbekommen haben und eben
> da kann man ja auch eine Lösung finden. Ich finde, es gibt aber Grenzen, und ich finde
> das auch im Rahmen von einer Schule wichtig, dass man da zum Beispiel festlegt, dass
> politische Differenzen, dass Pluralität, dass Toleranz, dass verschiedene Meinungen
> total erwünscht sind. Aber dass man eben, wie wir es auch in unserer Jugendbewegung
> hier machen, auskommen will ohne Rassismus. Weil ich finde, dass Rassismus oder
> Sexismus, dass Diskriminierung keine Meinung, jedenfalls keine irgendwie legitime
> Meinung ist und da kann man auch sagen: Das akzeptieren wir nicht! (FRANZISKA:
> 1044–1059)*

Auch BEN betont, dass rechte und rassistische Hetze für ihn keine legitime Mei-
nungsäußerung darstellen: *„Keine Ahnung so, rechte und fremdenfeindliche Hetze
ist für mich keine Meinung, sondern tendenziell ein Verbrechen. "* (BEN: 404–406)
   Wenngleich FRANZISKA und BEN sich selbst eher als links-liberal einge-
stellt beschreiben, so halten sie es für wichtig, dass verschiedene Positionen
auch in der Schule offen formuliert werden dürfen. Maßgeblich für die Grenzen
dessen, was im Sinne der Meinungsfreiheit zu tolerieren sei, seien Grund- und
Menschenrechte. Politische Diskurse an der Schule dürften keinen Raum für die
Verbreitung diskriminierender Positionen schaffen. Auch HELGE, der in Sozialen
Netzwerken wie Instagram politische Diskurse anregt, aber darüber hinaus auch
an seiner Schule Anlässe für einen offenen politischen Meinungsaustausch schaffen möchte, betont den Wert der Schule als einen Ort, an dem junge Menschen,
die sich nicht für Politik interessierten, auch mit politischen Themen konfrontiert
würden. Sie lernten dadurch andere Meinungen und Sichtweisen kennen.

> *In der Schule, vor allem im Unterricht. Ich habe das Glück, dass ich viele Lehrer
> habe, die sich an den Lehrplan halten, aber trotzdem versuchen, diese Themen mit
> Politik in Verbindung zu bringen. Zum Beispiel, wenn wir in Deutsch Bücher lesen und
> Charaktere analysieren, haben wir das im Zusammenhang mit der Flüchtlingskrise
> gemacht und ein Buch über einen Flüchtling gelesen. Ich denke, da kann man sich
> sehr gut mit den Leuten auseinandersetzen, die sich auch damit auseinandersetzen
> wollen. Vor allem in der Schule kriegt man natürlich auch, wenn man es im Unterricht*

macht, die Meinung anderer zu hören, die sich ansonsten eher nicht so sehr mit dem Thema auseinandersetzen. Weil sie eben dann in der Schule damit direkt konfrontiert werden. (HELGE: 238–248)

BEN betont darüber hinaus die Notwendigkeit, verschiedenen politischen Positionen in der Schule Raum zu geben. *„Und man muss irgendwie Perspektiven vermitteln, die es gibt in der Politik. Und dann muss man, müssen die Schüler und Schülerinnen ein bisschen selber entscheiden, wie sie jetzt damit umgehen, ob sie das jetzt aktiv weiternehmen."* (BEN: 662–665)

Zusammenfassend lässt sich feststellen, dass sich die politisch aktiven Schüler*innen intensiv mit der Bedeutung von Perspektivenwahrnehmung und Multiperspektivität auseinandersetzen. Sie betonen, dass ihnen erst die Auseinandersetzung mit verschiedenen Positionen die Weiterentwicklung der eigenen Ideen und der eigenen politischen Sichtweisen ermögliche. Grundsätzlich bezeichnen sich die politischen Gruppen als offen, aber die Schilderungen von SOPHIE und KATJA lassen auch erkennen, dass es vor allem bei den außerschulischen Jugendgruppen eine Diskrepanz gibt zwischen dem postulierten Selbstverständnis politischer Offenheit und dem tatsächlichen Verhalten. So berichten Jugendliche, die in außerschulischen Gruppen aktiv sind, davon, dass zwar grundsätzlich eine Offenheit für andere Perspektiven proklamiert werde, aber die Bereitschaft, sich den Sichtweisen politisch Andersdenkender tatsächlich zu öffnen, teilweise gering sei.

Ein besonderes Potential scheinen daher politische Arbeitsgemeinschaften und Initiativen zu haben, die sich im Kontext der Schule organisieren. Strukturell bedingt ist die Zusammensetzung der Aktivist*innen hier in Bezug auf die politischen Positionen heterogener. Den Erfahrungsberichten der Schüler*innen ist zu entnehmen, dass dies anfänglich als anstrengender empfunden wird, aber insgesamt eine größere Offenheit für vielfältige Perspektiven ermöglicht.

Es lässt sich konstatieren, dass die Notwendigkeit politischer Vielfalt einhellig anerkannt wird. Auch politische Gegner*innen werden als relevante und ernst zu nehmende politische Akteur*innen wahrgenommen. Dabei unterscheiden die politisch aktiven Schüler*innen allerdings zwischen politisch legitimen und moralisch nachvollziehbaren Positionen. Unabhängig davon, in welchem Kontext (schulisch/außerschulisch) sie aktiv sind, betonen die Jugendlichen, dass sie durch ihr politisches Engagement sensibilisiert wurden für vielfältige Positionen.

Die interviewten Jugendlichen setzen für die Bereitschaft zur Perspektivenwahrnehmung und Perspektivenübernahme auch klare Grenze: Fremdenfeindliche Hetze, Sexismus und Homophobie sind für die Schüler*innen inakzeptabel. Einhellig wird betont, dass die Schule ein Raum sei, der die Möglichkeit biete, mit vielfältigen politischen Positionen in Kontakt zu kommen. Die Schüler*innen sind überzeugt, dass die Schule sich öffnen sollte für politische Positionierung, für das politische Handeln der Jugendlichen, aber dabei eben auch Grenzen setzen muss, die sich an den Grund- und Menschenrechten orientieren.

Neben analytischen Fähigkeiten und einer damit verbundenen kritisch reflexiven Auseinandersetzung mit Informationen ist für politische Bildungsprozesse von Bedeutung, welche Auswirkungen diese Fähigkeiten auf die Urteilsbildung der Individuen haben.

4.3.3   Urteilsbildung und Kritik

4.3.3.1 Urteilsbildung zwischen „gesellschaftlichem Sein und Bewusstsein"

In der Politikdidaktik wird die Notwendigkeit vielfältiger Fähigkeiten und dabei insbesondere die Bedeutung der Perspektiven-/Rollenübernahme, des sozialwissenschaftlichen Analysierens und der Konfliktfähigkeit für die Urteilsbildung betont. Diese ist eng verknüpft mit politischer Handlungsfähigkeit, da politisches Handeln ohne eine elaborierte Positionierung in Bezug auf politische Situationen kaum möglich ist (Sander 2008, 91). Im Folgenden werden daher die Aussagen der Schüler*innen analysiert und strukturiert, die auf eine (gelingende) Urteilsbildung schließen lassen.

Alle befragten Schüler*innen haben direkt oder indirekt beschrieben, dass ihr politisches Engagement ihre Urteilsbildung geprägt hat. Die Mittelstufenschülerin LEA bringt es auf den Punkt: *„Zum einen ist es halt wirklich so, dass man sehr viel dadurch lernt, unterbewusst einfach, weil man zum Beispiel lernt, sich eine eigene Meinung zu bilden oder sich selbst zu reflektieren[.]"* (LEA: 837–843) Dies ist nicht zuletzt darauf zurückzuführen, dass Analysekompetenzen gestärkt werden und Perspektivenvielfalt von den Akteur*innen als wertvoll empfunden wird. Vor allem die Auseinandersetzung mit Andersdenkenden bewegt die politisch aktiven jungen Menschen dazu, die eigene Position zu überdenken und zu reflektieren.

Es bereichert einen sehr, weil man andere Meinungen hört. Und wenn man andere Meinungen hört, die nicht mit den eigenen übereinstimmen, dann setzt man sich natürlich damit auseinander und überlegt, wie jemand dazu kommt. Woher holt er sich die Informationen, die ihn zu dieser Meinung führen? Und teilweise kommt man dann natürlich auch zu dem Punkt, wo man auch über seine eigene Meinung nachdenkt, weil man eben Gegenpunkte erlebt und hört und dann natürlich auf Kritikpunkte aufmerksam wird, die man vielleicht vorher noch nicht so gesehen hat. Und je mehr man sich natürlich dann damit auseinandersetzt, desto breiter wird auch die eigene Meinung und desto breiter gefächert natürlich auch das eigene Wissen. Und je breiter das Wissen ist, desto besser die Meinung, die man sich natürlich auch bilden kann. (HELGE: 261–271)

Die Tatsache, dass Meinungspluralität grundsätzlich als wertvoll und als notwendiger Bestandteil eines konstruktiven politischen Diskurses verstanden wird, führt dazu, dass sich die Jugendlichen auch kritisch mit der teilweise unzureichenden Meinungspluralität in der eigenen Gruppe auseinandersetzen. Für SOPHIE ist es wichtig, dass nicht immer nur vermeintliche Einigkeit besteht, sondern in der Gruppe immer auch Bedenken geäußert werden dürfen. Sie ist überzeugt, dass dies die Grundlage für eine gemeinsame Meinungsbildung sei.

Mal schauen, wir wollen am Montag noch ein bisschen diskutieren und noch einmal diese ganzen Forderungen besprechen, weil wir einen Bildungsstreik organisieren wollen und dann diese ganzen Forderungen noch einmal überarbeiten und überdenken. Keine Ahnung, ich hoffe, dass das schon vielleicht ein bisschen hitziger wird (lacht). Ich finde es nicht immer ganz gut, wenn man immer ,Ja und Amen' zu allem sagt, sondern dass wirklich jeder auch mal so seine Bedenken äußert und so etwas. (SOPHIE: 258–264)

Später im Verlauf des Interviews erklärt sie, warum ihr diese Offenheit so wichtig ist. Die Berufsschülerin betont die Notwendigkeit unterschiedliche Perspektiven anderer zu verstehen. Sie habe aber gleichzeitig das Gefühl, dass einige Aktivist*innen der Gruppe, in der sie sich engagiere, daran kein Interesse hätten. Wenngleich sie die politischen Ansichten ihrer Mitstreiter*innen teile, sei es für SOPHIE essenziell, die Motive anderer politischer Positionen im Blick zu behalten.

Manche haben dann schon gleich von vornherein so ihre Standpunkte, wo ich mir dann denke: Okay, jetzt höre es dir doch erstmal an und schaue es dir von allen möglichen Seiten an und sage nicht gleich schon wieder von Anfang an, was richtig oder falsch ist. Oder was, ja, manchmal habe ich so bei manchen Leuten echt das Gefühl, dass sie es vielleicht selber, wenn sie darüber nachdenken würden, bestimmte Sachen so gar nicht unbedingt als schlecht oder so etwas abstempeln würden, aber aus ihrer politischen Meinung heraus gleich sagen: okay, das ist schlecht, das kann man nicht machen. Und dann gar nicht bedenken, was da noch alles mit dranhängt, was es da noch für Parameter gibt, die man noch beachten muss und die da mit reinfließen. Und dass man deswegen manche Sachen so machen muss und ja vielleicht aufgeweichter und liberaler oder so etwas und nicht radikaler oder so. (SOPHIE: 316–332)

Diese reflektierte und (selbst)kritische Auseinandersetzung mit der Offenheit für andere politische Ansichten in der eigenen Gruppe zeigt, dass sich SOPHIE nicht

von der vermeintlichen Einigkeit in der Gruppe vereinnahmen oder überwältigen lässt. Auch die deutlich jüngere ESRA reflektiert auf einer sehr abstrakten
Ebene den Einfluss der Gruppe, in der sie sich engagiert. Auch sie hat keine
grundsätzlichen Zweifel an den politischen Positionen der anderen aktiven Schüler*innen in ihrer selbstorganisierten Antirassismus-AG, aber sie beschreibt eine
Gefahr, die sie in einer unbewussten Prägung einer Gruppenmeinung sieht. ESRA
beschreibt sich als ‚politisch links‘, möchte aber nicht, dass ihre Meinung durch
das *„Linksdenken der Gruppe"* geprägt wird.

> *Was ich aber sagen will, ist, dass durch die AG das nicht immer ganz positiv ist, weil
> die AG meine Gedanken manchmal sogar lenkt. Also, dass ich sage, dass ich diese
> Themen immer nur von der negativen Seite angucken muss, dass ich sage: Oh, ja. Jetzt
> gibt es wieder die Diskriminierung, und jetzt ist wieder, mmmh, aber vielleicht ist, mir
> fällt jetzt gerade kein Beispiel ein, aber vielleicht gibt es ja auch positive Sachen daran.
> Aber dadurch, dass wir so gelenkt werden, durch dieses, ja, Linksdenken, würde ich mal
> sagen, dass ich manchmal vielleicht sogar vergesse, was meine eigene Meinung dazu
> ist, weil ich einfach sozusagen mit diesen Werten dort aufgezogen und aufgewachsen
> bin. (ESRA: 366–375)*

Auch SOPHIE reflektiert den Einfluss der Gruppe auf ihre individuelle Urteilsbildung. Sie merkt, dass die Gruppe ihr politisches Urteil prägt, auch ihr
Denken beeinflusst. Sie ist froh über die Denkanstöße, will sich aber auch nicht
beeinflussen lassen.

> *Ich war auch ein bisschen schockiert darüber, also, dass das so mein Denken beeinflusst
> auf jeden Fall. Ich meine, es ist ein Schülerbündnis, aber es sind eben auch, es ist
> schon linksorientiert und es sind natürlich auch Leute dabei, die radikal links, also
> linke Positionen vertreten. Und ja, man fängt an, also, ich habe mir früher auch immer
> gedacht, so Linke, okay, das ist auch nicht so mein Fall, keine Ahnung. Manchmal
> hat man so gehört, radikal links oder radikal rechts ist irgendwie so dasselbe und
> deswegen, keine Ahnung, so radikal links war für mich auch so: Was ist denn das für
> eine? Keine Ahnung, man übernimmt dann schon irgendwie diese Position und man
> versteht die Leute auch besser und man kann sie auf jeden Fall besser nachvollziehen
> und man merkt auch: Scheiße, es ist nicht alles so wunderbar hier, auch mit unserer
> Demokratie und so etwas. Man darf trotzdem auch nicht immer, man muss trotzdem
> aufpassen, dass man sein eigenes Denken nicht auch vergisst. Ich bin schon froh über
> diese neuen Anstöße, und auch über diese kritischere Weltanschauung. Vor allem muss
> ich aber aufpassen, dass ich trotzdem auch nicht vergesse, selber zu denken, was
> schwer ist, wenn man wenig Schlaf bekommt (lacht). (SOPHIE: 411–426)*

Insgesamt deuten die Aussagen aller interviewten Schüler*innen darauf hin, dass
sie sich der Wirkung der Gruppe auf die Beurteilung politischer Fragen bewusst

sind. Der Einfluss gruppendynamischer Prozesse auf ihre Urteilsbildung beschäftigt die Schüler*innen und sie erkennen die Gefahren, die damit verbunden sind. Wenngleich die Jugendlichen sensibilisiert sind für den Einfluss ihrer Mitstreiter*innen auf ihre individuelle Urteilsbildung, so betonen sie insgesamt aber den Mehrwert des politischen Engagements in der Gruppe und verschiedener politischer Aktionsformen.

Immer wieder wird das eigene politische Engagement der Jugendlichen mit dem individuellen Bedürfnis begründet, einen Beitrag für eine bessere Gesellschaft, eine bessere Welt zu leisten. KATJA erklärt ihre Motivation für ihre Mitwirkung in politischen Aktionen auch mit der moralischen Verpflichtung, alles dafür zu tun, die Welt ein bisschen besser zu machen.

Ja, das Oberziel ist dieses Utopische, alle können irgendwie gleichberechtigt nebeneinander leben, wo ich auch weiß, dass es wahrscheinlich nicht passieren wird. Aber weil ich denke, dass es das Beste wäre, was der Welt passieren könnte, könnte ich mich nicht <u>nicht</u> dafür engagieren, weil ich mich einfach total blöd fühlen würde und das Gefühl hätte, so: was mache ich hier eigentlich? Und manchmal ärgere ich mich auch darüber, dass das so ist, weil ich viel lieber zu McDonald's gehen würde und mir einen Burger reinpfeifen würde. Aber ich will irgendwie die Welt besser machen, weil ich denke, dass das meine Pflicht ist, weil ich hier lebe und darüber nachgedacht habe, dass das so wie es jetzt ist, nicht gut ist. Und es macht auch ein bisschen Spaß, aber das nicht immer. (KATJA: 433–443)

Ganz konkret werden diese moralische Ebene und ihr Einfluss auf das politische Handeln der Kinder und Jugendlichen am Beispiel einer Initiative von LEA. Sie veröffentlichte einen offenen Brief an ihre Mitschüler*innen und an die Lehrkräfte ihrer Schule. Ihr Ziel: Möglichst viele Familien sollten als Vormünder Verantwortung für unbegleitete minderjährige Geflüchtete übernehmen. Sie begründet diesen Apell vor allem mit der gesellschaftlichen Wirkung. So wären unbegleitete minderjährige Geflüchtete, die einen deutschen Vormund hätten, in der Mitte der Gesellschaft und nicht an den Rand gedrängt. Dies würde auch dazu führen, dass die Brücken zu Menschen mit Fluchterfahrung leichter zu schlagen sind.

Wenn jeder Geflüchtete einen Vormund hätte, wäre es, glaube ich, einfach ein komplett anderer Umgang mit Flüchtlingen, einfach generell in der Gesellschaft. Weil meistens ist es, auch wenn viele Leute sagen, sie finden es nicht so, bei vielen Leuten ist es einfach so, dass sich viele Leute gestört haben oder Angst haben vor den Flüchtlingen und sich irgendwie eingeschränkt fühlen durch die Flüchtlinge. Aber wenn man selbst Kontakt mit Flüchtlingen hat, glaube ich, werden einfach irgendwie Kontakte gesetzt und Brücken gebaut, die dann so die Kulturen verbinden und irgendwie Ängste nehmen und man sich dann nicht mehr eingeengt fühlt und man miteinander lebt. Wenn man miteinander lebt, fühlt man sich nicht eingeengt. (LEA: 881–890)

Neben diesem Fallbeispiel aus dem Interview mit LEA ist allen Interviews gemein, dass die Schüler*innen von einem solidarischen Gesellschaftsverständnis geprägt sind. Bemerkenswert ist aber, dass sich dieses Selbstverständnis nicht beiläufig entwickelt, sondern teilweise sehr bewusst reflektiert wird. Besonders eindrücklich wird dies in den Ausführungen von FRANZISKA, die die Herausforderungen für eine begründete Werturteilsbildung wie folgt zusammenfasst:

> *Ich versuche das zu erklären, mir fällt das gerade schwer. Ich glaube, dass im Prinzip das gesellschaftliche Sein das gesellschaftliche Bewusstsein des Menschen bestimmt. Die Lebensumstände, die du hast, bestimmen auch deine Art und Weise, wie du denkst, weil du dein Verhalten ja auch irgendwie rechtfertigen musst vor dir selbst. Die meisten Menschen halten sich ja auch für moralisch. Also, ich glaube, ich kenne niemanden, der von sich behauptet: Ich bin ziemlich egoistisch und asozial. Man versucht, für jegliches Verhalten, von dem man tief in sich drin weiß, dass das eigentlich nicht in Ordnung ist, irgendwie eine Rechtfertigung zu finden. Dass man zum Beispiel sagt: ja, mir schenkt doch auch keiner was. Oder: das hätte der doch genauso gemacht. Oder: der verarscht mich doch auch ständig. Oder so: ach ja, keine Ahnung, habe ich das hier jetzt geklaut, aber das tut dem Aldi jetzt nicht weh. Deswegen glaube ich, dass das kein Prozess ist, den man voneinander trennen kann, sondern dass auf dem Weg zu einer besseren Gesellschaft die Menschen sich mit verändern. Das greift sozusagen ineinander über. Auch wenn der eine Prozess manchmal weiter fortgeschritten ist als der andere, holt sich das gegenseitig ein. Ich glaube, das sind zwei Sachen, die gleichzeitig passieren, die sich gegenseitig bedingen und nicht eins zuerst und dann das andere. (FRANZISKA: 400–417)*

FRANZISKA beschreibt dabei ein Prinzip, bei dem das „*gesellschaftliche Sein*", die Lebensumstände, sozioökonomische Voraussetzungen und Privilegien, auch das Werturteil und damit das moralische Handeln der Menschen beeinflusst. Ohne direkt auf Urteilsbildung als zentrale Kompetenz der politischen Bildung angesprochen zu werden, offenbart diese Schilderung ein komplexes Verständnis der Entwicklung eines politischen Bewusstseins.

Der Blick auf das Selbstverständnis des gesellschaftlichen Zusammenlebens prägt vor allem die Werturteilsbildung der Kinder und Jugendlichen und ist nachhaltig vom politischen Engagement geprägt. HELGE beschreibt das wie folgt: „*Ich möchte auf jeden Fall etwas machen, was mich selbst erfüllt und wo ich sage, ich lebe nicht nur für mich, sondern auch für andere Menschen. Vor allem auch die Zukunft [...]. Der Blick darauf ist sehr viel anders geworden.*" (HELGE: 337–340) Dabei heben die befragten Schüler*innen vor allem die Tatsache hervor, dass sie durch das politische Engagement dazu veranlasst werden, sich mit realen politischen Problemlagen zu befassen. Es ist ihnen dabei wichtig, über

die Ebene einer ausschließlich sachlichen Auseinandersetzung mit gesellschaftspolitischen Problemen hinauszugehen und politische Urteile sachlich, aber auch
moralisch begründen zu können. Anders als im Unterricht empfinden sie den Meinungsbildungsprozess im Kontext der von ihnen gewählten Aktionsformen als
authentisch und grenzen diese Erfahrungen daher deutlich von Erfahrungen im
Politikunterricht ab.

4.3.3.2 Wert realer und nicht simulierter Meinungsbildung

SOPHIE betont, dass sie sich durch das politische Engagement in der Jugendbewegung mit politischen Themen intensiver befasst und sich im Zuge dessen
erstmals eine politische Meinung gebildet hat.

Ich habe mir letztens gedacht, ich habe zum ersten Mal wirklich so etwas Ähnliches
wie eine Meinung zu bestimmten Sachen, auf jeden Fall. Weil dadurch, dass ich es
vorher einfach gemieden habe, habe ich auch wenig darüber geredet und mich wenig
mit Politik oder mit politischen Ereignissen, gesellschaftlichen Ereignissen irgendwie
beschäftigt. Und ja, ich glaube, ich hatte da auch nie wirklich eine Meinung dazu. Und
das ist irgendwie schon, ich weiß auch nicht, ob ich jetzt so etwas wie eine, ich weiß
nicht, unterscheidet man zwischen Meinung und Standpunkt? Also, ich würde sagen,
vielleicht habe ich eine Meinung, aber noch keinen richtig 100%igen Standpunkt.
(SOPHIE: 375–388)

In der Schule ist es dem Politikunterricht nicht gelungen, das Interesse für politische Themen bei SOPHIE zu wecken. Dies kann auch darauf zurückzuführen sein,
dass der Politikunterricht noch immer zumeist als Institutionenkunde wahrgenommen wird (hierzu ausführlich in Abschnitt 2.2.2.2 „Richtiges Politikwissen?").
Exemplarisch sei hierfür eine Aussage von FRANZISKA angeführt, die darstellt,
wie in ihrem Politikunterricht das Thema Europäische Union behandelt wurde:

Und dann haben wir mithilfe einer Broschüre von der Konrad-Adenauer-Stiftung dann
das Thema „Konrad Adenauer und die europäische Einigung" durchgenommen und
mussten dann die Jahreszahlen auswendig lernen. Also, ich hatte eigentlich keinen
Politikunterricht, in dem es mal zur Debatte gekommen wäre oder in der irgendwie
eine Meinungsbildung im Vordergrund gestanden hätte. Das heißt, meine politische
Bildung habe ich immer nur außerhalb der Schule eigentlich gehabt. (FRANZISKA:
931–937)

Die Aussage von FRANZISKA verdeutlicht, dass sie Urteilsbildung, zumindest
im Sinne einer authentischen Meinungsbildung, nicht als Bestandteil ihres Politikunterrichts wahrgenommen hat. Die Aussagen von BEN lassen darauf schließen,
dass sich bei ihm der Eindruck verfestigt hat, dass sich vor allem die Lehrkräfte

anderer Fächer (keine Politiklehrkräfte) über politische Schüler*innen freuen, weil diese sich ein Urteil bilden können und sich aktiv einbringen. Am Beispiel des Englischunterrichts verweist er darauf, dass sich vor allem die politisch aktiven Schüler*innen auch zu Themen wie Rassismus oder Kolonialisierung äußern wollen und sich im Unterricht positionieren. Für Politiklehrkräfte, so beschreibt BEN seine Erfahrungen, seien politisch interessierte Schüler*innen zuweilen eher lästig (BEN: 683–690). BEN beschreibt einen fundamentalen Unterschied zwischen Urteilsbildung und Diskursen im Kontext des politischen Engagements und dem Lernort Unterricht. In der Schule würden die Argumente vorgegeben und Urteilsbildung simulativ erprobt. Dieses Verfahren erweckt bei BEN den Eindruck, als würden die Lehrkräfte den Schüler*innen nicht zutrauen, eigenständig Argumente zu finden und abzuwägen.

> *Fundamentale Unterschiede liegen halt irgendwie prinzipiell auch darin, dass, wenn wir Diskussionen in der Schule haben, dass wir dann die Argumente ausgeteilt bekommen und die dann diskutieren sollen. Also, wir kriegen Argumente, die sollen wir dann benutzen, weil ich irgendwie das Gefühl habe, man geht davon aus, dass wir selber keine haben. Und das ist halt in der Gruppe anders. Das ergibt sich auch daraus, dass wir in der Gruppe alle freiwillig da sind und in der Schule alle da sitzen müssen, was halt die Debatte in der Gruppe emotionaler, aber auch in vielen Fällen deutlich interessanter und auch informativer macht, als zum Beispiel in der Schule, wo man ein Blatt mit irgendeiner Theorie bekommt, nicht sagen darf, ob die richtig oder falsch ist, sondern die einfach vertreten muss. (BEN: 601–611)*

BEN führt später im Verlauf des Interviews an, dass er das Gefühl habe, dass Schüler*innen in ihrer individuellen Urteilsbildung bevormundet würden und Kritik an bestehenden Verhältnissen nicht erwünscht sei. Dieser Umstand schränke Kreativität und freiheitliches Denken ein. Seine Aussage steht hier stellvertretend für mehrere Erfahrungsberichte von Schüler*innen, die für die vorliegende Studie interviewt wurden.

> *Und auch allgemein – irgendwie auch in der Schule – ein bisschen mehr auch den Schülern vertrauen, glaube ich, wäre wichtig. Ich habe irgendwie immer das Gefühl, dass man in der Schule sehr stark bevormundet wird, auch in politischer Meinung, also, das gesagt wird: Das ist der Rahmen, in dem ihr euch bewegen dürft, und wenn ihr da rausgeht, dann ist das falsch. Und das finde ich persönlich einen katastrophalen Ansatz. Das schränkt ganz massiv ein, auch Kreativität und freiheitliches Denken. Und ich finde, das könnte man gut ändern. (BEN: 669–676)*

BEN ist überzeugt, dass ihm erst das politische Engagement, die Erfahrung mit politischen Aktionsformen und die Arbeit in der Jugendgruppe einen Freiraum geschaffen hätten, um sich die politische Wirklichkeit sinnhaft zu machen und reale Verfahren der Meinungsbildung zu erleben. BEN ist überzeugt, dass die Schule diese Erfahrung systematisch unmöglich mache. Auch HELGE bestätigt diesen Eindruck und begründet seine Haltung mit einem Fallbeispiel. Bei einem Workshop an seiner Schule, den er maßgeblich mitorganisiert hat, sollten alternative politische Systeme und Ideologien diskutiert werden. Thematisiert wurden unter anderem der Anarchismus und der Kommunismus. Für HELGE wurde schnell deutlich, dass die Lehrkraft einen offenen Diskurs dazu nicht zulassen würde. Dennoch hat er sich positioniert und seine Meinung geäußert.

Und ich glaube, hätte ich da, also, ich habe das teilweise gemacht, dass ich da offen gesagt habe, was ich dazu denke, aber hätte ich das krasser gemacht, dann wäre das auf sehr, sehr viel Kritik gestoßen. Was es auch ist im Unterricht. Ich habe den Lehrer auch im privaten Unterricht, abgesehen von dem Workshop. Und seitdem ist dieses Verhältnis sehr gespannt und wirkt sich vielleicht auch ein bisschen auf meine Noten aus. (HELGE: 125–138)

Auch BEN (703–707) ist überzeugt, dass kritische Schüler*innen in der Schule nicht erwünscht seien. Für HELGE beeinflusst diese Erfahrung auch sein Verhalten in der Schule. Er ist überzeugt, dass er seine politische Meinung in der Schule nicht öffentlich machen könne, weil er dann Probleme bekäme. Das habe auch Einfluss auf seine Urteilsbildung im Kontext des formalen Lernens in der Schule und im Unterricht.

Ich glaube, beziehungsweise ich spüre das persönlich auch, dass ich auch im schulischen Alltag öfter mit Politik konfrontiert werde, auch im Unterricht, und ich das Problem habe, dass das nicht immer so neutral ist, wie ich es mir vorstellen würde oder wie ich es gerne hätte. Das heißt, wenn ich meine Meinung öffentlich kundtun würde, auch in der Schule, dann würde ich damit teilweise ziemlich Probleme bekommen. Kriege ich auch teilweise, das nehme ich auch in Kauf. Aber was so das Ansehen angeht und wie sich dann damit auseinandergesetzt wird, was ich denke, ist teilweise sehr kritisch und bringt mir nicht viel. Außer dass ich damit vielleicht Schüler zum Nachdenken anrege. (HELGE: 112–120)

Nahezu alle interviewten Schüler*innen berichten von ähnlichen Erfahrungen. Es wird deutlich, dass sie das Ergebnis der individuellen Urteilsbildung zu politischen Fragen in der Schule und im Unterricht oftmals nicht verbalisieren können oder gar dürfen. Unabhängig von den Konflikten auf individueller Ebene zwischen Lehrkräften und Schüler*innen, von denen der überwiegende Teil der befragten Jugendlichen berichtet, lassen sich aus den subjektiven Erfahrungsberichten auch strukturelle Zwänge identifizieren, in denen die Schule verhaftet zu sein scheint.

So berichtet KATJA davon, wie wenig anerkennend der Umgang mit politisch engagierten Schüler*innen zuweilen ist. In ihrer Gruppe hatten sie sich entschieden, einen Aktionstag „Schule gegen rechts" zu organisieren. Thematisiert werden sollten der erstarkende Rechtspopulismus, Rassismus und Nationalisierungstendenzen in der Gesellschaft. Der Titel und das Thema für den Aktionstag war das Ergebnis einer politischen Urteilsbildung. Die Schüler*innen haben das Potential und die Gefahr von Radikalisierungsprozessen am rechten Rand des politischen Spektrums erkannt sowie die damit verbundene Wirkung bis in die Mitte der Gesellschaft. Wie gefestigt ihr politisches Urteil ist, wurde bereits sehr früh in der Phase ihres politischen Engagements auf die Probe gestellt, denn bereits der Titel für den Aktionstag „Schule gegen rechts" wurde, so beschreibt es Katja, von einigen Mitschüler*innen sowie durch die Schulleitung kritisiert und zunächst abgelehnt. Eine Umformulierung habe im Raum gestanden, denn Gefahr ginge doch von „rechts" und von „links" aus (KATJA: 313–318). Der Aktionstag durfte letztendlich weiterhin „Schule gegen rechts" heißen, die Arbeitsgemeinschaft haben die Schüler*innen dann aber umbenannt. Wenngleich diese Erfahrung zunächst mit Frustration (ausführlich zu den Frustrations- und Anerkennungserfahrungen in Abschnitt 4.3.5.1) verbunden war, so bot es auch einen wertvollen Lernanlass für politische Bildung, der aber nur in Ansätzen genutzt wurde. „Wir sind nicht tiefer auf die Begriffe eingegangen" (KATJA: 316) fügte KATJA im Interview noch an und offenbarte damit, wie eine große Chance die Erfahrungen der politischen Aktion als Bildungsgelegenheit aufzuarbeiten, auch bei autonomen Jugendgruppe, die sich an der Schule verorten, zuweilen ungenutzt bleiben.

Dennoch begleitet der Prozess der politischen Urteilsbildung die Erfahrungen in politischer Aktion in allen Phasen – ausgehend vom Interesse an politischen Themen, über die Planung und Umsetzung von politischen Aktionen bis hin zu dessen Reflexion. Oftmals ist der Akt der politischen Beteiligung auch Antrieb zur Analyse bestehender Verhältnisse und ihrer Beurteilung. Auch FRANZISKA beschreibt, wie ihr Interesse für politische Themen durch das politische Handeln gestiegen ist. Dadurch hat sie begonnen, sich mit Themen zu befassen, Informationen zu recherchieren und sich ein Urteil zu bilden. Sie führt das nicht zuletzt darauf zurück, dass das Politische nicht wie in der Schule herausgelöst als ein Thema unter vielen auf ihren Willensbildungsprozess einwirke, sondern als Selbstverständnis und zentraler Bestandteil.

Und mir hat das auch einfach total viel Spaß gemacht. Auch mein soziales Umfeld ist dann auch mein politisches Umfeld geworden. Am Anfang geht man vielleicht einmal in der Woche zu einem Treffen und alle paar Monate zu Demonstrationen. Aber irgendwann fühlt man sich auch verantwortlich, will auch eigene Ideen einbringen, bildet sich auch zu den Themen. Plötzlich ist da auch ein Interesse da. Ich habe über die Sachen dann nachgelesen, die wir da irgendwie bestreikt haben oder zu denen wir protestiert haben, und habe mir darüber auch eine politische Meinung bilden können. Das hätte ich in der Schule nie geschafft. Weil in der Schule Politik eben nur ein Randthema ist und man dann auch nichts inhaltlich bespricht. (FRANZISKA: 493–502)

Politische Urteilsbildung ist dabei nicht nur ein Prozess der Selbstbildung. Die Jugendlichen verfolgen auch das Ziel, Prozesse der Urteilsbildung bei anderen Jugendlichen zu initiieren. Beispielhaft dafür steht das Engagement von HELGE. Er ist aktiv in einer Gruppe, die einen politischen Instagram-Account betreut. Diesen Kanal möchte er nutzen, um seine politische Positionierung mit möglichst vielen Menschen zu teilen. Das Ziel der Gruppe ist es aber nicht, über den Kanal explizit politisch zu agitieren, sondern zu Diskussionen anzuregen. Wenngleich es sich um eine explizit antifaschistische Gruppe handelt, haben sie für ihre Arbeit Kontrollmechanismen eingeführt, die sicherstellen, dass die geposteten Beiträge einen offenen Meinungsaustausch ermöglichen. HELGE lernt dadurch, sich in dieser Gruppe nicht nur politisch zu positionieren, sondern in der Kommunikation politischer Themen eine Sprache zu wählen, die einen Diskurs ermöglicht.

Damit setze ich mich dann auseinander und vor allem mit den anderen zusammen, eine Woche oder manchmal weniger, das kommt auf das Thema an. Dann schreibe ich dazu einen Text. Den diskutieren wir dann noch einmal, verändern den teilweise sehr stark, weil ich sehr gerne in diesen Texten stark meine eigene Meinung auch einbringe, weil das eben teilweise mehr zu Diskussionen anregt als wenn man einen sehr neutralen Text schreibt und ich eben auch meine eigene Meinung kundtun möchte. Das sehen aber viele nicht so. Deswegen verändern wir ihn eben teilweise sehr stark. Dann veröffentlichen wir den, das heißt, viele Leute können ihn lesen, teilweise sehr viele. Wir haben auch schon Texte gehabt, wo 200 Leute darunter diskutiert und kommentiert haben. (HELGE: 437–448)

Insgesamt kann konstatiert werden, dass das politische Handeln für die Jugendlichen Anlässe schafft, sich intensiv mit politischen Themen zu befassen. Das regt sie an, eine politische Identität und eine politische Positionierung zu entwickeln (HELGE: 381–390). Diesen Findungsprozess der eigenen politischen Identität durch die politische Aktion beschreiben alle interviewten Personen. Die damit verbunden Lernerfahrungen fasst KATJA mit der Entwicklung eines kritischen Bewusstseins zusammen, welches sich nicht durch den Politikunterricht oder die Schule entwickelt habe, sondern maßgeblich von ihren politischen Partizipationserfahrungen geprägt sei.

Und (..) ich bin allgemein bei allen möglichen Sachen kritisch, also nicht nur was Politik angeht, sondern allgemein. Was ich auch eigentlich ziemlich gut finde. Und das wäre ich, glaube ich, nicht, wenn ich nicht viel in Richtung Politik und so gemacht hätte. Und das ist ganz gut (schmunzelt). (KATJA: 787–791)

FRANZISKA beschreibt, dass politische Aktionen und die Selbstorganisation in der Jugendbewegung für sie auch bedeuten, sich ein Urteil zu gesellschaftspolitischen Streitfragen zu bilden. Sie hebt dabei vor allem hervor, dass diese komplexe Selbstbildungserfahrung intrinsisch motiviert sei und nicht von Leistungsdruck oder Erfolgserwartungen torpediert werde, die sie mit schulischem Lernen verknüpft. Der Bildungs*raum* Jugendbewegung zeichne sich dadurch aus, dass es nicht *„um irgendeine Note oder um irgendein Zertifikat oder etwas, das man am Ende dafür bekommt"* (FRANZISKA: 510) geht.

Vor allem diese authentischen Momente politischer Urteilsbildung kann der Politikunterricht allein nicht ermöglichen, aber als wertvolle Erfahrung und weiteren Lernanlass aufgreifen. JAN verweist darauf, dass der Politikunterricht vor allem dann einen großen Mehrwert habe, wenn man politisch interessiert und engagiert sei, weil er dabei helfen könne *„Dinge rationaler zu sehen"* (JAN: 670) und ein pluralistischeres Meinungsbild zu entwickeln. Wenngleich der Politikunterricht rückblickend für die meisten interviewten Schüler*innen eher als langweilig und zu sehr orientiert an der Vermittlung von institutionenkundlichem Wissen verortet wird, betonen die Befragten, dass sie ihn vor allem seit ihrem selbstbestimmten politischen Engagement als einen wertvollen Bestandteil des ganzheitlichen politischen Bildungsprozesses wahrnehmen.

Es ist irgendwie so, dass, wenn man schon seine politische Meinung hat, dann ist der Unterricht noch einmal sehr gut, um bestimmte Dinge rationaler zu sehen und auch andere Meinungen sich dann auch einzuholen. Das sind so die Sachen, die ich hauptsächlich in diesem Unterricht sehe. Und natürlich, dass es Spaß macht und so, was dann natürlich damit zusammenhängt, dass es mich ziemlich interessiert. (JAN: 669–674)

BEN verweist darauf, dass ihm das politische Engagement dabei geholfen habe, die Theorien, die er in der Schule gelernt habe, einordnen zu können. Er versteht jetzt, warum die Theorien wichtig sind, betont aber, dass das vor allem dann passiere, wenn man ihren Wert erkenne. Er führt das auch auf die Erfahrungen in der politischen Aktion zurück, die er als bedeutsam für seine individuelle Fähigkeit zur politischen Urteilsbildung beschreibt. Er erkennt aber auch die Notwendigkeit, über den Politikunterricht mit neuen Perspektiven und theoretischen Zugängen konfrontiert zu werden.

Also, mir hat Schule zu dem Zeitpunkt außerhalb davon etwas gebracht, als ich verstanden habe, wie das funktioniert. So ein bisschen im größeren Maßstab, so ein bisschen zu denken. Also, man kann Theorien besser verstehen, man weiß, worauf die hinauswollen, und man weiß, was sie am Ende bezwecken möchten. Ich habe aber das Gefühl, das hilft am ehesten, wenn man eine gewisse Grundmeinung schon hat, und dann ein bisschen darauf eingehen kann, was man liest und was man lernt zum Beispiel. Also irgendwie, wenn ich jetzt was über Neoliberalismus lese, dann kann ich jetzt argumentieren, warum ich persönlich das kacke finde. Genauso könnte wer anderes, wenn wir jetzt beispielsweise Marxismus in der Schule machen, der sich jetzt als Neoliberaler versteht, vielleicht auch aus seiner Perspektive sagen, warum er Marx kacke findet. Und solche Sachen finde ich deutlich besser, also wenn man sich kritisch über Theorien auch äußern dürfte in der Schule. (BEN: 691–703)

Um die politische Urteilsbildung junger Menschen, die sich politisch engagieren, zu unterstützen und diesen Lernprozess politikdidaktisch zu begleiten, wäre eine enge Verknüpfung realpolitischer Erfahrungen mit theoretischen Konzeptionen und erlernten Strategien sinnvoll, betont auch RONJA. Ihr sei es wichtig, dass es ermöglicht werde, die im Unterricht entwickelten Kompetenzen in der Praxis zu erproben und die dabei gewonnenen Lernerfahrungen wieder im Unterricht zu reflektieren. Für RONJA sind reale politische Diskussionen angewandte politische Bildung. *„[A]lso, das, was man in der Schule lernt, Argument, These, Begründung und Beispiel, das kann man super anwenden. Und das ist cool oder das wäre cool, wenn es direkt verbunden wäre."* (RONJA: 1178–1183)

Der Unterricht in gesellschaftswissenschaftlichen Fächern kann dann für politisch aktive Kinder und Jugendliche auch als Wert erkannt werden, wenn sie hier einen Verwirklichungsraum für politische Diskurse erhalten. Wenn das gelingt, empfinden sie den Unterricht auch als wertvolle Ergänzung zu ihrem politischen Engagement. Exemplarisch sei hier auf die Beschreibungen von LAURENZ verwiesen. Er erklärt, dass er gerne Diskussionen führe und sich freue, wenn jemand eine andere Position vertrete, weil er dann seine Argumentations- / Überzeugungsfähigkeit trainieren könne.

Ich trete ziemlich oft in eine Diskussion mit dem Lehrer ein, was mir einerseits auch Spaß macht. Mir macht es ja auch Spaß, wenn jemand anderes seine Meinung konträr zu meiner hat und ich dann irgendwie ausprobieren kann, wie gut ich jetzt diskutieren kann, wie gut meine Argumente sind. Also, ich trete, wie ich gesagt habe, ich trete gerne in Diskussionen sowohl mit meinem Erdkunde-, als auch mit meinem Geschichtslehrer ein und gucke halt, wie weit ich auch die Sachen reizen kann, so weil mir das auch selbst Spaß macht und ich ja letztendlich, meiner Wahrnehmung nach, an jeder Diskussion irgendwo wachse, fast egal mit wem, also fast. (LAURENZ: 873–881)

Oftmals beschreiben die Interviewpartner*innen aber, dass ihnen genau dieser Ermöglichungsraum nicht zugestanden wird. Die schulische politische Bildung verpasst dann die Möglichkeit, als Vermittlerin zwischen politischen Selbstbildungserfahrungen und politikdidaktisch begleiteten Lernorten zu fungieren. Dieser Brückenschlag scheint vor allem dann nicht zu gelingen, wenn politisch aktive Schüler*innen nicht nur ihr neu erworbenes Wissen in den Unterricht oder Schulalltag einbringen, sondern ihr politisches Urteil auch zu Kritik an bestehenden Verhältnissen führt. Spätestens diese verbalisierte Kritik führt, den Erfahrungsberichten der interviewten Schüler*innen folgend, zu Widerstand und Ablehnung durch die Lehrkräfte. Das folgende Unterkapitel stellt daher die Rekonstruktion der Bildungserfahrungen im Kontext von Kritik und Selbstreflexion in den Mittelpunkt.

4.3.3.3 Kritik und (Selbst)Reflexion

Die Berufsschülerin FRANZISKA formuliert deutlich ihre Kritik an gesellschaftlichen Verhältnissen. Sie und ihre Mitstreiter*innen wollen eine Welt, *„die gerecht ist, die frei ist von Ausbeutung, die frei ist von Zerstörung, Krieg, von Gewalt"* (FRANZISKA: 727–728). Diese Grundüberzeugung hält die Gruppe zusammen. Für FRANZISKA ist darüber hinaus wichtig, dass mit der Kritik an den bestehenden Verhältnissen mehr verbunden sein muss, als nur die Verantwortung des Einzelnen hervorzuheben. Sie ist überzeugt, dass nachhaltige Veränderungen nicht nur dadurch erreicht werden, dass an den einzelnen Menschen appelliert wird. Mechanismen der Ausbeutung von Mensch und Natur lassen sich ihrer Ansicht nach nicht nur durch individuelles (Konsum)Verhalten überwinden. FRANZISKA verdeutlicht ihre Position am Beispiel der Umweltpolitik:

> *[W]enn mir das nicht reicht, dann wird mir immer gesagt, du kannst ja auch Konsumentscheidungen treffen. Du kannst dir ein Elektroauto kaufen, wenn dich das jetzt so aufregt mit dem Dieselskandal oder so. Meiner Meinung nach ist das aber nicht so. Also, ich persönlich kann mir sowieso kein Elektroauto kaufen, weil ich dafür gar kein Geld habe, sondern höchstens ein gebrauchtes Dieselauto. Das heißt die Wahlmöglichkeit steht mir gar nicht offen. (FRANZISKA: 262–268)*

Die Berufsschülerin betont, dass grundsätzlichere Fragen von Machtverteilung diskutiert werden müssten (FRANZISKA: 268–279). Auch für den Gesamtschüler JOHANNES bedeutet Gesellschaftskritik vor allem die Überwindung von

Ausbeutung und (ökonomischer) Abhängigkeit, die in seinen Augen ein Wesensmerkmal gegenwärtiger gesellschaftspolitischer Verhältnisse ist. Die Gesellschaft-
sutopie des Schülers ist gekennzeichnet von einer grundsätzlichen Kritik an
Macht- und Herrschaftsstrukturen.

> *Ich denke, dass Selbstentfaltung und Selbstentwicklung ein ganz wichtiger Punkt dabei*
> *ist. Es ist wichtig, dass man dem Menschen das nicht vorschreibt, durch Leistungsdruck*
> *oder anderes, das und das musst du machen, da und da musst du hinkommen. Jeder*
> *Mensch hat irgendeine Form von Talent, es ist nur ganz schwer, die auszuschöpfen,*
> *weil oftmals sie von der Gesellschaft nicht gefördert werden. Wenn es jetzt aber eben*
> *keine feste Gesellschaft mehr gibt, keine wirkliche Struktur, keine Machtstrukturen,*
> *sondern jeder für sich leben kann, sich aber theoretisch zusammenschließen kann mit*
> *Leuten, dann steht es ihm frei, seine Talente zu entwickeln, er muss nichts mehr, also, er*
> *wird nicht mehr gezwungen etwas zu erreichen, er kann jetzt nur noch etwas erreichen.*
> *(JOHANNES: 139–148)*

Im weiteren Verlauf des Interviews konkretisiert JOHANNES diesen kapita-
lismuskritischen Ansatz. Im gegenwärtigen politischen, vor allem aber ökonomischen System sei Demokratie immer verbunden mit einer Bevorteilung von
wirtschaftlicher Freiheit vor individueller Freiheit. Deshalb muss man, davon ist
JOHANNES überzeugt, immer zunächst erfolgreich im Wirtschaftssystems funktionieren, um auf Grundlage des ökonomischen Erfolgs individuell frei sein zu
können. Dies befördere Egoismus (JOHANNES: 179–191).

Der überwiegende Teil der Schüler*innen kam in den Interviews direkt oder
indirekt auf Macht- und Herrschaftsverhältnisse zu sprechen. Auch wenn dabei
die Systemkritik nicht immer derart umfassend formuliert wird wie bei JOHAN-
NES oder FRANNZISKA. Der Mittelstufen-Schüler HELGE übt vor allem Kritik
an einem Demokratieverständnis, das an den eigenen Landesgrenzen endet. Werte
wie Gleichheit und Freiheit zu proklamieren, aber dann mit Ländern politisch
und wirtschaftlich zu kooperieren, die diese Rechte missachten, ist für ihn nicht
nachvollziehbar.

> *Ich glaube, dass es in vielen Punkten nicht so umgesetzt wird, wie es vielleicht gedacht*
> *ist (..), und vor allem auf Länder bezogen, die nicht zu unserem Staat passen. Wenn*
> *man sagt, wir leben in einem demokratischen Land, dann gilt das ja vor allem für*
> *unser Land, aber nicht unbedingt für Menschen, die nicht in unserem Land leben.*
> *Und ich glaube, das ist ein großes Problem, weil wenn man sagt, wir leben in einem*
> *demokratischen Land, dann bezieht man ja andere Menschen nicht mit ein, die aber*
> *trotzdem mit diesem System sehr viel zu tun haben, zum Beispiel Leute, die für Firmen*
> *arbeiten, die in unserem Land entstanden sind oder sehr viel Steuern oder Ähnliches*
> *zu unserem Land beitragen. (HELGE: 81–90)*

Auch dieser Aussage ist eine globalisierungs- und kapitalismuskritische Perspektive zu entnehmen. Die Unzufriedenheit mit bestehenden Macht- und Herrschaftsverhältnissen kann auch Antrieb für die eigene politische Arbeit und damit auch für politische (Selbst)Bildungserfahrungen sein. FRANZISKA erklärt beispielsweise, dass ihr Bedürfnis nach gesellschaftlichen Veränderungen sie zu ihrem politischen Engagement motiviert. Ausschlaggebend für ihr Mitwirken in der politischen Jugendgruppe war ursprünglich die Sorge vor individueller Benachteiligung durch politische Entscheidungen. Als Schülerin der Mittelstufe setzte sie sich gegen die Verkürzung des Abiturs auf acht Jahre (sogenanntes G8-Abitur) und gegen Studiengebühren ein. Erst durch die Erfahrungen, die sie in den Bildungsstreikjahren 2009 und 2010 gesammelt hat, wurden ihr Dimensionen der Gesellschaftskritik bewusster. Sie sind seither ihr Antrieb, sich weiterhin politisch einzubringen, auch wenn die bildungspolitischen Ziele teilweise längst erreicht wurden.

> *Der große Bereich wäre zum Beispiel, wenn man wegzoomt von einer kleinen Sache, wo sich viele engagieren, zum Beispiel in der Schule für mehr Gleichheit oder gegen Nazis oder so, dass man sich insgesamt eine solidarische Gesellschaft wünscht, die nach Grundsätzen organisiert sind, wo es eben nicht darum geht, dass Leute zum Beispiel irgendwie, dass ihr Eigentum gesichert wird, dass sie besonders, irgendwie ihre Reichtümer aufhäufen können oder so. Sondern, dass man den Grundsatz der Solidarität nach oben hebt, dass es eben jedem gut gehen könnte, wenn man etwas grundsätzlich umorganisieren würde. Das ist etwas, dass ich irgendwie im Laufe der Jahre gewonnen habe, so einen Weitblick, weswegen ich auch weiter gemacht habe, nachdem ich dann vielleicht irgendwie die Sache erreicht hatte, dass bei uns hier die Studiengebühren nicht mehr da waren oder das G9-Abitur wieder eingeführt wurde. (FRANZISKA: 34–45)*

Neben den hier bereits beispielhaft angeführten Ausführungen, die auf komplexe gesellschaftskritische Denkmuster hindeuten, bewegt ein Thema etwa zwei Drittel aller befragten Schüler*innen: Vertrauen in die Staatsgewalt. Insgesamt gibt es 24 Fundstellen in acht Interviews zu diesem Themenkomplex, obwohl kein einziges Mal explizit nach den Erfahrungen mit der Polizei gefragt wurde. Besonders eindrucksvoll ist hier die Antwort von JOHANNES zur Eingangsfrage, was ihm zu dem Begriff „Demokratie" als erstes in den Sinn käme: *„Polizeistaat"* (JOHANNES: 164). Es ist die erste Assoziation, die er mit dem Konzept Demokratie in Verbindung bringt. Im weiteren Verlauf führt er das genauer aus:

> *Keine Ahnung. Es wird jedes Mal gesagt, dass Polizei eines der wichtigsten Mittel ist, um die öffentliche Ordnung aufrechtzuerhalten. Ich habe aber auch schon so oft erlebt, wie Polizei einfach in Demos gerannt ist, Leute wahllos zusammengeschlagen hat,*

einfach so Leute verhaftet hat, wie der Staat Leute abschiebt, eben mithilfe der Polizei und wie, wenn irgendwer irgendwas gegen die Polizei sagt, vor Gericht nie irgendwas passiert ist. Und das ist für mich einfach eine grundsätzliche Ungerechtigkeit, die ich eben mit Demokratie auch verbinde und auch stark mit Demokratie verbinde. (JOHANNES: 172–179)

Ähnlich wie JOHANNES berichtet auch JAN von unverhältnismäßigen Einsätzen der Polizei auf Demonstrationen. Er bezeichnet Polizeigewalt als einen entscheidenden Radikalisierungsfaktor für seinen Politisierungsprozess: *„Ich würde auch sagen, einer meiner Hauptradikalisierungsfaktoren ist die Polizei gewesen auf Demonstrationen. Das ist auf jeden Fall ein ziemlich wichtiger Faktor. "* (JAN: 459–461) In den Anfängen seines politischen Engagements hat er sich von konspirativ agierenden Gruppen wie Antifa-Gruppierungen eher distanziert. *„Und jetzt bin ich da halt selber voll drin und laufe nun auch schwarz und schwarzgekleidet und vermummt auf Demonstrationen rum. "* (JAN: 463–466) Es ist eine Art und Weise, auf Polizeigewalt und als Willkür empfundene Staatsgewalt zu reagieren.

Noch verbreiteter ist die Skepsis gegenüber interessierten Menschen, die der Gruppe nicht bekannt sind. Wie in Abschnitt 3.2 „Forschungssample" beschrieben, war der Zugang zum Feld schwierig. Er war vor allem von Vertrauensarbeit geprägt. Mehrmals berichteten mir Schüler*innen, dass sie im Laufe ihres politischen Engagements sogenannte Anquatschversuche erlebt hätten. Nur eine Schülerin war auch bereit, davon im Interview zu berichten. FRANZISKA sagte, dass Mitgliedern der Gruppe unter anderem Geld angeboten wurde, damit sie von den Aktionen der Gruppe berichten (FRANZISKA: 873–880). Alle interviewten Jugendlichen vertreten ihre Positionen offen. Ihre Plenumssitzungen und AG-Treffen sind öffentlich, ihre Positionen veröffentlichen sie auch teils mit Namensnennung im Internet. Sie gehören nicht zu den Gruppen, die subversiv und staatsgefährdend sind. Sie stehen auch nicht in den Verfassungsschutzberichten der Länder. Dennoch: Aussagen und Erfahrungsberichte wie die von JOHANNES, JAN und FRANZISKA finden sich in vielen Interviews und wurden noch häufiger in den Vorgesprächen zu Interviews erwähnt, die letztlich – auch aufgrund des mangelnden Vertrauens in staatliche Institutionen – nicht zustande kamen. Der Politisierungsprozess der Jugendlichen ist nicht selten unmittelbar verknüpft mit dem Erleben von Polizei- beziehungsweise Staatsgewalt, die von den Schüler*innen als unverhältnismäßig eingeschätzt wird.

Es sind vor allem die Erfahrungen mit struktureller Gewalt, die den interviewten Schüler*innen auch dazu dienen Protestformen des zivilen Ungehorsams zu legitimieren.

*Jetzt oberflächlich betrachtet, gibt es natürlich einen Widerspruch. Und diese ober-
flächliche Betrachtung führt bei vielen Menschen ja auch dazu, dass sie im Grunde
die antifaschistischen Aktionsformen als schlecht bezeichnen und letztendlich auch oft
sagen: Die Antifa – das sind die wahren Faschisten. Und ich denke, dass diese ober-
flächliche Betrachtung nicht ausreicht und dass wir gucken müssen, in was für einer
Gesellschaft wir leben. Und ich denke, dass wir in unserer Gesellschaft jeden Tag
auf die eine oder andere Weise mit Gewalt konfrontiert sind. Ob es jetzt tatsächliche
Gewalt von Nazis an Ausländern ist oder ob es eben strukturelle Gewalt ist, die auf uns
ausgeübt wird. Über den Staat, über die Wirtschaft, über Unternehmen etc., ökonomische Gewalt, strukturell. Und ich denke, dass sich da die Gewaltfrage letztendlich
gar nicht stellt, weil (..) ich denke, dass wir an einer gewissen Stelle auch Gewalt
einsetzen können und müssen, um eben, es steht natürlich da, oberflächlich betrachtet
eben ein Widerspruch, aber um eine friedfertige Gesellschaft zu erreichen, ja, aber
diese Gesellschaft kann man eben nicht mit Nationalsozialisten, die offen ihren Hass
zur Schau stellen, auf den Straßen marschieren, die kann man so nicht erreichen. Und
ich denke, dass es da eben auch gerechtfertigt ist, diese auch zu blockieren und für die
Polizisten stellt sich die Gewaltfrage ja auch nicht, beispielsweise. Wenn man dann
einen Gegner hat, der friedfertig vorgeht, dann wird man gegen den Gegner auch friedfertig vorgehen. Wenn man aber einen Gegner hat, der von vornherein von sich sagt:
nein, wir gehen gewalttätig vor, dann muss man ja auch in irgendeiner Weise etwas
erwidern können. Also, das bedeutet halt auch, dass man Unterscheidungen zwischen
Formen von Gewalt machen muss. Das bedeutet nicht, dass man wie die RAF herumläuft und wahllos reiche Menschen erschießt, oder Supermarktketten in die Luft jagt.
Das ist überhaupt nicht das, was ich jetzt darunter verstehe. (LAURENZ: 631–656)*

Diese ausführliche Darstellung und Rechtfertigung des Einsatzes von Gewalt,
dabei explizit von passiver Gewalt in Form von Blockaden, zeigt, dass der Einsatz von Partizipationsformen des zivilen Ungehorsams nicht unreflektiert bleibt
und es sich dennoch lohnt diese Argumentation als wertvollen Lernanlass für
die formale Bildung aufzugreifen (ausführlicher in 4.3.4.5 „Reflexion des eigenen Handelns"). Schulstreiks, Demonstrationsblockaden oder die Verhinderung
von Abschiebungen werden nicht als bloße Mittel zum Zweck verstanden. Sie
werden argumentativ in einen ganzheitlichen Kontext von Machtverteilung und
Machtmissbrauch eingebettet. Die durchaus komplexe Beurteilung bestehender
Verhältnisse bietet die Chance, als Lernanlass für den Politikunterricht oder pro-
jektorientiertes Arbeiten zu dienen, wobei das Ziel nicht sein sollte, gegen die
vermeintlichen Fehlkonzepte der Schüler*innen anzuarbeiten, sondern an ihren
Erfahrungen anzuknüpfen. Macht- und Herrschaftsverhältnisse in der Gesellschaft
können auch in der Schule kritisch hinterfragt werden. Didaktische Lernsettings
können dazu dienen, die Argumentation weiterzuentwickeln und Perspektiven
aufzuzeigen, die aufgrund der unmittelbaren Betroffenheit der Schüler*innen
aus dem Blick geraten. Insgesamt zeigt sich, dass die Reflexion von Macht-

und Herrschaftsverhältnissen auch in Bezug auf die individuelle und kollektive Urteilsbildung für die Schüler*innen eine große Bedeutung hat. Darüber hinaus scheint Selbstreflexion den Prozess der politischen Positionierung fortwährend zu begleiten. LEA erklärt explizit, dass die Reflexion des eigenen Urteils für sie sehr wichtig sei. Für sie ist darüber hinaus aber auch bedeutsam, ihre eigenen Positionen mit denen ihrer Mitstreiter*innen abzugleichen. Auch um herauszufinden, ob sie tatsächlich selbst eine bestimmte Position vertritt oder es sich eher um das Ergebnis einer kollektiven Urteilsbildung handelt, hat sie gelernt, den Einfluss der Gruppe auf ihren Politisierungsprozess immer wieder neu zu hinterfragen.

Ja, ich glaube schon, weil es einfach irgendwie in einer AG oder wenn man sich generell mit Politik auseinandersetzt, immer wichtig ist, dass man selbst noch mal über seine eigene Meinung nachdenkt, und nicht nur über die eigene, sondern auch über die Meinung von anderen Leuten nachdenkt. Weil dadurch wägt man selbst noch mal ab, ob das, was man gesagt hat, nicht vielleicht doch irgendwie das ist, was man eigentlich findet, und ob es vielleicht doch eigentlich eine andere Meinung ist, die man vertritt. (LEA: 631–637)

Auch ESRA ist es wichtig, dass in politischen Diskursen immer offen argumentiert werden kann und niemand Sorge vor Ausschluss haben muss, nur weil eine andere politische Position vertreten wird. So hat sie es in ihrer Familie gelernt und erwartet diese Grundhaltung auch von ihrer politischen Arbeit in der Arbeitsgemeinschaft. Sie hat aber durchaus die Sorge, dass die Gruppe versuchen könnte Einfluss auf ihre Urteilsbildung zu nehmen.

Und meine Schwester und meine Mutter denken eher auf kommunistische Art und Weise und sie sind sehr, sie sind eigentlich schon Anhänger des Kommunismus. Und dadurch wird das auch ein bisschen geprägt, dass ich sage: Okay, ich denke vielleicht auch ein bisschen so. Aber bei mir zu Hause ist es trotzdem so, dass sie überhaupt nicht gegen mich sind, wenn ich eine andere Meinung habe. Ich weiß es nicht, ich habe es noch nicht ausprobiert, wie es zum Beispiel wäre, wenn ich mich in der AG so äußere, dass ich sage: Aber vielleicht habe ich doch eine andere Meinung. Ich glaube nicht, dass sie sauer sind, aber vielleicht versuchen sie mich zu lenken und sagen: Aber nee, deine Meinung ist eigentlich falsch. (ESRA: 450–459)

Die befragten Schüler*innen reflektieren aber nicht nur den Einfluss der Gruppe auf ihre individuelle Urteilsfindung, sondern beschreiben auch die Gefahr einer möglichen Indoktrination durch Lehrkräfte, die ihre selbstverwalteten Initiativen und Arbeitsgemeinschaften begleiten. Besonders hervorzuheben ist an dieser Stelle ein Erfahrungsbericht aus dem Interview mit ESRA. Sie beschreibt, wie eine Lehrerin, die sie sowohl aus der AG-Arbeit als auch aus dem Unterricht kennt, Einfluss auf die Meinungsbildung der Schüler*innen nimmt. Als Beispiel führt sie das Themenfeld Industrialisierung an. Interessant ist das Beispiel vor allem deswegen, weil die Lehrerin linke Positionen vertritt und sich ESRA selbst als politisch links verortet. ESRA findet die Lehrerin sympathisch und schätzt ihre grundsätzlich linke Haltung. Sie findet aber auch, dass es einen Unterschied zwischen ihrer politischen Haltung, ihrer Argumentation in der freiwilligen AG, die sie als Pädagogin begleitet, und dem Unterricht geben muss. (ESRA: 421–429)

Und es gefällt mir auch nicht, weil ich zum Beispiel (...4...) bei der Erfindung des Fließbandes sehe ich nicht nur positive Sachen oder so. Ich sehe auch sehr viel Negatives, dass man sich von seinem eigenen Produkt entfremdet, dass man nicht mehr das tun kann, was man selber will, sondern man hat jeden Tag dieselbe Bewegung. Aber, sobald diese Lehrerin dagegen ist und sagt, dass das aber eigentlich was Positives ist, versucht sie das auch den Schülern so beizubringen. Ich finde aber, dass die Schüler ihre eigene Meinung bilden sollten und dass jeder, dass man die Grundfakten sagt, egal aus welcher Perspektive, und die Schüler dann sagen können, ich bin dafür oder ich bin dagegen. Und das mag ich nicht an dem Unterricht. (ESRA: 429–439)

In jedem Fall zeigen die in diesem Unterkapitel aufgeführten Erfahrungsberichte, dass die Jugendlichen ihre politische Urteilsbildung und auch die Aktionsformen reflektieren. Eine ausführliche Analyse der Aktionsformen sowie deren Reflexion durch die Schüler*innen folgt in Abschnitt 4.3.4 „Partizipationserfahrungen und Konfliktfähigkeit".

Urteilsbildung und Handlungsfähigkeit, darin ist sich auch die Politikdidaktik weitgehend einig, haben eine Vielzahl von Überschneidungspunkten, allerdings weist Wolfgang Sander (2008, 91) darauf hin, dass „politisches Urteilen auch ohne politisches Handeln möglich ist und andererseits das praktische politische Handeln auch Fähigkeiten verlangt, die sich nicht unmittelbar aus dem politischen Urteil ergeben". Inwiefern die Erfahrungen in der politischen Aktion und der politischen Selbstorganisation Lernprozesse anregen, wird im folgenden Kapitel genauer untersucht.

4.3.4   Partizipationserfahrungen und Konfliktfähigkeit

4.3.4.1 Öffentlichkeit herstellen und Organisationsfähigkeit
Die in Abschnitt 2.3 beschriebene Kontroverse im Feld der politischen Bildung bezüglich des Potentials realen politischen Handelns für formale politische Bildungssettings verdeutlicht die Notwendigkeit, dass politische Aktionen von

Schüler*innen immer auch den Anspruch verfolgen, politische Öffentlichkeit herzustellen und sich damit nicht außerhalb des demokratischen Diskursraumes bewegen, sondern diesen nachhaltig zu prägen versuchen. Frank Nonnenmacher weist daher darauf hin, dass bei politischen Aktionen von Schüler*innen, die in einem Verhältnis zu formalen Lernsettings wie dem Unterricht oder der Schule stehen, immer auch eine „demokratische Öffentlichkeit hergestellt werden" (Nonnenmacher 2010, S. 467) muss. Nonnenmacher betont darüber hinaus, dass diese Öffentlichkeit für eine mit der politischen Aktion „verbundene sichtbare Verantwortungsübernahme der ‚Aktivisten' und für ein Klima der Diskursivität" (Nonnenmacher 2010, S. 467) sorgt.

In dem folgenden Abschnitt dieser Arbeit werden die Ergebnisse der Analyse der Erfahrungsberichte aller interviewten Schüler*innen vorgestellt, die darauf schließen lassen, welchen Stellenwert die politische Öffentlichkeit für die Befragten einnimmt.

Das Herstellen von Öffentlichkeit ist ein Bedürfnis, dass allen befragten Schüler*innen wichtig ist und von Anfang an in den schulischen und außerschulischen Gruppen besondere Beachtung erfuhr. Beispielhaft dafür steht der Erfahrungsbericht von SOPHIE, die aus der Gründungsphase ihrer antirassistischen Jugendbewegung Folgendes berichtet:

> *Ich überlege gerade, wie das so war, am ersten Tag. Naja, wir sind dann irgendwie so zusammengesessen, einer hat Protokoll geschrieben (lacht), jeder hat mal gesagt, woher er so kommt, wie er heißt, was er macht, von welcher Schule er ist oder was er für eine Ausbildung macht oder sonst irgendwas, oder ob er überhaupt arbeitet (lacht). Und dann? Keine Ahnung. Dann hat es irgendwie angefangen, dass man gesagt hat, wie kriegt man Leute zusammen, dann haben sich Arbeitsgruppen gebildet, ein paar Leute, die Facebook betreuen, die irgendwelche Aktionen planen, die praktisch so PR-mäßig ein bisschen was machen. (SOPHIE: 209–216)*

Die politisch aktiven Jugendlichen wollen Öffentlichkeit über verschiedene Strategien und Medien herstellen. Mehrere Interviewpartner*innen berichten davon, dass Öffentlichkeitsarbeit einen wesentlichen Teil ihrer Arbeit ausmacht. Sie verbinden damit unter anderem das Schreiben und Halten von politischen Reden bei Kundgebungen und Demonstrationen, die Organisation von öffentlichen Informationsveranstaltungen (RONJA: 1061–1080), das Entwerfen und Verteilen von Flyern (LAURENZ: 249–255), das Verfassen von Pressemitteilungen (RONJA: 1175–1178), die Arbeit über soziale Medien (SOPHIE: 209–216; 249–254) und die Formulierung konkreter Forderungspapiere an die Politik (RONJA: 1021–1040). Aber auch Protestformen des zivilen Ungehorsams nutzen die Aktivist*innen, um Öffentlichkeit herzustellen. Ein Beispiel dafür ist die zeitweise

Besetzung öffentlicher Plätze und damit die Aneignung des öffentlichen Raumes. FRANZISKA beschreibt das Ziel dieser Protestcamps damit, ihre politischen Forderungen in die Öffentlichkeit zu tragen, um möglichst viele Menschen zu erreichen.

> *Da dachten wir, wir müssen auf jeden Fall was machen und wir müssen auch etwas machen, das die Aufmerksamkeit der Leute auf sich zieht. Wo wir auch was sagen können und wo wir auch gehört werden. Und deswegen haben wir beschlossen, dass wir einen öffentlichen Platz in der Stadt besetzen wollen und das haben wir auch gemacht. (FRANZISKA: 756–760)*

Für FRANZISKA ist die erzielte Öffentlichkeit des von ihrer Gruppe organisierten Protestcamps ein bedeutendes Ziel, das durch die politische Arbeit erreicht wurde. Ihnen sei es gelungen, ihre politischen Forderungen in der Öffentlichkeit sichtbar zu machen und Aufmerksamkeit für das Thema zu erreichen. *„[W]ir haben in der Stadt mittlerweile auch einen gewissen Namen als Jugendbewegung, jeder kennt uns, jeder spricht uns an."* (FRANZISKA: 832–833)

Mit Öffentlichkeit verbinden die Jugendlichen immer auch den Wunsch, die Themen, die sie bewegen, in ein öffentliches Bewusstsein zu rücken. Ihre Wahl der Aktionsform wird dabei auch von diesem Wunsch getrieben. So ist beispielsweise das zentrale Anliegen bei der Organisation eines Konzerts gegen Rassismus nicht das gemeinsame Verbringen eines schönen Abends mit Musik, sondern die Verbreitung der damit verbundenen Botschaft (JOHANNES: 424–432). Öffentlichkeitsarbeit verbinden die Jugendlichen auch mit dem Bedürfnis, am öffentlichen Diskurs zu partizipieren. Diese Art der politischen Artikulation und das dafür notwendige Selbstvertrauen entwickeln sie im Prozess des politischen Handelns in der öffentlichen Sphäre.

> *Oder wo ich mir sehr unsicher wäre: Reden halten. Also, am Anfang war ich noch, also, ich kann vor Menschen sprechen, aber wenn ich auf der Bühne stehe, bin ich doch ziemlich aufgeregt und kann nicht so gut Reden schreiben und das hat sich total gebessert. Und mittlerweile, bei der Gegen-Erdgas-Demo habe ich vor 800 Menschen gesprochen. Und das ist sowas, was ich sonst nie gemacht hätte. Und das sind so Sachen, die echt cool sind, finde ich. Also, in dieser Hinsicht lerne ich sehr viel, glaube ich. (RONJA: 1169–1175)*

Das Bedürfnis nach Öffentlichkeit schafft Legitimation für reales politisches Handeln der Schüler*innen, denn es entspricht dem Selbstverständnis der Idee einer republikanisch-demokratischen Gesellschaft.

Für die politische Bildung ist aber nicht nur von Bedeutung, dass die Schüler*innen mit ihren politischen Aktionen Teil des öffentlichen Diskurses sind.
Vielmehr ist für die politikdidaktische Forschung relevant, welche Lernprozesse
im Feld der Handlungskompetenz sich aus dem realen politischen Handeln entwickeln. Fast beiläufig, aber dabei für die Subjekte nicht weniger wichtig, erscheinen
dabei Organisationsfähigkeiten. Diese ließen sich aus dem politikdidaktischen
Diskurs zur Handlungskompetenz kaum ableiten (siehe Abschnitt 2.2.2) und,
wenn überhaupt, eher in nicht fachspezifische und übergreifende Kompetenzfelder der methodischen Fähigkeiten zuordnen. Im Prozess der Rekonstruktion
individueller Lernerfahrung in der politischen Aktion kann im Zuge der induktiven Analyse der Erfahrungsberichte konstatiert werden, dass die politische
(Selbst)Organisation einen hohen Stellenwert im Lernprozess der aktiven Schüler*innen einnimmt. Exemplarisch sollen Erkenntnisse in diesem Lernfeld im
Folgenden dargestellt werden.

Unabhängig von den Fähigkeiten, die unmittelbar mit politischen Lernprozessen verbunden werden, schafft das politische Engagement Erfahrungsräume
für die politische (Selbst)Organisation und die Reflexion über politische Prozesse. Alle interviewten Schüler*innen bringen Lernerfahrungen im Zuge von
Organisationsprozessen immer auch in den Zusammenhang mit notwendigen
Grundkompetenzen, die ihnen den Alltag erleichtern.

*Ja, also, es gibt verschiedene Sachen, die mir mein Leben leichter machen, dadurch,
dass ich mich engagiere. Zum einen ist es halt wirklich so, dass man sehr viel dadurch
lernt, unterbewusst einfach, weil man zum Beispiel lernt, sich eine eigene Meinung zu
bilden oder sich selbst zu reflektieren oder was zu organisieren. Weil, du kannst dich
nicht für irgendwas engagieren, ohne dass du dafür irgendwie auch nur ein kleines
bisschen organisiert hast. Also, man muss immer irgendwas organisieren. (LEA: 837–
843)*

An einem Fallbeispiel beschreibt RONJA ganz konkret, welche Kompetenzen zur
Strukturierung ihrer Arbeit sie durch ihr politisches Engagement entwickelt hat.

*Dann haben wir uns auf ein Thema spezialisiert und haben dann den Plan dafür
erstellt, wie viele Tage wir zur Verfügung haben und dann zugeteilt, wer sich um was
kümmert und ob wir Hilfe anfordern können. (RONJA: 286–288)*

RONJA betont den Wert dieses Organisationswissens. Die damit verbundenen
Fähigkeiten, wie das Koordinieren von Projekten und die Zusammenarbeit meh-
rerer Menschen zu planen, hat sie durch ihr politisches Engagement entwickelt.
Diesen Zusammenhang betont sie explizit:

Im Allgemeinen würde ich schon sagen, dass das auf jeden Fall lehrt, Projekte selber zu machen. Aber für mich ist das besonders wichtig, weil ich das auch sehr gerne mache, zu organisieren. Wie kann ich eine Gruppe am schnellsten zum Ziel führen, quasi und so, dass alle daran beteiligt sind und nicht, dass ich dann die ganze Arbeit mache. Und dass ich das besser koordinieren kann, weil sonst arbeite ich mich dann einfach tot dran, sodass ich das dann auch gemerkt habe, weil ich ja eben noch gesagt habe, es braucht diesen einen Leitenden, wenn so viel Klausurenphase ist zum Beispiel. Und darum habe ich mich gar nicht so sehr mit dem einzelnen Thema beschäftigt, sondern eher, das zu koordinieren. Aber dabei habe ich auf jeden Fall eine Menge gelernt. (RONJA: 357–367)

Die Organisationsfähigkeit ist aber immer auch eng verbunden mit politischen Lernerfahrungen. Dies wird besonders deutlich, wenn die interviewten Schüler*innen die Bedeutung von kooperativen Prozessen zur Findung inhaltlicher Linien oder Projektideen hervorheben. Dabei lernen sie nicht nur, sich mit politischen Themen zu befassen, sondern auch wie sich politische Positionen in einer Gruppe entwickeln lassen und welche Grundregeln für diesen komplexen politischen Prozess notwendig sind. So betonen die interviewten Personen immer wieder die Notwendigkeit eines politischen Selbstverständnisses in der Gruppe, mit dem sie auch rote Linien formulieren. Dazu gehören Sexismus, Homophobie, Rassismus und Gewalt (FRANZISKA: 606–610).

Vor allem das selbstbestimmte und selbstorganisierte politische Handeln ermöglicht den jungen Menschen, praktische Erfahrungen in der Organisation politischer Gruppen zu sammeln und dabei Prozesse zu erfahren und zu reflektieren, die in formalen Lernsettings, wie dem Unterricht, der schulischen Projektarbeit oder in außerschulischen Kontexten wie Vereinsarbeit, Verbänden oder der Parteijugend bereits etabliert sind. Wie RONJA haben sich die meisten Schüler*innen im Zuge ihres politischen Engagements erstmals mit formalen Merkmalen der Organisation in einer politischen Gruppe befasst. *„Man muss da auch Protokolle und so schreiben, was ja alles nicht so einfach ist."* (RONJA: 634–635) Die Schüler*innen lernen Prinzipien politischer Selbstorganisation in Gruppen, wie beispielsweise Arbeitsteilung:

Und es ist jetzt mittlerweile auch einfach so, wenn jetzt irgendwer etwas auf Facebook posten will, dann wird natürlich nicht jeder vorher gefragt, sondern dann hat man diese Gruppe, die sich darum kümmert. Und wenn die sagen, dass wir das jetzt so posten, dann wird das so gepostet. Also, das ist ja auch Unsinn, wenn man dann alles immer so ins kleinste Detail absprechen müsste. (SOPHIE: 249–254)

Diese Prozesse der Bildung von Arbeitsgruppen, das Bestimmen von Tagesordnung und die Festlegung eines Selbstverständnisses der Gruppe empfinden die

Jugendlichen als politischen und demokratischen Erfahrungsraum. LAURENZ beschreibt das wie folgt:

> *Also, erst mal bin ich ja in einer Gruppe organsiert, die auch wöchentlich Plena abhält. Damit fängt es letztendlich an, dass ich wöchentlich mich an politischen, an demokratischen Entscheidungsprozessen beteilige. Wir setzen uns, letztendlich sind das ja schon Rätestrukturen. Wir setzen uns in einem Raum zusammen, wir sind 20 Leute oder so. Und dann wird eine Tagesordnung durchgegangen und zu Fragen, bei denen es Kontroversen geben könnte, wird eine Diskussion aufgemacht. Jeder kann etwas dazu sagen. Die Argumente werden von jedem Einzelnen gegeneinander abgewogen und schlussendlich wird abgestimmt. (LAURENZ: 242–249)*

Wenngleich diese politischen Organisationsfähigkeiten kein Alleinstellungsmerkmal politischer Bildungsprozesse sind, so stellen sie einen bedeutenden Teil der Erfahrungswelt in selbstbestimmten politischen Partizipationsprozessen dar. Die Bedeutung dieser Erfahrung wird deutlich, wenn die Jugendlichen betonen, dass die meiste Zeit bei den Gruppentreffen für organisatorische Fragen aufgebracht wird (SOPHIE: 266–275).

Vor allem für die Jugendlichen, die sich in autonomen Jugendgruppen außerhalb der Schule organisiert haben, ist die Auseinandersetzung mit demokratischen Prinzipien der Entscheidungsfindung innerhalb der Gruppe ein bedeutendes Anliegen. Es scheint gar ein Gegenpol zu den antidemokratischen Erfahrungen aus schulischen Lernkontexten zu sein. Sie nutzen und reflektieren dabei Instrumentarien wie (doppelt)quotierte Redelisten oder Entscheidungsprinzipien wie das Mehrheits- (FRANZISKA: 624–641) oder das Konsensprinzip (SOPHIE: 236–249). Und auch für die sich daran anschließenden politischen Aktionen wird in der Regel ein Aktionskonsens beschlossen. LAURENZ erklärt, wie die Gruppe vor Kundgebungen und Demonstrationen einen Aktionskonsens entwickelt und warum er diesen für elementar hält. LAURENZ verweist darüber hinaus auf die Bedeutung von Bezugsgruppen und wie die Gruppe versucht, über diese Instrumente die verschiedenen Bedürfnisse der Aktivist*innen zu berücksichtigen.

> *Das bedeutet, dass wenn wir (..) zum Beispiel sagen: Wir erklären uns mit allen Aktionsformen gegen die AfD solidarisch. Das bedeutet nicht, dass wir alle selbst ausführen, aber dass wir nicht dastehen werden und diejenigen, die sie ausführen, zum Beispiel dann verurteilen. Um jetzt irgendein Beispiel zu nennen. Und es werden ja Bezugsgruppen festgelegt. Das bedeutet, dass man sagen kann: Okay, ich möchte eher aktiv an der Demonstration teilnehmen. Oder: Ich möchte aktiv-passiv sein, das Mittelding. Oder eben passiv. Je nachdem, kann man sich mit anderen Leuten in einer Bezugsgruppe zusammenfinden. Und dann eben auch so in der Demonstration eingliedern, gruppieren, dass man eben auch auf, ja, selbst das irgendwie entscheiden kann. Was*

wir nicht machen, ist, <u>keinen</u> Aktionskonsens fassen, was manche andere Gruppen machen. Manche Gruppen sagen beispielsweise, ein Aktionskonsens an sich sei autoritär. Der Meinung bin ich nicht, weil der demokratisch festgelegt wird und jedem ein Freiraum gelassen wird. Und diese Gruppen sind dann teilweise der Meinung, dass eben keine Gruppen gebildet werden sollten, sondern ganz individuell jeder für sich entscheiden sollte. Und ich denke, dass das für eine Demonstration, für eine funktionierende Demonstration vollkommen kontraproduktiv ist, weil alles in sich greifen muss wie ein Zahnrad. Und alles muss funktionieren. Und dafür ist ein Konsens, meiner Meinung nach, dringend nötig. (LAURENZ: 685–703)

Neben Erkenntnissen zu den Prinzipien der politischen Selbstorganisation haben sich die Jugendlichen auch ganz praxisnah mit den Herausforderungen, Wirkungsweisen und organisatorischen Merkmalen verschiedener politischer Aktionsformen befasst. Das erscheint zunächst evident, ist aber gerade deswegen von Bedeutung, weil grundlegende Informationen dazu, welche Voraussetzung es gibt für die verschiedenen Ausdrucksformen konventioneller und unkonventioneller politischer Partizipation, in der Schule eher eine untergeordnete Rolle spielen.

Die Jugendlichen berichten, dass das politische Engagement sie vor allem dazu befähigt hat, verschiedene Partizipationsformen umzusetzen und ihre Wirkungskraft zu reflektieren (hierzu ausführlich in Abschnitt 4.3.4.5). Das gilt im Übrigen sowohl für jene, die für ihre politischen Aktionen Freiräume in der Schule erstritten haben, als auch für die Jugendlichen, die sich im außerschulischen Raum politisch engagieren. JOHANNES, der sich in einer selbstorganisierten Anti-Rassismus-AG einbringt, erklärt, dass er durch die Arbeit in der Gruppe viel darüber gelernt habe, wie eine politische Veranstaltung organisiert werde und was dabei zu beachten sei. *„Ich weiß, wie es ist, Projekte durchzusetzen. Und vor allem hat es mir persönlich auch viel Unsicherheit insgesamt weggenommen, weil ich halt weiß, wie ich etwas organisieren kann und vor allem, dass es gar nicht so schwer ist."* (JOHANNES: 567–571) Dabei werden grundsätzliche Organisationskompetenzen durchaus eng verknüpft mit politischen Bildungsprozessen. KATJA beschreibt beispielsweise die Herausforderung, für einen Aktionstag die Referent*innen auszuwählen.

Wir haben uns zusammengesetzt und gesagt, die und die Leute könnten wir anschreiben oder irgendwie keine Ahnung, fragen, ob die nicht Lust haben, einen Workshop zu machen. Da gab es auch so ein bisschen Differenzen, wen wir da so nehmen und wen nicht. Und dann irgendwann haben wir halt alle Leute angeschrieben und dann war es total schnell so, dass wir gemerkt haben, wir haben super viele Workshops, aber nur fünf Tage Zeit. Und dann haben wir uns halt zusammengesetzt und haben überlegt, das und das sortieren wir aus und das nicht. Und da haben die Lehrer auch ein bisschen ausgenutzt, dass sie ein bisschen mehr Mitspracherecht haben als wir und auch gesagt:

Das fände ich jetzt gut. Und wir haben gesagt: Aber echt nicht. Ja, aber das fänden wir jetzt gut. Und dann war es halt so. Also, auch nicht bei allen Sachen, aber bei einem Workshop war es sehr krass, sodass wir das eigentlich überhaupt nicht wollten und sie gesagt haben: Doch, das ist eine tolle Chance. Im Nachhinein fanden wir den alle blöd, die Lehrer auch (lacht). (KATJA: 512–525)

Wenngleich die Schüler*innen in der Regel sehr froh über die Unterstützung von Lehrkräften sind und auch immer wieder betonen, dass es mit den Lehrkräften, die sich in den selbstorganisierten Arbeitsgemeinschaften einbringen, kaum Rollenkonflikte gibt, zeigt dieser Bericht von KATJA, wie wichtig es ist, dass sich Lehrkräfte ihrer besonderen pädagogischen Rolle in selbstbestimmten politischen Aktionsformen von Schüler*innen bewusst werden müssen, um nicht – wenngleich auch ungewollt – Frustrationserfahrungen zu verursachen. Dennoch, diese Form der Einmischung hat auch zu einem Lernprozess geführt, den die Schüler*innen intensiv aufgearbeitet haben. Die Frustrationserfahrung ist in jedem Fall höher, wenn Lehrkräfte die Unterstützung für politische Aktionen der Schüler*innen vollständig verweigern. Das wird aus den Erfahrungsberichten von RONJA (964–999) deutlich, die im Kontext der „Fridays for Future"-Bewegung eine Nachhaltigkeitswoche an ihrer Schule organisieren wollte und dabei keine Unterstützung von ihren Lehrkräften erfahren hat.

Auch mit unkonventionellen Beteiligungsformen wie Demonstrationen setzen sich die Schüler*innen auseinander. Sie lernen viel darüber, was es bedeutet, eine Demonstration und eine politische Kundgebung vorzubereiten und durchzuführen.

Also, es war sehr spontan die Aktion. Am Dienstag haben wir die dann gemacht, die Demo. Und an dem Donnerstagnachmittag haben wir entschieden, dass wir das machen wollen. Also haben wir dann den ganzen Freitag rumtelefoniert, auch wir Schüler selber. Wir haben sehr viel selber gemacht. Das Einzige was wir gemacht haben, wir haben halt die Lehrer und die Schulleitung immer gefragt, ob das in Ordnung ist, und haben dann nach Telefonnummern gefragt oder so. Natürlich hat die Schulleitung sich viel Zeit genommen und hat sich über die rechtlichen Sachen informiert, was wir dürfen und was nicht. Aber das meiste haben wir Schüler selbst ausgearbeitet. Wir als SV haben rumtelefoniert. Ja. (MICHAEL: 196–205)

Konkret beschreibt RONJA, welche Fragen im Vorfeld zu klären waren: „*Und dann haben wir die groben Pläne gemacht, wo lang wir laufen wollen, Musik, wer die Reden hält, wer die Presse macht, Ordner, was unser Ziel ist, wer die Plakate macht, wen wir noch ansprechen.*" (RONJA: 723–726)

Sie erleben in der ganz konkreten Praxis auch die Hürden in der Ausübung von Grundrechten, wie beispielsweise des Rechts auf Versammlung (GG, Artikel 8, Abs. 1).

Genau, dann haben wir uns diese verschiedenen Themen überlegt, was jetzt alles noch zu organisieren ist. Haben das dann ziemlich schnell gemacht. Marcel hat momentan bislang die ganzen Demos angemeldet in der Stadt. Kann er jetzt leider nicht mehr machen. Darum mache ich jetzt im Grunde quasi dieses Anmelden, beziehungsweise noch eine Freundin aus der Jugendbewegung. Weil eigentlich, glaube ich, In unserer Stadt ist das ein bisschen komisch. Bei uns darf man mit 16 noch anmelden. In anderen Städten darf man es erst ab 18. Und ich weiß, dass andere Ortsgruppen von Fridays For Future da Probleme mit haben, jemanden 18-Jährigen zu finden, der die Demos anmeldet. Aber das ist bei uns irgendwie gar kein Problem gewesen bislang. (RONJA: 740–749)

Aus den Interviews mit den Schüler*innen lässt sich ableiten, dass vermeintlich fachunspezifische Kompetenzen wie die Organisationsfähigkeit im hohen Maße politisch sind und vielfältige Lernanlässe schaffen.

Der Politikdidaktiker Peter Henkenborg weist darauf hin, dass das Demokratie-Lernen auch eine „Auseinandersetzung um ‚billigenswerte' (lobenswerte) Charaktereigenschaften, um die Frage, wie wünscht man, dass alle handeln oder sind'" (Henkenborg 2005, 303 f.) erfordere. Henkenborg betont, dass diese Tugenden den Kern demokratischer Sittlichkeit darstellten. Damit verbunden sind Fähigkeiten wie Kommunikations-, Konflikt-, Konsens- und Kritikfähigkeit. Im Kontext der Handlungskompetenz steht für die vorliegende Untersuchung vor allem die Konfliktfähigkeit im Fokus – die Erkenntnisse dazu werden im späteren Verlauf dieses Kapitels vorgestellt (4.3.4.4).

Im folgenden Abschnitt sollen aber zunächst soziale Kompetenzen in den Mittelpunkt gerückt werden. Dabei werden Ergebnisse der Analyse des empirischen Materials vorgestellt, die Rückschlüsse darauf zulassen, inwiefern das Mitwirken an selbstbestimmten politischen Aktionen auch auf die Entwicklung sozialer Kompetenzen wirkt. Die induktive Analyse des Interviewmaterials ergab, dass vor allem drei Elemente als wertvolle Lernanlässe rekonstruiert werden können. Der soziale Umgang in der Gruppe, insbesondere in der Auseinandersetzung mit Frustrationserfahrungen, das Erlernen kooperativer Führungskompetenzen und der Wissenstransfer innerhalb der Gruppe.

Die Jugendlichen schätzen den Wert der Gruppe als wichtigen sozialen Raum ein, deren Einfluss weit über das bloße Verfolgen gemeinsamer politischer Ziele hinausgeht. Sie bezeichnen die Gruppe als einen Schutzraum, der ihnen persönliche Selbstentfaltung ermöglicht, ohne Angst vor Diskriminierung haben zu müssen. Der wertschätzende und respektvolle Umgang, frei von Rassismus, Sexismus und anderen Formen der Ausgrenzung, ist für die politisch aktiven Jugendlichen ein Wesenskern ihrer politischen Arbeit. Sie betonen, dass sie sich innerhalb der Gruppe einen angstfreien Lernraum geschaffen haben, der sich damit klar von anderen Erfahrungsräumen des politischen Lernens, wie der Schule und dem Unterricht, unterscheidet. Eindrucksvoll wird dies an den Aussagen von EMMA deutlich:

> *Ja (...) ich bin erst mal dahingegangen, und ich war natürlich erst mal überrascht, wie es abläuft, also das ist halt, der Respekt der einander entgegengebracht wird. Es ist ein ganz anderer sozialer Raum als man ihn beispielsweise in der Schule hat oder im Freundeskreis. Sowas hatte ich auch vorher noch nie kennengelernt. Es wird sehr viel Wert darauf gelegt, dass jeder gleichwertig respektiert wird (..) Egal wie, ob er jetzt stärker gebildet ist, weniger gebildet ist, ob er ansonsten sozial akzeptiert ist oder nicht, man diskutiert einfach mit jedem auf der gleichen Ebene, ohne dass darüber geurteilt wird; im Endeffekt, ohne dass man sich schlecht fühlen muss, wenn man irgendwie etwas weniger weiß als der, der jetzt irgendwie schon 22 oder 24 ist. (EMMA: 221–231)*

Weiter im Verlauf des Interviews konkretisiert EMMA diese Erfahrungen und verweist darauf, dass die politische Bewegung sich durch Hierarchiefreiheit, Akzeptanz und Respekt auszeichnet.

> *Im normalen Schulraum, im Freundeskreis da gibt es ja immer gewisse soziale Strukturen, also da gibt es Hierarchien, da gibt es einen Coolen, da gibt es den, der sich immer ein bisschen blöd stellt, da gibt's den einen, der halt immer ein bisschen ausgegrenzt wird, der immer ein bisschen geneckt wird, der nur so das dritte Rad am Wagen ist. Also, da gibt es halt ganz verschiedene Kompetenzen in diesen sozialen Strukturen. Und es ist immer auch ein kleiner Kampf, dass man nicht nach unten in der Hierarchie rutscht, würde ich sagen. Also für mich war es das jedenfalls immer und das war da halt überhaupt nicht, also ist halt überhaupt nicht gegeben in der politischen Gruppe. Der 24-Jährige ist sich jetzt nicht zu schade irgendwie, mal mit einer 15-Jährigen in eine Diskussion zu treten, und behandelt die dann auch nicht von oben herab. Und es gibt auch nicht dieses typische „hin- und herdissen" irgendwie so: Ich bin cooler als du. Und es gibt natürlich auch viele Menschen, die da sind, die auch ein bisschen Außenseiter der Gesellschaft sind, würde ich sagen, und die oft nicht so den Anschluss finden. Und die dann aber da halt akzeptiert werden, so wie sie sind, und nicht verspottet werden, ausgelacht werden, kritisiert werden die ganze Zeit, selbst wenn sie Makel haben. Das ist halt so ein zusammen gegenseitiges Lernen und Wachsen aneinander. Also ich weiß nicht, es ist auf jeden Fall schwer zu beschreiben. (EMMA: 235–254)*

Der in den Gruppen offenbar vorherrschende Konsens eines wertschätzenden Umgangs miteinander ermöglicht auch einen besseren Umgang mit Frustrationserfahrungen. FRANZISKA beschreibt, wie ihre Gruppe mit diesen Erfahrungen umgeht und welche Fragen sie sich stellen, um diese aufzuarbeiten.

Und es gab auch immer im politischen Umfeld die Möglichkeit, so etwas zu reflektieren, dass man eben dann darüber geredet hat. Wie hat sich jeder dabei gefühlt? Woran hat das gelegen? Was hätte man besser machen können? Wie gehen wir in Zukunft mit dieser Erfahrung um? Und so wird eigentlich jede direkte Frustration dann doch wieder zu etwas, das einen dann auch weiterbringt. Denn es kann natürlich nicht immer alles funktionieren. Und das ist ja nicht nur im politischen Bereich so, sondern überall im Leben, dass man nicht alles schafft, was man möchte. (FRANZISKA: 561–570)

Diese Art des sozialen Umgangs und der Hierarchiefreiheit innerhalb der politischen Gruppe ist auch eng verbunden mit dem Selbstverständnis der Jugendlichen, einen möglichst hohen Wissenstransfer zwischen erfahreneren und weniger erfahrenen Aktivist*innen zu erreichen, um neben allgemeiner Hierarchie auch Wissenshierarchie aufzubrechen. JAN verweist beispielsweise darauf, wie sich politische Jugendgruppen untereinander austauschen und auf dem Wissen und den Erfahrungen anderer Gruppen aufbauen wollen (JAN: 345–352), SOPHIE erklärt dieses Phänomen an folgendem Beispiel:

Ja, (…4…) das war eigentlich, ich sage jetzt mal, irgendwo angenehm, aber es war auch ziemlich zäh natürlich, weil dann natürlich viel diskutiert worden ist. Es gab dann schon Leute, die so etwas vielleicht schon länger machen und dann natürlich auch mehr Ahnung hatten. Also, ich bin dahin gekommen und dann hieß es: Okay, was machen wir? Konsensprinzip! Und ich sitze da und denke mir: Okay, toll, erklärt mir mal jemand dieses Konsensprinzip? Also, ich war nicht die Einzige, die das nicht wusste, aber das ist ja dann auch gleich erklärt worden. Es ist nicht so, also würde ich sagen, dass es so eine Megahierarchie gibt von Leuten, die das schon länger machen, und Leuten, die jetzt irgendwie neu dazu sind. Das ist schon gleich. Man merkt, wer mehr Erfahrung hat. Aber die lassen es nicht raushängen oder so etwas, überhaupt nicht. (SOPHIE: 284–294)

Die Ausführungen von EMMA und FRANZISKA scheinen auf den ersten Blick im Widerspruch zu RONJAS Ansicht zu stehen, die die Notwendigkeit von Strukturen und Führungskraft in der Gruppe betont. RONJA verweist darauf, dass es für die Arbeit in politischen Gruppen immer auch einer Person bedürfe, die die Leitung und die Verantwortung übernimmt.

*Aber tatsächlich (…), da merke ich dann aus unserer Gruppe besonders, dass es dann eine leitende Person braucht. Also, das bin ich an dieser Stelle, im Moment zumindest. Und wenn sich da – das beruft sich dann viel auf diese Person – und ich habe das Gefühl, dass es das in Schüler*innengruppen sehr braucht, weil alle natürlich mit ihren Sachen viel zu tun haben. Und da braucht es jemanden, der das anleitet. Und wenn es dann kein Lehrer macht oder ein Pädagoge oder irgendwer, dann muss halt eine Person übernehmen. Das bin ich im Moment. (RONJA: 251–258)*

RONJA verbindet die Notwendigkeit, Führungskompetenzen zu entwickeln damit, Mitstreiter*innen zu motivieren und weiterhin für die politische Arbeit zu begeistern (RONJA: 383–396). Auch JAN reflektiert seine Rolle in der politischen Gruppe und stellt für sich fest, dass er vor allem die sozialen Kompetenzen des Führens, Anleitens, aber eben auch des Moderierens und Motivierens weiterentwickeln möchte. *„Ich müsste vielleicht mal so einen Moderationskurs machen (lacht). Ich habe halt immer total viele Ideen und bringe die dann auch immer sofort ein. Und dann kommt es eben an solchen Stellen schnell zu der Situation, dass dann alle nicken und dann die Eigeninitiative so von den anderen Leuten genommen wird."* (JAN: 569–574) Diese Fähigkeit zur Reflexion der eigenen Sozialkompetenz ist unmittelbar auch verbunden mit den Erfahrungen aus der selbstbestimmten politischen Partizipation, denn sie ist eng gekoppelt an die Erkenntnis, dass politische Arbeit alleine nicht zu bewältigen ist und die politischen Ziele auf diesem Weg nicht erreicht werden können.

Soziale Bildungsprozesse werden nicht nur gruppenintern angeregt. Die Schüler*innen sind auch vielfältig sozial engagiert. Wenngleich ein wesentlicher Faktor für die Auswahl der Gruppen war, dass sie explizit politisch aktiv sind, so lassen sich soziales Engagement, Empowermentarbeit und politische Partizipation kaum losgelöst voneinander betrachten (siehe Abschnitt 2.1.2 „Dialektik der Partizipation"). Daher werden im folgenden Kapitel Bildungserfahrungen von Jugendlichen rekonstruiert, die im Sinne eines sozialen Engagements einzustufen sind.

4.3.4.2 Soziales Engagement

Wie im Kapitel zu den theoretischen und empirischen Grundlagen bereits beschrieben, lassen sich soziales Engagement und politische Partizipation nicht trennscharf unterscheiden. Vor allem ist empirisch bisher noch unzureichend erforscht, inwiefern aus sozialem Engagement, das gesellschaftlich eine höhere Anerkennung genießt als selbstbestimmte politische Partizipation, politisches Lernen oder gar politisches Handeln erwachsen kann (u.a. Reinhardt 2011, 2013; Wohnig 2015, 2017). Dennoch: Für die vorliegende Studie kann konstatiert werden, dass das politische Engagement der befragten Schüler*innen zumeist seinen Ursprung im sozialen Engagement hat. Das ist dabei besonders vielfältig und reicht von Pfandsammelaktionen für den guten Zweck (JOHANNES: 252–258), über Patenschaften für Geflüchtete (ESRA: 673–679) bis hin zur Neugestaltung der Mensa (MICHAEL: 95–98). Oftmals sind diese Formen des sozialen Engagements verbunden mit den ersten Erfahrungen in der Schüler*innenselbstverwaltung. *„Die SV engagiert sich sozial an der Schule, damit die Schüler auch glücklich sind. Damit die Schüler auch glücklich sind, verändern*

wir auch ein bisschen was hier an der Schule, äußerlich, oder so. " (MICHAEL:
80–81) MICHAEL definiert die Aufgabe der Schüler*innenvertretung mit dem
Selbstverständnis, die Wünsche der Schüler*innen zu erfüllen (MICHAEL: 84–
87). Sie wird aber auch vonseiten der Schulleitung instrumentalisiert, um Geld
für geplante Anschaffungen zu akquirieren.

> *Wir unterhalten uns auch oft mit der Schulleitung, ob das in Ordnung ist, was sie
> davon hält. Oder auch die Schulleitung gibt uns manchmal Problemstellungen. Zum
> Beispiel hatten wir jetzt erst: Die Schulleitung wollte eine Hängematte kaufen und
> wusste nicht, wie sie die finanzieren soll. Und dann haben wir uns überlegt, wie wir
> das finanzieren können als SV, als Schule und haben dann viele Vorschläge gehabt.
> Und haben uns dann letztendlich auf einen geeinigt, sodass wir als SV einen Beitrag
> bezahlt haben, den wir durch unseren Kaffeeautomaten erwirtschaftet haben. Und so
> Sachen besprechen wir halt immer. (MICHAEL: 87–95)*

Diese Erzählung steht beispielhaft für verschiedene Berichte der Schüler*innen,
die darauf hindeuten, dass die SV instrumentalisiert wird und ihr Engagement
sich nicht selten an den Interessen der Schulleitung oder der Lehrkräfte zu orientieren hat. Dies führt zu Frustrationserfahrungen, die bei den Schüler*innen
den Eindruck einer Alibi-Partizipation verstärken (Anerkennungs- und Frustrationserfahrungen werden ausführlich in Abschnitt 4.3.5 „Politisches Selbstkonzept"
rekonstruiert).

Die Jugendlichen haben sich daher oftmals Räume losgelöst von den institutionalisierten Strukturen der Schüler*innenmitwirkung gesucht. Vor allem das Jahr
2015 und die enormen Bewegungen von Geflüchteten nach Deutschland hat viele
neue Möglichkeiten des sozialen Engagements geschaffen. So war auch KATJAs
erste sozialpolitische Aktion verbunden mit dem Engagement für Geflüchtete in
ihrer Stadt. Beispielsweise hat sie mit Freund*innen zusammen Kleidung gesammelt. *„Und wir haben angefangen Aktionen zu machen und haben Klamotten
gesammelt für Geflüchtetenheime und uns hier in der Stadt stark für die Geflüchteten
eingesetzt."* (KATJA: 253–258) Auch RONJA und ESRA haben sich gemeinsam
mit ihren Mitstreiter*innen für Geflüchtete in ihrer Stadt beziehungsweise an ihrer
Schule engagiert. RONJA beschreibt das wie folgt:

> *Ja. Also, da ging es viel darum, wie man zum Beispiel die Geflüchteten aus Anklam
> mit uns verbinden kann. Wir haben schon einmal einen Musikabend gemacht. Dazu
> haben wir die eingeladen und auch gegrillt und zusammen Musik gemacht, getanzt und
> verschiedene Kulttänze ausgetauscht. Und danach dachten wir uns, dass wir so etwas
> noch einmal machen wollen und hatten eine Sportveranstaltung und haben Basketball
> gespielt. (RONJA: 272–277)*

Dieses soziale Engagement hat die Schüler*innen aber auch politisiert. Aus der Geflüchtetenhilfe sind Jugendinitiativen und Arbeitsgemeinschaften gegen Rassismus entstanden und neben dem sozialen Engagement für Geflüchtete vor Ort entwickelten sich immer häufiger auch politische Solidaritätsaktionen für Geflüchtete im Allgemeinen.

> *Dann kamen irgendwie so Sachen dazu, dass Leute ankamen und gesagt haben: Da soll es jetzt irgendwie eine Soli-Aktion für Geflüchtete geben, wir wollen da so in drei Wochen anfangen. Habt ihr nicht Lust da mitzumachen? Und dann haben wir diese Soli-Aktion gemacht. Von da ging dann relativ viel aus. Das war dann ein bisschen so Sammelpunkt, wo sich dann alle auch jeden zweiten Tag oder so getroffen haben. Und dann hatten wir halt sehr viel Kontakt zu Geflüchteten und dann haben die irgendwie erzählt: >>Unsere Kumpels sollen abgeschoben werden.<< (KATJA: 566–572)*

Unter anderem aus diesen Erfahrungen sind verschiedene legale und illegale politische Aktions- und Organisationsformen politischer Partizipation entstanden, die im Fokus dieser Arbeit stehen und im Folgenden genauer dargestellt werden.

4.3.4.3 Formen politischer Partizipation

Um die politischen Bildungsprozesse im Zuge des selbstbestimmten politischen Engagements der Schüler*innen rekonstruieren zu können, ist es wichtig, die verschiedenen Aktionsformen zu kennen und dabei auch die Bedeutungen der jeweiligen Aktionsformen für die Jugendlichen zu verstehen. Im Folgenden werden daher die verschiedenen Formen politischer Partizipation kurz vorgestellt und mit exemplarischen Erfahrungsberichten der Schüler*innen verknüpft. Die Aktionsformen sind dabei in legale und illegale Partizipation untergliedert, wobei die legalen Aktionen noch mal in schulische und außerschulische Formen der politischen Partizipation unterteilt werden. Alle interviewten Personen haben Erfahrungen mit unterschiedlichen Partizipationsformen gesammelt.

*Schüler*innenvertretung*

Für die meisten Schüler*innen war das Engagement in der Schüler*innenvertretung die erste Partizipationserfahrung, wobei diese zumeist eher mit Frustrationserfahrungen verbunden waren. Sie sind überzeugt, dass die Vertretung der Schüler*innen häufig eher eine Alibi-Funktion einnimmt und sie und ihre Interessen kaum berücksichtig werden. Sie verbinden die Arbeit mit dem Gefühl, ausgenutzt (SOPHIE: 444–457) oder ignoriert (JOHANNES: 258–263) zu werden. Vor allem die Erfahrung in der SV hat vielen politisch aktiven Jugendlichen den Eindruck vermittelt, es würde sich bei der Schule ausschließlich um einen *„Zweckverband zum Lernen"* (RONJA: 213) handeln. Ausführlich werden die auch mit der SV verbundenen Frustrations- und Anerkennungserfahrungen der Schüler*innen in Kapitel mit 4.3.5 „Politisches Selbstkonzept" zusammengeführt.

Wenngleich die SV grundsätzlich nicht mit einem politischen Mandat ausgestattet ist, kann sie aber durchaus der Anstoß für politisches Handeln und die Entwicklung selbstbestimmter politischer Projektarbeit an der Schule sein. Ein Beispiel dafür ist eine Antirassismusdemonstration, die von der SV einer Schule organisiert wurde. Nach Übergriffen auf ein Geflüchtetenheim und der medialen Berichterstattung darüber wollten sich die Schüler*innen gemeinsam mit ihrem Verbindungslehrer engagieren, weil sie *„unbedingt tätig werden wollten, wegen dem Fall in Rostock"* (MICHAEL: 171–178). Sie haben sich dann dafür entschieden, eine Demonstration zu organisieren, an der sich nahezu alle Lehrkräfte und Schüler*innen beteiligt haben.

Es sind aber nicht immer konkrete politische Anlässe, die das Potential der SV für politisches Handeln offenbaren. Die Erfahrungsberichte anderer Jugendlicher lassen darauf schließen, dass auch Initiativen wie das Bündnis „Schule ohne Rassismus – Schule mit Courage" den Wunsch nach politischer Teilhabe bei den Schüler*innen auslösen kann. Mehrere Schüler*innen berichteten, dass ihre Arbeitsgemeinschaften ursprünglich aus einer Idee der SV hervorgingen, sich an dem Bündnis zu beteiligen. Aus dieser Idee wurde dann eine eigenständige, selbstorganisierte Initiative, die sich von der Arbeit der SV emanzipierte (RONJA: 229–234). Dieser Emanzipationsprozess ist für die Gruppe und die Schüler*innen wichtig, denn die SV verbinden sie zumeist mit unpolitischen, eher ordnungspolitischen Aufgaben in der Verwaltung der Schule. *„Dann bin ich noch in der SV. Da ist es halt irgendwie Schulpolitik eher, als dass es Politik aus dem Bezirk ist oder was ist, was im ganzen Land relevant ist."* (LEA: 740–742)

Selbstorganisierte Arbeitsgemeinschaften und Initiativen
Mehrere Schüler*innen, die zuerst Erfahrungen in der SV gesammelt haben, engagieren sich anschließend oder parallel an ihren Schulen in selbstorganisierten Arbeitsgemeinschaften und Projektgruppen. Alle Schüler*innen, die in diesen emanzipatorischen Gruppen in der Schule politisch aktiv werden, verweisen darauf, dass sie dabei explizit politische Ziele verfolgen. In den Arbeitsgemeinschaften haben sie einen Freiraum für dieses politische Engagement gefunden. Die Themenfelder sind dabei vielfältig. Während sich RONJA beispielsweise für klimapolitische Themen einsetzt, engagiert sich ESRA mit ihren Mitschüler*innen gegen Rassismus.

Die Schüler*inneninitiativen und Arbeitsgemeinschaften werden vollständig selbstbestimmt von den Jugendlichen organisiert. Sie werden bei Bedarf von Lehrkräften unterstützt. Den interviewten Schüler*innen ist es aber wichtig zu betonen, dass es ihre Projekte sind. Sie holen sich Unterstützung von den Lehrkräften nach Bedarf, organisieren ihre Aktionen und ihre Initiativen aber selbstbestimmt. *„Genau, und da haben wir auch keine, also, das entsteht wirklich nur aus Schülern."* (RONJA: 130–131) Die Gruppen treffen sich regelmäßig und sind jahrgangsübergreifend zusammengesetzt.

Angetrieben wird ihr Engagement von einem allgemeinpolitischen Verständnis, das über die bloße Interessenvertretung für ihre Mitschüler*innen oder bildungspolitische Themen beziehungsweise den sozialen Nahraum der Schule hinausgeht (u. a. ESRA: 136–138). Wenngleich ihnen der allgemeinpolitische Charakter ihrer Arbeit wichtig ist, betonen sie auch den Wunsch, unmittelbar ihre Mitschüler*innen zu erreichen. Hier sehen sie eine besonders hohe Wirkungskraft. Ihr Ziel ist es, ihre Mitschüler*innen für politische Themen zu begeistern und Vorurteilen etwas entgegenzusetzen (RONJA: 115–127).

Vor allem die antirassistischen Initiativen sind dabei oftmals aus der bundesweiten Initiative „Schule ohne Rassismus – Schule mit Courage" entstanden. Dabei haben sich die Arbeitsgemeinschaften in den Jahren nach dem initiierenden Projekt ihre eigenen Schwerpunkte gesucht. RONJA leitet die Schülerinitiative an ihrer Schule, die im Zuge der Bewerbung um das Siegel gegründet wurde.

Dann haben wir eine Schülerinitiative gegründet und die leite ich seit dem letzten Jahr. Da machen wir Projekte, die die Demokratie fördern oder erhalten und andererseits versuchen wir Aufklärungsarbeit zu betreiben und das gegenseitige Verständnis von verschiedenen Kulturen und auch der Flüchtlingsdebatte näher zu bringen und da einen Austausch zu ermöglichen. (RONJA: 101–111)

Auch die Gruppe, in der sich JOHANNES engagiert, ist mit den von ihnen organisierten Aktionen Teil des Bündnisses geworden. Bemerkenswert ist, dass sich JOHANNES bewusst ist, dass die Gruppe für das Siegel „Schule ohne Rassismus – Schule mit Courage" womöglich keine weiteren Projekte realisieren müsste. Er sagt dazu: *„Wir müssen jedes Jahr eine Aktion machen, um das Siegel zu behalten, eigentlich. Das wird leider nicht wirklich durchgesetzt von der Stiftung, die das betreut. Denen ist das relativ egal. Wenn die das [Siegel] vergeben haben, dann bleibt das eben bei der Schule."* (JOHANNES: 507–510) Ob dieser Eindruck sich bestätigen lässt, soll an dieser Stelle nicht vertieft werden. Aus seinen Ausführungen wird aber deutlich, dass dieses Siegel für ihn und seine Mitstreiter*innen eher zweitrangig ist.

Trotzdem haben wir uns vorgenommen, das einzuhalten, einmal im Jahr eine Aktion zu machen. Und das wird eben unsere Aktion. Immer wieder Konzerte. Nächstes Jahr ist ein Konzert geplant, eben Open Air. Wir werden wahrscheinlich wieder ähnliche oder gleiche Sponsoren haben. Ja, also da sind wir schon wieder an der Arbeit. (JOHANNES: 507–514)

Im Zuge ihrer politischen Arbeit in den schulischen Initiativen und Arbeitsgemeinschaften haben die interviewten Schüler*innen Aktionstage und Bildungsveranstaltungen wie Workshops, Podiumsdiskussionen und Vorträge organisiert. Sie haben Benefizkonzerte realisiert, Plakate und Flyer entworfen und politische Beiträge für die Schüler*innenzeitung geschrieben.

Das Handlungsfeld Schule haben die Jugendlichen für ihre politischen Aktionen bewusst ausgewählt. Ihnen ist es ein Anliegen, ihre Mitschüler*innen zu erreichen. Neben politischen Aktionen verstehen sie es auch als ihre Aufgabe neue Mitglieder zu gewinnen, um die Arbeit nachhaltig an der Schule zu etablieren. Dafür gehen die Schüler*innen regelmäßig in die Klassen und erklären ihre Arbeit.

Wir versuchen und strengen uns an und gehen manchmal sogar einmal wöchentlich durch die Klassen, stellen uns auf verschiedene Arten und Weisen vor und versuchen, es irgendwie für die Siebtklässler witzig und lustig darzustellen, damit es irgendwie interessanter ist. (ESRA: 155–159)

Vor allem die politische Aktion an der Schule ist für die Jugendlichen oft auch Empowermentarbeit. Es geht ihnen darum, über Themen wie Rassismus und Sexismus aufzuklären und ihre Mitschüler*innen zu sensibilisieren und zu bestärken (ESRA: 44–147). Außerdem wollen sie Anlässe schaffen, die es ihren Mitschüler*innen ermöglichen, einen Perspektivwechsel zu vollziehen. So hat RONJA mit ihrer Schüler*inneninitiative beispielsweise eine Geflüchtete aus Afghanistan eingeladen, die von ihren Erlebnissen auf der Flucht berichtet hat.

Sie ist auch Anfang zwanzig und sie hat schon einmal einen Vortrag hier in Anklam gehalten, über Frauenrechte in Afghanistan. Und sie wird den noch mal dann halten. Da werden wir es hoffentlich noch ein bisschen weiter vorbereiten, dass wir vorher noch mal das Land ein bisschen vorstellen. Afghanistan, was ist da los und danach noch mal so eine Diskussionsrunde oder Fragerunde. Da habe ich jetzt aber auch zum Beispiel im Vorfeld jetzt schon eine Frauengruppe angesprochen, ob sie sich da nicht mit reinsetzen können, weil das ja auch schon ein kritisches Thema ist. Wir sind jetzt nächste Woche auf Kursfahrt, das heißt, ich habe eigentlich auch keine Zeit mich damit auseinanderzusetzen und einfach, dass sie noch mal mit dabei sind, um vielleicht irgendwelche Fragen aufzufangen. (RONJA: 472–483)

Dieser Erfahrungsbericht von RONJA steht beispielhaft für das reflektierte Vorgehen der junge Schüler*innen. Immer wieder wird deutlich, dass sie mit ihren Aktionen Prinzipien der politischen Bildung unbewusst anwenden. Sie wollen begeistern, aber nicht überwältigen, wollen möglichst viele Perspektiven aufzeigen und ihre Mitschüler*innen befähigen, kritisch und reflektiert ihre Interessen, aber auch die Interessen anderer zu erkennen, wahrzunehmen und sich im Idealfall mit ihnen gemeinsam zu engagieren.

Wie wichtig die Bedeutung dieser Bildungserfahrungen für die Jugendlichen sind, wird an folgendem Bericht von JOHANNES deutlich:

> *Also, vor allem, was mir wichtiger war als das Konzert an sich, waren die Workshops, die damit einhergingen. Es wurden dann wirklich viele Workshops gegeben, auch zum Thema Rassismus und die waren alle in irgendeiner Form gegen Rassismus, aber eigentlich mit immer anderen Sachen verknüpft. Und ich finde solche Workshops immer wichtig, weil es bringt nichts, mir etwas anzuhören, ich muss selber etwas machen. Das ist bei mir jedenfalls immer so. Und ich denke, dass es bei vielen andern auch so ist. (JOHANNES: 344–350)*

JOHANNES und seine Mitschüler*innen haben einen Aktionstag mit abschließendem Benefizkonzert organisiert. Vor allem das Konzert hat Aufmerksamkeit generiert und die Gruppe hat dafür große Anerkennung erfahren. Es ist umso bemerkenswerter, dass JOHANNES die Workshops in den Vordergrund stellt, die im Laufe des Tages an der Schule stattgefunden haben.

Außerschulische autonome Jugendgruppen

Wie RONJA haben sich mehrere Schüler*innen, die zunächst in der SV aktiv waren und später dann in einer Arbeitsgemeinschaft, letztlich mit ihrer politischen Arbeit doch immer weiter aus der Schule zurückgezogen. Von der Schulleitung und den Lehrkräften hat sich RONJA mit ihrem politischen Engagement nicht ernst genommen gefühlt. Wie mehrere andere Schüler*innen berichtet auch sie, dass ihr vorgeworfen wird, sie wolle nur den Unterricht boykottieren. Nicht zuletzt deswegen organisiert sie sich mit ihren Mitstreiter*innen mittlerweile auch in einer außerschulischen Jugendbewegung (RONJA: 958–964). Andere engagieren sich außerschulisch auch in Streikkomitees sowie lokalen und regionalen Protestgruppen. Die Schule verliert dabei immer mehr den Zugriff auf diese Jugendlichen und ihr politisches Engagement.

Zu weiteren Aktionen der Jugendlichen gehören Bildungsveranstaltungen außerhalb der Schule. So berichtet unter anderem BEN (295–296 & 309) von Lesekreisen und Workshops, KATJA (574–580) von öffentlichen Diskussionsveranstaltungen, Podiumsdiskussionen und Vorträgen, FRANZISKA (758–768) von Protest- und Bildungscamps und RONJA (1010–1021) von Themenabenden und Waldspaziergängen mit einem Förster. Für ihre selbstorganisierten politischen Aktionen, aber auch für die (Selbst)Bildungsangebote entwerfen die Jugendlichen Flyer und Infomaterial (u. a. JAN: 259–260 & 319–321; LAURENZ: 252–263).

Dabei wird deutlich, dass sich die Aktionsformen in der außerschulischen politischen Aktion verändern. Immer häufiger („*relativ häufig*" – HELGE: 216–217) nutzen die Jugendlichen unkonventionelle Partizipationsformen. Sie organisieren Demonstrationen gegen Sexismus (ESRA: 471–473; BEN: 335–335) und betonen den Wert großer, bunter und vielfältiger Protestformen (BEN: 413–415). Sie setzen sich in ihrem lokalen Wirkungskreis beispielsweise gegen das Erstarken rechtsradikaler Gruppierungen in ihrer Stadt (LAURENZ: 262–267; JAN: 121–128) ein, engagieren sich aber auch für sozialpolitische Themen wie die Solidarität mit Hartz-IV-Empfänger*innen (FRANZISKA: 478–485) und vernetzen sich mit internationalen Gruppierungen, wie den Demonstrationen „*Pulse of Europe*" (LEA: 699–706) oder der „Fridays for Future"-Bewegung (RONJA: 706–709). Sie führen Solidaritätsaktionen für Geflüchtete durch (KATJA: 370–373 & 566–572; FRANZISKA: 478–485; SOPHIE: 157–170 & 189–196), machen mit großen Transparenten auf politische Themen im öffentlichen Raum aufmerksam (SOPHIE: 528–538) oder gehen gegen Mobilisierungsmaßnahmen rechtsradikaler und islamophober Bewegungen vor, indem sie ihre Sticker und Plakate entfernen (LEA: 757–781).

Der Grat zwischen legalen Partizipationsformen und Formen des zivilen Ungehorsams bis hin zu politischer Gewalt wird dabei sehr schmal, wobei es sich bei dem überwiegenden Teil der illegalen politischen Aktionen eher um Formen des zivilen Ungehorsams handelt. Sie führen unangemeldete Demonstrationen durch oder organisieren Schulstreiks gegen marode Schulgebäude, gegen Rassismus oder für das Klima (u. a. BEN: 429–430; LEA: 106–106, 403–403, 735–740; ESRA: 468–470 & 505–508; JAN: 137–140, 237–251, 271–280, 283–307 & 315–319; RONJA: 728–733, 945–958 & 1049–1061; SOPHIE: 523–528 & 550–561). Außerdem organisieren die Jugendlichen Blockaden und Besetzungen, die sie dabei vor allem in Bezug auf die Zielsetzung der politischen Aktion von den anderen Aktionsformen unterscheiden. Aktionsformen der unkonventionellen, aber legalen politischen Partizipation dienen den Jugendlichen dazu *für* ihre politischen Ziele einzutreten. Protestformen des zivilen Ungehorsams (beispielsweise Blockaden und Besetzungen) verknüpfen sie eher mit dem Ziel, sich *gegen* etwas zu positionieren oder gar etwas zu verhindern (BEN: 397–399). Die Bandbreite der Themenfelder ist dabei groß: Sie stellen sich Aufmärschen von Rechtsextremen in den Weg (FRANZISKA: 553–561), versuchen mit der Besetzung von Hauseingängen Abschiebungen von Geflüchteten zu verhindern (KATJA:

572–574; SOPHIE: 157–170; BEN: 224–227) und besetzen ohne Genehmigung öffentliche Plätze, um auf Themen wie den Klimaschutz aufmerksam zu machen (FRANZISKA: 723–725; LAURENZ: 786–830). Grundsätzlich ist den interviewten Schüler*innen wichtig, dass auch der illegale Protest ohne Gewalt auskommt. Sie reflektieren aber auch diese Aktionsform. Wie die Jugendlichen Wirkungskraft und Zweck sowie die Legitimation der unterschiedlichen Protestformen einschätzen und reflektieren, wird im späteren Verlauf der Arbeit genauer betrachtet (siehe Abschnitt 4.3.4.5 „Reflexion des eigenen Handelns").

4.3.4.4 Konfliktfähigkeit – „Wenn die Klügeren immer nachgeben, ..."

Für die vorliegende Studie ist von besonderer Bedeutung, inwiefern sich aus den Berichten der politisch aktiven Kinder und Jugendlichen Lernerfahrungen im Feld der Konfliktfähigkeit rekonstruieren lassen, denn gerade hier wird ein großes Potenzial in der politischen Aktion vermutet. Reales politisches Handeln bleibt nie unberührt von Konflikten. Inwiefern die selbstbestimmten und selbstorganisierten Aktionsformen dafür ebenfalls einen Erfahrungsraum bieten oder ob die Berichte der Jugendlichen eher darauf schließen lassen, dass die politisch autonome Aktion sich als geschlossenes System erweist, das auf Meinungshomogenität setzt und damit Konflikte eher vermeidet, wird im Folgenden herausgearbeitet. Für die Rekonstruktion von politischen Lernerfahrungen im Feld der Konfliktfähigkeit werden folgende Merkmale, angelehnt an die Überlegungen von Sibylle Reinhard (2018, 22 f.), zugrunde gelegt:

– *Umgang mit Andersdenkenden zivilisieren*
– *ziviler Umgang mit Kontroversen*
– *Verzicht auf Gewalt*

In der formalen Bildung werden unter diesen Gesichtspunkten zumeist institutionalisierte beziehungsweise geregelte Konflikte wie Gesetzgebungsprozesse oder Tarifverhandlungen im Sinne der Sozialpartnerschaft thematisiert. Für die vorliegende Arbeit stehen aber nicht institutionalisierte, sondern selbstbestimmte, autonome politische Aktionen und damit auch eher Konflikte im Fokus, die weniger von etablierten Strukturen (Herdegen 2017, 132) geprägt sind. Den Umgang mit Andersdenken zivilisieren heißt für die interviewten Jugendlichen vor allem, zu trennen zwischen Uneinigkeit in politischen Fragen und zwischenmenschlicher Beziehung. Das Politische nimmt für die jungen Menschen mittlerweile einen wesentlichen Teil ihres Lebens ein und prägt auch den Alltag, die Familien und den Freundeskreis. Umso wichtiger ist ihnen, dass das Politische nicht auch etwas Persönliches werden muss. Das lässt sich eindrücklich am Fallbeispiel ESRA nachzeichnen. Die junge Schülerin erklärt, dass sie auch mit ihrer Freundin, die sich ebenfalls politisch engagiert, oft uneinig ist. Sie diskutieren, sie sind verärgert, aber sie haben für sich erkannt, dass politisch unterschiedlicher Meinung zu sein, nicht bedeuten muss, auch persönlich in einen Konflikt zu geraten.

> *Zum Beispiel meine Freundin, die auch dabei ist, hat auch oft eine andere Meinung. Und danach sind wir manchmal sogar sauer auf uns gegenseitig, wenn wir diskutieren. Aber wir streiten uns niemals und kriegen uns immer wieder ein und sagen uns, jeder hat seine eigene Meinung und jeder darf es machen, darf es sagen, wie er will, und jeder kann sich auch äußern, wie er will. Und deswegen kriegen wir uns eigentlich immer wieder ein. (ESRA: 264–269)*

In der Reflexion des Umgangs mit Konflikten ist es allen Jugendlichen besonders wichtig, und dabei ist kein Unterschied zwischen schulischen oder außerschulischen Wirkungsfeldern erkennbar, dass die Gruppenmitglieder ihr Verhalten reflektieren. Dabei wird die Diskussionskultur innerhalb der Gruppe immer wieder ausgewertet.

> *[Es gab dann eine Diskussionskultur,] mit der wir nicht mehr zufrieden waren, weil sie teilweise persönlich geführt wurde, also wo dann teilweise manche persönlich angegriffen wurden, was irgendwie überhaupt nicht geht. Das bedeutet also, wir müssen Inhalte kritisieren und nicht die Personen, die diese Inhalte äußern. Das ist etwas, eben ein Problem, das wir, würde ich sagen, erkannt haben und wo wir dann recht gut gegen vorgegangen sind, finde ich wenigstens. (BEN: 518–523)*

Die Inhalte in den Fokus eines politischen Diskurses zu stellen und nicht die Personen, das ist eine wesentliche Erkenntnis, die die Jugendlichen auch durch ihr selbstbestimmtes politisches Engagement erlangten. Sie betonen aber nicht nur die Notwendigkeit, Person und Inhalt möglichst getrennt voneinander zu betrachten, sie weisen vor allem darauf hin, dass sie für sich den Wert von Konflikten als Wesenskern einer sich entwickelnden Gesellschaft erkennen. LAURENZ erklärt diesen Wert als Grundlage, um politische Diskurse zu entwickeln, Meinungen und Positionen zu bilden sowie Ideen und Lösungswege zu erkennen. Er ist gegen militärische Konflikte, findet aber den Konflikt wichtig im Sinne des kontroversen Ideenaustausches für die Bildung eines politischen Urteils und damit als Grundlage für politisches Handeln.

Nein, ich möchte keine Welt, die frei ist von Konflikten, (..) Ich möchte aber dennoch eine Welt, die frei ist, von militärischen Konflikten zum Beispiel. Von gravierenden zwischenmenschlichen Konflikten. Ich möchte mich nicht unbedingt mit irgendwem wirklich streiten, ich möchte mich nicht mit jemandem prügeln. Aus was für Gründen auch immer. Ich denke aber, dass Konflikte nicht unbedingt sehr negativ sein müssen. Also, sie sind natürlich negativ konnotiert, das ist klar. Aber wenn ich mit jemandem eine politische Diskussion führe, ist das ja auch auf die ein oder andere Weise ein Konflikt. Und das finde ich sehr wichtig, weil wenn ich niemals mit jemandem diskutiert hätte, der nicht meine politische Meinung teilt, dann hätte sich auch meine Meinung überhaupt nicht entwickelt. Oder nur in nicht zufriedenstellendem Maße, aus meiner jetzigen Sicht. Also, Konflikte sind einerseits wichtig, aber andererseits kommt es eben auf den Konflikt an, welcher Konflikt das irgendwie ist. (LAURENZ: 512–525)

Den Ausführungen von LAURENZ ist zu entnehmen, dass er den Konflikt als wertvoll und dringend erforderlich einschätzt, weil er zivilisiert umgesetzt politische Willensbildung nachhaltig prägt. LAURENZ ist es dabei wichtig, dass Konflikte nur dann als Lernanlässe für die politische Urteils- und Willensbildung erfolgreich sind, wenn sie gewaltfrei geführt werden. Er betont, dass damit nicht nur körperliche Gewalt gemeint sei. Politische Konflikte sollten nach Möglichkeit frei von jeder Form von Gewalt sein, sei es *„verbale Gewalt, physische Gewalt, psychische [oder] strukturelle Gewalt"* (LAURENZ: 532–533).

Ein herausragendes Merkmal gelingender Entwicklung von Konfliktfähigkeit ist es, Meinungspluralität und Heterogenität im politischen Diskurs als wertvoll zu betrachten. Entgegen der Annahme, dass sich politische Arbeitsgemeinschaften oder autonome Jugendbewegungen eher homogen zusammensetzen, lassen die Erfahrungsberichte der Jugendlichen eher darauf schließen, dass sich die politischen Gruppierungen auch teilweise sehr heterogen zusammensetzen. Die selbstorganisierten politischen Arbeitsgemeinschaften an Schulen sind dabei besonders von Vielfalt geprägt, sowohl bezüglich der vorherrschenden politischen Positionen als auch bezüglich der Bereitschaft, sich an verschiedenen Formen politischer Partizipation zu beteiligen. Besonders hervorzuheben ist, dass die Jugendlichen diese Tatsache nicht als Hemmnis, sondern als befruchtend für die politische Arbeit begreifen. Besonders relevant erscheint in diesem Kontext der Erfahrungsbericht von KATJA. Sie ist vor ihrem Engagement in der schulischen Arbeitsgemeinschaft schon in einer autonomen politischen Jugendgruppe aktiv gewesen. Sie hatte vor allem Zweifel, weil sie eine zu große Heterogenität befürchtet hat, die dazu führen könnte, dass die Gruppe weniger wirkungsmächtig ist.

Es gibt halt total krasse Differenzen in dieser Gruppe, so was die politische Richtung angeht und auch die Weise, wie man die umsetzt oder wie man die umsetzen will. Und das läuft irgendwie trotzdem und das ist echt schön. Und die Gruppe ist total cool geworden. Und ich werde da bestimmt weiter machen, auch wenn ich jetzt nicht mehr auf der Schule bin. (KATJA: 220–225)

KATJA beschreibt den Wert schulischer politischer Aktion aus dem Vergleich ihrer Erfahrungen, die sie in einer selbstverwalteten Arbeitsgemeinschaft an der Schule und der autonomen Jugendbewegung gesammelt hat. Die Heterogenität der schulischen Arbeitsgemeinschaft, der sie anfangs skeptisch gegenüberstand, schätzt sie in der Rückschau als eine der größten Stärken ein (KATJA: 396–408).

Auch ESRA, die ebenfalls in einer schulischen Arbeitsgemeinschaft aktiv ist, hat vergleichbare Erfahrungen gemacht. Sie verweist darauf, dass die Gruppe sich in Bezug auf die Ziele der politischen Arbeit einig sei, die Wahl der dafür notwendigen Mittel aber immer wieder umstritten sei.

Ich denke, dass sind eher so Luxusprobleme, würde ich sagen. Klar, es entstehen mal Konflikte, weil vielleicht nicht alle derselben Meinung sind. Es gibt in der AG Leute, die sind schon fast, das darf ich jetzt, also ich weiß es natürlich nicht, ich denke schon fast linksextrem, was vielleicht viele aus unserer Gruppe gar nicht so toll finden. Ich bin es zum Beispiel nicht, aber ich bin auch offen dafür. Da gibt es halt manchmal Diskussionen, dass manche sagen: Ja, wir müssen jetzt die Schulwand ansprayen und irgendwie allen Leuten sagen, wir sind hier anti. Ja, da gibt es dann manchmal Diskussionen. (ESRA: 242–249)

ESRA betont allerdings den Wert pluraler Meinungen in ihrer Gruppe und die damit verbundenen offenen Diskussionen. Für sie stellt das keinen persönlichen Streit, sondern einen konstruktiven Meinungsaustausch dar. *„Aber die Diskussionen sind keine Streitigkeiten, die Diskussionen sind Diskussionen, wo Leute ihre eigene Meinung sagen können. Und wenn jemand die eine oder andere Meinung hat, dann ist das so. Wir hassen uns auch nicht dafür."* (ESRA: 257–264) Das trotz durchaus heterogener Zusammensetzung gemeinsam Projekte realisiert werden können, ist insbesondere der Tatsache geschuldet, dass die Schüler*innen in den Arbeitsgemeinschaften und politischen Gruppen lernen, mit realen Konflikten umzugehen. Daher hebt auch KATJA die Meinungspluralität in ihrer Gruppe als positiv hervor und betont, dass es gelungen sei, sich auf das gemeinsame Projekt zu konzentriere und die Gemeinsamkeiten in den Mittelpunkt zu stellen und nicht die Differenzen.

Da ist, glaube ich, allen relativ bewusst, dass wir verschiedene Meinungen haben und deswegen wird gerade nicht versucht, seinen Standpunkt durchzusetzen, sondern gesagt: Okay, wir versuchen, dass das Projekt an sich läuft und nicht irgendwie jetzt uns da an die Gurgel zu gehen, wegen irgendwelchen Kleinigkeiten und irgendwem

unsere Meinung aufzudrücken. Das war auch irgendwie was, was ich gut fand an der
Gruppe, auch zum Teil anders erwartet hätte vorher, glaube ich. (KATJA: 653–660)

Aber auch die Jugendlichen, die vorwiegend außerschulisch in autonomen Gruppen politisch aktiv sind, beschreiben Konfliktsituationen und verweisen ebenfalls
auf den insgesamt heterogenen Charakter ihrer Gruppen. Auch in diesen Gruppen werden politische Debatten geführt und kontroverse Positionen abgewogen
(FRANZISKA: 585–596). Die Jugendlichen schätzen aber nicht nur den Wert der
Heterogenität innerhalb ihrer Gruppe. Sie wählen ihre Aktionsformen auch danach
aus, inwiefern dadurch ein konstruktiv konflikthafter Austausch mit anderen Menschen erreicht werden kann. HELGE ist überzeugt, dass sich dafür beispielsweise
Demonstrationen eignen (HELGE: 237–238).

Inwiefern sich Kompetenzen im Feld der Konfliktfähigkeit im Zuge des politischen Engagements der Jugendlichen entwickeln, soll im weiteren Verlauf
dieses Kapitels anhand konkreter Beispiele nachgezeichnet werden. Für mehrere Schüler*innen-Gruppen war bereits in der Gründungsphase die Entscheidung
über den Gruppennamen ein konflikthafter Prozess. Soll die Arbeitsgemeinschaft
den Titel „gegen rechts" oder „gegen Rassismus" führen? Schon diese Frage
führte zu politisch anregenden Diskussionen, offenbarte die Bandbreite vertretener
politischer Positionen und konnte doch letztlich gruppenintern gelöst werden.

Es gab irgendwie die Überlegung, ob wir unser Projekt ‚gegen rechts' oder ‚gegen
Rassismus' nennen, weil die einen eben fanden, dass dieses ‚gegen rechts' zu krass ist
und wir ja eigentlich nur gegen Ausgrenzung und Rassismus sind und ‚gegen rechts',
da steckt ja viel mehr dahinter und das klingt dann gleich so radikal. Und solche
Diskussionen haben wir auch geführt. Und trotzdem funktioniert das irgendwie und
wir kommen gut miteinander klar. Und das ist halt ganz spannend. (KATJA: 274–280)

Interessanterweise beschreibt KATJA, dass dieser Konflikt, trotz der damit verbundenen Brisanz, innerhalb der Arbeitsgemeinschaft schnell befriedet werden
konnte. Später im Verlauf versuchte auch die Schulleitung zu intervenieren.
Der Konflikt fand somit auf verschiedenen Ebenen statt und forderte den Schüler*innen auch eine Positionierung gegenüber der Schulleitung ab. Dabei ging
es nicht nur um eine Beschreibung der Gruppe; der Konflikt um den Namen ist
ein hochpolitischer Konflikt. Einigen Schüler*innen war die klare Positionierung
„gegen rechts" besonders wichtig, weil sie damit mehr als nur den Kampf gegen
Rassismus verbinden. Für sie ist es auch ein klares Bekenntnis in Bezug auf die
Frage, woher die größte Gefahr für unsere Demokratie und die freiheitlich demokratische Gesellschaft aktuell ausgeht. Wenngleich die Gruppe den Versuch der
Einflussnahme durch die Schulleitung zunächst abwehren (oder eher aussitzen)

konnte (KATJA: 288–398), haben sie sich letztlich ohne tiefergehende Auseinandersetzung mit dem Extremismuskonzept dem Wunsch der Schulleitung gebeugt und die Arbeitsgemeinschaft umbenannt.

> *Wir haben es einfach weiterlaufen lassen und sie hat sich nicht beschwert. Wir haben dann die AG ‚Schule ohne Rassismus' genannt, aber haben weiter die T-Shirts [mit der Aufschrift ‚gegen rechts'] verteilt. Wir wollen unser nächstes Projekt jetzt allerdings ‚für Toleranz' nennen, das Konzert war ‚gegen rechts' und jetzt machen wir was ‚für Toleranz'. (KATJA: 324–328)*

Aus politikdidaktischer Perspektive zeigt dieses Fallbeispiel, dass das reale politische Handeln offenbar vom ersten Moment an vielfältige Lernanlässe bietet. Hier wurde die Chance auf eine Auseinandersetzung mit diesem wertvollen Lernanlass versäumt. Letztlich einigte sich die Gruppe, die nächsten Projekte unter das Motto „für Toleranz" zu stellen. Eine Aufarbeitung des Themas ‚Extremismus' und der konzeptionellen Ideen, die sich hinter den Begriffen verbergen, fand nicht statt.

> *Nee, nicht so richtig eigentlich. Vielleicht haben verschiedene Leute Toleranz unterschiedlich definiert, es hieß so. Naja, man kann ja auch Rechte bis zu einem gewissen Grad tolerieren, wo andere meinten, dass das nicht ginge. Aber so eine richtige Diskussion gab es da nicht noch einmal, aber vielleicht auch, weil die Leute, die gesagt haben, wir wollen nicht, dass das ‚gegen rechts' heißt, schon so viel eingesteckt haben, weil es weiter so hieß, dass wir dann gesagt, okay, dann machen wir das jetzt ‚für Toleranz' und alles cool. Aber eigentlich waren damit alle halbwegs einverstanden. (KATJA: 333–340)*

Wenngleich der überwiegende Teil der Schüler*innen den Wert der Meinungspluralität in ihren Gruppen hervorhebt, so zeigt dieses Beispiel eben auch, dass Kompromisse in den Gruppen nicht immer davon geprägt sind, dass die Argumente überzeugen, sondern dass der soziale Zusammenhalt nicht gefährdet werden soll.

Ein anderes Fallbeispiel zeigt aber auch, dass die Schüler*innen an politischen Positionen festhalten und eine fehlende Einigung auch das Ende der Arbeitsgemeinschaft bedeuten könnte. In der Vorbereitung eines Aktionstages gab es einen Streit darüber, ob eine Vertretung des Verfassungsschutzes für einen Workshop eingeladen werden solle. JOHANNES erklärt, warum er sich gegen diesen Vorschlag aussprach:

> *Weil der Verfassungsschutz gerade in den letzten Jahren bewiesen hat, dass er eben, gerade was rechten Terror angeht, nicht gerade die Kompetenz in Person ist und auch selber stark eben zum Erhalt dieser Machtstrukturen beiträgt, wie er schon sagt:*

Verfassungsschutz. Und auch viele Linke, also tatsächlich sogar prozentual mehr Linke als Rechte regelmäßig verhaftet und über die Buch führt und die beobachtet. Das waren dann eben nicht die Besten, um bei einem Konzert gegen Rassismus beziehungsweise den Workshops gegen Rassismus anzutreten. (JOHANNES: 365–372)

Der Konflikt um die Einladung einer Vertretung des Verfassungsschutzes führte dazu, dass mehrere Schüler*innen unzufrieden waren. Das Projekt hätte daran scheitern können.

Die Entstehung war ganz interessant, weil wir uns wirklich zusammengesetzt haben und dann eben dieses Problem mit dem Verfassungsschutz hatten, wo das wirklich kurz auf der Kippe stand, ob nicht die Hälfte einfach rausgeht, wenn der Verfassungsschutz kommt, aus dem Projekt, weil sie halt sagen: Das wollen sie nicht, mit dem wollen sie nichts zu tun haben. Der Verfassungsschutz wurde dann aber einfach gestrichen, das wurde dann nicht mehr angefragt. (JOHANNES: 379–385)

Für die Frage, inwiefern sich an diesem Beispiel Lernprozesse im Feld der Konfliktfähigkeit und Handlungskompetenz rekonstruieren lassen, ist bemerkenswert, dass dieser Konflikt nicht nur von Vorbehalten oder der Drohung, aus der Gruppe auszusteigen, geprägt war. Die Schüler*innen hatten ein großes Interesse daran, diesen Konflikt auch sachlich zu lösen. *„Es gab einige, die dann Zeitungsartikel und generell Artikel rausgesucht haben und dann vorgestellt haben, warum sie das nicht wollen."* (JOHANNES: 393) Erstaunlicherweise wurden die Sorgen und der Unmut der Schüler*innen bezüglich der Einladung des Verfassungsschutzes vor allem von den begleitenden Lehrkräften ignoriert. Die Drohung, aus dem Projekt auszusteigen, führte dazu, dass das Thema nicht abschließend diskutiert wurde. Letztlich hat die Gruppe für sich entschieden, dass das vielfältige Programm für den Aktionstag auch ohne eine Beteiligung des Verfassungsschutzes auskommen kann (JOHANNES: 393–401). Hätte es sich bei diesem Projekt nicht um ein freiwilliges, selbstbestimmtes Projekt der Schüler*innen gehandelt, sondern hätte es ein unmittelbares Abhängigkeitsverhältnis zu den Lehrkräften gegeben, wäre dieser interne Konflikt sicher anders ausgegangen. In jedem Fall war die Abarbeitung an diesem Konflikt ein wertvoller Lernanlass für alle Beteiligten.

Aber auch an anderen Fallbeispielen lässt sich die Vielschichtigkeit politischer Lernerfahrungen im Kontext des realen politischen Handelns rekonstruieren. Ein vor allem in politischen Gruppierungen, die sich als links markieren, bedeutsames Thema ist der Konflikt im „Nahen Osten". Die Frage der Positionierung zu diesem Konflikt ist für viele politische Gruppierungen wichtig und zugleich eine besondere Herausforderung. LAURENZ berichtet davon, dass seine Jugendgruppe sich daher dafür entschieden hat, dieses Thema und die damit verbundenen Konflikte besonders intensiv zu bearbeiten. Sie haben einen internen Workshop erarbeitet, um sich mit dem Nahostkonflikt zu befassen. Ziel war es, eine gemeinsame Position zu finden. Die Abstimmung im Plenum ging mit einem Verhältnis von etwa 55 % zu 45 % sehr knapp aus. Daher wurde der Beschluss vertagt. Bei derart kontroversen Themen ist es der Gruppe wichtig, dass Gruppenpositionen nicht mit einer knappen Mehrheitsentscheidung herbeigeführt werden (LAURENZ: 551–570). Elementare politische Entscheidungen werden innerhalb der Gruppen nicht mit einer einfachen Mehrheitsentscheidung abgeschlossen. Diese und weitere Lösungsstrategien legen nahe, dass im Zuge des Engagements in den politischen Gruppen Handlungskompetenz und Konfliktfähigkeit gestärkt werden.

Neben der Frage, welche Methode zur Entscheidungsfindung herangezogen wird, lassen sich weitere Strategien der Konfliktlösung aus den Erfahrungsberichten der Jugendlichen herausarbeiten. Um Konflikte über grundsätzliche Fragen zu vermeiden, verständigen sich mehrere Gruppen der interviewten Jugendlichen auf ein politisches Selbstverständnis. Das zeichnet sich in der Regel dadurch aus, *dass „Dinge wie Sexismus, Homophobie, Rassismus [oder] Gewalt"* (FRANZISKA: 610) nicht akzeptiert werden. Für die Umsetzung konkreter politischer Projekte teilen sich die Aktivist*innen in Bezugsgruppen ein und entscheiden untereinander im Vorhinein über einen Aktionskonsens, um Konflikte bei der Durchführung der politischen Aktion zu verhindern (LAURENZ: 685–703).

Im Gegensatz zu offenen Fragen bezüglich der zu wählenden Aktionsform, die von Anfang an in Bezugsgruppen ausgelagert werden, ist es den Schüler*innen wichtig, inhaltliche Kontroversen zunächst im Plenum anzusprechen. Unabhängig davon, ob sich die Jugendlichen in der Schule oder in außerschulischen Kontexten treffen, sind die regelmäßigen Plenumssitzung allen Aktiven wichtig, um potenzielle Konflikte zu entschärfen. Diese Gruppentreffen sind immer öffentlich und frei zugänglich. Den Aktivist*innen ist das wichtig, und die damit verbundene Öffentlichkeit und öffentliche Auseinandersetzung mit politischen Konflikten empfinden sie bereits als einen politischen Akt (LAURENZ: 242–249).

Eine weitere Strategie zum konstruktiven Umgang mit Konflikten beschreibt BEN als das *„solidarische Kritisieren"* (BEN: 131–133; 456–463). Den Jugendlichen ist nicht nur das Verfolgen politischer Ziele wichtig, sondern auch der wertschätzende und respektvolle Umgang untereinander. Ein wesentliches Merkmal von Konfliktfähigkeit ist der möglichst zivile Umgang miteinander. Dessen scheinen sich alle Interviewpartner*innen bewusst zu sein. Sie legen teilweise so großen Wert darauf, dass sie Strategien wie das solidarische Kritisieren in gruppeninternen Workshops erlernen:

Wir hatten jetzt aber auch zum Beispiel einen Diskussionsworkshop, also so Debat-
tenkultur zum Beispiel. Weil es manchmal so ein bisschen aus dem Ruder gelaufen
ist, also auch mit Polemik zum Beispiel. Und was auch ein Problem ist, dass wir da
auch ein bisschen gucken müssen, dass wir da eine gewisse, also keine Kontrolle rein
bekommen, aber dass das halt ein bisschen organisierter ist und ein bisschen solidari-
scher, wenn wir miteinander reden. Und dass es nicht so ist, dass wir uns alle ankeifen,
als wären wir alle fünf Jahre alt. (BEN: 507–514)

BEN ist überzeugt, dass dieser Workshop erfolgreich war, und er hat das *„Ge-*
fühl, seitdem ist es deutlich besser geworden" (BEN: 532). Die Diskussionskultur
und der Umgang mit Konflikten spielen für alle interviewten Personen eine zentrale Rolle. Dabei ist es nicht ausschlaggebend, ob sich die Jugendlichen in einer
autonomen Jugendgruppe organisieren oder in einer Arbeitsgemeinschaft in der
Schule. Das wird deutlich, wenn man die Aussagen von LEA analysiert. Sie ist
deutlich jünger als BEN und vorwiegend in ihrer rassismuskritischen Arbeitsgemeinschaft in der Schule aktiv. Auch sie betont, dass sachliches Diskutieren sowie
die Reflexion des eigenen Verhaltens zu den wertvollsten Lernerfahrungen ihres
politischen Engagements zählten (LEA: 843–856).

Vor allem persönliche Konflikte zwischen Einzelpersonen werden eher losgelöst vom Plenum aufgearbeitet. *„Also, meistens sind solche Diskussionen mehr*
so unter Einzelnen, also in Einzelsituationen, mit Einzelpersonen oder dann in
kleineren Gruppen, jetzt nicht auf einem großen Treffen." (SOPHIE: 344–347)

Die Sensibilität für den Umgang mit Konflikten geht soweit, dass sich vor
allem bei emotionalen Konflikten auch Menschen dafür verantwortlich fühlen,
Konflikte zu schlichten.

Wir haben es immer geschafft, das zu regeln. Und wir hatten auch wirklich immer
Leute dabei, die sich ganz besonders für so etwas verantwortlich gefühlt haben. Dass
sie dahingegangen sind, nochmal versucht haben, Gespräche zu suchen, gerade in
Situationen, wo es persönlich irgendwie schwierig geworden ist. Also, großes Drama
hatten wir irgendwie nie. Da bin ich auch stolz drauf. (FRANZISKA: 585–596)

Später im Interview beschreibt FRANZISKA detaillierter, wie kleine, vor allem
persönliche Konflikte in der Gruppe gelöst werden. Der direkte und schnelle Austausch ist ihnen wichtig. Im Zweifel kommt eine unabhängige dritte Person hinzu
und versucht zu vermitteln.

Bei kleinen Sachen reden wir natürlich immer wieder miteinander. Also, der dumme
Spruch oder so, da wird das dann vielleicht einfach angesprochen und es gibt irgendwie
ein Gespräch darüber, warum etwas nicht in Ordnung ist und dann verstehen die Leute
das auch. Aber ansonsten ist es einfach unser Mittel der Wahl, dass wir alles einfach

immer alles sofort ansprechen und dass man in der Gruppe immer Verständnis findet. Also, wenn man zu jemandem hinkommt, wenn man ein Problem nicht lösen kann, dann gibt es eben ein Gespräch zu dritt, wo noch jemand dazukommt und dann hat sich bisher immer eine Lösung gefunden. Das ist ganz gut. (FRANZISKA: 610–618)

Die Jugendlichen haben in den verschiedenen Gruppen vielfältige Konfliktlösungsstrategien für unterschiedliche Situationen entwickelt, erprobt und eingeführt. Vom Gruppenselbstverständnis und dem Konsensprinzip bei elementaren Fragen, über Mehrheitsentscheidungen, Verlagerung in Bezugs- oder Arbeitsgruppen bis hin zur Mediation durch unabhängige Dritte. Die verschiedenen Strategien für den jeweils angepassten Umgang mit Konflikten zeigen, dass die politischen Aktionen und das reale politische Handeln in Selbstbestimmung und Selbstorganisation vor allem im Feld der Konfliktfähigkeit viele Anlässe für Bildungserfahrungen schaffen. Besonders hervorzuheben ist allerdings die Tatsache, dass die Jugendlichen die verschiedenen Strategien, ihr eigenes Handeln und ihre individuelle Rolle in der Gruppe immer wieder reflektieren. Die Wirkung des politischen Engagements auf die Fähigkeit zum Umgang mit Konflikten sowie die Fähigkeit zur Selbstreflexion wird an der folgenden Aussage von LEA besonders deutlich:

Und so kann man einfach, wenn man lernt, das zu reflektieren, was andere sagen und was man selbst sagt, was man zum Beispiel in der AG oder in einer Diskussion oder so lernt, dann ist es auch im echten Leben leichter, so Sachen zu reflektieren. Und das kann nicht nur irgendwie in der Schule helfen. Sondern auch wenn man zum Beispiel man sich mit Freunden streitet oder so etwas, ist es auch immer gut zu reflektieren. Und dann lernt man halt durch sich engagieren und selbst was machen, was man dann hinterher reflektieren kann und überlegen kann, was könnte man besser machen. (LEA: 637–644)

Wenngleich die Schüler*innen verschiedene Strategien entwickeln, um wertschätzend und respektvoll, möglichst kompromiss-/konsensorientiert mit Konflikten umzugehen, so ist ihnen zugleich immer auch wichtig, eigene politische Positionen zu beziehen und dafür einzustehen. Auch für LEA ist es wichtig, dass sich Menschen politisch positionieren und den politischen Konflikt nicht scheuen. Sie beschreibt die Notwendigkeit, sich politisch einzubringen, an der kritischen Würdigung der Redewendung: Der Klügere gibt nach. Sie hat an diesen Spruch immer geglaubt, aber in politischen Fragen zweifelt sie mittlerweile an diesem Ansatz und hält in gar für gefährlich:

Ich glaube, dadurch, dass ich mich halt mehr mit Politik auseinandergesetzt habe, ist es dann gekommen, dass ich gedacht habe: Naja, wenn der Klügere immer nachgibt, dann ist es so, dass die Dummen immer entscheiden können. Und wenn die Dummen immer entscheiden, was dadurch kommt, wenn die Klügeren nie ihre Meinung sagen und nie da mitmachen, dann kommt es zu Sachen, die vielleicht einfach die Klügeren total doof finden. Und selbst wenn es mehr Klügere sind, als dumme Leute, aber die Klügeren immer nachgegeben haben, dann ist es irgendwie doof, weil sich dann die ganzen Klügeren, die vielleicht eigentlich mehr sind und eine andere Meinung haben, gar nicht eingebracht haben, weil sie gedacht haben: Ja, ich gebe jetzt mal nach, weil es ist sowieso egal. (LEA: 671–686)

FRANZISKAs Aussagen ist zu entnehmen, dass sie sich diese Meinungspluralität und den Austausch, den politischen Streit zwischen den vermeintlich Klügeren oder Dümmeren auch für die Schule wünschen würde. Streit und Konflikt sei anregend und befruchtend für den politischen Kurs, darin sind sich alle interviewten Jugendlichen einig, aber sie definieren auch Grenzen: Diskriminierung und Hetze dürften in der Schule keinesfalls Raum erhalten (u. a. FRANZISKA: 1052–1063).

Wenngleich bei nahezu allen interviewten Personen vergleichbare Bildungserfahrungen im Feld der Konfliktfähigkeit identifiziert werden konnten, so fällt ein Beispiel hier heraus. JAN, der sich sowohl in der Schule als auch außerschulisch politisch engagiert, hat in der Schule schnell gegen Widerstände ankämpfen müssen. Er erhielt wenig Unterstützung für seine Projekte, weder vonseiten der Lehrkräfte noch von seinen Mitschüler*innen. Das Verhalten seiner Mitschüler*innen, der Lehrkräfte, aber auch sein eigenes Verhalten, das erklärt er selbstkritisch, führte immer mehr zu einer Vereinsamung, zu einer Verinselung und später auch zu einer Radikalisierung in seinem politischen Engagement. Diesen Schluss lässt schon seine Beschreibung der Grenze seiner Diskursbereitschaft zu:

Natürlich hätten auch Gespräche mit Leuten, die zum Teil anderer Meinung sind, einen da vorangebracht, wenn man sich gegenseitig versteht, wobei man da natürlich schon wieder unterscheiden kann. Ich zumindest jetzt hätte meine Probleme, mich mit einem Typen von der Jungen Union zu unterhalten. Da gab es auch schon einmal Versuche, die sind ziemlich früh gescheitert, aber dass man so, ich würde sagen, so eine linke Grundrichtung, dass man prinzipiell Leute, die auch sehen, es gibt Probleme, aber die die vielleicht anders lösen würden, dass man da irgendwie gemeinsam nach Möglichkeiten sucht, das bringt einen auf jeden Fall auch weiter. (JAN: 488–497)

JAN hat kaum Interesse am Meinungsaustausch mit Andersdenkenden und ist auch überzeugt davon, dass er von den politischen Kontakten, die er bisher aufgebaut habe, kaum profitieren könne. „*Dort habe ich gar nicht so viel gelernt, weil wir natürlich sehr, sehr ähnliche Standpunkte hatten alle.*" (JAN: 358–359) JAN

scheint in der Zeit seines politischen Engagements kaum Konfliktfähigkeit entwickelt zu haben. Für ihn war der politische Kampf ein isolierter Kampf. Dialoge
scheinen für ihn wenig sinnvoll.

> *Ja, inwiefern sollte da Dialog jetzt noch groß nützlich sein, zumal ich eben nicht viele*
> *erfolgreiche Dialoge zu verbuchen habe für mich, die ich jetzt wirklich für sinnvoll*
> *erachte. Gerade jetzt eben mit der Erfahrung als Schülersprecher, wie wenig die das*
> *aus dem Ministerium und Schulamt interessiert. Natürlich ist das ein Vorurteil, aber*
> *ich gehe davon aus, dass das dann nicht mehr sinnvoll ist. Und wenn Leute, dann vor*
> *allem so Kritiker, der Meinung sind, man solle mit den Leuten reden, dann sollen die*
> *das doch machen, wenn sie glauben, dass sie mit ihrem Dialog Erfolg haben. Ja, dann*
> *sollen die das einfach machen. Das ist, glaube ich, so der Grund, warum der Dialog*
> *auch dann manchmal nicht stattgefunden hat. Ja. Gut. (JAN: 553–564)*

Inwiefern positive oder eben auch negative Effekte von den Schüler*innen reflektiert werden, soll im folgenden Kapitel genauer beleuchtet werden. Dabei werden
die Aussagen der Jugendlichen in Bezug auf die Reflexion des eigenen politischen
Handelns in die Kategorien „Wirkungskraft und Zweck" sowie „Legitimation der
politischen Aktion" sortiert.

4.3.4.5 Reflexion des eigenen Handelns
4.3.4.5.1 Wirkungskraft und Zweck
Um zu identifizieren, inwiefern sich aus den Erfahrungsberichten der Schüler*innen politisches Lernen rekonstruieren lässt, ist es bedeutsam, neben den
praktischen Erfahrungen der Interviewten auch die Fähigkeit zur Reflexion in die
Analyse einzubeziehen. Im Folgenden werden daher die Aussagen der Jugendlichen sortiert und eingeordnet, die darauf schließen lassen, dass sie ihr politisches
Handeln und die jeweiligen Aktionsformen entsprechend ihrer Wirkungskraft und
ihrer Legitimation reflektieren.

An erster Stelle steht allerdings zunächst die Frage, welche Rolle die politische Aktion, das reale politische Handeln für die Akteur*innen tatsächlich
einnimmt. SOPHIE reflektiert das politische Handeln als ein Handeln, das nicht
anderen Menschen die richtige Lösung oder Haltung präsentieren sollte, sondern
Anregungen zum selbstständigen Denken geben muss.

> *Ja, man muss immer, wo ich mir denke, dass das Problem ist, man kann keine Leute*
> *wirklich nachhaltig gewinnen oder motivieren, indem man irgendwie von oben herab*
> *agiert. Man muss immer mit den Menschen agieren und das ist so, dass man gucken*
> *muss, dass man die Leute anspricht, aber nicht ihnen versucht, die eigene Meinung*
> *aufzudrücken, eher anregt, so dass die dann beim Denken selber darauf kommen.*

Eigentlich ist die Lösung, sich da zu engagieren oder mitzumachen. (SOPHIE: 570–575)

Für SOPHIE sind daher Ausdruckformen des politischen Protests immer daran gebunden, dass durch diese Aktionsformen Mitstreiter*innen gewonnen werden können. Für FRANZISKA und ihre politische Jugendgruppe gelten vergleichbare Prinzipien. Sie betonen aber noch: *„Für uns ist es weniger relevant, ob die Aktion, die wir durchführen, legal ist oder illegal, sondern wir wägen vor allem ab, dass wir Aktionen machen wollen, bei denen tendenziell jeder mitmachen kann."* (FRANZISKA: 795–798) Die Aussage, die auf den ersten Blick radikal erscheint, wird im weiteren Verlauf relativiert:

Wir wollen keine Aktionen durchführen, die Leute abschrecken, wo Leute sich denken: Was ist das? Wir wollen ja nicht randalieren, sondern protestieren. Deswegen richten wir unseren Aktionen offen aus, sympathisch und tolerant und integrativ, sodass sich jeder auch spontan anschließen könnte. Wir achten bei unseren Demonstrationen darauf, dass wir nicht als schwarz-vermummter Block auftreten, sondern als bunte sympathische ansprechende Schüler, die wir ja auch sind. Wir müssen uns ja nicht verstecken. Und ansonsten reden wir immer ganz konkret über die Sachen, die wir erwarten, und legen bei Bedarf einfach neu fest, was wir machen wollen. (FRANZISKA: 798–806)

FRANZISKA scheint die Bedeutung des öffentlichen Auftretens ihrer Gruppe sehr bewusst zu sein. Sie reflektiert nicht nur die Aktionsformen, sondern auch den Habitus, der damit verbunden ist, und die Möglichkeit, mit ihrem Protest noch Menschen für ihre politischen Ziele zu aktivieren. Dennoch ist FRANZISKA überzeugt, dass die Wirkungskraft von selbstbestimmt politisch aktiven Menschen außerhalb institutionalisierter Partizipationsformen verhältnismäßig gering ist. Das führt sie darauf zurück, dass insgesamt zu wenig Menschen aktiv sind. Ihrer Gruppe gelingt es aber immer wieder, mehrere hundert Menschen zu aktivieren (FRANZISKA: 822–831). Dennoch ist ihnen bewusst, dass die großen, die globalen Ziele, eine Welt ohne Rassismus, geprägt von Gerechtigkeit und Solidarität, nicht mit ihren Aktionsformen erreicht werden kann (FRANZISKA: 833–837). Ziel ist es dennoch, sich diesem großen Ziel mit jeder Aktion etwas anzunähern. Daher sind die Jugendlichen insgesamt auch überzeugt, dass sich der Aufwand für das politische Engagement lohne. HELGE begründet das damit, dass er Menschen erreichen könne und diese sich mit politischen Themen dann auseinandersetzten. *„Ja. Ich glaube auf jeden Fall, der Aufwand ist es wert. Weil ich eben Leute erreiche, die vielleicht im Nachhinein sogar glücklich darüber sind,*

dazu etwas erfahren zu haben oder sich damit auseinanderzusetzen. " (HELGE:
425–427)

Die Wahl der Aktionsformen ist bei allen Schüler*innen, die für die vorliegende Studie interviewt wurden, begründet und wird im Nachhinein auf ihre
Wirkungskraft hin untersucht. Die Reflektion der verschiedenen Aktionsformen
steht sowohl in den autonomen Jugendgruppen als auch in den politischen
Arbeitsgemeinschaften an den Schulen immer im Mittelpunkt der Plenumssitzungen. Unmittelbar nach einer Demonstration oder einer anderen Aktionsform wird
diese in der Gruppe besprochen und reflektiert.

> *Nach jedem stattgefundenen Event, nach jeder Demonstration, nach jeder größeren
> Sache wird das auch im nächsten Plenum diskutiert. Das ist dann der erste Punkt auf
> der Tagesordnung. Reflektion über die vergangene Aktion. Und das bedeutet, dass dann
> berichtet wird, was geschehen ist, und dann wird individuell noch einmal die Meinung
> dazu geäußert: Ist die Demonstration gelungen? Hat mir das persönlich gefallen? Ist
> es das, was ich erreichen wollte? Haben wir das erreicht, was ich, auch persönlich,
> erreichen möchte? Oder war es die Zielsetzung, die ich mir auch gesetzt hätte? Das
> wird im Plenum diskutiert und dann wird eben ein (..) jetzt nicht irgendwie festgelegtes
> Fazit dann geschlossen, also, es wird dann teilweise im Protokoll festgehalten. Ist eben
> gut gelaufen, die meisten sind zufrieden damit, so in der Art. (LAURENZ: 712–723)*

Wenn nach einer politischen Aktion zum Vorgehen für die Zukunft Uneinigkeit
besteht, wird das neu diskutiert. „*Das ist ja ein Teil des demokratischen Entscheidungsprozesses, meiner Meinung nach, also, dass aus Fehlern Schlüsse gezogen
werden. Wenn jetzt eine Mehrheit sagt: Diese Aktionsform lehne ich vollkommen
ab. Da kann ich niemanden bei unterstützen. Dann fließt das in die nächste Aktion mit
ein und dann fließt das in den nächsten Entscheidungsprozess mit ein.* " (LAURENZ:
726–730)

Neben den Reflexionen zu den Aktionsformen lassen sich vor allem noch
Erkenntnisse zur Reflexion der Handlungsbedingungen aus den Erfahrungsberichten der Jugendlichen ableiten. Insbesondere die Schüler*innenvertretung und ihre
politische Wirkungskraft beschäftigen alle interviewten Jugendlichen. Wenngleich
die Schüler*innenvertretung auch rechtlich zumeist kaum politische Handlungs-
spielräume im Sinne eines allgemeinpolitischen Mandats hat, so ist sie doch für
die Mehrzahl der befragten Schüler*innen Ausgangspunkt ihres politischen Engagements gewesen. Anders als man es vermuten könnte, waren aber nicht die
positiven Erfahrungen im Kontext von Mitwirkungsprozessen institutionalisierter
Partizipation entscheidend, sondern vielmehr die Frustrationserfahrungen, die mit
diesem Amt verbunden werden. Die Schüler*innen berichten gehäuft davon, dass
sie das Amt als unpolitisch, wirkungsschwach oder gar bedeutungslos empfunden

haben. Sie haben eher Erfahrungen der Alibi-Teilhabe und der Instrumentalisierung gesammelt. RONJA bedauert die Tatsache, dass sie die SV-Arbeit mit diesen negativen Zuschreibungen verbindet. Für sie waren diese Erfahrung maßgeblich dafür, sich über das Amt hinaus andere Formen der politischen Einflussnahme, auch im Kontext der Schule, zu suchen. *„Ich muss dazu auch sagen, dass das bei uns eine nicht so besondere Bedeutung hat. Es ist ein Job, der im Grunde belegt werden muss, was ich ziemlich schade finde."* (RONJA: 206–208) Auch andere Schüler*innen berichten davon, dass die SV kein *„Potenzial"* (JOHANNES: 314–322) habe und eher als bürokratisch und wenig wirkungsmächtig empfunden wird.

Und dann bin ich in die Bezirksschülervertretung gegangen. Und da habe ich dann überhaupt nichts erreicht. Das war ein total bürokratisches Gremium von Leuten, die sich einmal in der Woche getroffen haben und über irgendwas geredet haben. Und wir haben ein Jahr lang eigentlich nichts gemacht, außer Papier hin und her zu schieben und Politiker einzuladen zu irgendwelchen Debatten in irgendwelchen Aulas und so. Das hat irgendwie überhaupt nichts gebracht. (FRANZISKA: 472–478)

Allerdings kann konstatiert werden, dass die Mitwirkung in der Schüler*innenvertretung für engagierte Kinder und Jugendliche offenbar ein erstes Erprobungsfeld für Teilhabeprozesse ist. Mit der Wahl zum Schulsprecher verbindet beispielsweise JAN auch den Start seines Engagements und seiner Bereitschaft, sich für die Interessen und Belange anderer einzusetzen:

Dann in der 11. Klasse, eigentlich war das eher so ein Spaßgedanke damals Schülersprecher zu werden, bin ich dann fast schon da reingerutscht. Ich hatte auch schon davor immer eine politische Meinung und habe dann eben angefangen mich mehr und mehr zu engagieren, weil ich das so gesehen habe, dass ich mit dem Schülersprecher jetzt die Aufgabe bekommen habe, mich da jetzt vielleicht für andere einzusetzen. (JAN: 115–120)

Grundsätzlich wird die SV eher als Alibi-Partizipation wahrgenommen, sie wird verstanden als verlängerter Arm der Klassenleitung oder gar der Schulleitung (SOPHIE: 444–457). Politische Arbeit wird kaum mit der SV verbunden und dennoch betonen die Befragten die Bedeutung einer schulischen Interessenvertretung.

Sie reflektieren auch den Stellenwert politischer Arbeit und politischer Aktionen im sozialen Nahraum Schule. HELGE verweist beispielsweise darauf, dass in der Schule möglichst viele unterschiedliche Menschen erreicht werden könnten, die sich zuvor noch gar nicht mit politischen Themen befasst haben. *„Einfach* *weil es in der Schule so ist, dass man viel mehr Leute erreicht, die sich davor gar nicht damit auseinandergesetzt haben."* (HELGE: 460–462) Und er ergänzt: *„So regt man eben viel mehr Leute zum Nachdenken an als Leute, die es eh schon getan haben."* (HELGE: 467–468) Die Schüler*innen reflektieren die Erfolge ihrer eigenen politischen Arbeit in der Schule aber insgesamt sehr rational. JOHANNES beschreibt beispielsweise eine Situation, die ihn fast an seiner politischen Arbeit zweifeln ließ, ihn aber letztlich doch noch mehr bestärkt hat. Die Arbeitsgemeinschaft hat anlässlich des geplanten Aktionstages gegen Rassismus Solidaritätsarmbänder verkauft. An einem Tag seien zwei junge Mittelstufenschüler gekommen, einer davon dunkelhäutig, und haben Armbänder gekauft. Was die engagierten Schüler*innen dann erlebten, hat sie nachhaltig bewegt:

[D]ann wollten beide eins [Armband mit der Aufschrift ,Schule gegen rechts'] kaufen, der erste hat eins gekauft und dann wollte der andere Junge eins kaufen und der erste sagte: Nee, der Neger kriegt keins. Und ist weggegangen. So etwas gab es dann natürlich auch. Das war so ein bisschen ein Schockmoment. Als ich dann gefragt haben, was das denn gerade war, meinte der andere: Das macht der immer. Da muss ich mir keine Gedanken machen, da mache ich mir keinen Kopf drüber. Was natürlich A) irgendwie eine Form ist damit umzugehen, B) aber einfach zeigt, dass 'Schule ohne Rassismus' einfach falsch ist. (JOHANNES: 441–448)

Gleichzeitig haben diese Armbänder auch Diskussionen in den Klassen hervorgerufen und damit eine, so empfindet es JOHANNES, längst überfällige Debatten ausgelöst. Das habe dazu geführt, dass *„auch noch einmal viel hochgekommen ist in den Klassen"* (JOHANNES: 451–452). Mit der Tatsache, dass Rassismus für eine gewisse Zeit die Diskussionen und Themen in den Klassen und Jahrgangsstufen prägte, habe die Arbeitsgemeinschaft ein zentrales Ziel erreicht. Dennoch beschreibt JOHANNES seine politische Arbeit bis zum Zeitpunkt des Interviews insgesamt als wirkungslos oder gar *„nicht existent"*.

Das Traurige ist, dass ich sie als quasi nicht existent beschreiben würde. Die Lehrer haben sich gefreut, die Schüler haben sich gefreut, aber verändert hat sich dadurch überhaupt nichts. Auch durch unsere Aktion, die Workshops, ist nichts anders geworden. Das kann man natürlich auch nicht erwarten, dass immer sofort alles anders wird. Aber es hat sich halt wirklich nichts verändert. Es ist immer noch so, mir wird immer noch erzählt: Leute, die sagen, da und da werden Leute wegen ihrer Hautfarbe oder sonst etwas gemobbt. Und es hat halt niemand darüber nachgedacht, warum sie auf dieses Konzert gehen, was sie auf diesem Konzert machen. (JOHANNES: 518–526)

Hoffnung hat JOHANNES allerdings schon, dass zumindest ein paar Schüler*innen durch den Projekttag *„anpolitisiert"* wurden (JOHANNES: 528–534).

Aufgrund der Sorge, dass institutionalisierte Beteiligungsformen wie die Schüler*innenvertretung und etablierte Aktionsformen wie Workshops und Projekttage, nur wenig erfolgversprechend sein könnten, gewinnen für die befragten Jugendlichen unkonventionellere Beteiligungsformate an Bedeutung. MICHAEL ist selbst Teil der SV, aber überzeugt, dass beim Thema Rassismuskritik die Arbeit der Schüler*innenvertretung wenig erreicht habe. Die Demonstration gegen Rassismus, die sie organisiert haben, habe dagegen viele inspiriert. *„So, was wir jetzt für Vorträge gehalten haben, für Reden gehalten haben, hat sie nicht so angesprochen hier in der Schule. Aber das außerhalb der Schule, dass es da weiterging, das hat viele auf jeden Fall noch inspiriert und mehr angesprochen."* (MICHAEL: 382–386) Zu den unkonventionellen Partizipationsformen, die an Bedeutung gewinnen, gehören neben den legalen wie Demonstrationen auch Formen des zivilen Ungehorsams wie Streiks und Blockaden. Beide Formate verbinden die Schüler*innen vor allem mit dem Ziel, sich Gehör zu verschaffen. *„Die Demonstrationen und Streiks dienten ja vorwiegend dazu, sich irgendwie Gehör zu verschaffen, auf sich aufmerksam zu machen."* (JAN: 526–528) Die Schüler*innen wollen damit Öffentlichkeit für die Themen und Herausforderungen der Gegenwart schaffen. Das scheint ihnen besonders wichtig zu sein. *„Wenn ich mich aber auf die Straße stelle, merken auch andere Leute, dass es vielleicht Probleme in der Gesellschaft gibt und sich dafür Leute auf die Straße stellen. Und ich glaube, das kommt einfach bei viel mehr Leuten an, als wenn ich mich nur in dieser AG engagiere."* (ESRA: 520–524) Auch BEN ist davon überzeugt, dass man mit Demonstrationen Menschen motivieren könne, sich mit den Zielen der Bewegung auseinanderzusetzen. *„Das hat mich immer sehr beeindruckt. Und ich denke, das ist ein sehr gutes Mittel, um auch irgendwie Leute darauf aufmerksam zu machen, dass auch sie aktiv werden können."* (BEN: 428–432)

> *Und mittlerweile ist es so, dass ich das immer noch wichtig finde auf Demos zu gehen und solche Aktionen zu machen. Aber ich glaube mehr, dass es voll wichtig ist, dass es in so eine gesellschaftliche Diskussion rückt, die Themen, die wir eben machen wollen. Und, dass das eher nicht passiert, wenn sich alle darüber aufregen, dass die Linken die Stadt auseinandergenommen haben. Auch wenn es überhaupt nicht so war, aber es die Medien dann so suggerieren. Das weiß man ja, dass das so passiert und deswegen glaube ich, ist das so, dass ich jetzt mehr auf so auf Information und Bildung und so setze. (KATJA: 591–599)*

Wie KATJA in diesem Beispiel verweisen die Jugendlichen aber auch auf die von ihnen wahrgenommenen Grenzen der Wirkungskraft ihrer Aktionsformen. JAN sagt beispielsweise, dass Demonstrationen und Streiks nicht das richtige Mittel seien, um in den politischen Diskurs einzutreten. Sie seien daher auch nicht wirklich nachhaltig. *„Sehr nachhaltig waren sie tatsächlich bisher nicht, weil es dazu dann nach so einer Demonstration in eine Dialogphase übergehen müsste. Das ist bisher nicht geschehen. "* (JAN: 526–530) Auch SOPHIE hält Demonstrationen grundsätzlich nicht für besonders wirkungsmächtig, weil sie überzeugt ist, dass die meisten Menschen vorbeigingen und sich dafür nicht interessierten. (SOPHIE: 518–523). Auch HELGE stützt diese These und ist überzeugt, dass Demonstrationen eher geeignet seien für jene, die sich schon für politische Themen interessierten. Sie seien eher ein Ausdrucksmittel politischer Positionen als ein Ort, sich mit Themen zu befassen. (HELGE: 468–475) Auch SOPHIE sorgt sich darum, dass man mit Demonstrationen nur die Menschen erreiche, die schon politisch seien. Außerdem kritisiert sie, dass diese Protestform für viele Menschen nicht zugänglich sei.

Und bei so Kundgebungen ist das manchmal auch einfach ein bisschen lächerlich (lacht), find ich. Deswegen weiß ich nicht, ob es immer die, also, es gab Momente, ich war schon auch auf echt coolen Kundgebungen dabei, aber, keine Ahnung, da war vor einem der letzte Abschiebeflieger, der nach Afghanistan ging, eine Kundgebung mit richtig guten Redebeiträgen. Aber die Leute, die da waren, das sind so immer dieselben Leute. Das ist traurig eigentlich, das sind die, die im Vorfeld, darauf angesprochen wurden und die wissen: Okay, meine Gruppe hat da einen Redebeitrag oder so etwas, oder ein Bekannter von mir. Dann gehen die da hin. Es kommen dann irgendwie so Leute, die dann so vorbeilaufen, die fühlen sich dann gar nicht angesprochen und trauen sich vielleicht nicht stehen zu bleiben oder so etwas. Ich weiß es nicht, weil das Ganze dann vielleicht auch so ein bisschen explosiv wirkte, mit den ganzen Transpis, die dann rumhängen und die meisten Leute in schwarz (lacht). Deswegen habe ich mir gedacht, auf der nächsten Kundgebung gibt es bunte T-Shirts, obwohl ich bunte T-Shirts auch hasse wie die Pest, aber mein Gott, man muss Kompromisse eingehen manchmal. Ich glaube, die besten Aktionsformen sind einfach direkt auf Leute zugehen und möglichst authentisch und man selbst zu sein und nicht, wie ich schon gesagt habe, eigentlich. (SOPHIE: 575–593)

Wie SOPHIE lehnt der überwiegende Teil der befragten Jugendlichen militante Demonstrationen beziehungsweise klassische *"Schwarze-Block-Demonstrationen"* ab. Sie halten diese Form des Protests für wenig zielführend. *„Also nicht so die klassischen Schwarzer-Block-Demonstrationen, wo sich alle vermummen und mit schwarzer Sonnenbrille auf die Straße stellen. Ich denk, dass das eigentlich langfristig viel, viel mehr abschreckt, als dass es irgendwie auch versucht aufzurütteln. "* (BEN: 409–413)

Auch bezüglich der Wirkungskraft illegaler Protestformen des zivilen Ungehorsams ist eine gewisse Ambivalenz in den Einschätzungen und Reflexionen

erkennbar. ESRA erklärt die Wirkungskraft der Schulstreiks damit, dass Schüler*innen damit viel Aufmerksamkeit für das Thema in der Öffentlichkeit
erreichten. Es regt zum Nachdenken an, und das ist für ESRA bereits ein großer
Erfolg dieser Aktionsform (ESRA: 508–514). FRANZISKA hatte Formen des
zivilen Ungehorsams wie Bildungsstreiks zu Beginn ihres Engagements nur wenig
unmittelbare Wirkungskraft zugeschrieben, äußerte sich schließlich aber sehr
beeindruckt vom Erfolg der Aktionen.

*Von Leuten, die regelmäßig den Schulbetrieb und auch Unibetrieb bestreikt haben,
ungefähr drei oder vier Mal im Jahr, nicht dahin gegangen sind und stattdessen riesige
Demonstrationen gemacht haben, zentral und dezentral, vor dem Kulturministerium
und so weiter. Und mich hat das total beeindruckt damals, dass wir damit Erfolge erzielt
haben. Also, ich hätte das früher nie gedacht. Ich dachte immer, demonstrieren ist
irgendwie so eine schöne symbolische Tätigkeit, aber das hat tatsächlich dazu geführt,
dass hier bei uns, die Studiengebühren abgeschafft worden sind. Und die Kopfnoten
waren dann auch nicht mehr auf meinem Zeugnis. Und das hat mich einfach total
begeistert, dass man so einen Druck aufbauen kann, auf der Straße, von Schülern
aus, die sagen: Nee, Leute ihr könnt das nicht einfach über unseren Kopf hinweg
entscheiden. Wir sind damit nicht einverstanden. Wir wollen das anders haben. Und
obwohl wir natürlich nicht alles erreicht haben, was wir wollten, hatten wir da eben
diese Erfolge. Das hat mich total beeindruckt. (FRANZISKA: 458–472)*

In Bezug auf Blockadeaktionen wird das Spannungsfeld aber noch deutlicher
sichtbar. Einige Jugendlichen verweisen auf den unmittelbaren Erfolg solcher
Aktionen und berichten über aus ihrer Sicht erfolgreiche Blockaden von Aufmärschen der Neonazi-Szene (BEN: 397; LAURENZ: 599) und verhinderten
Abschiebungen (KATJA: 559; SOPHIE: 157; BEN: 224). Wenngleich eine ver-
hinderte Abschiebung auch für KATJA prägend für ihr weiteres politisches
Engagement war, hat sie die Sorge, dass direkte politische Aktionen im öffentlichen Meinungsbild in Verbindung gebracht werden mit Gewalttaten. Deshalb
engagiert sie sich eher für Projekte im Kontext von Information und Bildung
(KATJA: 591–599).

Anders als die meisten Befragten betont LAURENZ, dass illegale Formen des
politischen Protests wie Blockaden immer auch verbunden sein müssten mit der
Bereitschaft, passiv Gewalt anzuwenden. Die Konfrontation mit der Polizei oder
den rechtsradikalen Demonstrant*innen sei dabei unabdingbarer Teil der Protestform (LAURENZ: 599–619). Er legitimiert in seiner Argumentation auch Gewalt
gegen seine politischen Gegner*innen und meint damit neben den Rechtsradikalen
auch Polizist*innen. Er begründet diese Bereitschaft zur Gewalt damit, dass die
Gesellschaft von struktureller Gewalt geprägt sei und damit manchmal Gewalt
das einzige probate Mittel sei. Die hier dokumentierten Aussagen, werden nur

wenige Minuten nach einem klaren Bekenntnis zur Gewaltfreiheit in politischen Auseinandersetzungen (LAURENZ: 532–533) getroffen. Auch an dieser Stelle des Interviews relativiert LAURENZ diese Haltung wieder und verweist darauf, dass er sich klar von Terrororganisationen wie der Roten Armee Fraktion (RAF) abgrenze: *„Das bedeutet nicht, dass man wie die RAF herumläuft und wahllos reiche Menschen erschießt oder Supermarktketten in die Luft jagt. Das ist überhaupt nicht das, was ich jetzt darunter verstehe."* (LAURENZ: 631–656) Dennoch: LAURENZ bewegt sich mit dieser Argumentation klar außerhalb dessen, was mit zivilem Ungehorsam (siehe Abschnitt 2.1.2.3 „Legal, illegal, ungehorsam") verbunden wird und auch außerhalb des Aktionsfeldes, das pädagogisch begleitet werden könnte.

Die Aussagen von LAURENZ verdeutlichen, dass die Reflexion des eigenen politischen Handelns über die Dimensionen von Wirkungskraft und Zweck der Aktion hinausgehen. Es steht dabei immer auch die Frage der Legitimation ausgewählter Aktionsformen im Raum. Im folgenden Kapitel werden Aussagen und Reflexionen der interviewten Schüler*innen auf dieser Ebene rekonstruiert.

4.3.4.5.2 Legitimation der politischen Aktion
Nach den Aussagen von FRANZISKA gelten für die Auswahl ihrer politischen Aktionsformen bestimmte Grundsätze. Für sie ist nicht entscheidend, ob eine Aktion legal oder illegal ist. Für sie ist entscheidend, ob möglichst viele Menschen daran partizipieren könnten und wollen würden (FRANZISKA: 795–806).

Die Frage der Legitimation stellt sich vor allem in Bezug auf illegale politische Aktionsformen und dabei insbesondere Formen des zivilen Ungehorsams. BEN erklärt, warum er sich nicht an den G20-Protesten in Hamburg beteiligt hat. Er beschreibt die geplanten Aktionen nicht als illegitim, aber er könne sie nicht mit seinem Aktionsverständnis vereinbaren:

> *Dann da gibt's halt andere Aktionen, zum Beispiel wenn man gegen den G20-Gipfel demonstriert jetzt in Hamburg. Dass ich da nicht das Gefühl hätte, dass ich irgendwie mit denen irgendwie was zu tun haben wollen würde, weil die da irgendwie nicht in meinen Aktionskonsens reinpassen und in mein politisches Bild und ich das Gefühl hätte, dass meine politische Meinung dadurch verfälscht würde. Und das würde ich nicht wollen. (BEN: 420–426)*

Blockaden von Veranstaltungen, wie sie bei den G20-Protesten durchgeführt wurden, die Verhinderung von geplanten Abschiebungen oder das sich Entgegenstellen bei Demonstrationen von Neonazis – all diese Fallbeispiele könnten als Aktionsformen des zivilen Ungehorsams verstanden werden. KATJA beschäftigte diese Protestform. Ihr ist bewusst, dass die Beteiligung an einer Blockade von Naziaufmärschen „*keine rechtliche Grundlage*" habe. Sie hält sie dennoch für legitim (KATJA: 562–565). Auch BEN hält diese Aktionsform für legitim, weil rechte und fremdenfeindliche Hetze für ihn keine Meinung, sondern ein Verbrechen seien.

> *Ich möchte jetzt keine Debatte über Meinungsfreiheit zum Beispiel aufmachen. Das ist ja sehr oft so, dass linken oder antifaschistischen Bewegungen vorgeworfen wird, dass sie die Meinungsfreiheit da nicht wahrnehmen. Also, keine Ahnung so, rechte und fremdenfeindliche Hetze ist für mich keine Meinung, sondern tendenziell ein Verbrechen. Und irgendwie denen, finde ich, sollte und dürfte man keine Bühne bieten. Und dementsprechend finde ich Blockaden ein mehr als zutreffendes und richtiges Mittel. (BEN: 401–408)*

LAURENZ ist sich bewusst, dass dieses Vorgehen nicht ohne zumindest passive Anwendung von Gewalt unter anderem durch Widerstandshandlungen möglich ist. In einer Gesellschaft, die von struktureller Gewalt geprägt sei, davon ist LAURENZ überzeugt, sei dies aber manchmal ein legitimes Mittel (LAURENZ: 631–656). Er begründet die Legitimation des Einsatzes von Gewalt nicht nur mit dem zu erreichenden Ziel, der Verhinderung einer Raumgewinnung rassistischer oder faschistischer Ideologien in der öffentlichen Sphäre, sondern legitimiert Gewalt gegen Polizist*innen auch mit dem, in seinen Augen, ungerechtfertigten Einsatz von Gewalt durch Polizist*innen. Es zeichnet sich ein Feindbild ab. Gewalt gegen Polizeikräfte scheint für ihn damit grundsätzlich bei Blockadeprotesten legitim.

> *Aber wenn wir jetzt zum Beispiel einen vor Kurzem stattgefundenen Protest nehmen, wo die Demonstration vonseiten der Demonstranten weitgehend friedlich verlaufen ist, die Polizisten aber an erster Stelle mit Gewalt gekontert haben, schon als wir versucht haben die Demonstration anzuhalten, wurde direkt Pfefferspray in Massen eingesetzt, es wurden Schlagstöcke eingesetzt, die Polizisten sind auch mit Fausthieben und Tritten gegen die Demonstranten vorgegangen. Und ein Demonstrant wurde unter anderem auch von einem vorbeilaufenden Polizisten, der seinen Helm beim Laufen ausgezogen hat und ihm ins Gesicht gestoßen hat, recht schwer verletzt und hat geblutet. Und das ohne jetzt einen wirklich tätlichen Angriff auf irgendeinen Polizisten. Da steht die Gewaltfrage seitens der Polizisten. Die haben sie für sich auch schon geklärt an dieser Stelle. Ganz zu schweigen von den Nazis, die auch schon in kleinen Gruppen mit Messern angereist waren und die haben sich die [Gewaltfrage] auch nicht mehr gestellt. (LAURENZ: 657–669)*

Mehrere befragte Schüler*innen (u. a. auch JOHANNES: 172–179), deren Aussagen in den Interviews insgesamt zweifelsfrei darauf schließen lassen, dass sie sich mit politischen Zusammenhänge zuweilen rational und kritisch reflexiv auseinandersetzen, scheinen, auch aufgrund individueller Erfahrungen mit der Bereitschaftspolizei auf Demonstrationen, das Vertrauen in den Rechtsstaat und das staatliche Gewaltmonopol zu verlieren. Auch FRANZISKA berichtet von einer Situation, die sie seither an den funktionierenden Rechtsstaat zweifeln lässt. Der Erfahrungsbericht über ihre Festnahme im Zuge einer nicht-angemeldeten Demonstrationen wird im Abschnitt 4.3.5.1 „Frustration und Anerkennung" genauer beschrieben (FRANZISKA: 849–863). In jedem Fall bieten die hier beispielhaft vorgestellten Argumentationsstrategien einen wertvollen Lernanlass für politische Bildungsprozesse. Vor allem die vielfältigen Frustrationserfahrungen der Jugendlichen im Kontext politischer Aktionen und politischer Selbstorganisationen stellen Lernanlässe und Gelegenheiten pädagogischer Arbeit dar, vor der sich die formale politische Bildung nicht verschließen sollte.

4.3.5 Politisches Selbstkonzept

4.3.5.1 Frustration und Anerkennung

Anerkennungs- und Frustrationserfahrungen prägen die Erfahrungswelt von politisch aktiven Jugendlichen. Erste Erkenntnisse zu Erfahrungen der Frustration und der Anerkennung, die in diesem Kapitel dargestellt werden, wurden teilweise bereits in einem Aufsatz veröffentlicht, der neben der vorliegenden Studie auch erste Teilergebnisse der Begleitstudie zum Projekt „Politische Partizipation als Ziel der Politischen Bildung" der Bundeszentrale für politische Bildung (BpB) von Alexander Wohnig in den Blick nimmt. Diese vergleichende Analyse verschiedener Erfahrungsberichte offenbarte bereits,

> dass reales politisches Handeln von Kindern und Jugendlichen, das über das kommunikative politische Handeln aus dem Politikunterricht hinausgeht, ein hohes Frustrationspotenzial hat, zugleich aber auch positive Anerkennungs- und Selbstwirksamkeitserfahrungen ermöglicht. (Kenner/Wohnig 2020, 128)

Diese im Zuge der gemeinsamen Veröffentlichung mit Alexander Wohnig aufgestellte These wird im Folgenden ausführlich begründet. Die Aussagen der Jugendlichen wurden hierfür im ersten Schritt in die Hauptkategorien Frustration und Anerkennung und in einem weiteren Schritt in Unterkategorien kodiert. Diese lassen sich dabei noch einmal unterscheiden durch Bezugsfelder auf der

Beziehungsebene und den Dimensionen der politischen Aktion. Die folgende Beschreibung dieser Ebenen basiert auf den Überlegungen aus der oben genannte Publikation (Kenner/Wohnig 2020).

In Bezug auf die persönlichen Beziehungsebenen lassen sich aus den Untersuchungsergebnissen vier elementare Bezugsfelder für die engagierten jungen Menschen herausarbeiten: Familie, Freundeskreis, Mitschüler*innen sowie Lehrkräfte. Die Schüler*innen, die sich im Laufe ihres Erfahrungslernens in der politischen Aktion in einem ständigen Selbstreflexionsprozess befinden, gleichen dabei Selbst- und Umwelterleben (Lange 2008a) fortwährend in der Interaktion mit diesen vier Gruppen aus.

Neben diesen personalen Wechselwirkungen beeinflussen weitere (de)motivationale Faktoren die Anerkennungs- bzw. Frustrationserfahrungen der jungen Menschen. Hierzu zählen Erfolg und Misserfolg bei der Planung und Umsetzung der Projekte, Merkmale in Bezug auf den örtlichen (lokal/global) und temporären (kurzfristig/langfristig) Charakter sowie die thematische Spezifizierung. Dabei lässt sich – von dem Datenmaterial ausgehend – allerdings nicht konstatieren, dass eine kleine und damit möglicherweise nicht erfolgreiche Demonstration zwangsläufig als Frustrationserlebnis wahrgenommen wird. Gesellschaftspolitische Schlüsselprobleme wie Rassismus und Klimawandel lassen sich nicht mit einzelnen politischen Aktionen lösen. Den Teilnehmenden sind die großen Dimensionen des Themas bewusst, und sie können für sich erkennen, dass eine kleine Demonstration nur marginalen Einfluss nimmt, aber dennoch lokal wirkungsmächtig sein kann.

Zunächst werden im Folgenden anhand ausgewählter Aussagen der befragten Jugendlichen Frustrationserfahrungen dargestellt und eingeordnet, im Anschluss werden exemplarisch Berichte der Aktivist*innen zu Anerkennungserfahrungen rekonstruiert.

Besonders bemerkenswert ist die Erkenntnis, dass Schüler*innen, die in der Schule Freiräume für politische Aktion erkämpft haben, mehrheitlich zunächst Frustrationserfahrungen mit ihren Mitschüler*innen in Verbindung bringen. Politisches Engagement führt im schulischen Kontext und den sozialen Interaktionen eher zu Ablehnungserfahrung.

Wir bekommen aber irgendwie nie Leute zusammen. Ich denke, das liegt daran, dass es vielleicht nicht cool ist, sich zu engagieren, dass es peinlich ist zu sagen: Ich bin hier dafür da, dass unsere Schule vielleicht ein bisschen besser läuft, und dass wir sozusagen in der Schule helfen, dass es alles besser wird vielleicht auch. Und für viele Leute ist es einfach nicht schön, dass man sich außerhalb der Schulzeit noch in die Schule setzt und sich da engagiert und irgendwas plant. Das finde ich eigentlich schade. (ESRA: 159–165)

Dieses Gefühl, das ESRA hier beschreibt, ist kein Einzelfall. Auch LEA hat diese Erfahrung gemacht. Sie erklärt, dass es keinen guten Ruf habe, wenn man freiwillig für eine politische Arbeitsgemeinschaft länger in der Schule bleibe (LEA: 448–449). MICHAEL führt das darauf zurück, dass politische Arbeit für viele Schüler*innen zu anstrengend sei und verweist darauf, dass sie nicht wüssten, wie viel Spaß politische Arbeit machen könne.

> *Ich denke mal, der erste Punkt ist, weil sich Schüler damit beschäftigen müssen, weil sie aufstehen müssen und irgendwas tun müssen und es einfach einfacher ist, nichts zu tun. Und sie gar nicht sehen oder viele nicht wissen, dass es eigentlich Spaß macht, zusammenzuarbeiten mit der Schulleitung und einfach was zu verändern. Denke ich. (MICHAEL: 101–105)*

Dabei nehmen die Schüler*innen eine unterschiedliche Wertschätzung von freiwilligem Engagement war. RONJA ist überzeugt, dass persönliches Engagement in Musik und Sport deutlich mehr Förderung erhalte als politische Aktionen. *„Sport oder Musik wird viel mehr akzeptiert als politisches Engagement."* (RONJA: 1006–1007)

Dies ist offenbar darauf zurückzuführen, dass diese Formen der Partizipation eher als soziales Engagement wahrgenommen werden und auf lokale und unmittelbare Verbesserung der Lebensverhältnisse abzielen. Politische Partizipation zeichnet sich dadurch aus, dass langfristigere Ziele verfolgt werden, die nicht nur unmittelbar und lokal ihre Wirkung entfalten sollen.

Partizipation im Sinne eines sozialen Engagements wird sowohl in der Schule als auch im außerschulischen Kontext hoch angesehen. Programme zur Förderung des sozialen Lernens haben Konjunktur. Institutionalisiert werden diese Programme in Sozialpraktika an den Schulen und Freiwilligendiensten, wie dem Freiwilligen Sozialen Jahr (FSJ) oder dem Freiwilligen Ökologischen Jahr (FÖJ). Kinder und Jugendliche, die sich im Altersheim für die Bewohner*innen engagieren und mit ihnen Spieleabende veranstalten, Schüler*innen, die Putzaktionen auf dem Schulhof organisieren, junge Menschen, die Patenschaften für Geflüchtete übernehmen – sie alle erfahren in der Regel viel Anerkennung für ihre Aktivitäten (Kenner 2019). Ohne dieses Engagement schmälern zu wollen, bleibt doch zu konstatieren, dass es für politische Bildungsprozesse von großer Bedeutung wäre, auch das Politische in dem sozialen Engagement herauszuarbeiten (Wohnig 2017). Dazu gehört, dass in der Schule und in non-formalen Bildungssettings Macht- und Herrschaftsverhältnisse thematisiert werden können und Fragen von Inklusion und Exklusion nicht nur aus der Subjektperspektive betrachtet werden müssen. Das bedeutet, dass nicht nur gefragt werden sollte, was jede*r Einzelne tun kann, sondern inwiefern politische und gesellschaftliche Strukturen verändert werden müssen, um das Zusammenleben weiterzuentwickeln. Für die politische Bildung darf nicht gelten, dass sie jungen Menschen beibringt, Aufgaben des Sozialstaates zu übernehmen. Sie muss vor allem junge Menschen bei dem komplexen Prozess der kritischen Selbst- und Weltaneignung unterstützen. Kurz gesagt: Junge Menschen können sich jederzeit sozial engagieren, sie müssen aber auch in der Lage sein, die Ursachen für soziale Ungleichheitsverhältnisse zu identifizieren und dazu befähigt werden, sich für gesellschaftspolitische Veränderungen einzusetzen (Kenner 2019).

Dass vor allem soziales Engagement von Kindern und Jugendlichen Anerkennung erfährt und politische Partizipation eher auf Ablehnung stößt, nehmen mehrere Interviewpartner*innen wahr. Das führt auch dazu, dass politisches Engagement von Schüler*innen eher als soziale Teilhabe verstanden wird, um ihr Wirken zu relativieren. LEA beispielsweise erklärt, dass sie die von ihr gewählten Aktionsformen für sehr wohl politisch einschätze, aber das Gefühl habe, dass ihre Arbeit in der Antirassismus-AG oder im Schulstreik nicht als Teil von Politik anerkannt würde.

Also, es ist klar, dass jetzt nicht irgendwie, was ich mache, nicht irgendwelche international wichtigen Entscheidungen sind. Und natürlich ist es klar, dass ich auf einer anderen Ebene Politik mache als jetzt Bundestagsabgeordnete. Aber ich finde trotzdem, dass ich, wenn ich zum Beispiel halt zur Anti-Ra-AG oder zu einem Schulstreik gehe, dass ich dann trotzdem mich mit Politik befasse und selbst auch Politik mache. Dass das nicht das Gleiche ist, ist klar. Aber, dass es dann trotzdem nicht, oder oft nicht, als Politik in Erinnerung gerufen wird, oder daran gedacht wird, wenn der Begriff Politik verwendet wird, das ist ein bisschen ärgerlich, finde ich. (LEA: 102–110)

Auch HELGE beschreibt in seinem Erfahrungsbericht, dass er den Eindruck habe, dass er in seinem politischen Handeln nicht ernst genommen werde. LEA und HELGE sind beides junge Schüler*innen der Sekundarstufe I. Sie kritisieren die Geringschätzung ihres Engagements aufgrund ihres Alters als Herabwürdigung und Abwertung und beschreiben damit das Erleben von Adultismus (Ritz 2013).

Ich glaube, die Schule sagt, dass es nicht funktionieren kann, wenn Schüler sich alleine engagieren. Oder die Schule sagt eben: ja, okay, das sind Schüler. Die sollten sich mal mehr auf Schule konzentrieren. Habe ich wirklich erlebt, teilweise. Mir wird auch des Öfteren vorgeworfen, also sarkastisch gesehen, ich würde die Arroganz besitzen, mich als Schüler schon mit so etwas auseinanderzusetzen und hätte diese Selbstsicherheit schon fast in einer Form von Arroganz in mir. Dass ich sage: Okay, ich beschäftige mich damit so, dass ich schon meine Meinung dazu sagen kann. Und es ist sehr schade, leider, weil ich eben gerne das hätte, dass man sagt: Ja, okay, auch wenn teilweise die Sicht von Schülern nicht so breit gefächert sein kann, wie die von Erwachsenen, weil natürlich die Erfahrung noch nicht so stark da ist, dass man aber trotzdem sagt, wenn jemand Lust hat, sich mit Themen auseinanderzusetzen und schon an dem Punkt ist, sich zu engagieren für das, was er denkt, dass man das eben unterstützt und nicht sagt: Ja, okay, der interessiert sich jetzt seit zwei Jahren für solche Themen und macht das auch gerne und viel in seiner Freizeit, soll er mal machen. Aber deswegen müssen wir uns jetzt nicht damit auseinandersetzen, sondern das muss dann schon von ihm kommen. Und wenn es von ihm kommt, dann kann er machen, was er versucht, und soll es halt selber auf die Beine stellen. Aber wir müssen es nicht unterstützen. [...] Aber wenn diese Unterstützung viel mehr da ist, dann hätte ja auch ein Schüler viel mehr die Möglichkeit, viel mehr Erfahrung zu sammeln, und merkt auch, dass Unterstützung da ist. (HELGE: 628–650)

Lehrkräfte würden sich hauptsächlich für ihren Unterricht und für den Lehrplan interessieren. Nach den Worten von RONJA unterrichten Lehrkräfte Theorien und Konzepte zu Parteien und achten nicht darauf, dass die Schüler*innen zur gleichen Zeit selbstständig Podiumsdiskussionen mit Politiker*innen organisieren. Sie wünscht sich daher, dass *„Lehrer überhaupt mehr darauf eingehen würden"*, was die politisch engagierten Schüler*innen machen.

Und es wäre cool, wenn im PB-Unterricht nicht nur stumpf, wie bei dem einen Lehrer oder eigentlich im Allgemeinen ist es im PB-Unterricht so angelegt, dass wir die Demokratie, die Definitionen auswendig lernen und die Definitionen von Parteien. Aber die Lehrer juckt es überhaupt nicht, dass wir Podiumsdiskussionen der verschiedenen Parteien organisieren. Die gehen da auch nicht hin. Das ist null miteinander verbunden. Es ist nur Theorie, Theorie, Theorie, null Praxis. Und die Praxis lerne ich so. Und das ist das, was zählt. (RONJA: 1183–1191)

Sehr differenziert unterscheiden mehrere Interviewpartner*innen zwischen den von Lehrkräften unterstützen Projekt und ihren eigenen Initiativen. Vor allem für die von ihnen selbstbestimmt initiierten Aktivitäten würden sie sich mehr Rückhalt wünschen. KATJA, eine Berufsschülerin, stellt fest, dass schulisches Engagement, zumindest dann, wenn es von Lehrkräften initiiert beziehungsweise begleitet wird, eher anerkannt wird als selbstbestimmte, selbstorganisierte und außerschulische politische Aktionen.

Das wird lieber gesehen, wenn Schüler sagen, wir engagieren uns für irgendwas und das durch Lehrkräfte begleitet wird, als wenn Leute quasi autonom sagen, dass sie irgendwie etwas auf die Beine stellen wollen, das ist schon ein Unterschied. (KATJA: 383–390)

RONJA, aktiv in einer politischen Schüler*innengruppe, hätte sich mehr Unterstützung durch die Schulleitung gewünscht. Diese habe immer wieder zugesagt, dass sie Freiräume schaffen würde, diese Zusage aber nie eingehalten (RONJA: 411–412; 921–938 & 964–999). Besonders hervorzuheben ist, dass der Schülerin auffällt, dass die Schule durchaus öffentlichkeitswirksam die Erfolge der politischen Arbeit der engagierten Schüler*innen herausstelle, diese aber selbst nicht fördere. *„Zum Beispiel auch das Schild 'Schule ohne Rassismus, Schule mit Courage' hängt direkt am Eingang der Schule […], aber trotzdem ist es nicht so, dass wir davon irgendwelche Vorteile haben, uns zu engagieren."* (RONJA: 157–164) HELGE berichtet gar davon, dass die Schulleitung Projektideen bewusst verhindere, weil die Schule nicht wolle, dass politisch brisante Themen wie Homophobie mit dem Schulnamen in Verbindung gebracht würden (HELGE: 497–514). Die Schüler*innen, die an ihren Schulen politische Aktionen planen und Freiräume für das politische Handeln in der Schule etablieren, berichten einhellig von diesen Erfahrungen. Gleichzeitig gibt es aber immer wieder auch Lehrkräfte, die sie unterstützen. Sie resignieren daher nicht, sondern setzen sich weiterhin dafür ein, dass politische Themen und Aktionsformen in den Schulalltag integriert werden.

Die Mehrzahl der interviewten Schüler*innen engagiert sich nicht nur in autonomen politischen Gruppen innerhalb und außerhalb der Schule, sondern auch in den etablierten und institutionalisierten Strukturen der Schüler*innenmitwirkung. Doch vor allem diese Partizipationsräume beschreiben sie als Alibi-Teilhabe. Immer dann, wenn Aktionen der Schüler*innen über bloße Unterstützungsprojekte wie Sozialpatenschaften hinausgehen und etablierte Institutionen der Schüler*innenmitwirkung einen politischen Charakter erhielten, waren die Jugendlichen ihren Worten zufolge mit Ausschlusserfahrungen konfrontiert. Schulleitung und Lehrkräfte reagierten mit Instrumentalisierung, Verboten oder gar Repressionen. SOPHIE war nach ihrem Freiwilligen Sozialen Jahr (FSJ) an der Berufsschule Klassensprecherin. Sie wollte sich hier engagieren, empfand die Zeit in der Schüler*innenvertretung aber als sehr ernüchternd. Sie beschreibt das Gefühl, von ihren Lehrkräften ausgenutzt zu werden:

Ich war dann tatsächlich auch an der Berufsschule dann Schülersprecherin, was mich dann allerdings wieder angekotzt hat, weil ich mir dann wieder gedacht habe: Okay, ich weiß wieder, warum ich das die ganzen Jahre über nicht gemacht habe. Weil man dann nämlich die ganze Drecksarbeit für die Lehrer machen muss, die keine Lust haben, so einen blöden Weihnachtsbasar zu organisieren. Dann steht man da und deine Aufgabe als Schülersprecher ist jetzt, diesen Weihnachtsbasar zu organisieren. Und du denkst dir: Toll, danke, auf genau so etwas habe ich wahnsinnig Bock. Dann habe ich in dem Jahr natürlich dementsprechend nicht viel gemacht als Schülersprecherin, außer das, was ich tun musste, und war dann eben wieder ein bisschen genervt von diesem sozialen Engagement und habe deswegen, glaube ich, auch so eine Weile gebraucht, bis ich da überhaupt in diese Gruppe mit reingekommen bin. Also warum ich da trotzdem immer gewartet habe und gesagt habe, vielleicht nach den Ferien und so. (SOPHIE: 444–457)

Vor allem dann, wenn Schüler*innen die SV-Arbeit nicht nur als soziales Engagement für die Gruppe, den Klassenverband, Jahrgang oder die Schule verstehen, sondern auch politische Themen zum Kern ihrer Arbeit machen, stellen sie fest, dass die Schule dafür kaum (Frei)Räume zu bieten scheint. HELGE sagt, dass er mit seinem politischen Engagement vor allem in der Schule fast immer scheitere. Erfolgreich laufen Initiativen der SV nach seinen Erfahrungsberichten nur dann, wenn Eltern oder Lehrkräfte sie unterstützen.

Gescheitert bin ich des Öfteren und erreicht, was ich wollte, habe ich fast immer nur, wenn von Elternseiten oder teilweise von Lehrerseiten aus, wie zum Beispiel der Sozialpädagoge oder Ethikfachleiter haben da sehr oft geholfen, Unterstützung kommt. Wenn wir das als Schülersprecher allein versuchten durchzusetzen, hat es eigentlich fast nie funktioniert. (HELGE: 608–612)

In seiner Rolle als Schülersprecher hat auch JAN die Erfahrung gemacht, dass er wenig Gehör finde und nicht einmal die ihm zustehenden Rechte wahrnehmen könne. Er fühlte sich dabei auch von der Bildungspolitik unzureichend unterstützt.

Als Schülersprecher habe ich dann auch die Erfahrung gemacht, also (...3...), dass wenn man auf irgendwelche Rechte pocht, die einem eigentlich gegeben sind, dass das Schulamt, das Bildungsministerium, dass die das einfach überhaupt nicht interessiert, ob das jetzt eingehalten wird. Die interessiert das nicht, dass man jetzt seine Rechte auch irgendwie wahrnehmen kann und sich einbringen kann. Das ist denen scheißegal. Und insofern wird es einem schon erschwert. (JAN: 83–89)

Er beschreibt Konflikte mit seiner Schulleitung, die nach seiner Aussage sein Engagement als Schulsprecher vom ersten Tag an behindert hat. Er habe unter anderem einen Verweis erhalten (JAN: 155–192).

Sollten die Aussagen der Schüler*innen zutreffen, kann geschlussfolgert werden, dass die derart hervorgerufenen Frustrationserfahrungen darauf basieren, dass Teilhabe in den institutionalisierten Formen der Schüler*innenmitwirkung eher auf der Ebene der Nicht-Mitwirkung/Alibi-Teilhabe (siehe hierzu ausführlich Abschnitt 2.1.3.2 „Zwischen Fremd- und Selbstbestimmung") verharren. Das Gefühl, als Schüler*in übergangen zu werden, zeichnet für die interviewten Jugendlichen aber nicht nur die Arbeit in der SV aus. Auch in den weitgehend selbstorganisierten Arbeitsgemeinschaften schildern die Schüler*innen, wenn auch deutlich seltener, vergleichbare Situationen. JOHANNES berichtete beispielsweise, dass ein Vorschlag der Schüler*innen durch die unterstützenden Lehrkräfte, teils ohne eine Diskussion zuzulassen, abgelehnt wurde.

Aber das ist dann bei den Lehrern auf relativ taube Ohren gestoßen, die meinten: Nein, wir machen das und das ist jetzt so, da wird nicht mehr drüber entschieden, da wird nicht mehr drüber gesprochen. (JOHANNES: 394–397)

Doch auch alltägliche Fälle erschütterten das politische Bewusstsein der engagierten Jugendlichen. So hat BEN davon berichtet, dass er wegen des Tragens eines T-Shirts mit dem Aufdruck „*Refugees Welcome*" des Unterrichts verwiesen worden sei. Der Vorwurf der Lehrkraft, so fasst BEN die Situation zusammen, das T-Shirt symbolisiere einseitige linke Propaganda. Darüber hinaus habe der Lehrer ihn darauf hingewiesen, dass „*Politik in der Schule, also, Schule sei ein politikfreier Ort, weil man da rangehen müsse nach dem Motto: Dann gibt es ja Spaltung unter den Schülern und das ist alles total schrecklich.*" (BEN: 544–549) Auch HELGE hat vergleichbare Erfahrungen gemacht und kommt für sich zu der Erkenntnis, dass er seine politische Meinung in der Schule nicht öffentlich machen könne (HELGE: 115–117). Später im Interview wird HELGE deutlicher: Für ihn steht fest, dass „*es nicht, also vor allem in Bezug auf Schule, nicht immer gut ist, das zu sagen, was man wirklich denkt. Das ist zwar ein bisschen traurig, aber das habe ich wirklich gelernt.*" (HELGE: 606–608)

Auch FRANZISKA beschreibt eine frustrierende Erfahrung mit ihrem Politiklehrer. Seinen Unterricht empfand sie als einseitig. Ihre Initiative, einen Vortrag in einer EU-Reihe zu Frontex zu halten, hat ihr der Lehrer verboten.

Aber es gab auch Lehrer, die fanden das vor allem nervig. Die fanden das total schwierig und nicht in Ordnung. Für die war ich die absolute Querulantin. Die hätten mich am liebsten nicht in ihrem Unterricht gehabt. Also, ich habe zum Beispiel bei diesem Politiklehrer, bei dem wir die europäische Einigung durchgenommen haben, dem habe ich halt gesagt, dass ich seinen Unterricht einseitig finde und der mir auch keinen Spaß macht und ich ungern komme. Das fand der schon mal total anmaßend, dass ich ihm das gesagt habe. Dann habe ich ihm gesagt, ja, also, ich würde gerne eine andere Perspektive reinbringen zum Thema Europa und ich würde gerne ein Referat halten in Ihrem Unterricht zum Thema Frontex. Und dann hat er das halt verboten und er hat gesagt: Nee, das gibt es nicht. Das ist ein Thema, das gehört hier nicht hin in meinen Unterricht. Das hat er so gesagt. Und das hat mich total wütend gemacht und ich bin dann in seinen Unterricht eigentlich nicht mehr gegangen, das letzte Quartal vorm Abitur, weil das hat mir nichts gebracht. (FRANZISKA: 954–968)

Noch deutlicher werden die Beschreibungen von Frustrationserfahrung im Zusammenhang mit autonomen politischen Aktionsformen der Schüler*innen. FRANZISKA beschreibt die Widerstände, die sie vor allem bei Aktionen wie Vollversammlungen, Schulstreiks und Demonstrationen in und mit der Schule erlebt hat, sehr eindrücklich:

> *Aber viel interessanter finde ich eigentlich die Repression, die ausgeht, zum Beispiel von der Schule, wenn man sich politisch engagiert. Also, wir haben ja oft zum Beispiel den Schulbetrieb bestreikt. Das kam in Schulen oft gar nicht gut an. Also, wir haben weniger Erfahrung damit gemacht, wo Schulleiter und auch Lehrer die Idee eigentlich gut fanden und sich sogar selbst beteiligt haben, aber an anderen Schulen war es dann oft so, dass einem gesagt wurde: Nein, mach erstmal dein Abitur, dann kannst du dich immer noch politisch engagieren. Oder: Warum muss das denn in der Schulzeit sein, es geht dir doch nur ums Schwänzen. Das ist doch nur ein Vorwand, hier politisch und so, so ein Quatsch. Es würde ja niemand zu eurer Demonstration kommen, wenn ihr es nicht in der Schulzeit machen würdet. Oder, dass wir rausgeflogen sind aus Schulen, an denen wir Werbung machen wollten für unsere Aktionen, dass wir an den Schulen, die wir selbst besucht haben, keine Vollversammlung durchführen durften. Ich habe mal mitbekommen, wie einem Mitschüler von mir vom Schulleiter das Megaphon aus der Hand geschlagen worden ist, als er eine Demonstration damit bewerben wollte. Repression ist nicht nur, meiner Meinung nach, das, was direkt von der Polizei oder von anderen staatlichen Behörden ausgeht, sondern, was auch ausgeht von Institutionen, wie eben der Schule oder am Arbeitsplatz. (FRANZISKA: 880–897)*

Auch der Schulstreik, den RONJA im Zuge der „Fridays for Future"-Bewegung initiiert hat, hatte großen Widerstand der Lehrkräfte ausgelöst:

> *Ich würde gerne über das Bündnis noch was zu Fridays For Future sagen ganz kurz. Und zwar haben wir mit 80 Personen angefangen, die mitgestreikt haben. Da war der Aufschrei extrem. Wir haben super viel Gegenwind von Lehrern bekommen, die angefangen haben, <u>ohne, dass sie die Bewegung kannten</u>, was auch schon ziemlich krass ist, weil ich meine, die ist so medienpräsent – man kann sie quasi kaum verpassen – die haben total angefangen gegen uns zu hetzten. Wir schwänzen, wir haben kein Hintergrundwissen und haben sich mit allem, was sie konnten, dagegengestellt. Keiner von denen war schon einmal auf unseren Demos. Wir haben auch schon in den Ferien gestreikt. Wir haben viel faktenbasierte Redebeiträge zum Beispiel, wir machen viele andere Aktionen und da kommt zum Beispiel auch kein Engagement der Lehrer. Aber andererseits diskreditieren sie uns andauernd. (RONJA: 945–956)*

Die politisch engagierten Schüler*innen sammeln aber nicht nur in der Schule Erfahrung mit fehlender Unterstützung oder gar Repressionen. Davon schildern die interviewten Jugendlichen vor allem im Kontext autonomer politischer Aktionen, wie Schulstreiks, Demonstrationen und Blockaden. FRANZISKA berichtet beispielsweise von staatlichen Repressionen wie Festnahmen auf Demonstrationen. Sie glaubt seither nicht mehr daran, dass es ein ernsthaftes Interesse von politischen Verantwortungsträgern am politischen Engagement der Bürger*innen gebe.

> *Ich weiß nicht, es gibt jetzt diese Kampagne für mehr Demokratie: „Setz dich ein!"*
> *oder so. Aber sobald man sich einsetzt, kriegt man irgendwie den heftigsten Gegenwind*
> *auf der Straße entgegengeblasen von diesem Staat. Also, ich war vor Kurzem auf einer*
> *Demonstration und wurde in Gewahrsam genommen. Dann fragt man sich schon, wie*
> *weit das mit der Demokratie irgendwie hin ist, wenn man in diesem Land nicht friedlich*
> *demonstrieren kann, ohne Angst zu haben, dass man verprügelt wird oder im Knast*
> *landet. Ist halt schwer. (FRANZISKA: 154–161)*

Für SOPHIE war Polizeigewalt im Zuge einer Abschiebung ihres Mitschülers gar einer der Auslöser für ihr politisches Engagement. Besonders prägend war für FRANZISKA die Erfahrung, die sie und ihre Mistreiter*innen mit staatlichen Maßnahmen der Überwachung machten. Vergleichbare Erfahrungen wurden auch aus anderen Gruppen berichtet. An dieser Stelle ist es notwendig, noch einmal darauf hinzuweisen, dass für die vorliegende Untersuchung ausschließlich Einzelpersonen und Gruppen beforscht wurden, die offen auftreten und deren Plena öffentlich zugänglich sind. Es handelt sich um Kinder- und Jugendgruppen, die keine staatsfeindliche Ideologie propagieren oder konspirativ arbeiten. Dennoch berichten Schüler*innen von sogenannten Anwerbeversuchen des Verfassungsschutzes:

> *[E]s gab auch noch krassere Sachen, die bis hin zu überwachungsstaatlichen Maß-*
> *nahmen eigentlich gegangen sind, dass man Leute auf der Straße offen angesprochen*
> *hat und nach Namen gefragt hat, sogar irgendwie Geld angeboten hat, von Mitar-*
> *beitern des Verfassungsschutzes, die sich sogar so vorgestellt haben. Unglaublich.*
> *(FRANZISKA: 871–879)*

Diese Aussage lässt sich nicht verifizieren. Von vergleichbaren Erfahrungen berichteten allerdings Jugendliche aus verschiedenen Gruppen in Deutschland. Es ist festzustellen, dass aufgrund dieser und vergleichbarer Erfahrungen das Vertrauen von vielen Befragten in den Rechtsstaat gesunken ist. JAN beispielsweise erklärt das Vorgehen der Polizei auf friedlichen Schüler*innen-Demonstrationen als einen der „*Hauptradikalisierungsfaktoren*" (JAN: 460). Und für JOHANNES ist „*Polizeistaat*" (170) gar die erste Assoziation, wenn er an das politische System in der Bundesrepublik Deutschland denke. FRANZISKA beschreibt am Beispiel ihrer Festnahme bei einer Demonstration eindrücklich, warum sie dem Rechtsstaat nicht mehr vertraut.

Absolut. Mich hat das total erschüttert. Ich hatte, auch wenn ich, wie ich zuvor schon gesagt habe, nicht die höchste Meinung vom deutschen Staat habe, immer noch ein Restvertrauen, dass zum Beispiel die Polizei mir eigentlich helfen wird oder so. Dass selbst, wenn die Polizei mal einen Fehler macht, dass es sich spätestens im juristischen Zusammenhang aufklären wird, dass man in Deutschland nicht einfach so ins Gefängnis gesperrt wird, dass man, wenn man im Gefängnis ist, aber menschlich behandelt wird. Aber ich hab das überhaupt nicht so erlebt. Ich wurde von Polizisten und Justizvollzugsbeamten beleidigt, gedemütigt, gezwungen mich auszuziehen, durfte, wie gesagt, keine Toilettentüren zumachen. Ich wurde in der Nacht jede halbe Stunde geweckt mit dem Vorwand, man müsse kontrollieren, dass ich mich nicht in der Zelle erhänge oder so, man hat zu essen nichts Vernünftiges bekommen. Man wurde angesprochen mit: Ey du Zecke, du Kröte, komm her, steh auf, komm mit, geh schneller, wir sind hier nicht im Hotel. Einfach total entwürdigend und das hat mich unfassbar schockiert. (FRANZISKA: 849–863)

Neben den Wechselwirkungen und den Interaktionen im sozialen Umfeld und den Konflikten mit staatlichen Institutionen und Akteur*innen birgt vor allem (Selbst)Überforderung der engagierten Schüler*innen ein enormes Frustrationspotential. Die Erfahrungsberichte von RONJA stehen stellvertretend für mehrere Beschreibungen dieser Art. Das politische Engagement ist für RONJA teilweise kräftezehrend und belastend. Sie hat sich daher professionelle psychologische Unterstützung gesucht.

Und ich selber habe dann vor ein paar Monaten die Hilfe von einer Psychotherapeutin gesucht, einfach so, um das so ein bisschen auszugleichen, weil mich dieses ganze Politische sehr beschäftigt. Einerseits die Themen, die halt so anstehen, dass ich manchmal nicht so gut damit klarkomme, wie blöd es um manche Dinge einfach steht oder mit dem Klimawandel, aber auch in der Flüchtlingsdebatte, was Menschen für Ansichten dazu haben. Einerseits damit, aber auch mit dem Organisieren. Das zum Ausgleich so (...3...) genau. (RONJA: 412–418)

Das Engagement führe bei RONJA zu Überforderung, Stresssymptomen und Panikattacken:

Aber andererseits kann ich auch sagen, dass es echt anstrengend ist. Super viel Zeit geht da rein, super viel Nerven. Es ist wirklich auch bei mir so, dass mich das auch psychisch sehr belastet. Ich hatte zu tun mit Panikattacken und ganz viel Stresssymptome. Und das war halt auch dann so Eigeninteresse, dass ich mir eine Psychotherapeutin gesucht habe. Aber so von der Schule oder so, da wäre das auf jeden Fall notwendig, dass man da drauf guckt. (RONJA: 1202–1208)

Der Schule ist es, den Berichten von RONJA zufolge, ganz offenbar nicht gelungen, ihr politisches Engagement weder fachlich beziehungsweise fachdidaktisch noch pädagogisch zu begleiten.

Die Schüler*innen erleben aber im Kontext der politischen Aktion auch wertvolle Erfahrungen der Anerkennung. RONJA betont beispielsweise, dass sie große Unterstützung durch ihre Familie für ihr politisches Engagement erfährt. Sie verweist darauf, dass ihre Eltern zu den politischen Veranstaltungen kommen, die sie organisiert.

Da haben meine Eltern mich zum Beispiel ziemlich gut aufgefangen und unterstützen mich auf jeden Fall in dem, was ich mache, insofern, dass sie das gut finden. Und wenn ich irgendwas mache, kommen sie zu den Veranstaltungen und so weiter. (RONJA: 797–802)

Auch über Gleichaltrige, Mitstreiter*innen und Freund*innen erfahren die engagierten Schüler*innen immer wieder Bestärkung. Für LAURENZ sind die (neuen) politischen Beziehungen/Freundeskreise dabei besonders wichtig. *„Ich habe viel mehr Kontakte, insgesamt mit politischen Kontakten und natürlich dann auch freundschaftliche Kontakte. Was auch ungemein bekräftigend ist"*, sagt LAURENZ (330–332) im Interview. Er erfährt im politischen Engagement viel positives Feedback, das ihn für seine weitere politische Arbeit motiviert.

[D]ann würde ich mich nicht als verdrossen bezeichnen, weil ich einfach jeden Tag, wenn ich mich in irgendeiner Form engagiere, merke, wie viel positiven Rückhalt es gibt und wie viele Menschen auch mit mir zusammen daran arbeiten, daran Spaß haben und eben optimistisch sind, positive Ziele noch irgendwie erfassen können und eben nicht politikverdrossen sind. (LAURENZ: 228–232)

EMMA geht noch einen Schritt weiter und beschreibt das Wirken in der politischen Aktion auch als Sozialisationserfahrung, die es ihr ermöglicht habe, in einem sozialen Gefüge anzukommen. Sie betont dabei nicht nur Umgangsformen der Anerkennung und Wertschätzung, sondern vor allem die Möglichkeit, so sein zu können, wie sie ist.

Ich würde sagen, ich hatte vorher nicht so viele Freunde und es war immer dieser Kampf um soziale Strukturen für mich. Also ich würde mich auch eher als Außenseiter bezeichnen und dadurch, dass man halt im Endeffekt akzeptiert wird im Freundeskreis, so uneingeschränkt, also, verändert hat einen das auch. Also mich persönlich hat es auf jeden Fall verändert. Mir hat das gezeigt, dass es auch irgendwie anders geht und mir hat das eben auch Selbstbewusstsein gegeben auf jeden Fall. (EMMA: 592–598)

Die politische Bezugsgruppe wird daher für die Teilnehmenden nicht nur politischer Sozialisationsraum, sondern vielfach auch sozialer Schutzraum und somit Raum der Anerkennung und Wertschätzung.

Aus der Perspektive der beobachtenden Teilnahme lässt sich dieses beschriebene Phänomen auch auf die anderen Gruppen übertragen. Die Jugendlichen praktizieren in den begleiteten Plenums-/Gruppensitzungen einen respektvollen und wertschätzenden Umgang miteinander. Sie nutzen Instrumente wie (doppelt)quotierte Redelisten, solidarische Kritik und non-verbale Kommunikationsmittel (Hände hoch für Zustimmung, Hände runter für Ablehnung). Uneingeschränkt beschreiben alle Befragten die Wirkung der Gruppe auf ihre persönliche Entwicklung als bereichernd. Diese konstruktive und selbst erarbeitete Diskussionskultur, die sich in den beforschten autonomen Jugendgruppen etabliert zu haben scheint, ermöglicht ihnen einen Lernprozess, der durch den konventionellen Unterricht kaum geleistet werden kann. Die Folge ist ein höheres Selbstbewusstsein der Befragten, auch gegenüber älteren Menschen und Autoritätspersonen (Kenner/Wohnig 2020, 115 f.).

Aber auch Lehrkräfte werden von den Befragten nicht nur als Hemmnis für selbstbestimmtes politisches Engagement von Schüler*innen dargestellt, sondern können dieses im Gegenteil auch nachhaltig fördern und damit zu bestärkenden Anerkennungserfahrungen führen. FRANZISKA beschreibt Erfahrungen mit Lehrkräften, die sie unterstützt haben und ihr Engagement wertschätzend begleitet haben. Für die politische Bildung ist dabei besonders relevant, dass offenbar keine dieser Lehrkräfte das Fach Politik unterrichtet. Das ist eine Erfahrung, die sich aus der Vielzahl der beforschten Jugendprojekte rekonstruieren lässt.

Mmh (nachdenklich), also (..), ja es gab schon Lehrer, die auch immer mal wieder haben durchscheinen lassen, dass sie es gut finden. Also, zum Beispiel nach dem Abitur bin ich ja ein Jahr ins Ausland gegangen, nach Tansania. Und da hat mir eine Lehrerin so ein Referenzschreiben geschrieben, wo auch drinsteht, dass sie besonders an meiner Person hervorhebt, dass ich so engagiert bin und gesellschaftliches Interesse habe und dass sie das gut findet oder so. Oder meine Erdkundelehrerin war immer total beeindruckt, wie viele Sachen ich irgendwie weiß, aus anderen Zusammenhängen, und fand das richtig gut und hat mich eben auch bestärkt in den Sachen, die ich gemacht hab. (FRANZISKA: 946–954)

Sowohl Frustrations- als auch Anerkennungserfahrungen der Jugendlichen sind unter anderem auf Wir-ihr-Konstruktionen zurückzuführen. Auf dieses Phänomen, das sich aus den Berichten der Schüler*innen rekonstruieren lässt, wird im Folgenden genauer eingegangen.

4.3.5.2 Wir-ihr-Konstruktionen

Die Beziehung zu den Mitschüler*innen wird bei politisch engagierten Jugendlichen zuweilen auf eine Probe gestellt. Schüler*innen, die sich Freiräume in der Schule für ihr politisches Engagement erkämpfen, sind oft mit Ablehnung durch ihre Altersgenoss*innen konfrontiert. Obwohl Konfliktfähigkeit als eine grundlegende Kompetenz der politischen Bildung hervorgehoben wird (u. a. Reinhardt 2018, 20–25), steht für die Schule zumeist der Wunsch nach einem konfliktfreien Raum im Vordergrund. Der Begriff „Schulfrieden" schaffte es gar in mehrere Schulgesetze. Das Bedürfnis von Kindern und Jugendlichen, politische Konflikte zu thematisieren und auszuhandeln, stößt daher in der auf Konfliktfreiheit ausgerichteten Schule häufiger auf Widerstand.

[A]ls ich dann darauf geachtet habe, weil ich in der AG bin, habe ich ein bisschen auf mein Umfeld geachtet und habe gemerkt, dass in meinem sozialen Umfeld viel so etwas passiert [...], also die Meinungen selbst innerhalb der Klasse spalten, sogar so bei den Freunden spalten. Wir hatten letztens auch so einen Vorfall, bei dem die Hälfte der Klasse gegen uns war, weil wir der Meinung sind, es darf nicht in einem Erdkundebuch „Schwarzafrika" stehen. [...] Also, wir haben schon echt Gegendruck, wir haben viele Leute, die gegen uns sind und viele Leute, die uns auslachen, weil wir so etwas machen. (ESRA: 212–222)

In ESRAs Aussage ist die besondere Sensibilität ihrer Gruppe für politische Themen auch in vermeintlich unpolitischen Momenten oder Schulfächern zu erkennen. Sie provozieren damit auch einen politischen Diskurs, politische Kontroversen und Konflikte. Aus der Perspektive der politischen Bildung ist dies grundsätzlich als willkommener Lernanlass einzuschätzen. ESRA führt aber weiter aus, dass diese politische Kontroverse immer häufiger auch in persönliche und emotionale Konflikte umschlägt. Sie berichtet davon, dass sie ausgelacht wurde und im weiteren Verlauf des Interviews schildert sie folgende Situation:

Mir wurde sogar schon mal ein Bein gestellt, als ich rausgegangen bin, weil viele gar nicht offen sind. Oder was heißt nicht offen, vielleicht finden sie es auch einfach uncool und wollen damit zeigen, dass sie cool sind, wenn sie anderen Leuten ein Bein stellen, die sich engagieren oder so. (ESRA 229–235)

Diese realen Erfahrungen der sozialen Exklusion in Schule oder Klassenverband befördern eine Wir-ihr-Konstruktion im Verhältnis zu den Mitschüler*innen. LEA konstatiert gar, dass diese Abgrenzung für sie zunächst ein Hemmnis war, sich politisch an der Schule zu engagieren: „*Allerdings war es dann so, dass es eher als uncool galt, in eine AG zu gehen. Und wenn man neu in so einer*

Klasse ist, will man dann halt nicht als ein totaler Nerd dastehen und dann in eine AG gehen. Deswegen habe ich es erst mal nicht gemacht." (LEA: 387–390) Ihre Befürchtung, durch das politische Engagement Abgrenzungserfahrungen im Klassenverband und im sozialen Gefüge der Schule mit anderen Schüler*innen zu erleben, habe sich durchaus bestätigt. Die Vorwürfe ihrer Mitschüler*innen seien vielfältig und konzentrierten sich aber immer wieder auf die Unterstellung, den politisch engagierten Schüler*innen ginge es nur um Aufmerksamkeit:

> *Ja, ihr macht das nur für die Aufmerksamkeit, dass ihr euch für Politik interessiert. Oder: Ach, das sind schon wieder die von der Anti-Ra-AG. Ihr schon wieder, ihr müsst euch aber auch irgendwie über alles beschweren. So etwas interessiert doch niemanden, warum macht ihr das? Wir wollen was anderes machen. Und das interessiert uns nicht. (LEA: 466–476)*

Auch ESRA bestätigt diese Erfahrungen. Im Unterricht, so sieht es die Mittelstufenschülerin, seien die Meinungen immer sehr gespalten, wobei sie das Gefühl habe, dass es in der Klasse oft gar nicht um den Inhalt gehe, sondern eher um die Lager „die" und „wir".

> *Wobei es im Unterricht immer so ist, es fällt mir sehr auf, dass die Meinung sehr, sehr gespalten ist. Da gibt es immer die von der AG, die dann immer, also, fast immer dieselbe Meinung haben, was aber auch nicht immer stimmt, was aber auch nicht schlimm ist. Und dann gibt es die anderen, die sich oft immer gegen uns wenden. Und die gucken von einer ganz anderen Sichtweise, glaube ich, noch einmal. Vielleicht würde es ihnen sogar helfen, sich einfach mal in die AG zu setzen und zu gucken: Okay, es gibt vielleicht auch andere Sichtweisen. Sie sollten vielleicht auch mal überdenken, wie wir denken. (ESRA: 623–631)*

Mit diesem Ausschluss ist auch der Begriff der Aussteiger*innen verbunden. ESRA besetzt diesen Begriff positiv: *„Ich bewerte mich als ‚Aussteiger', weil ich es geschafft habe, nicht so wie alle anderen zu sein, nicht immer nur die Klamotten zu tragen, die andere anziehen, das zu machen, was mir gefällt."* (ESRA: 342–345) Ihre Mitschüler*innen, so erzählt es ESRA, nutzen diesen Begriff eher, um die Schüler*innen der Arbeitsgemeinschaft als Außenseiter*innen zu brandmarken.

Auch MICHAEL beschreibt vergleichbare Erfahrungen. Er organisierte eine Demonstration gegen Rassismus mit der SV und der Unterstützung mehrerer Lehrkräfte und der Schulleitung. Nur wenige Schüler*innen sollen sich, nach Aussagen MICHAELs, nicht der politischen Aktion angeschlossen haben. Diese hätten die Aktion dann ins Lächerlich gezogen.

Also, die mitwollten, haben das eigentlich alle erlaubt bekommen, aber das waren dann Schüler, die einfach zu faul waren, oder einfach den Sinn der Demo nicht verstanden haben und das Ganze ins Lächerliche gezogen haben, die hiergeblieben sind. (MICHAEL: 236–239)

KATJA hat auch immer wieder die Erfahrung gemacht, dass politisches Engagement in der Schule auch von Mitschüler*innen eher als „uncool" eingeschätzt wird. Sie verweist daher auf die Notwendigkeit, Strategien zu entwickeln, wie mit jenen Mitschüler*innen umzugehen sei, die politisches Engagement in der Schule abwerten.

Und es braucht, glaube ich, auf jeden Fall (nachdenkend, langsam sprechend) zumindest ein, zwei Schüler, die auch wirklich Bock darauf haben und denen das auch wichtig ist. Und dann einfach, um Leute zu motivieren und zu zeigen: Hey, guck mal, so geht es auch. Ich habe da Bock drauf, aber ich habe trotzdem Spaß, so! Und dann muss man halt gut, glaube ich, mit den Leuten umgehen, die sagen: Was macht ihr denn für einen Scheiß? Also, das war bei uns halt auch gerade so in der Dreizehnten oder so, dass da Leute waren und gesagt haben: Ihr nervt mich mit eurem Karten verkaufen und euren Ansagen. Das man da irgendwie einen Weg findet, damit umzugehen, weil wenn man sagt: Halt die Schnauze! Dann bringt das halt nichts. Und wenn man nichts sagt, bringt das auch nichts und (..), ja, dass man sich damit irgendwie auseinandersetzt. (...) Ja. (KATJA: 880–890)

Der Konflikt mit der eigenen Peer-Group kann aber auch über das Verhältnis von Schüler*innen untereinander hinausgehen. So hat KATJA eine besondere Form der Ich-Ihr-Konstruktion durch ihr Engagement in der Antirassismus-AG erlebt. Anders als andere Schüler*innen, die vor allem in Konflikten mit ihren eigenen Mitschüler*innen gerieten, musste KATJA ihr Engagement nach außen rechtfertigen.

Ich wurde dann auch von Leuten teilweise, also von außerhalb der Schule, schief angeguckt, weil Antirassismus in der Schule, das ist ja ein bisschen, also in der Schule, naja, sie haben gesagt, dass ich ja auch richtig Politik machen könnte. (KATJA: 215–218)

KATJA war vor ihrem selbstbestimmten politischen Engagement in der Schule schon lange außerschulisch politisch in autonomen Jugendgruppen aktiv. Ihren Schilderungen zufolge haben ihre Freund*innen, mit denen sie außerhalb der Schule politisch aktiv ist, ihr politisches Engagement im Kontext der Arbeitsgemeinschaft nicht erst genommen. Sie fühlte sich damit zu Rechtfertigungsstrategien genötigt.

Den mit den Abgrenzungserfahrungen innerhalb der eigenen Peer-Group verbundenen Frustrationen im schulischen Alltag kann durchaus entgegengewirkt werden, indem Schule insgesamt als Raum des kontroversen politischen Diskurses verstanden wird. Dafür bedarf es auch eines anderen Selbstverständnisses von Lehrkräften. Die Wir-ihr-Konstruktion, die sich zu einem Selbstverständnis der politisch aktiven Gruppe zu entwickeln scheint, ist mehrdimensional. „Wir" steht dabei für die eigene politische Gruppe, das „Ihr" kann aber neben den Mitschüler*innen auch für die Lehrkräfte stehen.

Zumeist beschreiben die politisch aktiven Schüler*innen das Verhältnis zu ihren Lehrkräften als angespannt. Die Lehrkräfte distanzieren sich häufig von den politischen Projektideen der Schüler*innen. Beispielhaft hierfür kann ein Erfahrungsbericht angeführt werden, den RONJA aus einem Projekt schildert, das ihre Arbeitsgemeinschaft im Kontext der „Fridays for Future"-Bewegung etablieren wollte. Diese klimapolitische Jugendbewegung habe angeboten, eine Projektwoche zum Thema Nachhaltigkeit an der Schule zu organisieren. Sie fühlten sich dabei im Stich gelassen. Die Lehrkräfte machten, so berichtet es RONJA, unmissverständlich deutlich, dass sie sich daran nicht beteiligen würden. Es wäre schließlich „ihr" Projekt. (RONJA: 964–999) Auch SOPHIE sah Mitwirkung in der Schule immer eher als einen Prozess an, in dem Schüler*innen, die Verantwortung übernommen hätten, durch die Lehrkräfte instrumentalisiert worden seien. (SOPHIE: 444–457).

Dass sich politisch aktive Schüler*innen von ihren Lehrkräften eher emanzipieren, hat auch damit zu tun, dass sie immer wieder erleben, dass Lehrkräfte politisch relevantes Verhalten (beispielsweise Rassismus) ignorieren oder gar tolerieren. Beispielhaft sei hier ein Erfahrungsbericht von RONJA angeführt, der stellvertretend für verschiedene Berichte dieser Art steht:

Also, da bin ich echt total geschockt. Ich wünsche mir einfach andere Lehrer. Also, ich finde Schule eine Supersache, ich bin auch für die Schulpflicht meinetwegen so, ich finde es echt gut. Aber ich wünsche mir einfach andere Lehrer. Also, wie dumm manche einfach sind, das will ich gar nicht glauben. Also, dass man solche Leute einfach auf Kinder loslässt (..). Also, sie sind irgendwie auch nett, aber sie leben in ihrer kleinen Welt und kriegen nichts mit. Ich habe einen Lehrer gefragt, weil ich aus dem Bus heraus gesehen habe, dass er sich das Schild, das an der Bushaltestelle hing, durchgelesen hat, habe ich ihn mal gefragt, was er denn glaubt, was es ist, weil ich es bloß von Weitem gesehen habe. Ich habe ihn gefragt, ob er mir sagen kann, ob es irgendwas Rechtes ist. Und der meinte „Nein, das sind Freiaktivisten, ganz normal." (...3...) Und wir haben übrigens dagegen Anzeige erstattet mit der Stadt zusammen. Aber davon erzähle ich meinetwegen auch gleich noch. (RONJA: 555–567)

Die Tatsache, dass beispielsweise Rechtsextremismus durch eine Lehrkraft ver-
harmlost wird oder wie in einem anderen Beispiel der Schriftzug *„Refugees
Welcome"* auf einem T-Shirt von Lehrkräften als unerwünscht bezeichnet wird
(BEN: 540–549), verdeutlicht, warum vor allem politisch engagierte Schüler*innen die Schule nicht als einen Schutzraum empfinden. Sie sehen darin ein
strukturelles Problem der Schule.

Dabei sind Abgrenzungstendenzen nicht immer nur mit konkreten politischen
Differenzen begründet. Vor allem die Abgrenzung zu den Erwachsenen als „die
anderen" begründen die Schüler*innen häufig damit, dass sie sich nicht ernst
genommen fühlen. Wenn der Kampf um Freiräume und Handlungsräume mehr
Energie bedarf als erwartet, bleibt oft kaum noch Kraft für die eigentliche politische Arbeit. Das „wir" und „die anderen" kann dann in bestimmten Fällen auch
zu einem „ich" und „die anderen" führen und zu einer besonderen Isolierung
politisch aktiver Schüler*innen. So ergeht es JAN. Nach Konflikten mit seiner
Schulleitung und seinen Mitschüler*innen fühlt JAN sich isoliert an der Schule.
„Ich" und „die anderen", artikuliert in diesem Fall tatsächlich eine Konstruktion
von „ich" gegen „alle anderen" und „alle anderen" gegen „mich":

> *Aber da zu dem Zeitpunkt hat es von den Schülern überhaupt keinen interessiert, die
> waren alle in Ferienstimmung, das hat mich halt total angekotzt an der Stelle. Es ging
> ja auch nur so um Unterstützungsmaßnahmen. Selbst wenn die jetzt keinen Bock gehabt
> hätten, jetzt selbst irgendwie einen Streik durchzuziehen oder so, dass man halt bei der
> Organisation von dem und dem vielleicht mithilft, oder eigentlich ging es schon nur
> darum, dass Klassensprecher und Klassensprecherinnen einfach ihre Aufgabe insofern
> wahrnehmen, dass sie die Informationen, die ich bei der Klassensprecherversammlung
> auch rüberbringe, dass sie die auch in die Klassen weitergeben und da ist es an dieser
> Stelle schon gescheitert, weil Leute einfach Klassen- und Kurssprecherinnen werden,
> weil das kein anderer machen wollte oder, keine Ahnung. Die Leute haben keinen Bock
> und gehen zum Beispiel auch überhaupt nicht zu den Klassensprecherversammlungen
> und dadurch habe ich mich an der Stelle so ein bisschen isoliert gefühlt, würde ich
> sagen. Und das war bei mir auf jeden Fall ein Faktor zur Radikalisierung. (JAN:
> 502–516)*

Die Politisierung seiner Rolle als Schulsprecher führte zu einer Vereinsamung.
Seine eigene Rolle, auch seine individuelle Verantwortung für diesen Prozess
reflektiert er dabei kaum. Es gibt aber offenbar auch keine Möglichkeit mehr,
ihn über pädagogisches Fachpersonal zu erreichen. Die Schule als Sozialisationsinstanz, aber auch als pädagogisch begleiteter Raum, hat den Zugriff auf diesen
politisch interessierten und politisch aktiven Schüler verloren.

4.3.5.3 Politische Persönlichkeit und Selbstwirksamkeit

4.3.5.3.1 Positive Auswirkung auf Persönlichkeit und Selbstwirksamkeit

In dem folgenden Unterkapitel wird der Frage nachgegangen, welchen Einfluss die Erfahrungen aus selbstbestimmter politischer Aktion auf das Selbstwirksamkeitsempfinden der interviewten Schüler*innen hat. Das diesen Überlegungen zugrunde liegende Verständnis von Selbstwirksamkeit geht auf die Arbeit von Albert Bandura (u. a. Bandura 1999) zurück, der zu den führenden Psycholog*innen in der zweiten Hälfte des 20. Jahrhunderts zählt und wichtige Arbeiten im Zusammenhang von Lernpsychologie und sozialem Lernen veröffentlicht hat. Kern des Selbstwirksamkeitskonzepts nach Bandura ist die Fähigkeit, an sich selbst zu glauben, Vertrauen in die eigenen Kompetenzen zu entwickeln und so neue und schwierige Anforderungssituationen bewältigen zu können. Die Theorie geht davon aus, dass der Erfolg von Handlungen und die tatsächlichen eigenen Fähigkeiten von der subjektiven Einschätzung gesteuert werden, vor allem durch die Ergebniserwartung und die Selbstwirksamkeitserwartung. Sie bezeichnet dabei die Einschätzung der eigenen Wirksamkeit bzw. die Überzeugung von den eigenen Fähigkeiten und Kompetenzen. Die Selbstwirksamkeitserwartung ist dabei abhängig von der individuellen Einschätzung einer Herausforderung der zu bewältigenden Situation (*level*), dem Ausprägungsgrad der Selbstwirksamkeit (*strength*) und dem Verallgemeinerungsgrad der Selbstwirksamkeitseinschätzung (*generality*). Die Überzeugung der eigenen Handlungsmächtigkeit begünstigt politische Lernprozesse (Bandura 1977).

Die positiven Einflüsse der Erfahrungen aus den selbstbestimmten politischen Aktionen der interviewten Schüler*innen wurde induktiv kodiert. Dabei ließen sich folgende Kategorien herausarbeiten:

– *sinnstiftender Kern des eigenen Handelns bzw. die Überzeugung, einen wesentlichen Beitrag zu leisten*
– *selbstbewusst zur eigenen (politischen) Identität stehen*
– *Aktion als Motivation und Bestärkung für eigenes Handeln begreifen*
– *Entwicklung konkreter Fähigkeiten*

Als negative Einflüsse auf Selbstwirksamkeitserwartungen der Schüler*innen ließen sich folgende Kategorien rekonstruieren:

– *Unzufriedenheit mit sich selbst und der Welt*
– *Überlastung führt zu Selbstzweifel*
– *Radikalisierung durch Vereinsamung*

Unabhängig von den jeweiligen positiven und negativen Auswirkungen des politischen Handelns auf die Selbstwirksamkeitserwartungen der Schüler*innen ließ sich aus den Interviews herausarbeiten, dass das selbstbestimmte politische Handeln immer nachhaltig Einfluss auf den Alltag der jungen Menschen genommen hat. Beispielhaft kann hier eine Aussage von KATJA angeführt werden, die beschreibt, wie ihr politisches Engagement auch prägend dafür gewesen sei, wohin und wie sie in den Urlaub fahre, wie sie sich ernähre und was sie in ihrer Freizeit mache.

Ich glaube, das verändert irgendwie alles. Also, sowohl das Essen als auch das, keine Ahnung, wo man in Urlaub hinfährt. Oder, also, es ist, glaube ich, auch möglich, dass es nichts verändert, wenn man das wirklich will. Aber ich glaube, eigentlich verändert das ziemlich viel. Wobei es verändert nie nichts. Dass es weniger verändert, aber ich glaube eigentlich ist das (...), ja keine Ahnung. Ich habe aufgehört Ski zu fahren, weil ich dachte, das ist irgendwie doof für die Umwelt und so etwas, also, es ist schon ziemlich viel, was dadurch verändert wird. (KATJA: 776–783)

Die Jugendlichen begreifen ihre politische Arbeit als Teil ihrer Persönlichkeitsbildung. Dabei betonen sie vor allem den sinnstiftenden Charakter des politischen Handelns. *„Das ist Teil meiner Identität, macht mich aus, macht mir Spaß. Ich liebe meine Arbeit total."* (FRANZISKA: 840–841) Diese Aussage von FRANZISKA symbolisiert den Wert, den alle interviewten Schüler*innen ihrem politischen Engagement beimessen. Die Jugendlichen empfinden ihre politische Arbeit als Chance zur Selbstentfaltung. Die politische Arbeit stärkt das Selbstwirksamkeitsempfinden der Interviewten dadurch, dass sie ihre eigenen Stärken und Schwächen identifizieren können. So betont LAURENZ: *„Mir macht es Spaß, was ich mache, eben auch weil ich es optimistisch sehe. Ich glaub, dass ich recht gut bin, in dem was ich mache. Also, ich bin darin zum Beispiel viel besser als in Chemie (lacht). Also, das bedeutet ja auch, dass ich ja auch Erfolge dabei habe, Erfolgsgefühle dabei habe."* (LAURENZ: 293–298) Diese Erfolgserlebnisse und Bestätigungen, die Suche und das Finden der eigenen politischen Identität und der individuellen Stärken prägen nach ihrer eigener Einschätzung die Persönlichkeit der politisch aktiven Schüler*innen. Durch ihr politisches Engagement steigt ihr Selbstbewusstsein. Sie lernen, dem Anpassungsdruck zu widerstehen, und spüren subjektiv die Entwicklung einer eigenen politischen Persönlichkeit.

Alle interviewten Jugendlichen verweisen darauf, dass es ihnen besonders wichtig sei, mit dem eigenen politischen Engagement einen Beitrag für die Gesellschaft zu leisten. LEA sagt, es gebe ihr ein gutes Gefühl, etwas getan zu haben und einen kleinen Beitrag zur Veränderung leisten zu können. Es ist den politisch Aktiven wichtig, etwas anzustoßen, etwas in Bewegung zu bringen: *„Und* *das ist irgendwie für mich selbst wichtig, so das Gefühl, dass ich was verändern kann. Und etwas verändert habe schon in der Vergangenheit.*" (LEA: 856–863) Die politische Arbeit ist sinnstiftend und diese Sinnstiftung vermittelt ihnen zugleich Sicherheit. RONJA formuliert dieses Gefühl wie folgt: „*Also, ich bin sicherer geworden in manchen Dingen. (...3...) Fühle mich auch in mancher Hinsicht wichtig, also nützlich.*" (RONJA: 1201–1202) Unabhängig davon, ob sich die Kinder und Jugendlichen in der Schule oder außerhalb der Schule politisch engagieren, ähneln sich die Beschreibungen, welchen Stellenwert ihr politisches Handeln auf ihr Selbstwertgefühl hat. Ihr politisches Handeln stärkt ihr Selbstbewusstsein. Auch einzelne Aktionsformen und Ereignisse können dabei prägend sein. MICHAEL beschreibt, welche Gefühle ihn nach einer Demonstration gegen Rassismus bewegten. Es war das erste Mal, dass er eine Demonstration organisiert hat:

Also, in der Vorbereitung haben wir uns als Gruppe, also haben wir auch am Ende gesagt, wir haben uns alle, also ich persönlich mich ziemlich stark gefühlt, weil wir uns einfach engagieren und aufgestanden sind, irgendwas getan haben und nicht nur rumsitzen und nichts tun. Das hat sich, ich kann das Gefühl gar nicht beschreiben, es hat sich einfach gut angefühlt, etwas zu tun. (MICHAEL: 256–260)

Allerdings verbinden die Interviewten Selbstwertsteigerung nicht nur mit Erfolgsmomenten. FRANZISKA sieht vor allem eine Stärke in der Bewältigung von Frustrationserfahrungen sowie im Umgang mit Rückschlägen (FRANZISKA: 561–570) und in der gemeinsamen Bewältigung der politischen Herausforderungen: „*Und das hat mir total Kraft gegeben auch persönlich und mich persönlich total weiter gebracht, zu sehen, dass es Menschen gibt, die etwas verändern wollen.*" (FRANZISKA: 485–487). Die politisch aktiven Jugendlichen sprechen dem Engagement in der Gruppe einen besonders hohen Wert bei. Die kollektive Partizipationserfahrung hilft ihnen gegen Ohnmachtserfahrungen. Exemplarisch sei hier eine Aussage von KATJA angeführt, die beschreibt, dass das Gefühl, nicht allein zu sein mit seinem Engagement, sie in der Überzeugung stärke, gemeinsam mit den anderen einen Beitrag leisten zu können.

Und wenn man dann das Gefühl hat, es sind auch Leute da, die das Gleiche versuchen, dann hat man gleich das Gefühl, dass es doch nicht ganz so aussichtslos ist, weil man eben nicht alleine gegen alle so, und das ist schon ganz okay (lacht). (KATJA: 467–470)

Dennoch ist sich KATJA auch des emotionalen Dilemmas bewusst, in dem sie durch ihr Engagement steckt. Sie weiß, dass sie die Welt nicht verändern kann, aber durch ihr politisches Engagement ist sie zu der Überzeugung gelangt, dass sie zumindest Menschen zum Nachdenken anregen und vielleicht für den Einzelnen etwas erreichen könne (KATJA: 452–459). Ihre Rolle als politisches Subjekt in einer komplexen politischen Welt scheinen die Jugendlichen durch ihr politisches Engagement zu finden. Wenngleich sich die politisch aktiven Schüler*innen zumeist einig sind darüber, dass ihnen, auch aufgrund ihres Alters, zu wenig zugetraut wird, haben sie erkannt, dass sie mit ihrem Engagement etwas erreichen können. Die Komplexität politischer Themen birgt allerdings auch die Gefahr, die Schüler*innen zu überfordern oder Momente der Desillusion zu befördern. So betonen sie doch immer wieder, dass sie die Wirksamkeit ihrer Arbeit erleben, und sei es nur die Tatsache, dass sie und ihre Mitstreiter*innen dem Gefühl der politischen Ohnmacht etwas entgegensetzen können:

Dann kann ich aber wenigstens etwas für mich machen, selbst wenn es für nicht viele andere etwas verändert. Irgendetwas verändert es und wenn es auch nur in meiner persönlichen Wahrnehmung ist, dass ich die Struktur nicht mehr als so mächtig wahrnehme, dann hat das schon irgendwas gemacht. (JOHANNES: 609–613)

Inwiefern das Gefühl von Selbstwirksamkeit bei den Kindern und Jugendlichen gestärkt wird, lässt sich in dem Untersuchungsfeld vor allem daran ableiten, welchen Einfluss das politische Engagement auf die Bereitschaft und Befähigung zur Teilhabe an politischen Diskursen hat. Hier lässt sich in besonderer Weise der Einfluss von Partizipationserfahrungen rekonstruieren. Das politische Engagement in den selbstorganisierten Arbeitsgemeinschaften oder im Kontext außerschulischer politischer Aktionen nimmt den Interviewten nach eigenen Erfahrungsberichten die Unsicherheit im politischen Meinungsaustausch. MICHAEL beschreibt beispielsweise, dass er erst durch das politische Engagement den Mut gefunden habe, Menschen anzusprechen und das Politische zum Thema zu machen (MICHAEL: 311–315). Er beschreibt diese Erfahrung als einen „*Reifeprozess*":

[S]ich in Diskussionen begeben, auch mit Leuten aus dem alltäglichen Umfeld darüber reden, Positionen allgemein vertreten, sich dafür kritisieren lassen, darüber reflektieren, so einen Reifeprozess auch dabei durchmachen. (BEN: 23–26)

Auch LEA sagt, sie sei durch ihr Engagement in der politischen Gruppe selbstbewusster geworden und traue sich erst seit diesem Engagement, ihre Meinung auch in anderen Kontexten zu äußern und zu vertreten.

Also, ich glaube schon, dass es irgendwie was an mir verändert hat. Weil ich früher eher so unscheinbar war. Und wenn jemand etwas gesagt hat, was mir nicht gefallen hat, dann war es halt okay. Vor allem in der 7. Klasse, als dann da ganz neue Leute waren, habe ich mich gar nicht getraut, irgendwas zu sagen oder so. Aber seit ich mich in der AG engagiere, ist es mehr so, dass ich dann auch sage, wenn mir was nicht gefällt oder ich was zu einer Meinung zu sagen habe. Dann mache ich das. Und das war halt früher nicht unbedingt so. Ich war nicht unbedingt schüchtern, aber ich war vorsichtig, dass ich dann nicht irgendwie hinterher von allen voll gehasst werde, dass ich eine andere Meinung als die vertrete. (LEA: 662–671)

Diese Erfahrungen legen für die interviewten Schüler*innen nicht nur den Grundstein für eine politische Positionierung, sondern helfen ihnen auch, diese zu artikulieren und zu verteidigen. Auch HELGE schildert eine positive Persönlichkeitsentwicklung, die er auf sein selbstbestimmtes politisches Engagement zurückführt. Er ist überzeugt, dass er heute selbstbewusster sei und auch politische Positionen eher öffentlich vertrete als früher und sich nicht so schnell entmutigen lasse.

Mittlerweile kann ich mich auch mit Lehrern oder anderen Schülern soweit darüber unterhalten, dass ich weiß, ich vertrete einen Standpunkt, den ich auch belegen kann und womit ich mich auch gerne auseinandersetze. Den Mut hätte ich, glaube ich, vor einem Jahr noch nicht gehabt. […] Ich traue mich viel mehr, meine Meinung auch offen kundzugeben und auch mich damit auseinanderzusetzen, wenn vielleicht nicht jeder derselben Meinung ist, auch im Hinblick auf ältere Menschen oder Lehrer oder Erziehungsberechtigte. Ich bin viel mutiger und selbstbewusster geworden, das auch zu vertreten und mich auch dafür einzusetzen, und nicht gleich zu sagen, wenn es auf Kritik stößt: Ach, ich höre jetzt auf, weil vielleicht andere, die sich damit länger auseinandersetzen, eine andere Meinung haben. (HELGE: 286–332)

Auch ESRA berichtet davon, dass sie durch ihr Engagement selbstbewusster geworden sei und sich eher traue, Missstände offen anzusprechen und Probleme zu benennen, in der Schule aber auch in ihrem Freundeskreis und der Familie (ESRA: 276–282). Sie hat sich lange eher als Mitläuferin verstanden. Erst durch ihr politisches Engagement habe sie eine politische Identität entwickelt, die es ihr ermögliche, selbstbewusst ihre politische Position mitzuteilen und zu vertreten.

Früher war ich auch eigentlich eher so, also, ich selbst habe mich zum Beispiel auch verändert. Ich kann sagen, dass ich früher eher so ein Mitläufer war und ich jetzt komplett selbstbewusst bin, und ich will jetzt nicht sagen „Aussteiger", aber dass ich sage, also ich habe meine eigene Meinung und ich kann auch meine eigene Meinung anderen Leuten mitteilen. (ESRA: 315–319)

Die politische Aktion fördert aber nicht nur die Selbstwirksamkeit in Bezug auf den politischen Meinungsaustausch. Vielmehr befähigt das politische Handeln auch die befragten Jugendlichen dazu, die vermeintlich festen politischen Strukturen aufzubrechen. JOHANNES beschreit das wie folgt:

> *Als Kind oder vielleicht auch als Jugendlicher wirken die etablierten Machtstrukturen so überwältigend. Die waren immer schon da, die werden immer da sein. Du kleiner Mensch kannst nichts machen. Und diese Projekte beweisen, dass das geht. Man ist da, man macht irgendwas. Etwas passiert und wenn es nur eine winzig kleine Veränderung ist, sie findet statt. Und das nimmt ganz viel Angst und Unsicherheit eben vor dem System und vor der Welt, dass man eben merkt, man kann selbst etwas auf die Beine stellen. Feste Strukturen sind nicht so fest, wie sie zuerst wirken. Das ist mir dadurch noch einmal wirklich klar geworden. (JOHANNES: 571–578)*

Mit ihrem politischen Engagement halten die Schüler*innen den Ohnmachtserfahrungen etwas entgegen. Hilfreich sind dabei die scheinbar durchaus euphorisierenden Gefühle, die die Jugendlichen mit ihren politischen Aktionen verbinden. Eindrücklich beschreibt das MICHAEL, am Beispiel der Antirassismus-Demonstration mit seinen Mitschüler*innen, die er maßgeblich organisiert hat:

> *Also, die ganze Menschenmasse zu sehen, die dann auch von den jüngeren Schülern mitgelaufen sind und alles. Dass wir das in dieser kurzen Zeit geschafft haben, die ganzen Schilder und Plakate, die gebastelt wurden. Unser Ruf war „Wir sind mehr". Dass wir das alle gerufen haben immer, die ganze Zeit und dass alle so mitgemacht haben, ja, das war unglaublich. Das wir das hier als kleine Schule in so einem kleinen Dorf hingekriegt haben. So etwas hat es hier vorher auch noch nicht gegeben in diesem kleinen Ort, ne Demo. (MICHAEL: 268–274)*

Für MICHAEL war die Organisation der Demonstration die erste politische Aktion und sie hat ihn, sein politisches Bewusstsein und sein Selbstwirksamkeitsempfinden nachhaltig positiv geprägt. Er beschreibt beispielsweise, dass er sich auch vor der Demonstration nicht als rassistisch bezeichnet hätte. Aber erst durch die Auseinandersetzung mit dem Thema in Vorbereitung und Durchführung der politischen Aktion sei er dafür sensibilisiert worden (MICHAEL: 296–299). Für die Frage nach dem Selbstwirksamkeitsempfinden ist aber entscheidender, dass er jetzt auch bereit ist, aktiv gegen Rassismus vorzugehen, auch im Alltag. *„Wenn Leute das machen [rassistische Äußerungen], spreche ich die an und sag: Hey, muss das sein? Oder ich frage sie, was sie damit bezwecken wollen. Also, es hat in mir ziemlich viel verändert, einfach weil ich mir vorher nie so Gedanken darüber gemacht habe."* (MICHAEL: 296–301)

Die Ausprägung der individuellen Selbstwirksamkeitseinschätzung ist eng verbunden mit den individuellen Fähigkeiten, die es Menschen ermöglichen, sich neuen Herausforderungen zu stellen. Daher ist es für die vorliegende Untersuchung von besonderer Bedeutung, inwiefern sich aus den Erfahrungsberichten der politisch engagierten Schüler*innen eine unmittelbare Verbindung zwischen politischem Engagement und konkreten Fähigkeiten rekonstruieren lässt, die auf eine Steigerung der Selbstwirksamkeitserwartungen schließen lassen. Neben den bereits strukturiert in den Abschnitten 4.3.1 bis 4.3.4 herausgearbeiteten politischen Selbstbildungserfahrungen lassen sich noch weitere Fähigkeiten hervorheben, die Rückschlüsse auf das subjektive Selbstwirksamkeitsempfinden der Interviewten zulassen.

Die Jugendlichen betonen, dass sie durch das politische Engagement Vertrauen in ihre individuellen politischen Artikulationsfähigkeiten gewonnen hätten. So erklärt KATJA beispielsweise, dass sie durch ihr politisches Engagement und durch die Übung im politischen Diskurs sprechfähiger geworden sei. *„Ich glaube, ich kann wesentlich besser vor Leuten reden und mit Leuten diskutieren, weil ich das oft mache, als ich das können würde, wenn ich das eben nicht durch den politischen Kontext machen würde."* (KATJA: 783–787) Auch in Bezug auf den Verallgemeinerungsgrad ihrer Selbstwirksamkeit lassen sich Schlüsse aus den Erfahrungsberichten der Schüler*innen ziehen. Sie verweisen immer wieder darauf, dass die politische Arbeit auch dazu führe, dass sie in anderen Lebensbereichen effektiver seien: *„Also, ich glaube, mittlerweile kann ich da auch effektiver und effizienter meine Arbeit investieren"*, führt beispielsweise RONJA (914–916) an. Und sie bemerkt außerdem, dass sie gelernt habe, besser mit Stress umzugehen (RONJA: 1208–1210). Das sagt auch SOPHIE in ihrem Erfahrungsbericht und ergänzt, dass sie gelernt habe, auf sich und ihre eigenen Bedürfnisse zu achten und diese nicht immer hinten anzustellen.

Aber keine Ahnung, was aber auch wieder eine wichtige Erfahrung ist, weil man auch lernen muss, irgendwie zu schauen, dass man sich sowohl irgendwie politisch engagiert oder für eine Sache engagiert, aber auch nicht vergisst, auf sich selbst zu schauen (lacht). Und dann ab und zu doch auch mal die Sachen macht, die man eben gerne macht, aber auch gerne außerhalb dieser Gruppe. (SOPHIE: 394–399)

Durch das Engagement hat sich das Selbstwirksamkeitsempfinden der Schüler*innen gesteigert. Und teilweise wird das auch klar benannt. So erklärt MICHAEL, dass er *„ein bisschen selbstbewusster geworden"* (MICHAEL: 306) sei. Auch FRANZISKA formuliert das so deutlich und ergänzt, dass sie sich durch ihre Erfahrungen in der politischen Aktion nicht mehr klein, hilflos oder ohnmächtig fühle. Auch dieses Phänomen lässt sich in mehreren Interviews nachzeichnen, die folgenden Aussagen stehen stellvertretend dafür:

> *Ja. Ich habe auch im persönlichen Rahmen Selbstbewusstsein gewonnen dadurch. Und auch mehr Möglichkeiten gewonnen, mein eigenes Leben zu gestalten. Ich hatte davor so eine passive Einstellung zu allem. Ich war halt auch im Gymnasium so, man macht halt, man kommt in die nächste Klasse, man kommt in die nächste Klasse und so. Aber auf einmal habe ich auch angefangen, Sachen, die mich in meinem ganz konkreten Umfeld stören, einfach anzusprechen. Zum Beispiel, der eine Mathelehrer hat uns immer viel zu viele Hausaufgaben aufgegeben. Früher wäre mir nie eingefallen zu sagen: „Hören Sie mal, Herr Soundso, das ist jetzt wirklich nicht angemessen". Und mit dem darüber eine Diskussion anzufangen, das hätte ich mich nie getraut. Aber wenn man sich in einem Umfeld bewegt, in dem man dauernd Diskussionen anfängt und in dem das auch zu Erfolg führt, in dem man auch wahrgenommen wird als Person und nicht als jemand, der eigentlich noch zu klein ist oder so, um seine Meinung zu vertreten, dann gewinnt man auf jeden Fall auch Möglichkeiten, sein eigenes Leben so zu gestalten, dass es einem besser gefällt. Das war auf jeden Fall gut für mich.*
> *(FRANZISKA: 535–549)*

Abschließend sei darauf verwiesen, dass selbst die Wirkung des politischen Engagements von einigen Schüler*innen auf einer abstrakten Ebene reflektiert wird. Dies wird in den Aussagen von LAURENZ deutlich, der zunächst darauf eingeht, wie gut es im tue, dass es in der Gruppe ein solidarisches Miteinander gebe (LAURENZ: 299–303). Auf die Frage, ob das auch Antrieb für seine Arbeit sei, reagiert er wie folgt:

> *Ja, das auch. Das ist halt ein Teil davon. Also, nicht das Einzige. Wenn es das Einzige wäre, dann würde ich das wieder als egoistisch irgendwo charakterisieren. Und es würde dann ja letztendlich darauf hinauslaufen, dass es dann, wenn ich einen Pro-Flüchtlings-Protest irgendwo organisiere, dass ich dann keine Politik mehr mit Flüchtlingen machen möchte, oder so, sondern einfach für Flüchtlinge, um mich selbst irgendwie zu bereichern. Also das ist überhaupt nicht das, was ich dabei sehe.*
> *(LAURENZ: 309–315)*

Dieses abstrakte Reflexionsniveau ist bemerkenswert. Aber das politische Engagement hat nicht nur im positiven Sinne Auswirkung auf Persönlichkeit und Selbstwirksamkeit der politisch aktiven Jugendlichen. Im Folgenden werden exemplarisch einige negative Faktoren rekonstruiert.

4.3.5.3.2 Negative Auswirkung auf Persönlichkeit und Selbstwirksamkeit

Die negativen Auswirkungen selbstbestimmter politischer Aktionen auf das Selbstwirksamkeitsempfinden politisch aktiver Jugendlicher wird im Folgenden an drei Fallbeispielen rekonstruiert. Deutlich wird dabei vor allem die mit dem selbstbestimmten politischen Engagement womöglich verbundene Ambivalenz zwischen dem Gefühl, etwas bewegen zu können, und dem Gefühl der Ohnmacht und Hilflosigkeit. Im Folgenden wird exemplarisch aufgezeigt, wie sehr dieser innere Widerspruch die Schüler*innen beschäftigt.

Das selbstbestimmte politische Engagement, aber vor allem auch die damit verbundene Auseinandersetzung mit politischen Macht- und Herrschaftsverhältnissen sowie die Bewusstwerdung der eigenen politischen Machtlosigkeit führt bei einigen interviewten Schüler*innen auch zu einem Gefühl der Unzufriedenheit. Auf die Frage, ob und wann er mit einem Tag als politischer Aktivist zufrieden sei und ein gutes Gefühl habe, antwortet BEN: *„Selten oder gar nicht. Das ist für mich sehr, sehr schwierig, weil es fällt mir sehr schwer mich mit kleinen Dingen zufrieden zu geben. Also, das hängt noch mit einigen Sachen zusammen, aber ich habe grundsätzlich Probleme damit."* (BEN: 331–333) Auch wenn es immer wieder positive Erfahrungen gibt, scheint BEN doch zumeist desillusioniert. Die großen Ziele seien unerreichbar. Aber er geht davon aus, dass das eher ein Mentalitätsproblem sei. Dass er auch diese Erfahrungen reflektiert, dokumentiert die folgende Aussage:

> *Aber am Ende, also irgendwie meistens gehe ich dann abends ins Bett und denke mir so, also jetzt haben wir fünf neue Leute im Plenum, was eigentlich eine gigantisch große Zahl ist, wenn man sich überlegt, dass sie vielleicht auch nächste Woche wiederkommen, dann auch langfristig aktive Mitglieder bleiben, bei der Gruppe. Dann sollte mich das eigentlich total freuen, das weiß ich eigentlich auch. Aber trotzdem am Ende habe ich immer so das Gefühl, ja, also damit haben wir dem jetzt wohl keinen endgültigen Schlag versetzt. Also irgendwie, das frustriert mich langfristig persönlich auf jeden Fall. Obwohl das auch eine Mentalität und Einstellung ist, wo ich auch versuchen will, an mir zu arbeiten. Ich will ja gar nicht sagen, dass ich irgendwie am Ende bin. Ich bin ja auch erst ein Jahr dabei. Das bedeutet eigentlich, dass ich an meiner Mentalität ein bisschen arbeiten muss. Ich muss ein bisschen gucken, dass ich etwas positiver werde. Es ist auch teilweise echt destruktiv, wenn teilweise, keine Ahnung, wie ich drauf bin, so das Gefühl habe, wir kriegen jetzt sowieso nichts hin, egal wie gut wir uns da reinhängen, und egal, wie viel wir uns vorbereiten. (BEN: 338–353)*

Die Ambivalenz zwischen dem gesteigerten Selbstwirksamkeitsempfinden und dem Gefühl von Ohnmacht und Unzufriedenheit mit den politischen Verhältnissen und der eigenen Machtlosigkeit ist sinnbildlich für die Erfahrungswelten der jungen Menschen, die für diese Studie interviewt wurden. Ihr Antrieb ist der Wunsch nach Veränderung und die kritisch reflektierte Auseinandersetzung mit bestehenden Macht- und Herrschaftsverhältnissen sowie der bestehenden Ungerechtigkeit. Die damit verbundenen inneren und äußeren Kämpfe führen sie an die Grenzen ihrer Belastbarkeit. Das Identifizieren des Politischen in nahezu allen, auch alltäglichen Erfahrungen führt teils zu einer Überwältigung. RONJA beschreibt, wie die Politisierung dazu beigetragen habe, dass sie nicht mehr abschalten könne:

> *Weil ich doch merke, dass umso mehr ich mich engagiere, umso schlimmer fallen mir die Dinge auf, umso mehr fällt mir auf, umso schlimmer habe ich ein Bild von der Welt. Oder Situationen, von denen ich weiß, umso schlimmer finde ich es im Grunde. Und umso mehr ich mich damit beschäftige, umso mehr werde ich dadurch ernüchtert, durch solche Aussagen. (RONJA: 1210–1214)*

Das belaste die Schülerin. Dieses Phänomen der Überforderungen wird dadurch verstärkt, dass die Schülerin, nach eigenen Aussagen, in der Bewältigung dieser Stresssituationen von pädagogischen Kräften keine Unterstützung erfährt. Mehrere Schüler*innen berichten, dass sie sich von den Lehrkräften zwar keine politische Unterstützung wünschten, aber eine pädagogische Begleitung.

Diese pädagogische Begleitung des politischen Engagements kann möglicherweise auch dabei helfen, Radikalisierungs- und Verinselungseffekten entgegenzuwirken. JAN, der sich eher als Einzelkämpfer beschreibt, antwortet auf die Frage, ob er das Gefühl habe, dass ihn Unterstützung vonseiten der Lehrkräfte hätte davor bewahren können, sich in seinem politischen Engagement zu radikalisieren, wie folgt:

> *Dann hätte ich mich ganz einfach nicht radikalisiert. Das ist so. Moment, was wollte ich jetzt sagen? Es ist natürlich so, wenn man merkt, dass man auch relativ wenig Unterstützung hat und dann so langsam auch dieses Einzelkämpferding kommt, also gerade zum Beispiel an meiner Schule, wo ich die Streiks initiieren wollte und dann die Leute zumindest zu dem Zeitpunkt noch nicht mitgezogen sind, ja das man versucht, diese fehlende Unterstützung, also man hält ja seine Sache für richtig und möchte die auch umsetzen, weil man sie eben richtig findet. Und wenn da halt die Unterstützung fehlt, dann versucht man das natürlich auszugleichen durch stärkere Aktionsformen und dadurch kommt es natürlich zu einer Radikalisierung. (JAN: 472–481)*

Jan hat sich an seiner Schule, nach eigener Aussage, in der Zeit als Schulsprecher isoliert gefühlt. Er wollte diese Rolle politisch ausfüllen und erhielt dafür weder von Lehrkräften noch durch die Schüler*innen Unterstützung (JAN: 502–516). Pädagogische Begleitung muss in diesem Fall nicht bedeuten, BEN in seinem politischen Engagement zu bestärken. Es könnte auch bedeuten mit ihm gemeinsam aufzuarbeiten, warum er für seine Arbeit keine Unterstützung erfährt.

4.4   Diskussion und Einordnung der Untersuchungsergebnisse

Grundlage für die strukturierte Analyse der Interviews und damit der Rekonstruktion von Bildungserfahrungen der politisch aktiven Schüler*innen waren unter anderem die Erkenntnisse aus den Diskussionen zu Kompetenzmodellen im Feld der Politikdidaktik (u.a. Behrmann u.a. 2004; GPJE 2004; Detjen u.a. 2012; Reheis u.a. 2016; Oeftering 2016). Diese konzeptionellen Überlegungen wurden in Abschnitt 2.2 „Politische Bildung – Bewusstsein, Erfahrung und Emanzipation" kritisch reflektiert und eingeordnet. Für die vorliegende Untersuchung wurden dabei vier zentrale Felder identifiziert, die politische Bildungsprozesse markieren: (1) Analysefähigkeit und politische Orientierung, (2) Perspektivenwahrnehmung, (3) Urteilsbildung und Kritik sowie (4) Partizipation und Konfliktfähigkeit. Diese Kompetenzfelder politischer Bildung dienten im Sinne einer deduktiven Strukturierung des Materials als Orientierung für die Rekonstruktion der Bildungserfahrungen von Jugendlichen, die selbstbestimmt und selbstorganisiert politisch aktiv sind. Darüber hinaus wurde als induktiv ermittelte Hauptkategorie (5) das Politische Selbstkonzept als prägendes Element identifiziert. Im Folgenden werden die Ergebnisse der Untersuchung zusammengefasst und eingeordnet.

4.4.1   Analysefähigkeiten und politische Orientierung in Aktion

Insgesamt zeigt sich, dass die interviewten Schüler*innen in vielfältiger Art und Weise Analysefähigkeiten entwickeln. Einen besonderen Stellenwert hat dabei die Auseinandersetzung mit Informationen. Recherchearbeit und Quellenkritik sind für die Schüler*innen wichtige Elemente ihrer politischen Arbeit. Mit der „fachbezogene[n] Interpretation von Texten und anderen Medienprodukten" (GPJE 2004, 18) werden damit domänspezifische Fähigkeiten im Feld der politischen Bildung entwickelt. Dabei werden explizit auch jene Quellen kritisch hinterfragt, die den eigenen politischen Positionen eher nahestehen. Für die Interviewten hat ein kritisch reflektierter Umgang mit Informationen einen hohen Stellenwert für ihre politische Arbeit, weil damit das Fundament für eine überzeugende Argumentation geschaffen werde. Glaubwürdigkeit ist für die Jugendlichen ein wertvolles Gut in der politischen Auseinandersetzung und dem Ringen um politische Lösungen. Die Erfahrung mit der politischen Aktion führt dazu, dass die Jugendlichen ihre analytischen Fähigkeiten weiterentwickeln. Dazu gehören auch nichtdomänspezifische Fähigkeiten wie das systematische Lesen und Bearbeiten von Texten.

Für sie sind die politische Aktion und die Analyse bestehender gesellschafts-politischer Verhältnisse untrennbar miteinander verbunden. Die interviewten Jugendlichen betonen, dass sie durch ihr Engagement Nachrichten bewusster wahrnehmen und sich proaktiv mit weiterführenden Informationen befassen. Onlinemedien spielen dabei eine entscheidende Rolle. Die Schilderungen der Jugendlichen bestätigen damit Erkenntnisse breit angelegter quantitativer Untersu-chungen wie der JIM-Studie (Feierabend u. a. 2018), der Vodafone-Onlinestudie (Vodafone Stiftung Deutschland 2018) und der Shell-Jugendstudie (Albert u. a. 2019). Vor allem Kinder und Jugendliche informieren sich über gesellschaftliche Fragen und politische Zusammenhänge online (Leven/Utzmann 2019, 287–294). Wenngleich das Vertrauen der jungen Menschen in klassische Medien wie die Tagesschau (84 %) und regionale Tageszeitungen (77 %) besonders hoch ist (Fei-erabend u. a. 2018, 591), nutzen sie, um sich über gesellschaftspolitische Themen zu informieren, vor allem digitale Medien (Albert u. a. 2019, 33). Die für die vor-liegende Untersuchung interviewten Jugendlichen misstrauen den Informationen, die sie online finden, aber durchaus. Ihren Aussagen ist zu entnehmen, dass ihnen die Quellenprüfung wichtig ist. Auch diese kritische Grundhaltung gegenüber den Informationen, die sie im Internet finden, lässt sich empirisch mit den Ergebnisse quantitativer Studien bestätigen. Nur knapp 29 Prozent der für die Vodafone-Onlinestudie befragten Jugendlichen halten die Informationen und Nachrichten, die sie über soziale Medien erhalten, für ausgewogen (Vodafone Stiftung, 2018, 13).

Die politisch selbstbestimmt aktiven Schüler*innen betonen die Wechselwir-kung von politischem Interesse, selbst angeeignetem politischem Wissen und der politischen Aktion, wobei sie dies nicht als linearen Prozess beschreiben. Den Aussagen der Jugendlichen ist ihre Überzeugung zu entnehmen, dass zusätzliches Wissen dazu führe, das politische Interesse zu steigern, und zugleich gesteigertes Interesse dazu beitragen könne, dass die Bereitschaft zur Teilhabe zunehme. Die Aussagen und Erfahrungen stehen damit den empirischen Befunden von Weißeno und Landwehr (2018) gegenüber, die in ihrer Studie keine Korrelation zwischen politischer Partizipation und erhöhtem politischem Wissen erkennen konnten. Das lässt sich auch damit erklären, dass die politisch aktiven Schüler*innen mit dem Zugewinn an politischem Wissen vor allem themenspezifischen Wissenszuwachs in ihren individuellen Interessensfeldern meinen. Die Steigerung des fachlichen Wissens in spezialisierten Themenfeldern wurde bei Weißeno und Landwehr nicht berücksichtigt. Die politische Selbstorganisation und Erfahrungen in der

politischen Partizipation stärken demnach, dies lässt sich zumindest für die Unter-
suchungsgruppe rekonstruieren, nicht nur demokratische Werte (van Deth 2017;
Quintelier/van Deth 2014), sondern erhöhen auch das politische Interesse und die
Bereitschaft sich aktiv einzubringen.

Aus den Erfahrungsberichten der Jugendlichen lässt sich ableiten, dass sich
nach eigenem Empfinden die Kompetenzen im Feld der Informationsrecherche,
der Informationsverarbeitung und der Quellenkritik durch das Engagement nachhaltig verbessert haben. Sie führen es vor allem darauf zurück, dass sie sich
intrinsisch motiviert mit neuen Informationen auseinandersetzen. Die Erfahrungen
der Jugendlichen lassen sich demnach in das Verständnis von methodisch-
analytischer Kompetenzentwicklung von Peter Henkenborg einordnen, der die
Bedeutung des Verwaltens und Verarbeitens von Informationen durch dessen
Beschaffung, Bewertung und Bearbeitung hervorhebt und auf die Notwendigkeit
von Selbstkontrolle und Selbstreflexion in diesem Prozess hinweist (Henkenborg
2005, 303). Diese Grundsätze analytischen Denkens und Handelns gelten sowohl
auf individueller als auch auf kollektiver Ebene.

Vor allem im gemeinsamen Austausch zu politischen Themen ist den befragten
Schüler*innen solidarische Kritik wichtig. Ein Prozess, der in der Schule zumeist
künstlich hergestellt werden muss, beispielsweise durch Feedback-Regeln, die von
der Lehrkraft vorgegeben werden, ist für die befragten Jugendlichen teilweise zu
einem Selbstverständnis im politischen Diskurs geworden.

Das dieser Arbeit zugrunde liegende Verständnis von sozialwissenschaftlichem
Analysieren und politischer Orientierung ist geprägt von einem ganzheitlichen
Ansatz, der neben der Auseinandersetzung mit Informationen vor allem auch
die Analyse gesellschaftspolitischer Verhältnisse und Konflikte berücksichtigt.
Neben der Praxis sozialwissenschaftlicher Methoden ist für die vorliegende Studie
auch von Relevanz, inwiefern die politische Arbeit der Jugendlichen verbunden ist mit einer Konflikt- und Gesellschaftsanalyse. Der Konfliktbegriff ist für
die politisch aktiven Schüler*innen nicht negativ besetzt. Sie verstehen ihn als
komplex und vielschichtig und für die Demokratie unerlässlich. Die Jugendlichen begreifen den politischen Konflikt als wertvollen Bestandteil einer offenen
Gesellschaft und nicht als störend. Ihre politische Arbeit hat sie für Konflikte sensibilisiert. Daraus erwächst auch ein aktiver Umgang mit (internen und externen)
Konflikten. Das selbstbestimmte politische Engagement ist immer wieder auch
Anlass zur Auseinandersetzung mit Macht- und Herrschaftsverhältnissen, aber
auch mit der eigenen Rolle in konfliktbehafteten Situationen (beispielsweise Rassismus). Die mannigfaltigen Erfahrungen, die im Kontext der selbstorganisierten
politischen Partizipation gesammelt werden, führen zu weitreichenden Selbstre-
flexionsprozessen. Die Erkenntnisse daraus übertragen sich bei den Schüler*innen

auch auf den Alltag abseits der politischen Aktion. Der Prozess der politischen Orientierung, der Auseinandersetzung mit Konflikten führt bei den interviewten Jugendlichen zur Entwicklung eines politischen Bewusstseins (Freire 1991 [1971]; Lange 2005, 2008a & 2008b) und zu einer politischen Subjektwerdung (ausführlich Abschnitt 2.2.1).

Für den komplexen Prozess des sozialwissenschaftlichen Analysierens und Denkens bedarf es neben den hier bereits genannten Fähigkeiten auch der Bereitschaft zur Perspektivenwahrnehmung. Dieses Kompetenzfeld lässt sich kaum von der Ebene des sozialwissenschaftlichen Denkens trennen und ist darüber hinaus eng verbunden mit der politischen Urteilsbildung.

4.4.2 Politische Aktion – multi- oder monoperspektivisch?

Perspektivenwahrnehmung im Kontext der Kompetenzentwicklung wird in den Modellen der GPJE (2004) und dem der Autor*innengruppe um Joachim Detjen (2012) nur als Teil der Urteils- und Handlungsfähigkeit formuliert. Die Fachgruppe Sozialwissenschaften (Behrmann u. a. 2004) greift in ihrem Modell die Perspektivenübernahme als eigenständige und relevante Kompetenz für die politische Bildung auf. Die Wahrnehmung anderer Rollen, Perspektiven und Positionen wird als Voraussetzung für gesellschaftliche Interaktionen und als grundlegend für die Entwicklung gemeinsamer Positionen verstanden. Darüber hinaus ermöglicht erst eine Bereitschaft zur Wahrnehmung andere Positionen und Lebensumstände die Perspektiven der Ausgeschlossenen in den Blick zu nehmen (de Moll u. a. 2013; Kleinschmidt u. a. 2019; Eis 2019, Lösch 2019).

In Bezug auf die Entwicklung von Fähigkeiten der Perspektivenwahrnehmung lässt sich zusammenfassend feststellen, dass sich die politisch aktiven Schüler*innen intensiv mit der Bedeutung von Perspektivenwahrnehmung und Multiperspektivität auseinandersetzen. Sie betonen, dass ihnen erst die Auseinandersetzung mit verschiedenen Positionen und Lebenswirklichkeiten die Weiterentwicklung der eigenen Ideen und der eigenen politischen Sichtweisen ermögliche. In Anlehnung an Peter Henkenborg kann konstatiert werden, dass Selbstwahrnehmung und Fremdwahrnehmung offenbar als wechselseitiges Zusammenspiel wirken (Henkenborg 2005, 304) und dieser Prozess, auch wenn er zeitweise an seine Grenzen zu stoßen scheint, von den interviewten Jugendlichen immer wieder reflektiert wird.

Die These von Sibylle Reinhardt (2014, 278) politische Aktionen und Bewegungen wären dadurch gekennzeichnet, dass die Perspektive auf die eigene Gruppe reduziert sei, kann zumindest in Bezug auf das Untersuchungssample nicht uneingeschränkt bestätigt werden. Die Jugendlichen berichten zwar teilweise von diesem Phänomen, reflektieren diesem Umstand aber auch (selbst)kritisch. Insgesamt scheint es den Jugendlichen, auch durch gruppeninternen und den nach außen offenen Austausch mit Andersdenkenden die Mehrdimensionalität politischer Probleme zu erkennen (siehe hierzu auch: Breit 1999, 387 f.). Besonders spannend ist das Fallbeispiel Katja, die vor ihrem Engagement in einer Antirassismus-AG an ihrer Schule hauptsächlich in einer autonomen Jugendbewegung außerhalb der Schule aktiv war. Sie beschreibt den Homogenisierungseffekt für diese ausschließlich außerschulisch verorte Gruppe und betont, dass ihre Erfahrungen mit der selbstverwalteten politischen Arbeitsgemeinschaft in der Schule ganz andere waren:

Ja, gerade weil die Meinungen so verschieden waren über Politik und über das, was wir eigentlich wollen, weil sonst arbeite ich irgendwie mit Leuten zusammen, die zwar nicht 100% aber größtenteils alles so ähnlich sehen wie ich. Und es gibt natürlich, man diskutiert auch mal stundenlang über, keine Ahnung Israel und Palästina, aber der Weg, wie irgendwas erreicht werden soll, ist halbwegs ähnlich. Und da sucht man sich auch irgendwie die Leute, mit denen man da konform geht und gut was machen kann. Und jetzt in der Schule ist es halt so, dass alle, die Bock haben, mitmachen. Und da gibt es halt total krasse Unterschiede. Es war total interessant überhaupt mit den Leuten darüber zu reden, was sie so wollen, aber auch zu merken, dass man trotzdem total gut zusammenarbeiten kann und zwar andere Projekte rauskommen, als wenn es mit Leuten ist, mit denen man eher die Meinung teilt, aber es trotzdem total interessant war und irgendwie cool. (KATJA: 396–408)

Ein besonderes Potenzial scheinen demnach politische Arbeitsgemeinschaften und Initiativen an den Schulen zu haben. Strukturell bedingt ist die Zusammensetzung der Aktivist*innen hier zumindest in Bezug auf den Aktionskonsens und die politischen Positionen heterogener. Den Erfahrungsberichten der Schüler*innen ist zu entnehmen, dass dies anfänglich als anstrengender empfunden wird, aber insgesamt eine größere Offenheit für vielfältige Perspektiven ermöglicht. Es lässt sich konstatieren, dass die Notwendigkeit politischer Vielfalt einhellig anerkannt wird. Auch politische Gegner*innen werden als relevante und ernst zu nehmende politische Akteur*innen wahrgenommen. Dabei unterscheiden die politisch aktiven Schüler*innen zwischen politisch legitimen und moralisch nachvollziehbaren Positionen. Unabhängig davon, in welchem Kontext (schulisch/außerschulisch) sie aktiv sind, betonen die Jugendlichen, dass sie durch ihr politisches Engagement sensibilisiert wurden für vielfältige Positionen (beispielsweise mehr Empathie) im politischen Diskurs. Aus den Schilderungen der Jugendlichen lässt sich rekonstruieren, dass die verschiedenen Perspektiven auf ihnen besonders wichtige Themen kognitiv präsent (Reinhardt 2004, 4) sind.

Dennoch: Wenngleich weitaus weniger als zu erwarten wäre (Hillebrand u. a. 2015, 196) führt das außerschulische Engagement von Jugendlichen durchaus zu homogeneren Zusammensetzungen der Akteur*innen und birgt dabei ein höheres Risiko, dass politische Positionen zementiert werden und wenig Raum für neue Impulse bleibt. Grundsätzlich bezeichnen sich die politischen Gruppen als offen. Aber die Schilderungen einzelner Schüler*innen lassen auch erkennen, dass es vor allem bei den außerschulischen Jugendgruppen in Teilen eine Diskrepanz gibt zwischen dem postulierten Selbstverständnis politischer Offenheit und dem tatsächlichen Verhalten. So berichten Jugendliche, die in außerschulischen Gruppen aktiv sind, davon, dass zwar grundsätzlich eine Offenheit für andere Perspektiven bestünde, aber die Bereitschaft, sich den Sichtweisen politisch Andersdenkender tatsächlich zu öffnen, sei nicht immer gleichermaßen etabliert. Bemerkenswert ist, dass die Jugendlichen diesen Effekt selbst wahrnehmen und reflektieren. Sie scheinen diesem Prozess nicht ausgeliefert oder gar davon überwältigt zu sein, wie es bei eher skeptischen Positionen bezüglich real-partizipativen Erfahrungen befürchtet wird (u. a. Oberle 2013; Detjen 2012). Vielmehr setzen sich die Jugendlichen mit diesen Bedingungen kritisch auseinander. Auch in den schulisch verorteten Gruppen politisch aktiver Jugendlicher ist den Schüler*innen die Gefahr bewusst, dass die kollektive Meinungsbildung Einfluss auf die individuelle Urteilbildung nimmt.

Die interviewten Jugendlichen setzen für die Bereitschaft zur Perspektivenwahrnehmung und Perspektivenübernahme auch klare Grenzen: Fremdenfeindliche Hetze, Sexismus und Homophobie sind für die Schüler*innen inakzeptabel. Einhellig wird betont, dass die Schule ein Raum sei, der die Möglichkeit biete, mit vielfältigen politischen Positionen in Kontakt zu kommen. Die Schüler*innen sind überzeugt, dass die Schule sich öffnen sollte für politische Positionierung, für das politische Handeln der Jugendlichen, aber dabei eben auch Grenzen setzen muss, die sich an den Grund- und Menschenrechten orientieren.

Neben analytischen Fähigkeiten und einer damit verbundenen kritisch reflexiven Auseinandersetzung mit Informationen und vielfältigen Perspektiven ist für politische Bildungsprozesse von Bedeutung, welche Auswirkungen diese Fähigkeiten auf die Urteilsbildung der Individuen haben. Mit ihrem politischen Engagement verbinden die Interviewten nicht nur das Ziel, die eigene politische Haltung in der Öffentlichkeit zu vertreten und möglichst viele Menschen davon zu überzeugen. Urteilsbildung und Kritik sind wesentlicher Bestandteil ihrer politischen Arbeit. Sie schreiben dabei ihren Erfahrungen in der politischen Aktion eine herausragende Bedeutung zu. Die kritisch reflektierte Auseinandersetzung mit den durch die politische Aktion geschaffenen Rahmenbedingungen offenbart wichtige Voraussetzungen für politische Urteilsbildung. Die Arbeit in autonomen politischen Jugendgruppen scheint damit eine wertvolle Bildungsgelegenheit dazustellen, die zugleich ein hohes Potenzial dafür bietet, die damit verbundenen Erfahrungen im Unterricht aufzugreifen.

4.4.3 Urteilsbildung und Kritik authentisch erfahren

Insgesamt wird der Prozess der politischen Interessen- und Urteilsbildung (Hedtke 2020a) im Kontext politischer Aktion von den Schüler*innen als eine authentische Erfahrung empfunden und führt bei ihnen zu einer intrinsisch motivierten Auseinandersetzung mit politischen Problemfeldern. Damit grenzen die Schüler*innen die Urteilsbildung im Kontext ihres Engagements klar von simulierten Verfahren der Meinungsbildung im Unterricht ab. Beispielhaft sei hier auf die Aussagen von FRANZISKA (507–521) und (LEA: 645–657) verwiesen, die herausstellen, dass die politische Selbstorganisation ihr Interesse an politischen Themen vergrößert und ihre Bereitschaft sich kritisch reflektiert mit politischen Themen zu befassen erhöht, weil sie sich frei von Zwängen selbstbestimmt und mit Freude an der Auseinandersetzung mit unterschiedlichen Positionen politischen Themen widmen können. Formale Settings der politischen Bildung sind aber nach wie vor von der Fokussierung auf kommunikative Handlungskompetenz in simulierten Lernsituationen (Detjen u. a. 2012, 83–88) und von Leistungsdruck und Bewertung geprägt.

Wenngleich für die vorliegende Arbeit das Sach- und das Werturteil zusammengedacht werden, liegt der Schwerpunkt der empirischen Untersuchung eher auf der Rekonstruktion politisch-moralischer Urteilsbildung (Reinhardt 2018, 24), weil im Fokus die Erfahrungsberichte der Schüler*innen stehen und nicht das Abfragen von Fachwissen oder Kenntnissen über Statistiken, Definitionen oder dergleichen. Diese wären aber vor allem für die Begründung des Sachurteils von Bedeutung. In Anlehnung an die Überlegungen der Politikdidaktiker Joachim Detjen und Peter Massing zur politischen Urteilsbildung steht demnach eher weniger die Kategorie Effizienz im Fokus, sondern vielmehr die Frage der Legitimität (Detjen 2007; Massing 2003). Das Verständnis von Urteilsbildung findet hier vor allem seinen Ursprung in der Wahrnehmung und Bewusstmachung unterschiedlicher Perspektiven. Erst durch diese Einbeziehung der Perspektiven anderer, vor allem auch der Perspektiven der Ausgeschlossenen oder Marginalisierten (de Moll u. a. 2013, 306; Kleinschmidt u. a. 2019, 416), gelingt ein Urteil, das auf Eigenständigkeit beruht, „und zugleich durch die Einbeziehung der politischen Perspektiven anderer nicht länger nur subjektiv" (Juchler 2020,

233) ist. Die Rekonstruktion der politischen Selbstbildungserfahrungen der interviewten Jugendlichen legte offen, dass die politische Aktion sowohl das Potenzial hat, hier besonders wirkungsmächtige, weil authentische Erfahrungen der Urteilsbildung zu sammeln, als auch zugleich das Risiko birgt, die Offenheit für neue Perspektiven zu verlieren. Auch diese Ambivalenz begründet die Notwendigkeit reale politische Handlungserfahrungen im Sinne der politischen Aktion im Politikunterricht aufzugreifen und die Schüler*innen pädagogisch und politikdidaktisch dabei zu begleiten, die damit verbundenen Widersprüche aufzuarbeiten.

Es lässt sich aus den Erfahrungsberichten rekonstruieren, dass politische Urteilsbildung in vielfältiger Weise durch das Engagement geprägt und zugleich immer wieder auf die Probe gestellt wird. Sie ist damit in einem fortwährenden Prozess und nie abgeschlossen. Der Politikunterricht könnte den Meinungsbildungsprozess aus der politischen Aktion aufgreifen und begleiten. Die Schüler*innen erhoffen sich von gelingendem Politikunterricht, dass sie dabei unterstützt werden, ein pluralistischeres Meinungsbild (weiter) zu entwickeln. Damit das gelingen kann, müssen sich Schule und Unterricht aber öffnen für realpolitische Erfahrungen der Schüler*innen. Es braucht darüber hinaus die Bereitschaft der Schule und der Lehrkräfte als pädagogisch und didaktisch Verantwortliche, mit Kritik und Widerstandbestrebungen (ausführlich und kontroverse Beiträge dazu in Reheis u. a. 2016) als Begleiterscheinung einer politischen Urteilsbildung umzugehen. Denn neben der Urteilsbildung sind die Selbstbildungsprozesse der interviewten, politisch aktiven Schüler*innen zumeist auch geprägt von Kritik an bestehenden Macht- und Herrschaftsverhältnissen. Hervorgehoben wird dabei von den interviewten Jugendlichen unter anderem die Ausbeutung von Mensch und Natur sowie der Machtmissbrauch, beispielhaft begründet an Themen wie der kapitalistischen Wirtschaftsordnung, nationalstaatlichem Denken und dem als willkürlich eingeschätzten Einsatz von Staatsgewalt. Wenn Ziel politischer Bildung sein soll, die Stimme der Ausgeschlossenen hörbar zu machen, zeigen die Berichte der interviewten Jugendlichen, dass ihre Erfahrungswerte aus der politischen Aktion sich als wertvoller Anlass für weiterführende, didaktisch begleitete Bildungsgelegenheiten eignen.

Aktuelle Krisen zeigen deutlich, inwiefern verfestigte gesellschaftliche, v.a. ökonomische Herrschaftsverhältnisse demokratische Verfassungswerte und Gerechtigkeitskonzeptionen untergraben. Fallstudien und Konfliktanalysen als politikdidaktischmethodische Zugänge sollten sich daher nicht auf die Darstellung der Akteure, Interessen und institutionellen Einflussmöglichkeiten im parlamentarischen oder deliberativen Willensbildungsprozess beschränken. (Moulin-Doos/Eis 2016, 137 f.)

In der Schule, so konstatiert es auch Tilman Grammes, werden Ausdrucksformen des kritischen Charakters beginnend mit „Fragen (Warum?) und Einwänden (Aber!) der Schüler*innen […] oft überhört oder abgewiesen" (Grammes 2020, 135). Diese Erfahrung teilen auch die für die vorliegende Studie interviewten Schüler*innen. Die Schule verpasst hier eine einzigartige Chance, politische Urteilsbildung und Kritik an bestehenden Verhältnissen, ausgehend von realen Partizipationserfahrungen, als wertvolle Lernanlässe (Nonnenmacher 2011) aufzugreifen.

4.4.4 Politische Partizipation und der Wert des politischen Konflikts

In Bezug auf Partizipationserfahrungen und Konfliktfähigkeit lässt sich zusammenfassend festhalten, dass es den interviewten Jugendlichen nach ihren Aussagen wichtig ist, Öffentlichkeit für die von ihnen ausgewählten politischen Themen zu schaffen. Sie arbeiten nicht konspirativ, sondern wollen mit ihren Aktionsformen einen breiten Diskurs ermöglichen (Eikel 2007, 28; Nonnenmacher 2010, 467). Ziel ist es auf von ihnen identifizierte allgemeinpolitische Missstände (Rassismus, Klimawandel, Ausbeutung, etc.) hinzuweisen, aber auch ihrer Generation eine Stimme zu geben, auch weil sie immer wieder damit konfrontiert werden, dass der Jugend die Fähigkeit zur Artikulation von Kritik an bestehenden Verhältnissen nicht zugetraut beziehungsweise zugestanden wird. Die Erfahrungsberichte bestätigen damit die auch in der Wissenschaft diskutierte adultistische Sichtweiser Erwachsener gegenüber Kindern als schwach und defizitär (Ritz 2013, 165; Schäfer u. a. 2011: 13 f.).

Die politisch engagierten Jugendlichen entwickeln grundlegende Fähigkeiten, die für das politische Arbeiten in Gruppen notwendig sind. Dazu gehören allgemeine Fähigkeiten wie Zeitmanagement, Arbeitsteilung, der respektvolle und wertschätzende Umgang miteinander sowie konstruktives Feedback und solidarische Kritik. Kurzum: Kompetenzen politischer Selbstorganisation. Sie erproben dabei auch Strategien der kollektiven Urteilsbildung und nutzen dafür verschiedene Methoden der Entscheidungsfindung wie das Mehrheitsprinzip oder das Konsensprinzip. Sie lernen dabei gruppenintern, aber auch im Kontext des realen politischen Handelns in Aktionen, mit Konflikten umzugehen und diese zivilisiert zu lösen. Dies beschreiben die Autorengruppe Fachdidaktik (2016, 148) und Sibylle Reinhardt (2018, 20–25) als zentral für die Entwicklung von Konfliktfähigkeit.

Hervorzuheben ist, dass die befragten Schüler*innen den politischen Konflikt als etwas Wertvolles empfinden und Strategien entwickeln, damit politische Konflikte nicht auch zu persönlichen Konflikten werden. Durch die politische Aktion stärken die Schüler*innen ihre individuellen Handlungskompetenzen in realen und authentischen Erfahrungsräumen des politischen Konflikts und der politischen Willensbildung. Sie entwickeln im Bereich der politischen Grundbildung etwas, das Christine Zeuner (2013, 85) als Handlungswissen beschreibt. Nach ihren individuellen Erfahrungen können die Schule und der Politikunterricht ihnen diese Fähigkeiten derzeit nicht vermitteln – das hängt möglicherweise damit zusammen, dass sich der Politikunterricht noch immer allzu häufig auf die institutionenkundlich orientierte Wissensvermittlung fokussiert (siehe hierzu Abschnitt 2.2.2.2).

Ausgangspunkt des politischen Handelns der interviewten Jugendlichen ist oftmals soziales Engagement. Die bewusste Auseinandersetzung mit den politischen Dimensionen im sozialen Handeln ist dabei Triebfeder für das sich entwickelnde politische Bewusstsein und die daraus resultierende politische Teilhabe in Form selbstbestimmter politischer Aktionen. Das Politische in sozialen Problemlagen zu erkennen, ist kein Selbstverständnis, genauso wenig, wie sich politische Partizipation in logischer Folge aus sozialem Engagement heraus entwickelt (Wohnig 2017; Reinhardt 2013, ausführlich in Abschnitt 2.1.2.1). Umso bemerkenswerter ist es, dass alle interviewten Jugendlichen sowohl Erfahrungen im sozialen Engagement als auch in der politischen Aktion haben. Der individuelle Politisierungsprozess und auch die Bereitschaft zur (unkonventionellen) politischen Partizipation sowie letztlich die tatsächlich politische Selbstorganisation sind dabei nicht selten aus der Unzufriedenheit mit einer entpolitisierten sozialen Teilhabe heraus entstanden. Sie manifestiert sich in der Überzeugung, dass soziales Engagement junger Menschen insgesamt eine hohe Anerkennung erfahre und politische Partizipation eher auf Widerstand stoße. Beispielhaft dafür sind auch die Frustrationserfahrungen, die mehrere befragte Jugendliche mit der Schüler*innenvertretung in Verbindung bringen – die sie als unpolitisch und nahezu wirkungslos beschreiben. Diese bewusste und differenzierte Auseinandersetzung mit den Konzepten des sozialen Engagements und der politischen Partizipation wird auch daran deutlich, dass die Schüler*innen darauf verweisen, dass das individuelle Engagement, der Einsatz für individuelle Schicksale zwar richtig und notwendig sei, aber an den politischen Verhältnissen nichts ändere. Exemplarisch dafür steht der Politisierungsprozess von SOPHIE, der sich aus dem Einsatz für einen Mitschüler entwickelte, dessen Abschiebung sie gemeinsam mit anderen Schüler*innen verhindern wollte. Dieses Schlüsselerlebnis war ursächlich für die

Gründung einer lokalen rassismuskritischen Jugendbewegung, die zunächst hauptsächlich mit Blockaden versuchte, die Abschiebung von Geflüchteten in ihrem Ort zu verhindern. Im Laufe der Zeit transformierte sich das soziale Engagement für die Menschen vor Ort hin zu einem politischen Protest, der darauf gründete, dass die bestehende Abschiebepraxis, beispielsweise mitten im Prozess des Erreichens von Schulabschlüssen oder der Berufsausbildung, als illegitim eingeschätzt wurde. Es ging der Gruppe nicht mehr (nur) darum einzelne Abschiebungen in Kriegsgebiete zu verhindern, sondern die Verhältnisse insgesamt öffentlich zu kritisieren, um ein Umdenken in der Asylpolitik zu erreichen. Sie entwickelten im Kollektiv und ganz individuell Widerstandskompetenz (Schmiederer 1971, 38; Lösch 2013, 173 f.; Oeftering 2016, 126; Moulin-Doos/Eis 2016, 137). Ein Paradebeispiel für die Politisierung aus dem sozialen Engagement heraus und zugleich ein wertvolle Bildungsgelegenheit, die auch die schulische politische Bildung aufgreifen sollte.

Die Jugendlichen nutzen vielfältige Formen der politischen Aktion. Diese zeichnen sich zumeist durch einen unkonventionellen Charakter aus und bewegen sich nicht selten in einem Graubereich zwischen legaler und illegaler Partizipation (siehe Abschnitt 2.1.2). Die Aktivist*innen wählen bewusst Instrumente des zivilen Ungehorsams, wie Platzbesetzungen, Blockaden oder den Schulstreik, um eine politische Öffentlichkeit für ihre Forderungen zu schaffen. Die Politikdidaktikerin Sibylle Reinhardt stellt fest: „,Fridays For Future' sind Aktionen zivilen Ungehorsams für den Umweltschutz, mit denen die Allgemeinheit aufgerüttelt werden soll." (Reinhardt 2019b, 76) Gleiches gilt auch für die lokalen und bundesweit vernetzten rassismus- oder globalisierungskritischen Jugendbewegungen, die Formate des zivilen Ungehorsams wie Waldbesetzungen, Blockaden oder Streiks, als, in ihren Augen, legitime Mittel des Protests wählen.

Wenngleich Aktionsformen des zivilen Ungehorsams eine besonders breite Öffentlichkeit erreichen und damit auch eine hohe mediale Präsenz, ist das Spektrum der Aktionsformen bei allen Schüler*innen, die für diese Studie interviewt wurden, breiter. Keine*r der Schüler*innen ist singulär im illegalen politischen Protest aktiv. Die Jugendlichen planen Aktionstage, politische Konzerte, Workshops, Lesekreise und Informationsabende. Sie bereiten ihre Aktionen vor und nach. Sie organisieren angemeldete und unangemeldete Demonstrationen, bestreiken ihre Schulen, besetzen öffentliche Plätze und realisieren Protestcamps. Sie blockieren Demonstrationszüge von Rechtsradikalen und Nationalist*innen und versuchen, Abschiebungen zu verhindern. Dabei reflektieren sie die Wirkungskraft und den Zweck der gewählten Aktionsformen. Ihnen ist bewusst, dass sich bestimmte Aktionsformen dazu eignen, einen offenen Diskurs anzuregen, und andere Formate eher zur politischen Willensbildung beitragen. Bestimmte Aktionen dienen dazu, Mitstreiter*innen zu finden, andere eher dazu, sich mit bereits politisierten Menschen zu vernetzen. Zu den Erkenntnissen über den Stellenwert von kritischer (Selbst)Reflexion in den Bildungserfahrungen, die Jugendliche im Kontext politischer Aktionen und politischer Selbstorganisation erleben, wird am Ende dieses Kapitels ausführlicher eingegangen.

Aus den Schilderungen der Jugendlichen lässt sich schließen, dass sie mit ihrem individuellen und kollektiven politischen Handeln nicht immer eine vermeintlich richtige Lösung für politische Konflikte artikulieren wollen. Wichtiger sei ihnen, dass Anregungen zum selbstständigen Denken geschaffen werden. Daher sollen die von ihnen gewählten politischen Aktionsformen möglichst offen für alle sein, die sich einbringen wollen. Den politisch aktiven Schüler*innen ist durchaus bewusst, dass sie die globalen Schlüsselprobleme der Gegenwart mit ihren Aktionsformen nicht lösen können. Sie wollen dennoch versuchen, immer mehr Menschen dafür zu sensibilisieren.

Wenngleich die interviewten Schüler*innen dieses Kernziel betonen, ist doch festzustellen, dass sie in ihren politischen Positionierungen zu bestimmten Themen sehr gefestigt sind. Die Schule und der Politikunterricht könnten genau hier ansetzen, die Erfahrungen aus der politischen Aktion aufgreifen und die teils komplexen Argumentationsstrukturen der Jugendlichen in den formalen Bildungsraum transferieren. Beispielhaft arbeitet Sibylle Reinhardt die Vielschichtigkeit politischer Urteilsbildung im Kontext der Klimaproteste auf:

> Aber für konkretes klimaschützendes Handeln muss das Postulat in die konkrete Komplexität unseres Lebens übersetzt werden. Diese politischen Entscheidungen sind überhaupt nicht mehr klar und eindeutig und einfach, denn sie berühren die Lebens-Interessen vieler Menschen, Regionen und Institutionen. Ein plötzlicher Ausstieg aus der Braunkohle zum Beispiel würde einige Regionen und die in ihnen lebenden Menschen ihrer Existenz berauben, Mobilität auch per Auto ist für viele Arbeitende und für ländliche Regionen zurzeit unerlässlich, die Versorgung mit sicherer Energie ist eine Grundlage für unser Leben […]. Die Demokratie als Konflikt-System ist gefordert und wird durch den Anstoß gefördert. (Reinhardt 2019b, 77)

Emotionale Dimensionen, genauso wie gruppendynamische Effekte, die mit unkonventionellen politischen Aktionen eng verbunden sein können, bergen die Gefahr, dass es zu einer „Verengung der Perspektive" (Hufer 2013b, 149) bei den Jugendlichen kommt. Doch das ist kein Grund, politische Aktion als wertvolle Bildungsgelegenheit für die formale politische Bildung auszuschließen. Im Gegenteil: Es bietet die Möglichkeit, Politik und das Politische als Kern demokratischer Gesellschaften erfahrbar zu machen.

Das Konflikthafte und der Dissens sind der Kern der Demokratie und damit nach Chantal Mouffe (2020, 16) konstitutiv für Gesellschaften. Selbstbestimmte und selbstorganisierte politische Aktionen von Jugendlichen sind authentische Erfahrungsräume dafür. Sollte das Konflikthafte in diesem Prozess verloren gehen, kann das zugleich Ausgangspunkt für didaktisch begründete Bildungssettings in formaler politischer Bildung sein.

4.4.5 Politisierung zwischen Frustration und Selbstwirksamkeit

Grundlage für die Rekonstruktion der Bildungserfahrungen sind im Wesentlichen zentrale Kompetenzmodelle der politischen Bildung. Diese dienen im Zuge der Analyse des Materials zur strukturierten Auswertung. Im Prozess der qualitativen Inhaltsanalyse wurde allerdings schnell deutlich, dass diese deduktiven Kriterien zur Systematisierung politischer Selbstbildung im Kontext politischer Aktion der aktiven Jugendlichen den komplexen Erfahrungen der Interviewten nicht gerecht werden. Eine im Vorfeld der Untersuchung nur in Ansätzen antizipierte Dimension politischer Bildungserfahrung in der politischen Aktion ist der Einfluss von Anerkennungs- und Frustrationserfahrungen sowie das Selbstwirksamkeitserleben auf die Entwicklung der politischen Persönlichkeit und des politischen Bewusstseins der engagierten Jugendlichen. Die damit verbundenen Erfahrungen stellen allerdings ein zentrales Element der Erfahrungsberichte aller interviewten Schüler*innen dar. Daher wurden im Zuge der mehrstufigen Materialanalyse induktive Kategorien wie „Frustration", „Anerkennung", „Wir-Ihr-Konstruktionen" und „Selbstwirksamkeit" in das Kodiersystem aufgenommen.

Wenngleich aus den Berichten der Interviewten insgesamt abzuleiten ist, dass ihnen die politische Arbeit viel Freude bereitet, so beschreiben sie auch vielfältige Frustrationserfahrungen. Insgesamt offenbart die Analyse der Erfahrungsberichte politisch aktiver Schüler*innen eine große Ambivalenz zwischen Erfahrungen der Selbstwirksamkeit und dem Gefühl politischer Ohnmacht. Sie berichten euphorisiert von den Erfahrungen in Vorbereitung, Durchführung und Reflexion ihrer politischen Aktivitäten und schildern zugleich vielfältige Erlebnisse, die zu Frustration führen und ein Gefühl der Machtlosigkeit manifestieren.

Die Ebenen der Frustrationserfahrungen sind dabei vielschichtig. Auf der einen Seite führt die zeitlich und inhaltlich komplexe Auseinandersetzung mit gesellschaftspolitischen Schlüsselproblemen wie Rassismus, Ausbeutung und Klimawandel zu Überwältigungsmomenten. Sie teilen die Sorge, diesen Herausforderungen mit ihrem Engagement nur unzureichend begegnen zu können. Darüber hinaus scheint vor allem das selbstorganisierte und nicht-institutionalisierte politische Engagement der Jugendlichen davon geprägt zu sein, dass es an Steuerungsmechanismen mangelt, die eine Überforderung durch Überlastung einzelner Akteur*innen verhindern. Kurz gesagt: Die Schüler*innen, die für die vorliegende Untersuchung interviewt wurden, leiden teilweise an Überarbeitung. Diese in den Interviews besonders häufig identifizierbare Ebene der Frustration scheint vor allem dem Umstand geschuldet, dass sich bei den politisch aktiven Schüler*innen das Gefühl verfestigt, selbstbestimmtes politisches Engagement sei unerwünscht. Diesen Eindruck artikulieren die Schüler*innen auf verschiedenen Ebenen, die im Folgenden mit der Trias Mikro-, Meso- und Makroebene systematisiert werden. Die Mikroebene steht dabei für Frustrationserfahrungen in Bezug auf das (zwischenmenschliche) Beziehungsgeflecht mit der eigenen Familie, Freund*innen Mitschüler*innen oder den Lehrkräften. Die Mesoebene meint Frustrationserfahrungen, die mit institutionellen Strukturen und Hierarchie- bzw. Machtkonstellationen in der Schule als Sozialisationsraum verbunden sind. Und mit der Makroebene sind Frustrationserfahrungen im Konflikt mit der Ordnungsmacht als Konfrontationspunkt innerhalb des politischen Systems gemeint. Dies bezieht sich auf Konflikte mit der Polizei, die das staatliche Gewaltmonopol umsetzt, aber auch Konflikte mit staatlichen Organen der Verwaltung, die beispielsweise verantwortlich sind für die Realisierung von Naturschutzverordnungen.

Auf der Mikroebene schildern die Schüler*innen frustrierende Erlebnisse mit ihren Familien, Freund*innen, Mitschüler*innen und Lehrkräften. Während der Konflikt mit den eigenen Eltern eher als natürlicher Prozess der Identitätsfindung nur am Rande thematisiert wird, erscheinen reale Erfahrungen der sozialen Exklusion in Schule oder dem Klassenverband für die interviewten Jugendlichen prägender zu sein. Es entwickelt sich eine Wir-Ihr-Konstruktion im Verhältnis zu den Mitschüler*innen und Lehrkräften. Politische Initiativen oder Arbeitsgemeinschaften scheinen kein selbstverständlicher Teil der demokratischen Schulkultur zu sein, sondern sind vielmehr aufwändig erkämpfte Freiräume. Aus den Schilderungen lässt sich schließen, dass die politisch aktiven Schüler*innen sowohl von Mitschüler*innen als auch von Lehrkräften den Eindruck vermittelt bekommen, dass ihre Aktivitäten die vermeintlich eingespielten Abläufe in der Schule oder gar den Schulfrieden störten. Ganz konkret erleben sie es in Form von Ablehnung durch ihre Mitschüler*innen, fehlender Unterstützung durch Lehrkräfte bis hin zu Verboten und der Androhung und Umsetzung von Repressionen.

In Bezug auf die Mesoebene ist aus den Erfahrungsberichten der Schüler*innen vor allem eine hohe Unzufriedenheit mit Formen der Alibi-Partizipation oder Scheinbeteiligung abzuleiten. Die Strukturen repräsentativer Demokratie, die in der Schule durch die Einrichtung von Klassensprecher*innen und der Schüler*innenvertretung eingeübt werden sollen, verbinden einige Aktivist*innen eher mit Ordnungsaufgaben und fehlenden realen Mitbestimmungsrechten. Damit decken sich ihre Erfahrungen mit empirischen Befunden quantitativer Studien zur Partizipation von Schüler*innen (u.a. Achour u.a. 2020, 168 ff.; Stange 2010, 18 ff.; Schneider u.a. 2009, 15 ff. - siehe hierzu auch Abschnitt 2.1.3).

Auf der Makroebene wird der Konflikt vor allem in der Auseinandersetzung mit der staatlichen Ordnungsmacht gesehen. Auch hier entwickelt sich eine Wir-Ihr-Konstruktion. Eine Minderheit der Befragten sieht in der Polizei mit dem staatlichen Auftrag der Durchsetzung von Recht und Gesetz sogar einen Erfüllungsgehilfen der politischen Gegner*innen. Das wird vor allem in Bezug auf illegale politische Protestaktionen deutlich. Die Konflikte, von denen die Schüler*innen berichten, stehen zumeist in Verbindung mit Protestformen des zivilen Ungehorsams wie unangemeldeten Demonstrationen, Besetzungen und Blockaden. Als Folge aus den Frustrationserfahrungen und vor allem der fehlenden Aufarbeitung und pädagogischen Begleitung dieser Erlebnisse können sich bei politisch aktiven Schüler*innen auch Radikalisierungstendenzen entwickeln. Klaus-Peter Hufer beschreibt als eine der Grenzen des Lernens in und mit politischen Aktionen die Gefahren, die mit der eigenen Betroffenheit verbunden sind. Dies führe dazu, dass „alternative Entscheidungs- und Handlungsmotive aus dem Blick geraten" (Hufer 2013b, 149). Darauf bezugnehmend wird das Potenzial der Einbindung von Erfahrungen aus der politischen Aktion in formale Bildungssettings besonders deutlich. Möglicherweise kann eine handlungsorientierte Didaktik der politischen Bildung, die sich auch für die Erfahrungen aus der politischen Aktion öffnet, dazu beitragen, dass derartige Frustrationserfahrungen aufgearbeitet werden und damit ein Gegengewicht zu Radikalisierungstendenzen und Ohnmachtserfahrungen geschaffen wird.

Die Mitwirkung in politischen Aktionen, vor allem aber die damit verbundene politische Selbstorganisation hat auch eine nachhaltig positive Wirkung auf das politische Bewusstsein und das Selbstwirksamkeitsempfinden der interviewten Schüler*innen. Einige Schilderungen der Schüler*innen lassen darauf schließen, dass sie in der Auseinandersetzung mit Familie, Freund*innen, Schüler*innen und Lehrkräften nicht nur negative Erfahrungen machen. Sie erleben teilweise Bestärkung und Unterstützung durch ihre Eltern, erhalten Rückendeckung durch ihre Freund*innen und finden neue Freund*innen in der politischen Bewegung. Manche Lehrkräfte unterstützen sie in ihrem Engagement und heben dieses Engagement gar als besondere Leistung hervor. Viel wichtiger als die Erfahrungen der Anerkennung durch andere scheint für die Schüler*innen allerdings die Kraft zu sein, die sie aus den politischen Aktionen und der Selbstorganisation ziehen. Hervorzuheben ist, dass sie dieses Gefühl nicht nur auf Erfolgsmomente zurückführen. Sie sehen auch einen Wert in der Bewältigung von Rückschlägen. Individuelle Erfahrungen mit unkonventionellen Partizipationsformen, aber auch das Wirken im politischen Kollektiv scheinen ihnen beim Umgang mit Ohnmachtserfahrungen zu helfen. Damit bestätigen diese Erfahrungsberichte die folgende These von Hartmut Rosa:

> Das Einbringen ermöglicht den Bürger*innen die durch nichts zu ersetzende Erfahrung politischer Selbstwirksamkeit. Durch ihre Stimme sind sie mit den anderen und dem Gemeinwesen verbunden und haben Anteil an der kollektiven Gestaltung der Welt. (Rosa 2019, 165)

Die politische Aktion im Kollektiv vermittelt den Jugendlichen das Gefühl, nicht allein zu sein mit ihrem Engagement, mit ihrer Überzeugung, etwas bewegen zu wollen. Den interviewten Jugendlichen ist dabei aber auch das emotionale Dilemma bewusst, in dem sie sich befinden, weil sie die Welt weder allein noch in ihren politischen Gruppen nachhaltig verändern können und doch der Wunsch nach Veränderung ihr Antrieb ist. Ihre Rolle als politische Subjekte in einer komplexen politischen Welt scheinen die Jugendlichen auch durch die Erfahrungen in der politischen Aktion zu finden. Für die Schüler*innen ist politische Arbeit Teil ihrer Persönlichkeitsbildung. Es macht ihnen Spaß, sich zu engagieren, und sie empfinden die politische Arbeit als einen Teil ihrer politischen Identität.

Das politische Engagement und dabei nicht zuletzt auch die konstruktive Auseinandersetzung mit Frustrationserfahrungen stärkt das Selbstwirksamkeitsempfinden der Interviewten. Sie identifizieren ihre eigenen Stärken und Schwächen. Die Bewältigung von Rückschlägen, aber auch die Erfolgserlebnisse, die Bestätigungen, die Suche und das Finden der eigenen politischen Identität und der individuellen Fähigkeiten prägen die Schüler*innen. Sie werden selbstbewusst, ihr Mut, sich öffentlich politisch zu positionieren, steigt, und sie lernen, dem gesellschaftlichen Anpassungsdruck zu widerstehen.

Die Jugendlichen empfinden ihre politische Arbeit als sinnstiftend. Diese Suche nach Sinnstiftung ist maßgeblich für ein subjektorientiertes Verständnis politischer Bildung (Lange 2008a, 432). Dieser sinnstiftende Charakter gibt ihnen Sicherheit im öffentlichen politischen Meinungsaustausch. BEN fasst diese Erfahrungen mit dem Begriff „*Reifeprozess*" (BEN: 25) zusammen. Neben der politischen Urteilsbildung und der Befähigung zur politischen Artikulation eigener Positionen lässt sich aus den Interviews auch die Erkenntnis ableiten, dass ihnen die politische Aktion das Gefühl gibt, vermeintlich feste politische Strukturen aufbrechen zu können. Mit ihrem politischen Engagement halten die Schüler*innen den Ohnmachtserfahrungen etwas entgegen.

Unkonventionelle, selbstbestimmte und selbstorganisierte politische Aktion bedeutet für die interviewten Schüler*innen ein permanentes Wechselspiel aus Frustration und Anerkennung, Selbstbewusstsein und Selbstzweifel. Sich dieser Ambivalenz der politischen Aktion zu stellen, sie zu reflektieren und ihr zu begegnen, ist im Kontext politischer Bildung eine wertvolle Bildungserfahrung, die der Politikunterricht und die demokratische Schule den jungen Menschen nicht abnehmen können. Es ist eine Erfahrung, die auch nicht künstlich erzeugt werden kann, aber mit Konzepten einer handlungsorientierten Didaktik der politischen Bildung pädagogisch zu begleiten ist. Mit pädagogischer und fachdidaktischer Expertise können die Denkhorizonte, das politische Bürgerbewusstsein (Lange 2005, 2008a, 2008b) und damit der politische Bildungsprozess der jungen Menschen angeregt werden.

4.4.6 Reflexion als Stärke auf allen Ebenen der Kompetenzentwicklung

Um die Forschungsergebnisse einordnen zu können, muss abschließend noch einmal der Fokus auf (Selbst)Reflexion als zentrales Element der rekonstruierten politischen Bildungserfahrungen gelenkt werden. Der Diskurs über den Wert realer politischer Partizipationserfahrungen wird auch über den vermeintlichen Gegensatz von Reflexion und Aktion geprägt. Für Klaus-Peter Hufer kann dieses Begriffspaar zu einem „sich gegenseitig ergänzenden Wechselspiel, aber auch zum antagonistischen Gegensatz werden" (Hufer 2013b, 147).

Im Zuge der Rekonstruktion der politischen Selbstbildungserfahrungen der interviewten Schüler*innen wurde deutlich, dass Reflexion für die jungen Menschen auf allen Ebenen politischer (Selbst)Bildung einen großen Stellenwert hat. Sie reflektieren den Einfluss ihres politischen Engagements auf ihren Umgang mit Informationen und berücksichtigen dabei auch die Wirkung ihrer politischen Grundhaltung auf die Auswahl von Quellen. Deutlich wird das bereits im Kontext des sozialwissenschaftlichen Analysierens. Politische Aktion und Selbstorganisation bedeuten für die Schüler*innen nicht nur Aktivismus. Wenngleich in der Regel die politische Aktion und dabei vor allem der Regelübertritt, zum Beispiel in Form des zivilen Ungehorsams, ein besonders großes öffentliches Interesse erzeugen, so stellt es den Schilderungen der Jugendlichen zufolge nur einen Bruchteil der politischen Arbeit dar. Wir sehen demnach nur die Spitze des Eisberges (Haunss 2016, 35) aller potentiellen politischen Selbstbildungserfahrungen. Politische Aktion bedeutet für die Jugendlichen vor allem auch die Vor- und Nachbereitung politischer Aktivitäten. Und diese Prozessphasen sind geprägt von Kritik und Selbstreflexion. Sie befassen sich dafür beispielsweise intensiv mit fremden, aber auch den eigenen Texten (bspw. auf der Internetpräsenz der Gruppe, in den Sozialen Medien, Flyern, etc.). Insbesondere das politische Handeln von HELGE sei hier exemplarisch noch einmal hervorgehoben. Er engagiert sich unter anderem in einer Gruppe, die einen politischen Instagram-Kanal verantwortet. Hier werden politische Texte veröffentlicht, Debatten angestoßen und in der Kommentarfunktion unter jedem Post begleitet. Die kollaborative Erstellung der Texte, die Reflexion der Inhalte, aber auch die Auswertung der Diskussion unter dem veröffentlichten Text zeugen von einem hohen Abstraktionsvermögen und der Bereitschaft, mit politischem Protest mehr zu verbinden als nur die Verbreitung politischer Botschaften. Insgesamt berichten die politisch aktiven Schüler*innen einhellig davon, dass sie sich nicht nur intensiver mit Informationen befassen und breitgefächerter nach glaubwürdigen Quellen suchen, sondern die Ergebnisse ihrer Recherche auch kritischer reflektieren, als sie es vor ihrem politischen Engagement getan haben. Sie betonen dabei immer wieder, dass ihr Antrieb intrinsisch geprägt sei und sich politische Bildungs- und Erfahrungsräume ergeben würden, die ihnen der Unterricht allein nicht ermögliche:

> *Und im Unterricht ist es meistens so, da muss man ja auch manchmal Gruppenarbeit oder so reflektieren. Aber da ist es meistens so als Zwang dargestellt und man soll aufschreiben, was gut war und was schlecht war. Aber wenn man sich irgendwie selbst mehr damit befasst und es nicht als Zwang vorgegeben ist, hat das so viel mehr Effekt. [...] [D]ann wird es erstens von vielen einfach nicht so ernst genommen, und zweitens hat man dann, glaube ich, nicht so den großen Lerneffekt. Und deswegen ist es einfach viel wichtiger, außerhalb des Unterrichts zu lernen und selbst zu reflektieren. (LEA: 645–653)*

Die Jugendlichen reflektieren den Prozess der Urteilsbildung und damit auch den Einfluss ihres sozialen Umfeldes auf die eigene Meinungsbildung. Besonders deutlich wird das an der These, mit der FRANZISKA Rechtfertigungsstrategien der Menschen für ihr individuell (un)moralisches Handeln begründet. Sie ist überzeugt, dass das „*gesellschaftliche Sein, das gesellschaftliche Bewusstsein des Menschen bestimm[e]*" (FRANZISKA 403). Sie ist sich sicher, dass gesellschaftliche Veränderung nur mit einer Bewusstseinsveränderung der Menschen erreicht werden könne. Das erfordert aber eine besonders hohe Reflexionsfähigkeit in Bezug auf das eigene Urteilen und Handeln.

Im politischen Handeln beginnt der Reflexionsprozess weit vor der Umsetzung politischer Aktionen. Schon in der Vorbereitung bei Plenums- und Arbeitsgruppentreffen nutzen und reflektieren die politisch aktiven Schüler*innen Instrumentarien wie (doppelt)quotierte Redelisten oder Entscheidungsprinzipien, wie das Mehrheits- (FRANZISKA: 624–641) oder das Konsensprinzip (SOPHIE: 236–249). Aber auch der konkrete Einsatz von Partizipationsformen wird (selbst)kritisch reflektiert. Den Jugendlichen ist bewusst, dass sich manche Formen des Protests dafür eignen, Menschen aufzurütteln oder zum Nachdenken anregen. Mit anderen Aktionsformen werden konkrete, lokale und zeitlich begrenzte Ziele verfolgt – beispielsweise die Verhinderung einer Abschiebung oder der Bau einer Autobahn. Wieder andere Aktionsformen dienen eher der Stärkung des Gruppengefühls. Dabei bleibt auch der Einsatz illegaler Aktionsformen des zivilen Ungehorsams nicht unreflektiert: Schulstreiks, Demonstrationsblockaden oder die Verhinderung von Abschiebungen werden nicht als bloße Mittel zum Zweck verstanden. Sie werden argumentativ in einen ganzheitlichen Kontext von Machtverteilung und Machtmissbrauch eingebettet.

Abschließend sei darauf verwiesen, dass auch die Wirkung und die Legitimität des politischen Engagements von den Schüler*innen hinterfragt wird. Die Positionen, beispielsweise zum Einsatz der richtigen Mittel im politischen Protest, sind dabei durchaus unterschiedlich.

Jugendlichen in autonomen Protestgruppen, vor allem auch im Klimaprotest, wird bisweilen vorgeworfen, dass sie aus einer Position vermeintlicher moralischer Überlegenheit argumentieren, hauptsächlich selbstreferentiell agieren und dabei viele Perspektiven aus dem Blick verlören. Umso bemerkenswerter erscheint die Antwort mehrerer Schüler*innen auf die Frage, wie sie die Welt gestalten würden, wenn sie die Entscheidungsmacht über das gesellschaftspolitische Leben hätten. Im ersten Impuls präsentierten sie keine Konzepte direktdemokratischer Entscheidungsprozesse oder klimaneutraler Wirtschaftskreisläufe. Vielmehr brachten sie mit dem ersten Impuls zum Ausdruck, dass sie die Vorstellung für abwegig hielten, dass sie allein Gesellschaft gestalten würden. Beispielhaft dafür steht die Antwort von LAURENZ: *„Also, erst mal möchte ich nicht die Entscheidungsgewalt haben, als Alleiniger, weil es wieder dieser Idee der Demokratie widersprechen würde, logischerweise."* (LAURENZ: 115–117)

Mit der vorliegenden explorativen Studie ist es gelungen, Prozesse politischer Selbstbildung aus den Erfahrungsberichten politisch aktiver Schüler*innen zu rekonstruieren. Daraus können keine generalisierbaren Aussagen über das Potenzial politischer Aktionen für Selbstbildungsprozesse von Kindern und Jugendlichen abgeleitet werden. Vielmehr steht im Mittelpunkt der vorliegenden Untersuchung, welche Formen, Formate und Fertigkeiten und Fähigkeiten politischer Bildung Jugendliche im Kontext des selbstbestimmten realen politischen Handelns erfahren. Dabei wurden Anknüpfungspunkte herausgearbeitet, die offenlegen, inwiefern reale politische Partizipationserfahrungen und das dabei erworbene politische Handlungswissen als Bildungsgelegenheiten auch in der formalen politischen Bildung aufgegriffen werden können. Es kann festgestellt werden, dass die Auseinandersetzung mit den Bildungserfahrungen in der politischen Aktion wechselseitig fruchtbar sein kann, für die Erfahrungsprozesse der Jugendlichen selbst und für die Bildungssettings der formalen politischen Bildung – wenn sich die Akteur*innen dafür öffnen.

Die Schüler*innen, das ist aus den Erfahrungsberichten abzuleiten, würden sich eine pädagogische und fachdidaktische Begleitung ihrer Bildungserfahrungen in der politischen Selbstorganisation durch die demokratische Schule und den Politikunterricht wünschen. Sie kritisieren den institutionenkundlichen Charakter des Politikunterrichts und die fehlende Offenheit der Lehrkräfte und der Schule insgesamt für ihre individuellen politischen Handlungserfahrungen. Die strukturierte Analyse und Auswertung der Erfahrungsberichte politisch aktiver Schüler*innen offenbarte, dass die politische Aktion einen Ausgangspunkt für vielfältige politische Bildungserfahrungen darstellt. Zugleich könnten die Schüler*innen in der Auseinandersetzung und Reflexion der Bildungserfahrungen von den Erkenntnissen jahrzehntelanger Forschung im Feld der Politikdidaktik profitieren. Der Politikunterricht kann beispielsweise unterstützend wirken, um den komplexen Prozess des analytischen Denkens und der pluralistisch geprägten Urteilsbildung der Jugendlichen weiterzuentwickeln. Aber auch die pädagogische Dimension politischer Bildung kann, beispielsweise bei der Aufarbeitung von Frustrationserfahrungen, eine wertvolle Begleitung der politischen Selbstbildung sein. Auch die gemeinsame Reflexion von Handlungserfahrungen in unkonventionellen Partizipationsformen kann für alle Beteiligten ein wertvoller Lernanlass sein. So könnte gelingen, was Hermann Giesecke schon in den 1970er-Jahren für die politische Bildung einforderte. Lernen und Handeln würde eng miteinander verknüpft und aus einem „antinomischen Verhältnis ein dialektisches" werden, indem auf „Phasen der Aktion [...] solche der Reflexion" (Giesecke 1971, 26) folgen. In jedem Fall liegt in der Berücksichtigung der politischen Handlungserfahrungen von Kindern und Jugendlichen im Kontext der schulischen politischen Bildung eine große Chance, Politik und das Politische erfahrbar zu machen und gemeinsam zum Thema unterrichtlicher Lernprozesse zu machen. Wie dies gelingen kann, wird hier nicht abschließend beantwortet werden können. Im folgenden Kapitel werden allerdings Denkanstöße und Anregungen für die Entwicklung einer handlungsorientierten Politikdidaktik formuliert.

Implikationen für eine partizipative politische Bildung

5

5.1 Recht auf politische Partizipation in der Schule verankern

Wenngleich die vorliegende Arbeit eine sozialwissenschaftliche Analyse ist und keinen verfassungs- oder schulrechtlichen Fokus hat, ist ein Blick auf die Verankerung von Partizipationsrechten der Schüler*innen dringend geboten, denn sie bildet die Grundlage für eine selbstbestimmte Beteiligung. Der Politikdidaktiker Reinhold Hedtke konstatiert, dass die „Erfahrung von echter, ernsthafter und effektiver politischer Partizipation […] dem schulischen und außerschulischen Alltag der Schüler*innen fremd" (Hedtke 2020b, 140) bleibe. Wenn eine handlungsorientierte Politikdidaktik reale politische Handlungserfahrungen einbeziehen will, braucht es aber Freiräume in der Schule und im sozialen Nahraum, und diese dürfen nicht abhängig sein vom Wohlwollen der Lehrkräfte oder der Schulleitungen.

Aus den Schilderungen der interviewten Schüler*innen wird deutlich, dass sie die Schule nicht als einen Raum wahrnehmen, der ihnen adäquate Möglichkeiten zur Teilhabe schafft. Dass es sich dabei nicht nur um ein subjektives Gefühl Einzelner handelt, sondern sich auch durch repräsentative Befragungen bestätigt, zeigt unter anderem die Untersuchung „Kinder ohne Einfluss?". Im Ergebnis zeigt die Studie deutlich: Schüler*innen fühlen sich auf allen Ebenen unzureichend beteiligt (Schneider u. a. 2009, 15–18). „In der Schule können Kinder nach eigenem Empfinden nur „wenig" (60,4 Prozent) oder sogar „überhaupt nicht" (24,6 Prozent) mitbestimmen." (Stange 2010, 18). Das belegt auch eine aktuelle Studie für die Schüler*innen in Berlin befragt wurden: Die Schüler*innen geben mehrheitlich an, dass sie die Schule als einen Raum des offenen Meinungsaustausches erleben, sich aber nicht so stark involviert fühlen „in Entscheidungsprozesse

S. Kenner, *Politische Bildung in Aktion*, Bürgerbewusstsein,
https://doi.org/10.1007/978-3-658-35412-1_5

und in die tatsächliche Mitbestimmung an ihren Schulen" (Achour u. a. 2020, 168).

Eine der hauptsächlichen Ursachen dafür, dass sich die Schüler*innen unzureichend beteiligt fühlen, liegt darin, dass institutionalisierte Partizipationsstrukturen noch immer viel zu häufig eher eine Scheinpartizipation (Schröder 1995, 16) darstellen und Schüler*innen in den etablierten Partizipationsstrukturen nur selten auf Augenhöhe die Interessen ihrer Peergroup vertreten können, sondern vielmehr Ordnungsaufgaben übernehmen müssen (siehe Abschnitt 2.1.3 „Kinder- und Jugendpartizipation"). Es braucht daher ein klares Bekenntnis in Form einer rechtlichen Verankerung zur selbstbestimmten Partizipation von Schüler*innen. Dafür ist auch eine ergebnisoffene Auseinandersetzung mit der Frage nötig, inwiefern Schüler*innenvertretungen ein allgemeinpolitisches Mandat haben dürfen. Das Interesse an allgemeinpolitischen Themen ist in den letzten 20 Jahren bei der jungen Generation gestiegen. Das zeigen Langzeitstudien wie die Shell-Jugendstudie (Albert u. a. 2019, 49). Gleichzeitig wird es der gewählten Interessenvertretung der Schüler*innen zumeist untersagt, sich zu allgemeinpolitischen Themen zu positionieren (siehe Abschnitt 2.3.1.2 „Politische Bildung und Partizipation rechtlich verankert?"). Dieser Widerspruch lässt sich kaum auflösen und es ist zu vermuten, dass dies auch dazu führt, dass sich politischer Protest von Schüler*innen und Studierenden immer häufiger in Form des zivilen Ungehorsams artikuliert. Solange die Schule sich einer Öffnung für den politischen Diskurs zu gesellschaftspolitischen Schlüsselproblemen verwehrt, werden sich Schüler*innen andere Möglichkeiten suchen müssen, um ihre Positionen in die öffentliche Debatte einzubringen. Dabei verliert die Schule immer wieder den Zugriff auf die damit verbundenen Bildungserfahrungen, aber auch die Möglichkeit Frustrationsmomente aufzufangen und potenziellen Radikalisierungstendenzen der Schüler*innen entgegenzuwirken.

Im Feld der formalen (politischen) Bildung besteht bis heute das Paradoxon, dass Schüler*innen zum selbstständigen und kritischen Analysieren, Urteilen und Handeln befähigt werden sollen, sie aber daran gehindert werden, als Konsequenz daraus Kritik an bestehenden Verhältnisse zu artikulieren und an deren Veränderung mitzuwirken. Mit einer Analogie lässt sich dieser Widerspruch verdeutlichen: Die Schule ist wie eine Sportstätte, in der Kinder und Jugendliche die grundsätzlichen Regeln und Techniken ihres Sports erlernen. Sie werden konfrontiert mit verschiedenen Trainingsmethoden und lernen taktische Konzeptionen kennen. Dabei bleibt ihnen aber die Möglichkeit verwehrt, die erlernten Fähigkeiten in der Praxis anzuwenden. Sie dürfen nicht mitspielen und ihre Ideen zur Weiterentwicklung nicht erproben. Das Ziel, kreativen Nachwuchs zu finden, der die Zukunft bestimmt, verbliebe in einem solchen Modell auf einer theoretischen Ebene. Für die Schule ist dieses Paradoxon verfassungs- und schulrechtlich festgeschrieben. So soll die Jugend zu einer „politische[n] Verantwortlichkeit" (Landesverfassung Baden-Württemberg, Artikel 12, Satz 1) und „zu freiheitlicher demokratischer Haltung" (Landesverfassung Sachsen, Artikel 101, Satz 1) erzogen werden, beruhend auf einem „Willen zu sozialer Gerechtigkeit" (Landesverfassung Bremen, Artikel 26, Satz 1). Schulen sollen „nicht nur Wissen und Können vermitteln, sondern auch Herz und Charakter bilden" (Landesverfassung Bayern, Artikel 131, Satz 1). Doch wie geht die Schule damit um, wenn Schüler*innen tatsächlich eine freiheitlich demokratische Haltung entwickeln, wenn sie Ungerechtigkeit wahrnehmen, ökonomische, ökologische und gesellschaftspolitische Missstände identifizieren? Wenn sie nicht nur ihre Fähigkeit in Bezug auf politisches Wissen und Können entwickelt haben, sondern als mündige Bürger*innen aus einer freiheitlich demokratischen Haltung heraus politisch aktiv werden wollen? Die Schule setzt dafür enge Grenzen und steht mit den zumeist unzulänglichen Mitbestimmungsrechten der Schüler*innen teilweise im Widerspruch zu den in den Landesverfassungen und Schulgesetzen formulierten Bildungszielen. So heißt es beispielsweise in den Landesverfassungen von Brandenburg (Artikel 28) und Thüringen (Artikel 22), dass Erziehung und Bildung die Aufgabe haben, nicht nur „selbstständiges Denken", sondern auch das „Handeln" der Schüler*innen zu fördern.

In den meisten Bundesländern sind in Schulgesetzen die Partizipationsrechte von Schüler*innen nur über die etablierten Strukturen einer repräsentativen Interessenvertretung durch Klassensprecher*innen und der Schüler*innenvertretung geregelt. Wenngleich in wenigen Bundesländern wichtige Gremien wie die Schulkonferenz mit Drittelparität besetzt sind, so haben die Schüler*innen in den meisten Ländern und schulischen Gremien bis heute nur eine beratende Funktion oder ihre Stimme fällt kaum ins Gewicht. Teilweise hat die Schüler*innenvertretung sogar bis heute noch als verlängerter Arm der Lehrkräfte die Funktion, Ordnungsaufgaben zu übernehmen. Im Landesschulgesetz Bayern heißt es, dass zu den Aufgaben der Schüler*innenvertretung die „Übernahme von Ordnungsaufgaben [...] und die Mithilfe bei der Lösung von Konfliktfällen" (Landesschulgesetz Bayern, Artikel 62, Satz 3) gehören. Die Instrumentalisierung der Schüler*innen in der Interessenvertretung ist damit rechtlich manifestiert.

Neben dieser offensichtlichen Limitierung der Partizipationsmöglichkeiten wird in den Schulgesetzen der Länder bis heute explizit oder implizit der Schüler*innenvertretung ein allgemeinpolitisches Mandat abgesprochen. Gemeint ist damit, dass sich Schüler*innenvertretungen nicht zu allgemeinpolitischen Themen positionieren dürfen. Eine direkte Ausformulierung dieses Verbots findet sich heute nur noch im Landesschulgesetz von Baden-Württemberg (§ 63, Absatz 3, Satz 3). Dort heißt es: „Klassenschülerversammlung und Schülervertreter haben kein politisches Mandat." Indirekt ist das Verbot eines allgemeinpolitischen Mandats aber noch in mehreren Landesverfassungen verankert, indem in einer Reihe von möglichen Aufgaben der Schüler*innenvertretung die politische Dimension explizit unerwähnt bleibt. Die Positionierung zu allgemeinpolitischen Themen wird ihnen nicht zugesprochen und ihr Wirkungsfeld auf den Schulbereich beschränkt. Das Land Berlin formuliert es im Schulgesetz (§ 83, Absatz 2) unmissverständlich: Die Aufgabe der Schüler*innen beziehe sich auf „bildungspolitische Fragen".

Der Eindruck, dass die Schüler*innenvertretung unpolitisch sei, den mehrere interviewte Jugendliche formulierten, ist demnach nicht nur ein Gefühl, sondern eine verfassungs- und schulrechtliche Wirklichkeit. Die Beschränkung des Wirkungsfeldes der gewählten Interessenvertretung der Schüler*innen durch die Schulgesetze legitimiert allerdings keine Beschränkungen politischer Aktivitäten oder Positionierungen von Schüler*innen, die nicht für ein Amt gewählt wurden. Trotzdem zeigen die Praxis und auch die Schilderungen der für die vorliegende Untersuchung interviewten Schüler*innen, dass ihnen die Möglichkeit zur politischen Teilhabe im schulischen Umfeld immer wieder verwehrt wird. Dass es aber auch möglich ist, das Recht auf politisches Handeln im schulischen Kontext rechtlich zu verankern, zeigt das Fallbeispiel Niedersachsen. Hier ist mit dem § 86 „Schülergruppen" im niedersächsischen Schulgesetz das Recht für Schüler*innen formuliert, sich in Gruppen zu organisieren und für die durchaus allgemeinpolitischen Ziele einzustehen, die als Auftrag der Schule in § 2 des Schulgesetzes formuliert sind. Hier heißt es unter anderem, dass die Schüler*innen befähigt werden sollen: zur „Erhaltung der Umwelt" beizutragen, die „Grundrechte für sich und jeden anderen wirksam werden zu lassen" und „ihre Beziehungen zu anderen Menschen nach den Grundsätzen der Gerechtigkeit, der Solidarität und der Toleranz sowie der Gleichberechtigung der Geschlechter zu gestalten" (Schulgesetz Niedersachsen, § 2 Bildungsauftrag der Schule). Wollen sich Schüler*innen zur Erfüllung dieses Bildungsauftrages zusammenschließen, zum Beispiel eine Antirassismus-Arbeitsgemeinschaft gründen, „so gestattet ihnen die Schulleiterin oder der Schulleiter die Benutzung von Schulanlagen und Einrichtungen der Schule" (Schulgesetz Niedersachsen, § 86 Schülergruppen). Diese Verankerung eines rechtlichen Anspruchs auf politische Partizipation in der Schule ist vorbildhaft.

Abschließend bleibt festzustellen, dass (politische) Partizipationsmöglichkeiten von Schüler*innen sowohl in den Landesverfassungen als auch in den Schulgesetzen bis heute eingeschränkt sind. Die politische Bildung kann über verbandspolitische Arbeit daraufhin hinwirken, dass sich daran etwas ändert.

Damit Aktivitäten wie die derzeitige Initiative „Politische Bildung braucht Verfassungsrang" (DVPB Niedersachsen 2020; Kenner 2020a, 41) des Landesverbandes
Niedersachen der Deutschen Vereinigung für Politische Bildung (DVPB) nicht
nur eine symbolische Wirkung haben, ist auch eine Bewusstseinsänderung bei
Lehrkräften und Schulleitungen notwendig. Politische Selbstorganisation von
Schüler*innen darf nicht als Gefährdung des Schulfriedens verstanden werden,
unkonventionelle Partizipationsformen nicht als störend.

*In der Schule wurde mir immer nur beigebracht, dass Protest nicht nötig ist, weil wir
ja in der Demokratie leben und dass er andererseits nichts bringt, stressig ist, nervig
irgendwie. Dass dadurch vielleicht der Schulbetrieb gestört wird, irgendwie und dass
es unbequem ist. (FRANZISKA: 999-1004)*

Erfahrungen dieser Art muss Schule etwas entgegensetzen. Politische Aktionen
und reales politisches Handeln auch im Kontext der Schule sollten ermöglicht und
als wertvolle Bildungsgelegenheit verstanden werden. Damit das gelingen kann,
bedarf es aber mehr als nur rechtlicher Rahmenbedingungen. Politische Bildung
kann und darf nicht neutral sein (siehe Abschnitt 2.3.1.1 „Politische Aktion und
das vermeintliche ‚Neutralitätsgebot?'"). Schule und Unterricht können für Kinder
und Jugendliche wichtige Schutzräume für erste politische Handlungserfahrungen sein. So verweist SOPHIE darauf, dass sie bei ihrem rassismuskritischen
Engagement an der Schule weniger Angst vor Übergriffen hatte als im Kontext
außerschulischer politischer Aktionen:

*Aber das lag, glaube ich, auch an diesem Schulstatus, weil sonst bei anderen Aktionen,
erinnere ich mich, war das irgendwie anders. Zum Beispiel bei Solidaritätsaktionen
mit den Geflüchteten, wo teilweise nach irgendwelchen Nazi-Aufmärschen oder so,
dann 20 Nazis zu den Geflüchteten gelaufen sind und die Leute zusammenschlagen
wollten und wir da zu sechst standen und dachten: Okay, was machen wir jetzt? Aber
das ist einfach ein ganz anderes Kaliber als ein Konzert von so einer Schule, glaube
ich, das wird anders wahrgenommen. (KATJA: 364-375)*

Die Probleme der Gegenwart beschäftigen Kinder und Jugendliche. Immer mehr
junge Menschen wollen sich politisch positionieren und Einfluss nehmen. Wenn
Schule den Zugriff auf diese Menschen nicht verlieren will, wenn politische
Bildung die Erfahrungen in der politischen Aktion als wertvolle Lernanlässe aufgreifen will, muss Schule Freiräume schaffen, um sich mit diesen Themen auch
losgelöst von didaktischen Konzeptionen im Politikunterricht befassen zu können
und zugleich muss die formale politische Bildung die Bereitschaft zeigen, die
damit verbundenen Bildungserfahrungen im Unterrichtssettings aufzugreifen.

5.2   Nicht neutral, aber ... – Schule als politischen Lernort verstehen

Die Schule wird von Schüler*innen als ein „*Zweckverband zum Lernen*" (RONJA 213–213) wahrgenommen. Damit wird sie ihrem demokratischen Bildungsauftrag nicht gerecht. Gelingende emanzipative und partizipative politische Bildung als Didaktik sowie als Unterrichts- und Schulprinzip beruht auf einem angstfreien Bildungs*raum,* der es den Kindern und Jugendlichen ermöglicht, sich mit politischen Themen zu beschäftigen, Macht- und Herrschaftsverhältnisse zu analysieren, Fragen zu stellen, sich zu positionieren und – wenn gewollt – auch aktiv zu werden (Kenner 2018). Dieser Bildungs*raum* kann nur gemeinsam geschaffen werden, unter Einbeziehung aller beteiligten Akteur*innen, Schüler*innen, Lehrkräfte, dem pädagogischen und nicht-pädagogischen Personal sowie den Eltern. Er basiert auf wechselseitiger Zugewandtheit, Achtung und Respekt sowie Vertrauen und Zutrauen, aber auch auf dem Mut, Schüler*innen Gestaltungsmacht zu übertragen. Die vorliegende Untersuchung zeigt die Bedeutung dieses angstfreien Raumes. Vor allem Aussagen der Schüler*innen, die sich außerhalb der Schule selbstbestimmt politisch engagieren, lassen darauf schließen, dass sie die Schule nicht als einen solchen geschützten Raum erlebt haben.

Wenn Schule das Bildungsziel verfolgt, mündige Bürger*innen auf ihrem Weg zu begleiten, wenn der Auftrag schulischer Bildung auch darin bestehen soll, junge Menschen dazu zu befähigen, sich gesellschaftspolitischen Herausforderungen zu stellen und die Gesellschaft mitzugestalten, dann muss die Schule jenen, die schon in jungen Jahren die Bereitschaft zeigen, sich politisch zu engagieren, die Möglichkeit dazu bieten. LEA fasst diesen Wunsch wie folgt zusammen:

> *[M]an kann die Leute, die sich für Politik interessieren, lauter machen, indem man ihnen Gelegenheiten gibt, dass sie lauter werden können und dass sie sich selbst dazu entwickeln können, dass sie ihre Meinungen vertreten können. (LEA: 511-515)*

Es gilt, das Politische als gleichwertigen und wesentlichen Bestandteil unserer Demokratie, genauso wie Kunst, Kultur und Sport, im schulischen Schutzraum zu etablieren. Bislang scheinen aber Sport und Musik als freiwillige Betätigungsfelder für Schüler*innen insgesamt eine höhere Anerkennung zu erfahren. So empfindet es auch RONJA (1006–1007): „*Sport oder Musik wird viel mehr akzeptiert als politisches Engagement.*" Wie die Fußball-Arbeitsgemeinschaft als Teil des schulischen Alltags sollte auch eine Antirassismus-Arbeitsgemeinschaft selbstverständlicher Bestandteil einer Schule sein können. Dieses Selbstverständnis als politischer Sozialisationsraum kann möglicherweise auch dazu beitragen die Wir-Ihr-Konstruktionen politisch aktiver Schüler*innen (ausführlich Abschnitt 5.3.5.2) und damit verbundene Frustrationserfahrungen abzubauen. Dabei geht es nicht darum, dass Schüler*innen dazu angehalten werden, politisch aktiv zu sein, sondern darum, den interessierten Schüler*innen eine Infrastruktur zur Verfügung zu stellen und damit die Möglichkeit zu schaffen, sich politisch einzubringen. Auch LEA wünscht sich, dass sich mehr ihrer Mitschüler*innen politisch engagieren, aber sie ist entschieden dagegen, politisches Engagement als Zwang zu verordnen. *„Es sollte von den Leuten selber kommen."* (LEA: 495–498)

Grundlage für die Schule als Lernort der Demokratie (Kenner/Lange 2019) ist die Überzeugung aller Beteiligten, dass Schule die Selbstwirksamkeit der Kinder und Jugendlichen zu stärken hat. Eine hohe Selbstwirksamkeitseinschätzung ist Voraussetzung für eine gelingende Auseinandersetzung mit den Herausforderungen politischer und demokratischer Teilhabe. Für Schule als Lernort der Demokratie betont auch der Bildungswissenschaftler Wolfgang Edelstein, dass das psychologische Konstrukt der Selbstwirksamkeitsüberzeugung eine Voraussetzung für das Gelingen von Demokratisierungsprozessen in der Schule darstelle. Edelstein hebt hervor, dass die Überzeugung eigener Handlungsmächtigkeit „die Bereitschaft der Individuen zu einer Veränderung" (Edelstein 2002, 18) durch das Vertrauen in die eigenen Kompetenzen bestärke. Eine Stärkung des politischen Selbstwirksamkeitskonzeptes der Kinder und Jugendlichen ist demnach Voraussetzung für eine demokratische Schule, die sich zum Ziel setzt, politische Handlungskompetenzen ihrer Schüler*innen zu stärken. Darüber hinaus ist die Haltung aller beteiligten Akteur*innen maßgeblich. Eine demokratische Grundhaltung, Dialogbereitschaft sowie Offenheit und Respekt gegenüber den Wahrnehmungen und Sichtweisen anderer – das sind wesentliche Bestandteile persönlicher Demokratiekompetenz (Eikel 2007, 25 ff.). Dafür müssen sich die demokratische Schule und insbesondere die Lehrkräfte von einer defizitorientierten Perspektive auf Kinder und Jugendliche lösen und sich dem Phänomen des Adultismus (Ritz 2013) verwehren. Schüler*innen sollten nicht unterschätzt, sondern unabhängig von Alter und Schulform in Aushandlungs- und Entscheidungsprozesse eingebunden werden. Es kommt der Schulentwicklung zugute, wenn unter den Beteiligten eine hohe Sensibilität gegenüber Macht-, Diskriminierungs- und Herrschaftsstrukturen besteht, sowie undemokratische Abläufe und Verhaltensweisen hinterfragt werden (siehe hierzu auch: Eis/Lösch u. a. 2015). Neugier, Frustrationstoleranz und Geduld sind dabei wichtige Grundhaltungen.

Freiräume zur Beteiligung in der Schule müssen immer wieder neu geschaffen, eingefordert und entwickelt werden. Neben den oben bereits beschriebenen Teilhabebarrieren gehört die Tatsache, dass ein Großteil der Schüler*innen nur unzureichend über ihre Teilhaberechte informiert ist, zu den zentralen Problemen. So haben in Niedersachsen, wie bereits erwähnt, Schüler*innen das Recht, politische Gruppen an der Schule zu gründen, in Berlin können Schüler*innen Vollversammlung einberufen. Vor allem die Vollversammlungen als eine Partizipationsform, die nicht orientiert am Einüben repräsentativdemokratischer Strukturen ist, sondern basisdemokratisches Handeln erfahrbar machen kann, wird im Alltag allerdings kaum umgesetzt (Kenner/Lange 2019, 129).

Schutzraum und Erprobungsfeld für politisches Handeln kann Schule nur werden, wenn Lehrkräfte das politische Handeln von Schüler*innen fachlich und pädagogisch begleiten. Das bedeutet nicht, dass sie politische Arbeitsgemeinschaften initiieren sollen. Vielmehr könnten sie jene Schüler*innen bestärken, die Interesse an politischer Selbstorganisation in der Schule signalisieren, und sie in dem Prozess begleiten. Das würde sich auch RONJA für ihr politisches Engagement wünschen: *„[I]ch finde es schon auch hilfreich, wenn sie [die Lehrkräfte] dabeisitzen bei manchen Treffen einfach und ansprechbar sind."* (RONJA: 492–495)

Schule ist ein wichtiger Sozialisationsort für Kinder und Jugendliche. Die Schule kann schon allein aus diesem Grund kein politisch neutraler Ort sein (siehe hierzu Abschnitt 2.3.1.1), sondern muss viel mehr gesellschaftspolitische Kontroversen der Gegenwart aufgreifen. Politische Bildung muss im Unterricht, aber auch in der Schule insgesamt dazu beitragen, dass marginalisierte Positionen und die Perspektiven der Ausgeschlossenen (de Moll u. a. 2013; Eis 2019; Kleinschmidt u. a. 2019) sichtbar gemacht werden. Die politischen Arbeitsgemeinschaften, die für die vorliegende Studie begleitet wurden, machen sich genau das zur Aufgabe. Eine wertvolle Bildungsgelegenheit, die es zu begleiten und zu fördern gilt. Und trotzdem müssen auch die Grenzen dessen, was multiperspektivisch und kontrovers im Kontext selbstbestimmter politischer Partizipation von Schüler*innen in die Schule getragen wird, festgelegt werden. Das sollte gemeinsam mit den Schüler*innen geschehen. Eine Möglichkeit wäre es, im pädagogischen Leitbild der Schule festzuhalten, dass sich die Schüler*innen in Arbeitsgemeinschaften zum Zwecke der Erfüllung des schulischen Bildungsauftrages politisch organisieren dürfen. Damit sind vielfältige politische Themenfelder wie unter anderem Antirassismus, Umweltengagement und soziale Gerechtigkeit eröffnet. Gleichzeitig kann im pädagogischen Leitbild auch das Selbstverständnis der Schule formuliert werden und damit eine klare Abgrenzung von jeder Form gruppenbezogener Menschenfeindlichkeit. Damit wäre der Rahmen für mögliches politisches Handeln von Schüler*innen in der Institution Schule gesteckt.

Wer demokratische Einstellungen von Jugendlichen befördern will, muss […] ihr demokratisches Handeln fördern. Dem sollte (auch) die Schule Raum geben und sich als erster Ort der Demokratie verstehen. Die Schule der Demokratie ist dann eine politische Schule. (Hedtke 2015, 125)

Der Politikdidaktiker Bernd Overwien sieht ein besonders hohes Potenzial in den Lernräumen, „in denen sich formales und informelles Lernen treffen, in denen eigenständiges Lernen kulturell und sozial sensibel begleitet wird" (Overwien 2005, 352). Die Ermöglichung politischer Selbstorganisation der Schüler*innen in Verbindung mit einer pädagogischen Begleitung durch Lehrkräfte könnte ein möglicher Schritt dazu sein, diese Lernräume zu schaffen. Wenn das gelingt, bestehen beste Voraussetzungen für die Schule, nicht nur Lehranstalt, sondern auch Lernort der Demokratie zu sein.

5.3 Von der Befähigung zur Erfahrung[1]

Die Förderung der Handlungsfähigkeit ist weitgehend unbestritten eines der zentralen Ziele politischer Bildung und zugleich wohl das umstrittenste (Wohnig 2020b). Einigkeit besteht darin, dass alle Menschen durch politische Bildung dazu befähigt werden sollen, sich Informationen zu beschaffen, die Qualität von Quellen einzuordnen, gesellschaftspolitische Verhältnisse und Problemlagen zu analysieren und sich ein sachlich begründetes und wertgebundenes Urteil zu bilden. Weniger Einigkeit besteht darin, wie die politische Handlungsfähigkeit der Schüler*innen gestärkt werden kann.

Auf Grundlage der Erkenntnisse aus der vorliegenden empirischen Studie und der Rekonstruktion der Selbstbildungserfahrungen von Jugendlichen in selbstbestimmter politischer Aktion schlage ich vor Handlungsfähigkeit ins Zentrum pädagogischer und didaktischer Konzeptionen zu rücken und für die Schule auf drei Säulen aufzubauen. Die erste Säule beschreibt politisches Wissen über Entscheidungsprozesse und Handlungsstrategien sowie das kommunikative politische Handeln in didaktisierten und simulierten Lernsettings wie dem Talkshow-Format oder Planspielen (Petrik/Rappenglück 2017; Oberle/Leunig 2018). Sie helfen den Lernenden, sich in der Demokratie als Herrschaftsform zu orientieren und sich unabhängig von der eigenen Begeisterung für das jeweilige Themenfeld im politischen Argumentieren zu erproben. In der Politikdidaktik ist bis heute die Position etabliert, dass schulische politische Bildung über diese simulierten

---

[1] Teile der hier vorgeschlagenen Implikationen wurden in ähnlicher Form als Vorschlag zur Diskussion bereits in Kenner 2018 veröffentlicht und seither weiterentwickelt.

Formate kommunikativer politischer Handlungen nicht hinausgehen sollte (siehe Abschnitt 2.2.2.7 „Handlungs- und Konfliktfähigkeit" und 2.3.2 „Kontroverse: Partizipation als Ziel politischer Bildung?").

In den vergangenen Jahren mehren sich aber die Stimmen jener, die dieser Überzeugung etwas entgegensetzen wollen. Sie betonen dabei die Notwendigkeit des Blickes über den Tellerrand der politischen Bildung als Fachunterricht. Diese Perspektiverweiterung gelingt mithilfe der zweiten Säule: der demokratischen Schule. Wie von Vertreter*innen der Demokratiepädagogik (Beutel/Fauser 2007) gefordert, öffnet sich Schule als demokratischer Lernort im Nahbereich der Kinder und Jugendlichen, um Demokratie und Entscheidungsprozesse transparent und erfahrbar zu machen. Bezogen wird sich dabei vor allem auf die Überlegungen John Deweys zu „Demokratie und Erziehung" (Dewey 1964). Das gleichnamige Buch erschien erstmals 1916. Hier skizziert er unter anderem die Wechselbeziehung von Erfahrung und Denken (Dewey 1964, 186–202). Alle Akteur*innen werden durch verschiedene methodische Zugänge wie das Lernen in Projekten (Juchler 2013; Koopmann 2005; Reinhardt 2007) und strukturelle Veränderungen wie die Einführung eines Klassenrates (Student/Portmann 2007) eingebunden (Beutel/Rademacher 2018; Edler 2018). Da die Mitwirkung aller Schüler*innen bei neuen Formaten der demokratischen Schulentwicklung vorausgesetzt wird, kann das Prinzip der Freiwilligkeit nur bedingt greifen (Kenner 2016, 17 f.). Daher ist die zweite Säule eher als Erprobungsfeld für soziales und demokratisches Handeln zu verstehen.

Bis hierhin wird deutlich, dass sich Grundprinzipien der Politikdidaktik und der Demokratiepädagogik nicht widersprechen müssen, sondern vielmehr gegenseitig befruchtende Konzepte demokratiebildnerischer Arbeit sind, die (fächerübergreifenden und fächerverbindenden) Unterricht und das demokratische Schulprinzip zusammendenken (Kenner 2020b, 119 f.). Neben den beiden hier benannten Grundpfeilern (1) „Wissen über und Simulation von Entscheidungs- und Handlungsstrategien" sowie (2) „Erfahrbarmachung demokratischen Handelns im Nahraum der Schule" schaffte es die dritte Säule (3) „Ermöglichung von Selbstwirksamkeit durch selbstbestimmtes politisches Handeln" nur am Rande in den Blick politikdidaktischer Forschung. Bei dieser dritten von mir vorgeschlagenen Säule stehen selbstbestimmtes und selbstorganisiertes Engagement sowie politische Partizipation als Bildungserfahrung im Fokus. Die Schule kann als Ermöglichungsraum politischer Selbstwirksamkeitserfahrungen fungieren, wobei dabei stets Freiwilligkeit und das Recht auf Nicht-Partizipation als Grundvoraussetzung gelten müssen (Nonnenmacher 2010, 466 f.).

Die dritte Säule einer handlungsorientierten politischen Bildung berücksichtigt politische Partizipations- und Artikulationsformen, die weder angeleitet noch eingefordert werden, sondern intrinsisch motiviert entstehen. Beispiele dafür sind unter anderem Antirassismus-Arbeitsgemeinschaften oder umweltpolitische Schüler*inneninitiativen. Diese dritte Säule macht für Schüler*innen, basierend auf den von Frank Nonnenmacher festgelegten differenzierten Kriterien für politische Bildung in Aktionen (Nonnenmacher 2010, 466), Politik erfahrbar. Politik und Demokratie würden mit der dritten Säule handlungsorientierter politischer Bildung nicht länger nur als Schulfach oder Prinzip einer demokratischen Schule wahrgenommen werden, sondern real erfahrbar gemacht.

„Die in der schulischen politischen Bildung vorherrschende Vorstellung einer Vorratsbildung für politisches Handeln in der Zukunft muss wohl vom Kopf auf die Füße gestellt werden." (Hedtke 2015, 125) Das kann mit einer handlungsorientierten politischen Bildung gelingen, die kommunikatives politisches Handeln in simulierten Settings schult, Raum für ernst gemeinte demokratische Teilhabe schafft und politische Partizipation ermöglicht. Die Erfahrungen, die dann mit den demokratischen Teilhabemöglichkeiten oder im Zuge realer politischer Partizipation und Selbstorganisation gesammelt werden, könnten dann vom Unterricht wieder aufgegriffen und in didaktischen Settings reflektiert werden. So wie Hermann Giesecke (1971) bereits in den 1970er-Jahren und Frank Nonnenmacher (1984) in den 1980er-Jahren vorgeschlagen haben, kann politische Aktion und politische Selbstorganisation der Schüler*innen dann zu einer wertvollen Bildungserfahrung werden, wenn sie in der Schule dafür den Freiraum bekommen und Aktion sowie Reflexion in einer ständigen Wechselbeziehung zueinander stehen.

Einer handlungsorientierten politischen Bildung gelingt es, neben den grundlegenden Kompetenzen wie Konfliktfähigkeit, Analysekompetenz und Urteilsbildung sowie Erfahrbarmachung demokratischer Handlungsstrategien auch Freiräume für tatsächliche politische Teilhabe zu schaffen und diese fachlich und pädagogisch zu begleiten, Anerkennung und politische Selbstwirksamkeit erfahrbar zu machen und Frustrationen aufzuarbeiten.

Um eine handlungsorientierte Didaktik der politischen Bildung zu etablieren, die diesem Anspruch gerecht wird, bedarf es struktureller Veränderungen an Schulen. Politische Bildung muss dafür Leitprinzip der demokratischen Schule werden, und es bedarf eines Bindeglieds zwischen formalen und informellen Bildungserfahrungen sowie zwischen schulischer und außerschulischer Bildung (Grüning 2020, 186; Wohnig 2018a) (Abbildung 5.1).

Wenn Mündigkeit als Ziel von politischer Bildung und demokratischer Schule insgesamt postuliert wird, so muss neu darüber nachgedacht werden, welche Rolle Handlungskompetenz im Prozess der Mündigkeitsbildung junger Menschen einnimmt. Eine handlungsorientierte politische Bildung sollte, wie oben beschrieben,

Abbildung 5.1 Partizipative und emanzipatorische politische Bildung in der Schule (eigene Darstellung)

auf drei Säulen aufbauen, die auf dem Fundament eines breiten Fachwissens und den grundlegenden Kompetenzen politischer Bildung – Analysekompetenz und politischer Orientierung, Konfliktfähigkeit sowie Urteilsbildung und Kritik – stehen:

1. *Wissen über und Simulation von Entscheidungs- und Handlungsstrategien*
2. *Erfahrbarmachung demokratischen Handelns im Nahraum der Schule*
3. *Ermöglichung von Selbstwirksamkeit durch selbstbestimmtes politisches Handeln*

Alle drei Säulen zusammen ermöglichen es, soziale und politische Teilhabeprozesse zu verstehen und innerhalb der Schule als Schutzraum Erfahrungen im Sinne einer jungen und emanzipatorischen Zivilgesellschaft zu sammeln. Damit Schule tatsächlich als Schutzraum wirken kann, müssen die Kinder und Jugendlichen pädagogisch und fachlich begleitet werden.

Um handlungsorientierte politische Bildung als Schulprinzip zu implementieren, muss sich der Stellenwert dieser bildungspolitischen Aufgabe entsprechend des Bildungsauftrages der Schule auch in den strukturellen Gegebenheiten der Schule widerspiegeln. Es bedarf einer Koordinierung der verschiedenen politischen Bildungsgelegenheiten und Erfahrungsräume. Diese Koordinierung müsste nicht zwingend von Lehrkräften vorgenommen werden. Vielmehr sollte die Infrastruktur und die Voraussetzungen für einen Bottom-up-Prozess geschaffen werden.

Planspiele, Inselexperimente, Schüler*innenparlamente, Vollversammlungen, Klassenräte, politische Arbeitsgemeinschaften gegen Rassismus, Aktionstage gegen Sexismus und Homophobie, Flüchtlingskonferenzen, Unterschriftenaktionen gegen die neue Handyregelung an der Schule – all diese Partizipationsformate stehen beispielhaft für eine gelebte Demokratie und eine handlungsorientierte politische Bildung. Die vorliegende Studie bestätigt die von Andreas Eis formulierte These, dass sich kollektive politische Bildungsprozesse in Handlungssituationen vollziehen, „in denen nicht in einem top-down-Verfahren Scheinprobleme und pseudopartizipatorische Entscheidungs- und Lernanlässe vorgegeben werden, sondern die Subjekte auf eigene Handlungsproblematiken des gesellschaftlichen Zusammenlebens stoßen und ihre politische Selbst- und Weltverfügung lernend erweitern" (Eis 2014, 266). Dafür sollte die Schule als Ort politischer Sozialisation Freiräume schaffen.

Die Öffnung für reale politische Partizipationsprojekte kann an der Schule aber auch zu Kontroversen führen. Doch warum sollte ausgerechnet die Schule ein Ort sein, an dem gesellschaftliche Kontroversen nur – wenn überhaupt – künstlich, fiktiv und imaginär durch abstrakte Unterrichtskonzepte oder simuliertes politisches Handeln in Rollen- und Planspielen erfahrbar werden? Die Kontroverse und der politische Konflikt gehören zur Demokratie. Die für die vorliegende Studie interviewten Schüler*innen haben das erkannt.

Wenn eine handlungsorientierte politische Bildung in der Schule umgesetzt werden soll, müssen für alle Beteiligten die Grundsätze des Überwältigungsverbots und des Kontroversitätsgebots (Wehling 1977) gelten, ohne dass sie dabei wie ein Damoklesschwert über allen schweben (Kenner 2016, 17). Sie müssen als Orientierung und Leitplanken dienen, aber dürfen nicht als vorgeschobene Rechtfertigung einer instruktionsorientierten und institutionenkundlichen politischen Bildung dienen, der es an Mut fehlt, Politik und Demokratie in der Schule erfahrbar zu machen. Andreas Eis, Bettina Lösch, Achim Schröder und Gerd Steffens haben die Prinzipien der politischen Bildung, die im sogenannten „Beutelsbacher Konsens" formuliert sind, um wesentliche Aspekte erweitert und dies in der „Frankfurter Erklärung" zusammengetragen. Sie betonen dabei den Wert des individuellen und kollektiven Handelns für eine kritisch-emanzipatorische politische Bildung (Eis/Lösch u. a. 2015; Eis 2016). Die Prinzipien des „Beutelsbacher Konsenses" in Verbindung mit der „Frankfurter Erklärung" könnten eine differenzierte Grundlage für eine handlungsorientierte politische Bildung an Schulen sein und neben den etablierten Kompetenzfeldern der politischen Bildung vor allem auch die Fähigkeit zum kritisch-emanzipatorischen Denken, die Stärkung realer politischer Handlungsfähigkeit und damit verbunden auch die Befähigung zum Widerspruch und Widerstand in den Fokus rücken.

Ausblick – Emanzipatorische und partizipative politische Bildung

Aktuelle Untersuchungen zum politischen Interesse und zur Bereitschaft für politisches Engagement von Kindern und Jugendlichen (siehe Abschnitt 2.1.3.1 „Jugendstudien") zeigen, dass längst nicht mehr die Rede sein kann von einer politikverdrossenen Generation. Das politische Interesse steigt. Und besonders bemerkenswert ist, dass das politische Interesse von jungen Menschen heute vor allem auch gesellschaftspolitische Schlüsselprobleme in den Blick nimmt. Während sich Schüler*innen und Studierende in den Anfängen der 2000er-Jahre vor allem organisierten, um gegen die Bologna-Reformen oder die Einführung von Studiengebühren zu protestieren und damit Themen berücksichtigten, die ihre unmittelbare Lebensphase betroffen haben, so zeugen gegenwärtige internationale Jugendprotestbewegungen wie „Fridays for Future" und ihre Forderungen von einem Blick auf ganzheitliche gesellschaftspolitische Problemlagen. Wenngleich in den vergangenen zwei Jahren dabei der Fokus auf der Bewegung „Fridays for Future" und dem damit verbundenen Klimaprotest lag, so sei auch zu erwähnen, dass sich mit dem Erstarken der Migrationsbewegungen nach Europa ab 2015 eine Vielzahl von lokalen Jugendgruppen, rassismuskritischen Arbeitsgemeinschaften an Schulen und mit dem „Refugee Schul- und Unistreik" auch eine bundesweit organisierte rassismuskritische Jugendinitiative gründete. Darüber hinaus organisierten anlässlich des G20-Gipfels in Hamburg globalisierungskritische Jugendgruppen, die vor allem ausbeuterische Mechanismen des globalen Kapitalismus sowie Macht- und Herrschaftsverhältnisse kritisierten. Die Palette der politischen Themen, für die sich junge Menschen interessieren, ist vielfältig. Und sie sind bereit, sich für die Veränderungen bestehender Verhältnisse einzusetzen. Sie wählen dafür immer häufiger unkonventionelle Formen der politischen Partizipation. Sie organisieren sich selbstbestimmt in lokalen Bezugsgruppen und wählen Formen des politischen Protests, wie beispielsweise Demonstrationen und Kundgebungen bis hin zum zivilen Ungehorsam in Form

© Der/die Autor(en) 2021
S. Kenner, *Politische Bildung in Aktion*, Bürgerbewusstsein,
https://doi.org/10.1007/978-3-658-35412-1_6

von Blockaden sowie nicht genehmigten Demonstrationen, Platzbesetzungen und Streiks. Letzteres zeigte sich zuletzt besonders deutlich in Form der Bestreikung ihrer Bildungseinrichtungen, aber ihr Protest artikuliert sich auch in Form der Besetzung von Gebäuden und Wäldern oder Blockaden von Kohlekraftwerken. Junge Menschen bauen Baumhäuser, um – wie zuletzt im Hambacher Forst – die Rodung von Mischwäldern zu verhindern. Sie besetzen öffentliche Plätze und erkämpfen sich Freiräume, um ihre politischen Forderungen in die Öffentlichkeit zu transportieren. Teile der gegenwärtigen Jugend erobern sich den öffentlichen Raum.

Die politische Bildung steht heute mehr denn je vor einer Frage, die diese Disziplin seit ihrer Gründung beschäftigt: Wie halten wir es mit der politischen Aktion, mit dem Wunsch von Schüler*innen, sich aktiv in den politischen Diskurs einzubringen? Wenngleich diese Frage und die damit verbundenen Kontroversen in den vergangenen Jahrzehnten immer wieder diskutiert wurden (siehe Abschnitt 2.3.2), erfordern die neuesten Erkenntnisse über die Politisierung der jungen Generation, aber auch die Erkenntnisse aus explorativen Studien zu Engagement und Partizipation von Schüler*innen als Bildungsgelegenheit (u. a. Wohnig 2017, 2020a, 2020b), wie die vorliegende Studie zu den vielfältigen Bildungserfahrungen in der selbstbestimmten politischen Aktion die Bereitschaft unserer Disziplin, den Diskurs noch einmal zu intensivieren.

Die vorliegende Arbeit hat einen explorativen Charakter. Ihr Ziel war und ist es nicht, Antworten auf die Frage zu liefern, ob Schüler*innen grundsätzlich in der politischen Aktion politische Bildungserfahrungen sammeln. Die vorliegende Arbeit ist nicht angetrieben von dem Wunsch, der eng verbunden ist mit der outputorientierten Kompetenzdebatte, alles messen zu können und messbar zu machen, was nicht messbar zu sein scheint. Die Idee einer Systematisierung politischer Bildungsprozesse in politischen Aktionen durch Kompetenzmodelle diente für die vorliegende Studie als Gerüst, um die Selbstbildungserfahrungen der politisch aktiven Schüler*innen zu strukturieren. Im Vordergrund stand die Frage, mit welchen Bildungsgelegenheiten das Erleben von politischer Selbstorganisation und die Erfahrung in der politischen Aktion verbunden sein können und welche Rolle die schulische politische Bildung im Kontext dieser politischen Selbstbildungserfahrungen einnehmen könnte. Aus den Ergebnissen der explorativen Untersuchung lässt sich die These ableiten, dass selbstbestimmtes politisches Handeln von Kindern und Jugendlichen vielfältige und reflexive Bildungserfahrungen ermöglicht, die zugleich als wertvolle Lernanlässe für die formale politische Bildung dienen können.

Mit der vorliegenden Studie konnte exemplarisch aufgezeigt werden, wie vielfältig politische Selbstbildungsprozesse im Kontext politischer Aktionen von

Schüler*innen sein können und wie lohnenswert eine Berücksichtigung dieser Erfahrungen für die formale politische Bildung wäre. Die interviewten politisch aktiven Jugendlichen bilden sich politisch, indem sie ihre Fähigkeiten in der Informationsrecherche und -aufbereitung kontinuierlich verbessern, sie lernen Kritik an bestehenden Macht- und Herrschaftsverhältnissen zu üben, sie lernen am Beispiel realer Problemfelder sich selbst zu positionieren und sich für ihre eigenen Interessen, aber auch für die Interessen anderer einzusetzen. Außerdem setzen sie sich mit Frustrations- und Ohnmachtserfahrungen auseinander. Diese Fähigkeiten in Bezug auf reale politische Handlungsfähigkeit können ein wertvoller Schatz auch für die schulische politische Bildung sein. Die Analyse der Interviews, die Rekonstruktion der Bildungserfahrungen in der politischen Aktion, zeigt auch, dass die Schüler*innen ihren Politisierungsprozess, aber auch ihren Selbstbildungsprozess immer wieder reflektieren. Vor allem dieser Reflexionsprozess würde von einer professionellen fachdidaktischen und pädagogischen Begleitung profitieren.

Die Ergebnisse der vorliegenden Studie begründen die Forderung danach, dass sich die politische Bildung öffnet für die Erfahrungen und Bildungsgelegenheiten, die mit politischer Selbstorganisation verbunden sind. Dafür muss die Schule, aber insbesondere die politische Bildung den Mut aufbringen, Frei*räume* zu schaffen und neben simulierten politischen Handlungserfahrungen in (fächerverbindenden) Unterrichtskonzeptionen oder Projekten, auch reale Handlungserfahrungen zuzulassen. Die Schule als zentraler Sozialisationsort und Lernort der Demokratie (Kenner/Lange 2019; Ballhausen/Lange 2020) muss demokratischer und politischer werden. Mit den Ergebnissen der vorliegenden Studie lässt sich das von Reinholdt Hedtke (2020b) in seinem gleichnamigen Aufsatz formulierte Ziel „Politik machen statt Politik spielen. Plädoyer für eine *politische* politische Bildung in der Schule" empirisch begründen. Es braucht eine partizipatorische, emanzipatorische Praxis in der demokratischen Schule, die die Schüler*innen als „eine Dimension des selbstverständlichen Schulalltags erleben und erfahren können, dessen Teil sie sind und den sie durch ihr Tun und Denken reproduzieren und weiterentwickeln" (Hedtke 2020b, 144) können. Eine kritisch-emanzipatorische politische Bildung (Eis u. a. 2015) versteht Bildungsgelegenheiten auch als politische Erfahrungsräume und hält mit einem politisch-partizipativen Charakter den Entpolitisierungstendenzen im Bildungssystem (Eis 2019) etwas entgegen.

Formale politische Bildung wird mit der Ermöglichung von realen politischen Handlungserfahrungen nicht überflüssig. Im Gegenteil: Sie kann dadurch neue Lernfelder erschließen und authentische Bildungserfahrungen der Schüler*innen in didaktische Konzeptionen einbeziehen. Politische Bildung und die Schule insgesamt müssen sich dafür aber öffnen, um jenen Schüler*innen Erfahrungs*räume* politischer Selbstwirksamkeit zu schaffen, die aufgrund von sozioökonomischer

Benachteiligung und dem gesellschaftlichen Machtgefälle außerhalb der Schule an politischer Partizipation eher gehindert werden, und um den Zugang zu den politisch interessierten und aktiven Schüler*innen insgesamt nicht zu verlieren. Wenn sich die Schule diesem Prozess aber verweigert, wird eine einzigartige Chance verpasst, die Bildungserfahrungen einer sich politisierenden jungen Generation mit den Erkenntnissen aus über 60 Jahren Forschung der politischen Bildung zu verknüpfen.

Literatur

Achour, Sabine/Höppner, Anja/Jordan, Annemarie (2020): Zwischen status quo und state of the art. Politische Bildung und Demokratiebildung in Berlin, Berlin, Friedrich-Ebert-Stiftung.

Achour, Sabine/Gill, Thomas (2020): Back to the Roots: Politisches Handeln nicht nur als Ziel, sondern als Weg. In: Bade, Gesine/Henkel, Nicholas/Reef, Bernd (Hrsg.) Politische Bildung: vielfältig – kontrovers – global. Frankfurt/M., S. 21–35.

Adorno, Theodor W. (1971): Erziehung – wozu? In: Kadelbach, Gerd/Adorno, Theodor W./Becker, Hellmut (Hrsg.): Erziehung zur Mündigkeit. Vorträge und Gespräche mit Hellmut Becker 1959–1969. Frankfurt, S. 105–119.

Albert, Mathias/Hurrelmann, Klaus/Quenzel, Gudrun (Hrsg.) (2019): Jugend 2019. Eine Generation meldet sich zu Wort (Shell-Jugendstudie). Weinheim.

Alcántara, Sophia/Bach, Nicolas/Kuhn, Rainer/Ullrich, Peter (2016): Demokratietheorie und Partizipationspraxis. Analyse und Anwendungspotentiale deliberativer Verfahren. Wiesbaden.

Almond, Gabriel A./Verba, Sidney (1963): The civic culture. Political attitudes and democracy in five nations. Princeton, NJ.

Arendt, Hannah (2016): Vita activa oder Vom tätigen Leben. München.

Arendt, Hannah (2017): Ziviler Ungehorsam. In: Braune, Andreas (Hrsg.): Ziviler Ungehorsam. Texte von Thoreau bis Occupy. Ditzingen, S. 132–158.

Arnstein, Sherry R. (1969): A Ladder of Citizen Participation. In: Journal of the American Planning Association, 4/1969, S. 216–224.

Auernheimer, Georg/Doehlemann, Martin (1971): Mitbestimmung in der Schule. München.

Autorengruppe Fachdidaktik (Hrsg.) (2011): Konzepte der politischen Bildung. Eine Streitschrift. Bonn.

Autorengruppe Fachdidaktik (2016): Was ist gute politische Bildung? Leitfaden für den sozialwissenschaftlichen Unterricht. Schwalbach/Ts.

Ballhausen, Ulrich/Lange, Dirk (2020): Schule als Lernort der Demokratie. In: Pädagogische Führung. Zeitschrift für Schulleitung und Schulberatung, 31, 2/2020, S. 44–49.

Bandura, Albert (1977): Self-Efficacy: Toward a Unifying Theory of Behavioral Change. In: Psychological Review, S. 191–215.

Bandura, Albert (1999): Exercise of personal and collective efficacy in changing societies. In: ders. (Hrsg.): Self-efficacy in changing societies. Papers based on the proceedings

© Der/die Herausgeber bzw. der/die Autor(en) 2021
S. Kenner, *Politische Bildung in Aktion*, Bürgerbewusstsein,
https://doi.org/10.1007/978-3-658-35412-1

of the third annual conference held Nov. 4–6, 1993, at the Johann Jacobs Foundation Communication Center, Marbach Castle. Cambridge, S. 1–45.

Barnes, Samuel Henry/Kaase, Max (Hrsg.) (1979): Political Action: Mass Participation in Five Western Democracies. Beverly Hills.

Bauer, Christoph (2013): Das mündige Subjekt. Zur Aktualität und Notwendigkeit einer kritischen politischen Bildung. In: Widmaier, Benedikt/Overwien, Bernd (Hrsg.): Was heißt heute kritische politische Bildung? Schwalbach/Ts., S. 26–34.

Behrmann, Günter C./Grammes, Tilman/Reinhardt, Sibylle/Hampe, Peter (2004): Politik: Kerncurriculum Sozialwissenschaften in der gymnasialen Oberstufe. In: Tenorth, Heinz-Elmar (Hrsg.): Kerncurriculum Oberstufe. Expertisen. Weinheim, S. 322–406.

Betz, Tanja/Gaiser, Wolfgang/Pluto, Liane (2010): Partizipation von Kindern und Jugendlichen. Diskussionsstränge, Argumentationslinien, Perspektiven. In: Betz, Tanja (Hrsg.): Partizipation von Kindern und Jugendlichen. Forschungsergebnisse, Bewertungen, Handlungsmöglichkeiten. Bonn, S. 11–31.

Beutel, Wolfgang/Fauser, Peter (Hrsg.) (2007): Demokratiepädagogik. Lernen für die Zivilgesellschaft. Schwalbach/Ts.

Beutel, Wolfgang/Rademacher, Helmolt (2018): Demokratische Schulentwicklung. In: Kenner, Steve/Lange, Dirk (Hrsg.): Citizenship Education. Konzepte, Anregungen und Ideen zur Demokratiebildung. Frankfurt/M., S. 101–114.

Biedermann, Horst (2006): Junge Menschen an der Schwelle politischer Mündigkeit. Partizipation: Patentrezept politischer Identitätsfindung? Münster.

Bohnsack, Ralf (2014): Rekonstruktive Sozialforschung. Einführung in qualitative Methoden. Opladen.

Breit, Gotthard (1999): Perspektivenwechsel. In: Mickel, Wolfgang W. (Hrsg.): Handbuch zur politischen Bildung. Bonn, S. 384–388.

Breit, Gotthard/Massing, Peter (Hrsg.) (2002): Die Rückkehr des Bürgers in die politische Bildung. Schwalbach/Ts.

Bremer, Helmut/Trumann, Jana (2013): Der „subversive" Charakter kritischer politischer Bildung. In: Widmaier, Benedikt/Overwien, Bernd (Hrsg.): Was heißt heute kritische politische Bildung? Schwalbach/Ts., S. 44–50.

Breuer, Stefan (2018): Wie politisch dürfen Lehrerinnen und Lehrer sein? (Stand v. 4.10.2020). https://deutsches-schulportal.de/expertenstimmen/wie-politisch-duerfen-lehrerinnen-und-lehrer-sein/

Brunold, Andreas (2017): Politische Partizipation als Element der Demokratietheorie in Politikwissenschaft und Politikdidaktik. In: Oberle, Monika/Weißeno, Georg (Hrsg.): Politikwissenschaft und Politikdidaktik. Theorie und Empirie. Wiesbaden, S. 139–151.

Burdewick, Ingrid (2003): Jugend, Politik, Anerkennung. Eine qualitative empirische Studie zur politischen Partizipation 11- bis 18-Jähriger. Bonn.

Cremer, Hendrik (2019): Das Neutralitätsgebot in der Bildung. Neutral gegenüber rassistischen und rechtsextremen Positionen von Parteien? Deutsches Institut für Menschenrechte. Berlin.

Crouch, Colin (2015): Postdemokratie. Frankfurt am Main.

Deci, Edward L./Ryan, Richard M. (1993): Die Selbstbestimmungstheorie der Motivation und ihre Bedeutung für die Pädagogik. In: Zeitschrift für Pädagogik, 2/1993, S. 223–238.

Detjen, Joachim (2000): Bürgerleitbilder in der Politischen Bildung. In: Politische Bildung, 4/2000, S. 19–38.

Detjen, Joachim (2007): Politische Urteilskompetenz. In: Weisseno, Georg (Hrsg.): Wörterbuch politische Bildung. Schwalbach, Ts., S. 399–408.

Detjen, Joachim (2012): Das Handeln in der politikdidaktischen Theoriebildung. In: Weißeno, Georg/Buchstein, Hubertus (Hrsg.): Politisch Handeln. Modelle, Möglichkeiten, Kompetenzen. Opladen, S. 226–241.

Detjen, Joachim (2015): Bildungsaufgabe und Schulfach. Bonn (Stand v. 4.10.2020). http://www.bpb.de/gesellschaft/bildung/politische-bildung/193595/

Detjen, Joachim (2017): Bürgerleitbild. In: Lange, Dirk/Reinhardt, Volker (Hrsg.): Konzeptionen, Strategien und Inhaltsfelder Politscher Bildung. Baltmannsweiler, S. 286–296.

Detjen, Joachim/Massing, Peter/Richter, Dagmar/Weißeno, Georg (2012): Politikkompetenz. Ein Modell. Wiesbaden.

Dewey, John (1964): Demokratie und Erziehung. Eine Einleitung in die philosophische Pädagogik. Braunschweig.

Dresing, Thorsten/Pehl, Thorsten (2010): Transkription. In: Mey, Günther/Mruck, Katja (Hrsg.): Handbuch qualitative Forschung in der Psychologie. Wiesbaden, S. 723–733.

Dresing, Thorsten/Pehl, Thorsten (2018): Praxisbuch Interview, Transkription & Analyse. Anleitung und Regelsystem für qualitativ Forschende. Marburg (Stand v. 19.4.2018). http://www.audiotranskription.de/download/praxisbuch_transkription.pdf

DVPB/DVPW-SEKTION/GPJE (2018): Gemeinsame Stellungnahme von GPJE, DVPB und DVPW-Sektion zur AfD-Meldeplattform „Neutrale Schulen" (Stand v. 4.10.2020). http://dvpb.de/wp-content/uploads/2018/10/Stellungnahme-GPJE_DVPB_DVPW-Sektion.pdf

DVPB Landesverband Niedersachsen (2020): Politische Bildung braucht Verfassungsrang in Niedersachsen. Hannover (Stand v. 5.10.2020). https://www.dvpb-nds.de/images/2020/PolBildung_Landesverfassung.pdf

Edelstein, Wolfgang (2002): Selbstwirksamkeit, Innovation und Schulreform. Zur Diagnose der Situation. In: Jerusalem, Matthias/Hopf, Diether (Hrsg.): Selbstwirksamkeit und Motivationsprozesse in Bildungsinstitutionen (Beiheft Zeitschrift für Pädagogik; Bd. 44). Weinheim und Basel, S. 13–27.

Edler, Kurt (2018): Zivilgesellschaftlicher und demokratischer Auftrag von Schule. In: Kenner, Steve/Lange, Dirk (Hrsg.): Citizenship Education. Konzepte, Anregungen und Ideen zur Demokratiebildung. Frankfurt/M., S. 89–100.

Eikel, Angelika (2007): Demokratische Partizipation in der Schule. In: Eikel, Angelika/Haan, Gerhard de (Hrsg.): Demokratische Partizipation in der Schule. Ermöglichen, fördern, umsetzen. Schwalbach/Ts., S. 7–41.

Eis, Andreas (2014): Sind Demokratien lernfähig? Partizipationskulturen als kollektive Lernprozesse im kooperativen Wettbewerbsstaat. In: Eis, Andreas/Salomon, David (Hrsg.): Gesellschaftliche Umbrüche gestalten. Transformationen in der Politischen Bildung. Schwalbach, S. 253–268.

Eis, Andreas (2016): Vom Beutelsbacher Konsens zur „Frankfurter Erklärung: Für eine kritisch-emanzipatorische Politische Bildung"? In: Widmaier, Benedikt/Zorn, Peter (Hrsg.): Brauchen wir den Beutelsbacher Konsens? Eine Debatte der politischen Bildung. Bonn, S. 131–139.

Eis, Andreas (2019): Polarisierung der Gesellschaft – Entpolitisierung schulischer Politischer Bildung? In: POLIS, 3/2019, S. 7–10.

Eis, Andreas/Lösch, Bettina/Schröder, Achim/Steffens, Gerd (2015): FRANKFURTER ERKLÄRUNG. Für eine kritisch-emanzipatorische Politische Bildung. Frankfurt (Stand v. 4.10.2020). https://sozarb.h-da.de/politische-jugendbildung/frankfurter-erklaerung

Eis, Andreas/Rößler, Sven/Salomon, David/Wohnig, Alexander (2015): Mythos Mündigkeit? (Pseudo)Partizipation und (liberale) Demokratie in der Politischen Bildung. In: Harles, Lothar/Lange, Dirk (Hrsg.): Zeitalter der Partizipation. Paradigmenwechsel in Politik und politischer Bildung?. Schwalbach/Ts., S. 150–157.

Enquete-Kommission „Zukunft des Bürgerschaftlichen Engagements" Deutscher Bundestag (2002): Bericht Bürgerschaftliches Engagement: auf dem Weg in eine zukunftsfähige Bürgergesellschaft. Wiesbaden.

Europäische Kommission (2001): Mitteilung der Kommission: Einen europäischen Raum des Lebenslangen Lernens schaffen. Brüssel (Stand v. 15.5.2020). https://eur-lex.europa.eu/LexUriServ/LexUriServ.do?uri=COM:2001:0678:FIN:DE:PDF

Feierabend, Sabine/Rathgeb, Thomas/Reutter, Theresa (2018): Jugend, Information, Medien. Ergebnisse der JIM-Studie 2018. In: Media Perspektiven, 12/2018, S. 587–600.

Fischer, Sebastian/Fischer, Florian/Kleinschmidt, Malte/Lange, Dirk (2016): Globalisierung und Politische Bildung. Eine didaktische Untersuchung zur Wahrnehmung und Bewertung der Globalisierung. Wiesbaden.

Fischer, Sebastian/Lange, Dirk (2014): Qualitative empirische Forschung zur politischen Bildung. In: Sander, Wolfgang (Hrsg.): Handbuch politische Bildung (Reihe Politik und Bildung; Bd. 69). Schwalbach/Ts., S. 90–101.

Flick, Uwe (2019): Qualitative Sozialforschung. Eine Einführung. Reinbek bei Hamburg.

Flügel-Martinsen, Oliver (2016): Konsenskritik und Dissensdemokratie. In: Friedrichs, Werner/Lange, Dirk (Hrsg.): Demokratiepolitik. Vermessungen – Anwendungen – Probleme – Perspektiven. Wiesbaden, S. 11–24.

Fuchs, Dieter (2000): Demokratie und Beteiligung in der modernen Gesellschaft: einige demokratietheoretische Überlegungen. In: Niedermayer, Oskar/Westle, Bettina (Hrsg.): Demokratie und Partizipation. Wiesbaden, S. 250–280.

Gaiser, Wolfgang/Hanke, Stefanie/Ott, Kerstin (Hrsg.) (2016): Jung – politisch – aktiv?! Politische Einstellungen und politisches Engagement junger Menschen: Ergebnisse der FES-Jugendstudie 2015. Bonn.

Gaiser, Wolfgang/Rijke, Johann de (2016): Jugend und politische Partizipation heute. In: Gaiser, Wolfgang/Hanke, Stefanie/Ott, Kerstin (Hrsg.): Jung – politisch – aktiv?! Politische Einstellungen und politisches Engagement junger Menschen: Ergebnisse der FES-Jugendstudie 2015. Bonn, S. 50–71.

Gernert, Wolfgang (1993): Jugendhilfe. Einführung in die sozialpädagogische Praxis. München.

Giesecke, Hermann (1971): Didaktische Probleme des Lernens im Rahmen von politischen Aktionen. In: Giesecke, Hermann/Baacke, Dieter/Glaser, Hermann/Ebert, Theodor/Jochheim, Gernot/Brückner, Peter (Hrsg.): Politische Aktion und politisches Lernen. München, S. 11–46.

Giesecke, Hermann (1979): Didaktik der politischen Bildung. München.

Giesecke, Hermann/Baacke, Dieter/Glaser, Hermann/Ebert, Theodor/Jochheim, Gernot/Brückner, Peter (Hrsg.) (1971): Politische Aktion und politisches Lernen. München.

Gille, Martina (2006): Jugendliche und junge Erwachsene in Deutschland. Lebensverhältnisse, Werte und gesellschaftliche Beteiligung 12- bis 29-Jähriger. Wiesbaden.

Gökbudak, Mahir/Hedtke, Reinhold (2020): 3. Ranking Politische Bildung. Politische Bildung an allgemeinbildenden Schulen der Sekundarstufe I im Bundesländervergleich 2019. Bielefeld (Stand v. 5.10.2020). https://www.pedocs.de/volltexte/2020/19456/pdf/Goekbu dak_Hedtke_2020_Ranking_Politische_Bildung_2019.pdf

Goll, Thomas/Richter, Dagmar/Weißeno, Georg/Eck, Valentin (2010): Politisches Wissen zur Demokratie von Schüler/-innen mit und ohne Migrationshintergrund (POWIS-Studie). In: Weißeno, Georg (Hrsg.): Bürgerrolle heute. Migrationshintergrund und politisches Lernen. Bonn, S. 21–49.

GPJE (2004): Anforderungen an nationale Bildungsstandards für den Fachunterricht in der Politischen Bildung an Schulen. Ein Entwurf. Schwalbach/Ts.

Grammes, Tilman (2020): Kritik. In: Achour, Sabine/Busch, Matthias/Massing, Peter (Hrsg.): Wörterbuch Politikunterricht, S. 134–137.

Greco, Sara Alfia/Lange, Dirk (Hrsg.) (2017): Emanzipation. Zum Konzept der Mündigkeit in der politischen Bildung. Schwalbach/Ts.

Grohe, Hannah (2016): Junge Frauen und die Politik – Erkenntnisse zur Geschlechter(un)gleichheit in politischer Partizipation. In: Gaiser, Wolfgang/Hanke, Stefanie/Ott, Kerstin (Hrsg.): Jung – politisch – aktiv?! Politische Einstellungen und politisches Engagement junger Menschen: Ergebnisse der FES-Jugendstudie 2015. Bonn, S. 72–92.

Grüning, Maria (2020): Wann, wenn nicht jetzt!? Kooperation in der außerschulischen und schulischen politischen Bildung. In: Eis, Andreas/Bade, Gesine/Albrecht, Achim/Jakubczyk, Uwe/Overwien, Bernd (Hrsg.): Jetzt erst recht: politische Bildung! Bestandsaufnahme und bildungspolitische Forderungen. Frankfurt/M., S. 179–187.

Haarmann, Moritz Peter/Kenner, Steve/Lange, Dirk (2020): Demokratie, Demokratisierung und das Demokratische. Zugänge im Feld der Politischen Bildung. Eine Hinführung. In: dies. (Hrsg.): Demokratie, Demokratisierung und das Demokratische. Zugänge im Feld der Politischen Bildung. Wiesbaden.

Haarmann, Moritz Peter/Lange, Dirk (2009): Die Demokratiemaschine. Ein Weg zur Erhebung von Schülervorstellungen. In: POLIS, 03/2009, S. 21–24.

Haarmann, Moritz Peter (2020): Partizipation. In: Achour, Sabine/Busch, Matthias/Massing, Peter (Hrsg.): Wörterbuch Politikunterricht, Frankfurt/M., S. 158–161.

Habermas, Jürgen (1997): Faktizität und Geltung. Beiträge zur Diskurstheorie des Rechts und des demokratischen Rechtsstaats. Frankfurt am Main.

Habermas, Jürgen (2017): Ziviler Ungehorsam – Testfall für den demokratischen Rechtsstaat. Wider den autoritären Legalismus in der Bundesrepublik. In: Braune, Andreas (Hrsg.): Ziviler Ungehorsam. Texte von Thoreau bis Occupy. Ditzingen.

Hadjar, Andreas/Becker, Rolf (2007): Unkonventionelle politische Partizipation im Zeitverlauf. Hat die Bildungsexpansion zu einer politischen Mobilisierung beigetragen? In: Kölner Zeitschrift für Soziologie und Sozialpsychologie, 3/2007, S. 410–439.

Hameister, Ilka Maria/May, Michael (2020): Zahnlose Tiger? Rahmenbedingungen und Handlungsoptionen von Schülervertretungen im Bundesvergleich. In: GWP – Gesellschaft. Wirtschaft. Politik, 4–2020, S. 523–535.

Hameister, Ilka Maria/May, Michael (2021): Schülervertretungen im Bundesvergleich. Ein Blick auf die rechtlichen Rahmenbedingungen für Schuldemokratie. In: Franzmann, Elisabeth/Berkemeyer, Nils/May, Michael (Hrsg.): Wie viel Verfassung braucht der Lehrberuf?. Weinheim/Basel, S. 96–113.

Harles, Lothar/Lange, Dirk (Hrsg.) (2015): Zeitalter der Partizipation. Paradigmenwechsel in Politik und politischer Bildung? Schwalbach/Ts.

Hart, Roger A. (1992): Children's participation: from tokenism to citizenship (Innocenti Essays; Bd. 4). Florence.

Haunss, Sebastian (2016): Unrest or Social Movement? Some Cenceptual Clarifications. In: Andresen, Knud/van der Stehen, Bart (Hrsg.): A European Youth Revolt. European Perspectives on Youth Protest and Social Movements in the 1980s. London/New York, S. 25–38.

Haus, Michael (2011): Entpolitisierte Zivilgesellschaft? Engagement und politische Partizipation. In: Widmaier, Benedikt/Nonnenmacher, Frank (Hrsg.): Partizipation als Bildungsziel. Politische Aktion in der politischen Bildung. Schwalbach/Ts., S. 17–30.

Hedtke, Reinhold (2015): Die Schule als Ort politischen Handelns. In: Harles, Lothar/Lange, Dirk (Hrsg.): Zeitalter der Partizipation. Paradigmenwechsel in Politik und politischer Bildung? Schwalbach/Ts., S. 118–128.

Hedtke, Reinhold (2020a): Interessen- statt Urteilsbildung? Ungleichheit, Partizipation und politische Bildung. In: Szukala, Andrea/Oeftering, Tonio (Hrsg.): Protest und Partizipation. Fachwissenschaftliche und fachdidaktische Perspektiven. Baden-Baden, S. 69–84.

Hedtke, Reinhold (2020b): Politik machen, statt Politik spielen. Plädoyer für eine *politische* politische Bildung in der Schule. In: Haarmann, Moritz Peter/Kenner, Steve/Lange, Dirk (Hrsg.): Demokratie, Demokratisierung und das Demokratische. Zugänge im Feld der Politischen Bildung. Wiesbaden, S. 139–154.

Heidemeyer, Sven/Lange, Dirk (2010): Wie sich Schülerinnen und Schüler Demokratie vorstellen. Zur didaktischen Rekonstruktion von Politikbewusstsein. In: Lange, Dirk/Himmelmann, Gerhard (Hrsg.): Demokratiedidaktik. Impulse für die Politische Bildung. Wiesbaden, S. 221–240.

Helfferich, Cornelia (2011): Die Qualität qualitativer Daten. Manual für die Durchführung qualitativer Interviews. Wiesbaden.

Helfferich, Cornelia (2012): Einleitung: Von roten Heringen, Gräben und Brücken. Versuche einer Kartierung von Agency-Konzepten. In: Niermann, Debora (Hrsg.): Agency. Qualitative Rekonstruktionen und gesellschaftstheoretische Bezüge von Handlungsmächtigkeit. Weinheim, S. 9–39.

Helsper, Werner/Krüger, Heinz-Hermann/Fritzsche, Sylke/Sandring, Sabine/Wiezorek, Christine/Böhm-Kasper, Oliver/Pfaff, Nicolle (2006): Unpolitische Jugend? Eine Studie zum Verhältnis von Schule, Anerkennung und Politik. Wiesbaden.

Henkenborg, Peter (2005): Demokratie-Lemen – eine Chance für die politische Bildung. In: Himmelmann, Gerhard/Lange, Dirk (Hrsg.): Demokratiekompetenz. Beiträge aus Politikwissenschaft, Pädagogik und politischer Bildung. Wiesbaden, S. 299–316.

Henkenborg, Peter (2008): Kategoriale Bildung und kompetenzorientierte politische Bildung. In: Weißeno, Georg (Hrsg.): Politikkompetenz. Was Unterricht zu leisten hat. Bonn, S. 213–230.

Henkenborg, Peter (2011): Wissen in der politischen Bildung – Positionen der Politikdidaktik. In: Autorengruppe Fachdidaktik (Hrsg.): Konzepte der politischen Bildung. Eine Streitschrift. Bonn, S. 111–132.

Henkenborg, Peter (2014): Politische Bildung als Schulprinzip. In: Sander, Wolfgang (Hrsg.): Handbuch politische Bildung. Schwalbach/Ts., S. 212–221.

Henkenborg, Peter/Krieger, Anett (2005): Deutungslernen in der politischen Bildung – Prinzipien didaktischer Inszenierungen. In: kursiv. Journal für politische Bildung, 1/2005, S. 30–42.

Herdegen, Peter (2017): Das Politische als Konflikt. In: Lange, Dirk/Reinhardt, Volker (Hrsg.): Konzeptionen, Strategien und Inhaltsfelder Politscher Bildung. Baltmannsweiler, S. 131–139.

Herkenrath, Mark (2011): Die Globalisierung der sozialen Bewegungen. Transnationale Zivilgesellschaft und die Suche nach einer gerechten Weltordnung. Wiesbaden.

Hillebrand, Katrin/Zenner, Kristina/Schmidt, Tobias/Kühnel, Wolfgang/Willems, Helmut (2015): Politisches Engagement und Selbstverständnis linksaffiner Jugendlicher. Wiesbaden.

Himmelmann, Gerhard (2005): Was ist Demokratiekompetenz? Ein Vergleich von Kompetenzmodellen unter Berücksichtigung internationaler Ansätze. Berlin. (Stand v. 4.10.2020). https://www.pedocs.de/volltexte/2008/257/pdf/Himmelmann2.pdf

Himmelmann, Gerhard (2007): Demokratie Lernen. Als Lebens-, Gesellschafts- und Herrschaftsform; ein Lehr- und Studienbuch. Schwalbach/Ts.

Himmelmann, Gerhard (2013): Herrschaftsformen – Gesellschaftsformen – Lebensformen: Demokratie als Hauptbezugspunkt politischer Bildung. In: Hufer, Klaus-Peter (Hrsg.): Wissen und Können. Wege zum professionellen Handeln in der politischen Bildung. Schwalbach/Ts., S. 109–111.

Himmelmann, Gerhard (2016): Demokratie lernen. Als Lebens-, Gesellschafts- und Herrschaftsform. Ein Lehr- und Arbeitsbuch. Schwalbach/Ts.

Himmelmann, Gerhard (2017): Politische Pädagogik, Pragmatismus und Demokratie. In: Lange, Dirk/Reinhardt, Volker (Hrsg.): Konzeptionen, Strategien und Inhaltsfelder Politscher Bildung. Baltmannsweiler, S. 103–112.

Himmelmann, Gerhard (2018): Demokratie als Gesellschaftsform – Politische Bildung und Zivilgesellschaft. In: Kenner, Steve/Lange, Dirk (Hrsg.): Citizenship Education. Konzepte, Anregungen und Ideen zur Demokratiebildung. Frankfurt/M., S. 26–37.

Holzkamp, Klaus (1995): Lernen. Subjektwissenschaftliche Grundlegung. Frankfurt/M.

Honneth, Axel (1994): Kampf um Anerkennung. Zur moralischen Grammatik sozialer Konflikte. Frankfurt/M.

Hoskins, Bryony (2013): What Does Democracy Need from Its Citizens? In: Print, Murray/Lange, Dirk (Hrsg.): Civic education and competences for engaging citizens in democracies. Rotterdam, S. 23–36.

Hufer, Klaus-Peter (2011): Politische Bildung und politische Aktion. Rekonstruktion der Kontroversen und der Konsequenzen seit den 60er-Jahren. In: Widmaier, Benedikt/Nonnenmacher, Frank (Hrsg.): Partizipation als Bildungsziel. Politische Aktion in der politischen Bildung. Schwalbach/Ts., S. 67–81.

Hufer, Klaus-Peter (2013a): Der Beutelsbacher Konsens. In: ders. (Hrsg.): Wissen und Können. Wege zum professionellen Handeln in der politischen Bildung. Schwalbach/Ts., S. 59–64.

Hufer, Klaus-Peter (2013b): Lernen, reflektiert zu handeln: Zur Bedeutung und zum Problem der Handlungsorientierung in der politischen Bildung. In: ders. (Hrsg.): Wissen und Können. Wege zum professionellen Handeln in der politischen Bildung. Schwalbach/Ts., S. 145–150.

Hufer, Klaus-Peter (2017): Weiter aktuell: Emanzipation in der politischen Bildung. In: Greco, Sara Alfia/Lange, Dirk (Hrsg.): Emanzipation. Zum Konzept der Mündigkeit in der politischen Bildung (Politik und Bildung). Schwalbach/Ts., S. 14–21.

Hurrelmann, Klaus/Albrecht, Erik (2020): Generation Greta. Was sie denkt, wie sie fühlt und warum das Klima erst der Anfang ist. Weinheim.

Isin, Engin F. (2008): Theorizing. Acts of Citizenship. In: Isin, Engin Fahri/Nielsen, Greg Marc (Hrsg.): Acts of Citizenship. London, S. 15–43.

Isin, Engin F. (2009): Citizenship in flux: The figure of the activist citizen. In: Subjectivity, 1/2009, S. 367–388.

Isin, Engin Fahri/Nielsen, Greg Marc (Hrsg.) (2008a): Acts of citizenship. London.

Isin, Engin Fahri/Nielsen, Greg Marc (2008b): Introduction. Acts of Citizenship. In: dies. (Hrsg.): Acts of citizenship. London, S. 1–12.

Jagusch, Birgit/Chehata, Yasmine (Hrsg.) (2020): Empowerment und Powersharing. Ankerpunkte – Positionierungen – Arenen. Weinheim.

Juchler, Ingo (Hrsg.) (2013): Projekte in der politischen Bildung (Schriftenreihe / Bundeszentrale für Politische Bildung; Bd. 1363). Bonn.

Juchler, Ingo (2020): Urteilskompetenz. In: Achour, Sabine/Busch, Matthias/Massing, Peter (Hrsg.): Wörterbuch Politikunterricht, Frankfurt/M., S. 232–235.

Junge, Torsten (2016): Demokratiepolitische Effekte des Bedingungsgefüges von Wissen und Partizipation. In: Friedrichs, Werner/Lange, Dirk (Hrsg.): Demokratiepolitik. Vermessungen – Anwendungen – Probleme – Perspektiven. Wiesbaden, S. 181–205.

Kaase, Max (1992): Vergleichende Politische Partizipationsforschung. In: Berg-Schlosser, Dirk/Müller-Rommel, Ferdinand (Hrsg.): Vergleichende Politikwissenschaft. Ein einführendes Studienhandbuch. Opladen, S. 145–160.

Kaase, Max/Marsh, Alan (1979): POLITICAL ACTION: A Theoretical Perspective. In: Barnes, Samuel Henry/Kaase, Max (Hrsg.): Political action. Mass participation in five western democracies. Beverly Hills, S. 27–56.

Kant, Immanuel (1784): Beantwortung der Frage: Was ist Aufklärung? In: Berlinische Monatsschrift, 1784, S. 481–494.

Kattmann, Ulrich (2007): Didaktische Rekonstruktion – eine praktische Theorie. In: Krüger, Dirk (Hrsg.): Theorien in der biologiedidaktischen Forschung. Ein Handbuch für Lehramtsstudenten und Doktoranden. Berlin, S. 93–104.

Kenner, Steve (2016): Aktion statt Resignation. Den aktuellen gesellschaftspolitischen Herausforderungen mit politischer Bildung begegnen. In: POLIS, 2/2016, S. 16–18.

Kenner, Steve (2018): Handlungskompetenz: die größte Herausforderung der Demokratiebildung? In: Kenner, Steve/Lange, Dirk (Hrsg.): Citizenship Education. Konzepte, Anregungen und Ideen zur Demokratiebildung. Frankfurt/M., S. 244–254.

Kenner, Steve (2019): Freiräume für politische Teilhabe schaffen. Wie Partizipationsprozesse durch zeitgemäße Demokratiebildung gefördert werden. (Stand v. 4.10.2020). https://www.openion.de/themenportal/beitrag/freiraeume-fuer-politische-teilhabe-schaffen/

Kenner, Steve (2020a): Politische Bildung – Bildungsaufgabe mit Verfassungsrang? In: Haarmann, Moritz Peter/Kenner, Steve/Lange, Dirk (Hrsg.): Demokratie, Demokratisierung und das Demokratische. Aufgaben und Zugänge der Politischen Bildung. Wiesbaden, S. 31–48.

Kenner, Steve (2020b): Politische Bildung. Citizenship Education in Germany from marginalization to new challenges. In: Journal of Social Science Education, 19, 1/2020, S. 118–135.

Kenner, Steve/Lange, Dirk (2019): Schule als Lernort der Demokratie. In: Zeitschrift für Pädagogik und Theologie, 2/2019, S. 120–130.

Kenner, Steve/Lange, Dirk (2020a): Bürgerbewusstsein, politisches Lernen und Partizipation im digitalen Zeitalter. In: DDS – Die Deutsche Schule, 2/2020, S. 174–187.

Kenner, Steve/Lange, Dirk (2020b): Demokratiebildung. In: Achour, Sabine/Busch, Matthias/Massing, Peter (Hrsg.): Wörterbuch Politikunterricht, Frankfurt/M., S. 48–51.

Kenner, Steve/Wohnig, Alexander (2020): Zwischen Anerkennung und Frustration – Erfahrungen junger Menschen mit politischer Partizipation und politischem Protest. In: Szukala, Andrea/Oeftering, Tonio (Hrsg.): Protest und Partizipation. Fachwissenschaftliche und fachdidaktische Perspektiven. Baden-Baden, S. 109–130.

Kersting, Norbert (2008): Innovative Partizipation: Legitimation, Machtkontrolle und Transformation. Eine Einführung. In: ders. (Hrsg.): Politische Beteiligung. Einführung in dialogorientierte Instrumente politischer und gesellschaftlicher Partizipation. Wiesbaden, S. 11–39.

Klatt, Johanna (2012): Partizipation: Ein erstrebenswertes Ziel politischer Bildung? In: Aus Politik und Zeitgeschichte: APuZ, 46/47/2012, S. 3–9.

Klein, Hans Hugo (2004): Der Auftrag der politischen Bildung für unsere Demokratie. In: Below, Andreas von (Hrsg.): Der Demokratie verpflichtet. Bausteine für eine zukunftsweisende Konzeption der politischen Jugend- und Erwachsenenbildung. Sankt Augustin, S. 47–66.

Kleinschmidt, Malte (2017): Inclusive Citizenship als Forschungsperspektive: Vom Denken in Spannungsverhältnissen Impulse für einen herrschaftskritischen, dynamischen und hegemonietheoretisch fundierten Begriff von Inklusion. In: Zeitschrift für Inklusion, 3/2017. (Stand v. 4.10.2020) https://www.inklusion-online.net/index.php/inklusion-online/article/view/443

Kleinschmidt, Malte/Kenner, Steve/Lange, Dirk (2019): Inclusive Citizenship als Ausgangspunkt für emanzipative und inklusive politische Bildung in der Migrationsgesellschaft. In: Natarajan, Radhika (Hrsg.): Sprache, Flucht, Migration. Kritische, historische und pädagogische Annäherungen. Wiesbaden, S. 407–416.

Klippert, Heinz (1991) Handlungsorientierter Politikunterricht. Anregungen für ein verändertes Lehr-/Lernverständnis. In: Bundeszentrale für politische Bildung (Hrsg.): Methoden in der politischen Bildung -Handlungsorientierung. Bonn, S. 9–30.

Klippert, Heinz (1996) Handlungsorientierte Politische Bildung. Ein Ansatz zur Förderung demokratischer Handlungskompetenz. In: Dorothea Weidinger (Hrsg.): Politische Bildung in der Bundesrepublik. Opladen, S. 277–286.

Koopmann, F. Klaus (2005): Sich demokratisch durchsetzen lernen mit Projekten: aktive Bürger. In: Himmelmann, Gerhard/Lange, Dirk (Hrsg.): Demokratiekompetenz. Beiträge aus Politikwissenschaft, Pädagogik und politischer Bildung. Wiesbaden, S. 153–164.

Kornelius, Bernhard/Roth, Dietrich (Hrsg.) (2004): Politische Partizipation in Deutschland. Ergebnisse einer repräsentativen Umfrage. Gütersloh.

Kuckartz, Udo (2016): Qualitative Inhaltsanalyse. Methoden, Praxis, Computerunterstützung. Weinheim.

Kultusministerkonferenz (2018): Demokratie als Ziel, Gegenstand und Praxis historisch-politischer Bildung und Erziehung in der Schule. Beschluss vom 06.03.2009 i. d. F. vom 11.10.2018 (Stand v. 4.10.2020). https://www.kmk.org/fileadmin/Dateien/pdf/PresseUnd Aktuelles/2018/Beschluss_Demokratieerziehung.pdf

Lange, Dirk (2005): Was ist und wie entsteht Demokratiebewusstsein? Vorüberlegungen zu einer politischen Lerntheorie. In: Himmelmann, Gerhard/Lange, Dirk (Hrsg.): Demokratiekompetenz. Beiträge aus Politikwissenschaft, Pädagogik und politischer Bildung. Wiesbaden, S. 258–269.

Lange, Dirk (2008a): Bürgerbewusstsein. Sinnbilder und Sinnbildungen in der Politischen Bildung. In: Gesellschaft – Wirtschaft – Politik (GWP), 3/2008, S. 431–439.

Lange, Dirk (2008b): Kernkonzepte des Bürgerbewusstseins. Grundzüge einer Lerntheorie der politischen Bildung. In: Weißeno, Georg (Hrsg.): Politikkompetenz. Was Unterricht zu leisten hat. Bonn, S. 245–258.

Lange, Dirk (2012): Das Bürgerbewusstsein und der Beutelsbacher Konsens in der außerschulischen Bildung. In: Ahlheim, Klaus (Hrsg.): Politische Bildung zwischen Formierung und Aufklärung. Hannover, S. 63–74.

Lange, Dirk (2017): Politikbewusstsein und Politische Bildung. In: Lange, Dirk/Reinhardt, Volker (Hrsg.): Konzeptionen, Strategien und Inhaltsfelder Politscher Bildung. Baltmannsweiler, S. 213–221.

Lange, Dirk/Onken, Holger/Korn, Tobias (2013): Politikunterricht im Fokus. Politische Bildung und Partizipation von Jugendlichen. Berlin.

Lange, Dirk/Onken, Holger/Slopinski, Andreas (2013): Politisches Interesse und politische Bildung. Zum Stand des Bürgerbewusstseins Jugendlicher und junger Erwachsener. Wiesbaden.

Langner, Frank (2017): Politisches Lernen als Konstruktion. In: Lange, Dirk/Reinhardt, Volker (Hrsg.): Konzeptionen, Strategien und Inhaltsfelder Politscher Bildung. Baltmannsweiler, S. 175–183.

Leven, Ingo/Utzmann, Hilde (2019): Die Vielfalt der Digital Natives. In: Albert, Mathias/Hurrelmann, Klaus/Quenzel, Gudrun (Hrsg.): Jugend 2019. Eine Generation meldet sich zu Wort (Shell-Jugendstudie). Weinheim, S. 247–312.

Liebel, Manfred (2011): Soziale Ungleichheit und Jugendprotest in Lateinamerika. In: Schäfer, Arne/Witte, Matthias D./Sander, Uwe (Hrsg.): Kulturen jugendlichen Aufbegehrens: Jugendprotest und soziale Ungleichheit. Weinheim/München, S. 137–150.

Lösch, Bettina (2010): Ein kritisches Demokratieverständnis für die politische Bildung. In: Lösch, Bettina/Thimmel, Andreas (Hrsg.): Kritische politische Bildung. Ein Handbuch. Schwalbach/Ts., S. 115–127.

Lösch, Bettina (2012): Kritik als Prinzip politischer Bildung. In: Politisches Lernen, 1-2/2012, S. 18–21.

Lösch, Bettina (2013): Ist politische Bildung per se kritisch? In: Widmaier, Benedikt/Overwien, Bernd (Hrsg.): Was heißt heute kritische politische Bildung? Schwalbach/Ts., S. 171–179.

Lösch, Bettina (2019): Wie politisch muss und darf politische Bildung sein? Ein Beitrag zur Frankfurter Erklärung. Für eine kritisch emanzipatorische politische Bildung. In: Außerschulische Bildung 3/2019, S. 24–26.

Lösch, Bettina/Oeftering, Tonio/Pohl, Kerstin/Reinhardt, Sibylle/Wohnig, Alexander (2019): Die Politische Bildung und das Politische. In: POLIS, 3/2019, S. 16–20.

Lösch, Bettina/Thimmel, Andreas (Hrsg.) (2010): Kritische politische Bildung. Ein Handbuch. Schwalbach/Ts.

Madubuko, Nkechi (2017): Empowerment als Erziehungsaufgabe: Verarbeitungsstrategien gegen Rassismuserfahrungen von binationalen Kindern und Jugendlichen. In: Fereidooni, Karim/El, Meral (Hrsg.): Rassismuskritik und Widerstandsformen. Wiesbaden, S. 797–815.

Marsh, Alan/Kaase, Max (1979): MEASURING POLITICAL ACTION: A Theoretical Perspective. In: Barnes, Samuel Henry/Kaase, Max (Hrsg.): Political action. Mass participation in five western democracies. Beverly Hills, S. 57–96.

Massing, Peter (2003): Kategoriale politische Urteilsbildung. In: Kuhn, Hans-Werner (Hrsg.): Urteilsbildung im Politikunterricht. Ein multimediales Projekt. Schwalbach/Ts., S. 91–108.

Massing, Peter (2012): Die vier Dimensionen der Politikkompetenz. In: APUZ Aus Politik und Zeitgeschichte, 46-47/2012, S. 23–29.

Massing, Peter (2013): Politische Bildung. In: Andersen, Uwe/Woyke, Wichard (Hrsg.): Handwörterbuch des politischen Systems der Bundesrepublik Deutschland. Wiesbaden.

May, Michael (2007): Demokratiefähigkeit und Bürgerkompetenzen. Wiesbaden.

May, Michael (2019): Politische Urteilsbildung in der politischen Bildung und „Postfaktizität" – Eine Problembestimmung. In: Deichmann, Carl/May, Michael (Hrsg.): Orientierungen politischer Bildung im „postfaktischen Zeitalter", S. 39–55.

Mayring, Philipp (2015): Qualitative Inhaltsanalyse. Grundlagen und Techniken. Weinheim.

Melucci, Alberto (1989): Nomads of the Present. Social Movements and Individual Needs in Contemporary Society. Philadelphia.

Mende, Janne (2009): „Let's change the World"? Bedingungen für eine kritisch-emanzipatorische politische Bildung. In: Mende, Janne/Müller, Stefan (Hrsg.): Emanzipation in der politischen Bildung. Theorien – Konzepte – Möglichkeiten. Schwalbach/Ts., S. 112–134.

Mende, Janne/Müller, Stefan (Hrsg.) (2009): Emanzipation in der politischen Bildung. Theorien – Konzepte – Möglichkeiten. Schwalbach/Ts.

Miethe, Ingrid/Roth, Silke (2016) Bildung und soziale Bewegungen – eine konzeptionelle Einführung In: Forschungsjournal Soziale Bewegungen 29. Jg. 4/2016, S. 20–29.

Moll, Frederick de/Kirschner, Christian/Riefling, Markus/Rodrian-Pfennig, Margit (2013): Überlegungen zu einem Modell radikaldemokratischer politischer Bildung. Eine Dezentrierung des Kompetenzbegriffs. In: Bremer, Helmut/Kleemann-Göhring, Mark/Teiwes-Kügler/Trumann, Jana (Hrsg.): Politische Bildung zwischen Politisierung, Partizipation und politischem Lernen. Weinheim, S. 293–314.

Moro, Giovanni (2010): Civic Action. In: Anheier, Helmut K./Toepler, Stefan (Hrsg.): International Encyclopedia of Civil Society. New York, S. 145–150.

Moser, Sonja (2010): Beteiligt sein. Partizipation aus der Sicht von Jugendlichen. Wiesbaden.

Mouffe, Chantal (2020): Über das Politische. Wider die kosmopolitische Illusion. Frankfurt am Main.

Moulin-Doos, Claire (2015): CiviC Disobedience: Taking Politics Seriously. A Democratic Theory of Political Disobedience. Baden-Baden.

Moulin-Doos, Claire/Eis, Andreas (2016): Kompetenz zum Widerstand oder zum politischen Ungehorsam? In: Reheis, Fritz/Denzler, Stefan/Görtler, Michael/Waas, Johann (Hrsg.):

Kompetenz zum Widerstand. Eine Aufgabe für die politische Bildung. Schwalbach/Ts., S. 130–138.

Negt, Oskar (2010): Der Politische Mensch. Demokratie als Lebensform. Göttingen.

Negt, Oskar (2013): Emanzipation ist der Ausgangspunkt von allem: Zu einem Schlüsselbegriff politischer Bildung. In: Hufer, Klaus-Peter (Hrsg.): Wissen und Können. Wege zum professionellen Handeln in der politischen Bildung. Schwalbach/Ts., S. 35–37.

Negt, Oskar (2018): Gesellschaftspolitische Herausforderungen für Demokratiebildung. In: Kenner, Steve/Lange, Dirk (Hrsg.): Citizenship Education. Konzepte, Anregungen und Ideen zur Demokratiebildung (Politik und Bildung; Band 84). Frankfurt/M., S. 21–25.

Niedermayer, Oskar (2005): Bürger und Politik. Politische Orientierungen und Verhaltensweisen der Deutschen. Wiesbaden.

Nonnenmacher, Frank (1984): Politisches Handeln von Schülern. Eine Untersuchung zur Einlösbarkeit eines Postulats der Politischen Bildung. Weinheim.

Nonnenmacher, Frank (2010): Analyse, Kritik und Engagement – Möglichkeiten und Grenzen schulischen Politikunterrichts. In: Lösch, Bettina/Thimmel, Andreas (Hrsg.): Kritische politische Bildung. Ein Handbuch. Schwalbach/Ts., S. 459–470.

Nonnenmacher, Frank (2011): Handlungsorientierung und politische Aktion in der schulischen politischen Bildung. Ursprünge, Grenzen und Herausforderungen. In: Widmaier, Benedikt/Nonnenmacher, Frank (Hrsg.): Partizipation als Bildungsziel. Politische Aktion in der politischen Bildung. Schwalbach/Ts., S. 83–99.

Oberle, Monika (2013): Der Beutelsbacher Konsens – Richtschnur oder Hemmschuh politischer Bildung? In: Politische Bildung, 1/2013, S. 156-161.

Oberle Monika/Leunig Johanna (2018): Wirkungen politischer Planspiele auf Einstellungen, Motivationen und Kenntnisse von Schülerinnen und Schülern zur Europäischen Union. In: Ziegler Béatrice/Waldis, Monika (Hrsg.): Politische Bildung in der Demokratie. Wiesbaden, S. 213–237.

Oeftering, Tonio (2013): Das Politische als Kern der politischen Bildung. Schwalbach Ts.

Oser, Fritz/Biedermann, Horst (2006): Partizipation – ein Begriff, der ein Meister der Verwirrung ist. In: Quesel, Carsten/Oser, Fritz (Hrsg.): Die Mühen der Freiheit. Probleme und Chancen der Partizipation von Kindern und Jugendlichen. Zürich Chur, S. 17–37.

Overwien, Bernd (2005): Stichwort: Informelles lernen. In: Zeitschrift für Erziehungswissenschaft, 3/2005, S. 339–355.

Overwien, Bernd (2009): Informelles Lernen. Definitionen und Forschungsansätze. In: Brodowski, Michael (Hrsg.): Informelles Lernen und Bildung für eine nachhaltige Entwicklung. Beiträge aus Theorie und Praxis. Opladen & Farmington Hills, Mich., S. 23–34.

Overwien, Bernd (2013a): Bildung und ihre Bereiche: Formales – non-formales – informelles Lernen. In: Hufer, Klaus-Peter (Hrsg.): Wissen und Können. Wege zum professionellen Handeln in der politischen Bildung. Schwalbach/Ts., S. 161–163.

Overwien, Bernd (2013b): Informelles Lernen in politischer Aktion und sozialen Bewegungen. In: Außerschulische Bildung, 3/2013, S. 247–254.

Overwien, Bernd (2017): Nachhaltige Entwicklung und Globalisierung in der politischen Bildung – vom Umgang mit Werten und Normativität. In: Graf, Ulrike/Klinger, Susanne/Mokrosch, Reinhold/Regenbogen, Arnim/Strube, Sonja (Hrsg.): Wertebildung – Gerechtigkeit, Frieden, Glück. Göttingen, S. 259–268.

Overwien, Bernd (2020): Politische Bildung: Teil der Allgemeinbildung. In: Eis, Andreas/Bade, Gesine/Albrecht, Achim/Jakubczyk, Uwe/Overwien, Bernd (Hrsg.): Jetzt erst recht: politische Bildung! Bestandsaufnahme und bildungspolitische Forderungen. Frankfurt, S. 87–97.

Petrik, Andreas/ Rappenglück, Stefan (Hrsg.) (2017): Handbuch Planspiele in der politischen Bildung. Berlin.

Piaget, Jean (1992): Das Erwachen der Intelligenz beim Kinde (dtv-Klett-Cotta Dialog und Praxis; Bd. 15098). München.

Pickel, Susanne (2012): Das politische Handeln der Bürgerinnen und Bürger – ein Blick auf die Empirie. In: Weißeno, Georg/Buchstein, Hubertus (Hrsg.): Politisch Handeln. Modelle, Möglichkeiten, Kompetenzen. Opladen, S. 39–57.

Pickel, Susanne/Pickel, Gert (2006): Politische Kultur- und Demokratieforschung. Grundbegriffe, Theorien, Methoden. Eine Einführung. Wiesbaden.

Picot, Sibylle (2012): Jugend in der Zivilgesellschaft. Freiwilliges Engagement Jugendlicher im Wandel. Gütersloh.

Pohl, Kerstin (2015): Politisch Handeln: Ziel und Inhalt der politischen Bildung? Bonn. (Stand v. 3.5.2020). https://www.bpb.de/gesellschaft/bildung/zukunft-bildung/206613/politisch-handeln

Pohl, Kerstin (2019a): Mit der Klasse zur Demo? Chancen und Gefahren realen politischen Handelns im Kontext politischer Bildung. Bonn. (Stand v. 3.5.2020). https://www.bpb.de/gesellschaft/bildung/politische-bildung/299187/politisch-handeln

Pohl, Kerstin (2019b): Politische aktive Bürgerinnen und Bürger – ein Leitbild für die politische Bildung? Bonn. (Stand v. 3.5.2020). https://www.bpb.de/gesellschaft/bildung/politische-bildung/299121/buergerleitbilder

Quintelier, Ellen/van Deth, Jan W. (2014): Supporting Democracy: Political Participation and Political Attitudes. Exploring Causality Using Panel Data. In: Political Studies, 62, 1/2014, S. 153–171.

Rawls, John (2017): Eine Theorie der Gerechtigkeit. In: Braune, Andreas (Hrsg.): Ziviler Ungehorsam. Texte von Thoreau bis Occupy. Ditzingen, S. 101–128.

Reheis, Fritz/Denzler, Stefan/Görtler, Michael/Waas, Johann (Hrsg.) (2016): Kompetenz zum Widerstand. Eine Aufgabe für die politische Bildung. Schwalbach/Ts.

Reheis, Fritz (2017): Kompetenz zum Widerstand: Konturen eines didaktischen Konzepts. In: Greco, Sara Alfia/Lange, Dirk (Hrsg.): Emanzipation. Zum Konzept der Mündigkeit in der politischen Bildung (Politik und Bildung). Schwalbach/Ts., S. 34–45.

Reich, Kersten (1996): Systemisch-konstruktivistische Didaktik. Eine allgemeine Zielbestimmung. In: Voß, Reinhard (Hrsg.): Die Schule neu erfinden. Systemisch-konstruktivistische Annäherungen an Schule und Pädagogik. Neuwied, S. 70–91.

Reinders, Heinz (2006): Freiwilligenarbeit und politische Engagementbereitschaft in der Adoleszenz. Skizze und empirische Prüfung einer Theorie gemeinnütziger Tätigkeit. In: Zeitschrift für Erziehungswissenschaft, 2006, S. 599–616.

Reinders, Heinz (2012): Qualitative Interviews mit Jugendlichen führen. Ein Leitfaden. München.

Reinders, Heinz (2014): Jugend – Engagement – Politische Sozialisation. Gemeinnützige Tätigkeit und Entwicklung in der Adoleszenz. Wiesbaden.

Reinders, Heinz/Youniss, James (2006): Community Service and Civic Development in Adolescence Theoretical Considerations and Empirical Evidence. In: Sliwka, Anne (Hrsg.): Citizenship education. Theory – research – practice. Münster, S. 195–208.

Reinhardt, Sibylle (1998): Handlungsorientierung als Prinzip im Politikunterricht. In: Breit, Gottfried/Schiele, Siegfried (Hrsg.): Handlungsorientierung im Politikunterricht. Schwalbach/Ts., S. 266–277.

Reinhardt, Sibylle (2004): Demokratie-Kompetenzen. BLK Beiträge zur Demokratiepädagogik. Berlin.

Reinhardt, Sibylle (2010a): Fachdidaktische Prinzipien als Kern der Fachdidaktik Politik. In: Gesellschaft – Wirtschaft – Politik (GWP), 4/2010, S. 515–523.

Reinhardt, Sibylle (2010b): Was leistet Demokratie-Lernen für die politische Bildung? Gibt es empirische Indizien zum Transfer von Partizipation im Nahraum auf Demokratie-Kompetenz im Staat? Ende einer Illusion und neue Fragen. In: Lange, Dirk/Himmelmann, Gerhard (Hrsg.): Demokratiedidaktik. Impulse für die Politische Bildung. Wiesbaden, S. 125–141.

Reinhardt, Sibylle (2011): Basieren die Schülerkonzepte über Demokratie auf deren Partizipationserfahrungen im Nahraum? Eine Suche nach empirischen Indizien. In: Lange, Dirk (Hrsg.): Entgrenzungen. Gesellschaftlicher Wandel und politische Bildung. Schwalbach/Ts., S. 289–295.

Reinhardt, Sibylle (2013): Soziales und politisches Lernen – gegensätzliche oder sich ergänzende Konzepte? In: Bremer, Helmut/Kleemann-Göhring, Mark/Teiwes-Kügler, Christel/Trumann, Jana (Hrsg.): Politische Bildung zwischen Politisierung, Partizipation und politischem Lernen. Beiträge für eine soziologische Perspektive. Weinheim, S. 239–252.

Reinhardt, Sibylle (2014): Handlungsorientierung. In: Sander, Wolfgang (Hrsg.): Handbuch politische Bildung. Schwalbach/Ts., S. 275–283.

Reinhardt, Sibylle (2018): Politik Didaktik. Handbuch für die Sekundarstufe I und II (Fachdidaktik). Berlin.

Reinhardt, Sibylle (2019a): Jagd auf Lehrer statt Beutelsbacher Konsens. Kommentar zum Portal „Neutrale Schulen" der AfD in Hamburg. In: Gesellschaft – Wirtschaft – Politik (GWP), 1/2019, S. 13–19.

Reinhardt, Sibylle (2019b): Ziviler Ungehorsam als demokratischer Impuls. Die Schülerbewegung »Fridays for Future«. In: PÄDAGOGIK, 7–8/2019, S. 76–77.

Reinhardt, Volker (2007): Fachunterricht Politik und Demokratie-Lernen in Projektform. In: Beutel, Wolfgang/Fauser, Peter (Hrsg.): Demokratiepädagogik. Lernen für die Zivilgesellschaft. Schwalbach/Ts., S. 140–153.

Richter, Ingo (2016): Verfassungsrechtliche Aspekte. Voraussetzungen und Grenzen der politischen Beteiligung junger Menschen. In: Gürlevik, Aydin/Hurrelmann, Klaus/Palentien, Christian (Hrsg.): Jugend und Politik. Politische Bildung und Beteiligung von Jugendlichen. Wiesbaden, S. 137–159.

Rieker, Peter/Mörgen, Rebecca/Schnitzer, Anna/Stroezel, Holger (2016): Partizipation von Kindern und Jugendlichen. Formen, Bedingungen sowie Möglichkeiten der Mitwirkung und Mitbestimmung in der Schweiz. Wiesbaden.

Ritsert, Jürgen (1972): Inhaltsanalyse und Ideologiekritik. Ein Versuch über kritische Sozialforschung. Frankfurt/M..

Ritz, ManuEla (2013): Adultismus – (un)bekanntes Phänomen: »Ist die Welt nur für Erwachsene gemacht?« In: Wagner, Petra (Hrsg.): Handbuch Inklusion. Grundlagen vorurteilsbewusster Bildung und Erziehung. Freiburg im Breisgau, S. 165–173.

Rosa, Hartmut (2012): Politisches Handeln und die Entstehung des Neuen in der Politik. In: Weißeno, Georg/Buchstein, Hubertus (Hrsg.): Politisch Handeln. Modelle, Möglichkeiten, Kompetenzen. Opladen, S. 133–154.

Rosa, Hartmut (2019): Demokratie und Gemeinwohl: Versuch einer resonanztheoretischen Neubestimmung. In: Ketterer, Hanna/Becker, Karina (Hrsg.): Was stimmt nicht mit der Demokratie? Eine Debatte zwischen Klaus Dörre, Nancy Fraser, Stephan Lessenich und Hartmut Rosa. Berlin, S. 160–188.

Roth, Roland (2018): Gesellschaftliche Mitgestaltung durch demokratisches Engagement und Partizipation. In: Kenner, Steve/Lange, Dirk (Hrsg.): Citizenship Education. Konzepte, Anregungen und Ideen zur Demokratiebildung. Frankfurt/M., S. 229–243.

Sandbrink, Katharina/Steinwede, Jacob (2016): Qualitative Interviews mit engagierten jungen Menschen. In: Gaiser, Wolfgang/Hanke, Stefanie/Ott, Kerstin (Hrsg.): Jung – politisch – aktiv?! Politische Einstellungen und politisches Engagement junger Menschen: Ergebnisse der FES-Jugendstudie 2015. Bonn, S. 93–106.

Sander, Wolfgang (2004): Die Bildungsstandards vor dem Hintergrund der politikdidaktischen Diskussion. In: Massing, Peter (Hrsg.): Nationale Bildungsstandards für die politische Bildung. Schwalbach/Ts., S. 30–43.

Sander, Wolfgang (2008): Politik entdecken – Freiheit leben. Didaktische Grundlagen politischer Bildung. Schwalbach/Ts.

Sander, Wolfgang (2011): Kompetenzorientierung in Schule und politischer Bildung. In: Autorengruppe Fachdidaktik (Hrsg.): Konzepte der politischen Bildung. Eine Streitschrift. Bonn, S. 9–25.

Sander, Wolfgang (2013): „Kritische politische Bildung" – eine Dekonstruktion. In: Widmaier, Benedikt/Overwien, Bernd (Hrsg.): Was heißt heute kritische politische Bildung? Schwalbach/Ts., S. 240–248.

Sander, Wolfgang (2014a): Geschichte der politischen Bildung. In: ders. (Hrsg.): Handbuch politische Bildung. Schwalbach/Ts., S. 15–30.

Sander, Wolfgang (2014b): Kompetenzorientierung als Forschungs- und Konfliktfeld der Didaktik der politischen Bildung. In: ders. (Hrsg.): Handbuch politische Bildung. Schwalbach/Ts., S. 113–124.

Schäfer, Arne/Witte, Matthias D./Sander, Uwe (2011): Einleitung: Jugendprotest und soziale Ungleichheit zu Beginn des 21. Jahrhunderts. In: Dies. (Hrsg.): Kulturen jugendlichen Aufbegehrens: Jugendprotest und soziale Ungleichheit. Weinheim/München, S. 7–24.

Scherb, Armin (2017): Der Beutelsbacher Konsens. In: Lange, Dirk/Reinhardt, Volker (Hrsg.): Konzeptionen, Strategien und Inhaltsfelder Politscher Bildung. Baltmannsweiler, S. 255–262.

Schiele, Siegfried (2002): Möglichkeiten der politischen Bildung im 21. Jahrhundert. In: Butterwegge, Christoph/Hentges, Gudrun (Hrsg.): Politische Bildung und Globalisierung. Opladen, S. 297–310.

Schiele, Siegfried (2010): Der Beutelsbacher Konsens lebt. In: Breit, Gotthard/Breit, Antje (Hrsg.): Hauptsache politische Bildung. Kontroversität, Schülerorientierung, Aktualität, Problemorientierung. Schwalbach/Ts., S. 53–60.

Schmiederer, Rolf (1971): Zur Kritik der politischen Bildung. Ein Beitrag zur Soziologie und Didaktik des politischen Unterrichts. Göttingen.

Schneekloth, Ulrich/Albert, Mathias (2019): Jugend und Politik: Demokratieverständnis und politisches Interesse im Spannungsfeld von Vielfalt, Toleranz und Populismus. In: Albert, Mathias/Hurrelmann, Klaus/Quenzel, Gudrun (Hrsg.): Jugend 2019. Eine Generation meldet sich zu Wort (Shell-Jugendstudie), S. 47–101.

Schneider, Helmut/Stange, Waldemar/Roth, Roland (2009): Kinder ohne Einfluss? Eine Studie des ZDF zur Beteiligung von Kindern in Familie, Schule und Wohnort in Deutschland. Mainz (Stand v. 6.5.2020). https://www.lpb-bw.de/fileadmin/Abteilung_III/jugend/pdf/ws_beteiligung_dings/ws10/partizipationsstudie_zdf_2009.pdf

Schröder, Richard (1995): Kinder reden mit! Beteiligung an Politik, Stadtplanung und Stadtgestaltung. Weinheim.

Sommer, Moritz/Rucht, Dieter/Haunss, Sebastian/Zajak, Sabrina (2019): Fridays for Future. Profil, Entstehung und Perspektiven der Protestbewegung in Deutschland. Berlin.

Stange, Waldemar (2002): Was ist Partizipation? Definitionen – Systematisierungen. Lüneburg/Berlin (Stand v. 6.5.2020). https://www.kinderrechte.de/fileadmin/Redaktion-Kinderrechte/4_Praxis/4.6_Beteiligungsbausteine/4.6.1_Grundlagen/4.6.1.1_Theorie/Baustein_A_1_1.pdf

Stange, Waldemar (2010): Partizipation von Kindern. In: Aus Politik und Zeitgeschichte: APuZ, 2010, S. 16–24.

Steffens, Gerd (2013): Bildungspotenziale der Kritik – Eine notwendige Erinnerung. In: Widmaier, Benedikt/Overwien, Bernd (Hrsg.): Was heißt heute kritische politische Bildung? Schwalbach/Ts., S. 256–264.

Steinwede, Jacob/Sandbrink, Katharina/Burg, Julian von der (2016): Jung – politisch – aktiv?! Fragestellung, Methodik und Basisbefunde der empirischen Studie. In: Gaiser, Wolfgang/Hanke, Stefanie/Ott, Kerstin (Hrsg.): Jung – politisch – aktiv?! Politische Einstellungen und politisches Engagement junger Menschen: Ergebnisse der FES-Jugendstudie 2015. Bonn, S. 15–31.

Student, Sonja/Portmann, Rosemarie (2007): Der Klassenrat – Beteiligung und Mitverantwortung von Anfang an. In: Eikel, Angelika/Haan, Gerhard de (Hrsg.): Demokratische Partizipation in der Schule. Ermöglichen, fördern, umsetzen. Schwalbach/Ts., S. 77–92.

Theocharis, Yannis/van Deth, Jan W. (2018): Political participation in a changing world. Conceptual and empirical challenges in the study of citizen engagement. New York und London.

Trumann, Jana (2012): Politisches Lernen aus Subjektperspektive. In: Politisches Lernen, 1-2/2012, S. 22–26.

Trumann, Jana (2013): Lernen in Bewegung(en). Politische Partizipation und Bildung in Bürgerinitiativen. Berlin.

Trumann, Jana (2016): Alternative Lern-Handlungsräume als widerständige Praxis. Impulse für die (politische) Bildungsarbeit. In: Reheis, Fritz/Denzler, Stefan/Görtler, Michael/Waas, Johann (Hrsg.): Kompetenz zum Widerstand. Eine Aufgabe für die politische Bildung. Schwalbach/Ts., S. 199–206.

Vajen, Bastian/Kenner, Steve/Wolf, Christoph/Lange, Dirk (2021): Politikdidaktische Rekonstruktion und Bürgerbewusstsein. Eine exemplarische Aufarbeitung demokratiebezogener Vorstellungen. In: Herausforderung Lehrer_innenbildung, 4(2),2021, S. 112–128.

van Deth, Jan W. (2009): Politische Partizipation. In: Kaina, Viktoria (Hrsg.): Politische Soziologie. Ein Studienbuch. Wiesbaden, S. 141–162.

van Deth, Jan W. (2017): Demokratie lernen? Politische Bildung aus Sicht der empirischen Kulturforschung. In: Oberle, Monika/Weißeno, Georg (Hrsg.): Politikwissenschaft und Politikdidaktik. Theorie und Empirie. Wiesbaden, S. 103–117.

Verba, Sidney/Nie, Norman H. (1972): Participation in America. Political democracy and social equality. New York, NY.

Verba, Sidney/Nie, Norman H./Kim, Jae-On (1980): Participation and political equality. A seven-nation comparison. Cambridge.

Verba, Sidney/Schlozman, Kay Lehman/Brady, Henry E. (1995): Voice and equality. Civic voluntarism in American politics. Cambridge, Mass.

Vodafone Stiftung Deutschland (2018): ENGAGIERT ABER ALLEIN. Wie sich junge Menschen durch die Online-Welt navigieren und welche Unterstützung sie dafür suchen. Düsseldorf.

Weber, Max (1922): Gesammelte Aufsätze zur Wissenschaftslehre. Tübingen.

Wehling, Hans-Georg (1977): Konsens à la Beutelsbach? Nachlese zu einem Expertengespräch. In: Schiele, Siegfried/Schneider, Herbert (Hrsg.): Das Konsensproblem in der politischen Bildung. Stuttgart, S. 173–184.

Weißeno, Georg (2017): Politisches Lernen. In: Lange, Dirk/Reinhardt, Volker (Hrsg.): Konzeptionen, Strategien und Inhaltsfelder Politscher Bildung. Baltmannsweiler, S. 511–518.

Weißeno, Georg/Detjen, Joachim/Juchler, Ingo/Massing, Peter/Richter, Dagmar (2010): Konzepte der Politik. Ein Kompetenzmodell. Bonn.

Weißeno, Georg/Landwehr, Barbara (2017): Zum Zusammenhang von politischem Vertrauen, Partizipation und Leistung. In: Manzel, Sabine/Schelle, Carla (Hrsg.): Empirische Forschung zur schulischen Politischen Bildung. Wiesbaden, S. 3–17.

Weißeno, Georg/Landwehr, Barbara (2018): Politische Partizipation, Selbstkonzept und Fachwissen. Ergebnisse einer Studie. In: Ziegler, Béatrice/Waldis, Monika (Hrsg.): Politische Bildung in der Demokratie. Interdisziplinäre Perspektiven. Wiesbaden, S. 175–190.

Widmaier, Benedikt (2011): Politische Bildung und politische Aktion. Eine aktuelle Herausforderung für non-verbale Bildung. In: Widmaier, Benedikt/Nonnenmacher, Frank (Hrsg.): Partizipation als Bildungsziel. Politische Aktion in der politischen Bildung. Schwalbach/Ts., S. 101–110.

Widmaier, Benedikt (2013): Partizipation als Ziel politischer Bildung. Führt Kooperation zum Ziel? In: Juchler, Ingo (Hrsg.): Projekte in der politischen Bildung. Bonn, S. 43–56.

Widmaier, Benedikt/Nonnenmacher, Frank (Hrsg.) (2011): Partizipation als Bildungsziel. Politische Aktion in der politischen Bildung. Schwalbach/Ts.

Widmaier, Benedikt/Zorn, Peter (Hrsg.) (2016a): Brauchen wir den Beutelsbacher Konsens? Eine Debatte der politischen Bildung. Bonn.

Widmaier, Benedikt/Zorn, Peter (2016b): Konsens in der politischen Bildung? Zur Einführung. In: dies. (Hrsg.): Brauchen wir den Beutelsbacher Konsens? Eine Debatte der politischen Bildung. Bonn, S. 9–13.

Wieland, Joachim (2019): Was man sagen darf: Mythos Neutralität in Schule und Unterricht. Hintergrundpapier zu „Politische Bildung in der Schule". Friedrich Ebert Stiftung, Berlin.

Witzel, Andreas (1985): Das problemzentrierte Interview. In: Jüttemann, Gerd (Hrsg.): Qualitative Forschung in der Psychologie. Grundfragen, Verfahrensweisen, Anwendungsfelder. Weinheim, S. 227–255.

Wohnig, Alexander (2015): Soziales und politisches Lernen verbinden. Vorläufige Forschungsergebnisse aus dem Projekt „soziale Praxis & Politische Bildung Compassion und Service Learning politisch denken". In: Götz, Michael/Widmaier, Benedikt/Wohnig, Alexander (Hrsg.): Soziales Engagement politisch denken. Chancen für politische Bildung. Schwalbach/Ts., S. 67–84.

Wohnig, Alexander (2017): Zum Verhältnis von sozialem und politischem Lernen. Eine Analyse von Praxisbeispielen politischer Bildung (Bürgerbewusstsein). Wiesbaden.

Wohnig, Alexander (2018a): Demokratiebildung durch politische Aktionen in der Kooperation von Schule und außerschulischer politischer Bildung. In: Kenner, Steve/Lange, Dirk (Hrsg.): Citizenship education. Konzepte, Anregungen und Ideen zur Demokratiebildung. Frankfurt/M., S. 269–283.

Wohnig, Alexander (2018b): Die Entwicklung politischer Partizipationsfähigkeit in politischen Lernprozessen. In: Ziegler, Béatrice/Waldis, Monika (Hrsg.): Politische Bildung in der Demokratie. Interdisziplinäre Perspektiven. Wiesbaden, S. 191–212.

Wohnig, Alexander (2020a): Bildungs- und Lernprozesse in politischen Aktionen: Eine Fallstudie aus einem Kooperationsprojekt von Schule und außerschulischem politischem Bildungsträger. In: Eis, Andreas/Bade, Gesine/Albrecht, Achim/Jakubczyk, Uwe/Overwien, Bernd (Hrsg.): Jetzt erst recht: politische Bildung! Bestandsaufnahme und bildungspolitische Forderungen. Frankfurt, S. 188–203.

Wohnig, Alexander (2020b): Zum Stellenwert der politischen Aktion in der politischen Bildung. In: Ders. (Hrsg.) Politische Bildung als politisches Engagement Überzeugungen entwickeln, sich einmischen, Flagge zeigen. Frankfurt, S. 152–165

Wohnig, Alexander (Hrsg.) (2020c): Politische Bildung als politisches Engagement. Überzeugungen entwickeln, sich einmischen, Flagge zeigen. Frankfurt.

Youniss, James (2006): Forming a Political-Moral Identity Through Service. In: Sliwka, Anne (Hrsg.): Citizenship education. Theory – research – practice. Münster, S. 183–194.

Youniss, James (2007): The Role of Community Service in the Reform of Civic Education. In: Biedermann, Horst (Hrsg.): Vom Gelingen und Scheitern politischer Bildung. Studien und Entwürfe. Zürich, S. 227–236.

Youniss, James/Yates, Miranda (1997): Community service and social responsibility in youth. Chicago, Ill.

Zeuner, Christine (2013): Welchen Kompetenzbegriff sollte man in der politischen Bildung zugrunde legen? In: Hufer, Klaus-Peter (Hrsg.): Wissen und Können. Wege zum professionellen Handeln in der politischen Bildung. Schwalbach/Ts., S. 82–86.

The manufacturer's authorised representative in the EU is Springer
Nature Customer Service Centre GmbH, Europaplatz 3, 69115 Heidelberg,
Germany. If you have any concerns regarding our products, please
contact ProductSafety@springernature.com

Printed and bound by CPI Group (UK) Ltd, Croydon, CR0 4YY

28/04/2026

02098499-0004